汽车行业职业资格考试辅导丛书

高级汽车维修工
（国家职业资格三级）
考评教程

第2版

吴东盛　胡宗梅　何海明　编

机械工业出版社

本书根据最新颁布的"新版汽车维修工国家职业技能标准（2019）"的考核要求，结合2018年最新国家题库的考核重点与鉴定的实际情况确定编写内容。本书内容包括理论知识考试指导和实操技能考核指导两部分，其中，理论知识考试指导部分主要包括职业素质、相关法律法规、相关理论知识、汽车维修专业基础、汽车大修及验收、汽车疑难故障诊断六个方面的内容；实操技能考核指导部分主要包括汽车大修技能鉴定和汽车故障诊断与排除技能鉴定两个方面的内容。

本书对广大参加汽车维修工国家职业资格三级鉴定的考生有重要的参考价值，是一本必备的复习参考书。本书也可供大专院校汽车类专业师生参考使用。

图书在版编目（CIP）数据

高级汽车维修工（国家职业资格三级）考评教程／吴东盛，胡宗梅，何海明编. —2 版. —北京：机械工业出版社，2019.7（2022.1 重印）
（汽车行业职业资格考试辅导丛书）
ISBN 978-7-111-62690-9

Ⅰ.①高… Ⅱ.①吴… ②胡… ③何… Ⅲ.①汽车–车辆修理–职业技能–鉴定–教材 Ⅳ.①U472.4

中国版本图书馆 CIP 数据核字（2019）第 086261 号

机械工业出版社（北京市百万庄大街 22 号 邮政编码 100037）
策划编辑：赵海青 责任编辑：赵海青
责任校对：潘 蕊 封面设计：鞠 杨
责任印制：李 昂
北京捷迅佳彩印刷有限公司印刷
2022 年 1 月第 2 版第 4 次印刷
184mm×260mm · 23.75 印张 · 587 千字
2 701—3 700 册
标准书号：ISBN 978-7-111-62690-9
定价：79.90 元

电话服务 网络服务
客服电话：010-88361066 机 工 官 网：www.cmpbook.com
010-88379833 机 工 官 博：weibo.com/cmp1952
010-68326294 金 书 网：www.golden-book.com
封底无防伪标均为盗版 机工教育服务网：www.cmpedu.com

前言

国家职业资格(汽车维修工)共分五个等级，分别是一级、二级、三级、四级与五级。其中，汽车维修工(国家职业资格三级)对应于高级汽车维修工这一岗位。该岗位要求具备良好的专业素养，包括职业道德、相关法律法规；扎实的专业基础，包括相关理论基础，汽车维修专业基础知识；娴熟的专业技能，包括汽车修理技能、汽车故障诊断技能。

职业资格证书是岗位能力的证明，也是升职、加薪、落户的重要参考依据。最近几年国务院取消了一批职业资格认证许可和认定事项，分批共取消了多项职业资格认证，而汽车专业领域包括汽车营销师、汽车轮胎工、汽车维修电工等多种职业资格证书认证相继取消，汽车维修工是本专业领域唯一保留的职业资格证书，其认证考核难度逐年增大，鉴定题库也不断更新。

本书根据最新颁布的《新版汽车维修工国家职业技能标准(2019)》(以下简称"[标准]")的考核要求，结合 2019 年最新国家题库的考核重点与鉴定的实际情况确定编写内容。本书自 2014 年第 1 版出版以来，多次重印，发行量超过 12000 册。本书被广大参加汽车维修工(三级)职业资格认定的人员作为备考的必备参考书，同时也被各大专院校学生作为技能训练考核的参考教材。基于以下原因，我们对第 1 版进行了较大幅度的修改和补充：

1) 4 年多来，新能源汽车技术已经有了较大的发展，新能源汽车的市场占有率不断提高，其维修也成为汽车维修工的日常工作内容之一。因此，新能源汽车技术的相关内容已经增加到[标准]2019 版的"汽车维修工鉴定细目表(三级)"中。

2) 4 年多来，国家题库不断更新调整。在 2019 版的[标准]中，以《人力资源和社会保障部关于公布国家职业资格目录的通知》(人社发[2017]68 号)及《中华人民共和国职业分类大典(2015 版)》为依据，将汽车领域的汽车机械维修工，汽车电器维修工，汽车车身整形修复工等 7 个 2 种合并至"汽车修理工"这一岗位中，并调整了权重比例。

3) 经过 4 年多的使用，有必要根据广大读者的意见对第 1 版的内容进行一些增补和调整，以便更好地满足相关人员的需求。

汽车维修工的技能鉴定实行国家题库制度，即从国家题库中抽取试题，进行鉴定考核。根据这一原则，结合有关部门最新颁布的"理论知识鉴定要素细目表""操作技能鉴定要素细目表"及 2019 年国家题库的命题趋势来编写本书的具体内容，在理论适度的前提下，突出教育培训的功能，力争贴近考核鉴定要求，使学员通过培训掌握考核鉴定的要点，在实践中具有针对性和可操作性。

第 2 版的修订内容为：

1) 根据"汽车维修工鉴定细目表(三级)"所列的内容对第 1 版内容进行调整。

2) 增加了 2019 年国家题库新增的内容。

3）增加或补充了新能源汽车技术的部分内容，以满足鉴定考核的要求。

本书按照职业技能鉴定的要求进行编写，分为理论知识考试指导及实践技能考核指导两大部分。"理论知识考试指导"的编写是将理论知识进行了整合，结合题库的题目类型及机考特点，对理论知识进行梳理，配套一定量的习题，并对典型习题进行简明扼要的分析，以巩固理论知识，做到胸有成竹；"实践技能考核指导"部分的编写是根据技能题库的评分标准进行展开的，力求简单明了，易学易记，便于备考。

本书是职业培训用书，编写中遵循"以企业需求为导向、以职业能力为核心"的原则，依照国家职业标准并结合企业的实际，反映岗位的需求，注重培养职业能力。

编　者

CONTENTS

第一篇　理论知识考试指导

理论知识考试复习提要

一、高级汽车维修工(三级)理论鉴定考试标准

根据国家职业技能鉴定标准,高级汽车维修工(三级)鉴定考核分为理论知识考试和实操技能考核两部分,其中理论知识考试采取百分制,[标准]2019版中规定:"三级/高级工理论考试时间不少于100min,成绩达到60分及以上合格。"

理论知识考试涉及的知识点主要包括汽车维修专业形象、汽车维修基础知识和汽车维修专业知识三个部分。汽车维修专业形象主要包括汽车维修职业素质和相关的法律法规知识;汽车维修基础知识包括钳工基本知识、机械识图、电工基本知识、液压传动、汽车检修常用工量具及仪器、汽车发动机、汽车底盘、汽车电器设备及汽车空调、汽车车身、汽车电子控制装置等方面的内容,是汽车维修工5个级别从业人员的必备知识;汽车维修专业知识包括汽车大修及验收、汽车疑难故障的诊断等方面的内容。

二、高级汽车维修工(三级)理论鉴定考试的方式

高级汽车维修工(三级)理论鉴定考试采取笔试的方式,目前,汽车维修工已完全采取无纸化考试,即采用计算机考核的方式进行考核。

三、高级汽车维修工(三级)理论知识试卷的结构

高级汽车维修工(三级)理论知识考试采用标准化的试卷,其具体题型、题量及配分见表1-1。

表1-1　高级汽车维修工(三级)理论知识试卷结构

题型	职业技能鉴定等级	分数
	汽车维修工高级	
选择	160题(0.5分/题)	80分
判断	40题(0.5分/题)	20分

高级汽车维修工(三级)理论知识考试试题采取从国家试题库中随机抽取的方式,试题库有很多套,每套试题的题型、题量和所涉及的范围是相对稳定的,考试的内容不会超出高

级汽车维修工理论鉴定考核标准的范围。

四、高级汽车维修工(三级)理论知识鉴定复习方法

1)复习总依据。复习备考主要应针对试题的特点进行,以高级汽车维修工(三级)职业技能鉴定标准及理论鉴定要素细目表为范围,以本书的相关知识点为基础进行备考复习。

2)复习总要求。全面复习、掌握重点、联系实际、学会应用,或者说,找考试点、懂考试点、记考试点、练考试点、会考试点。这就要在复习过程中正确处理几个方面的关系:一是要分清考试点和非考试点;二是要在考试点中分清重点和非重点,着重抓重点;三是要解决懂(理解)和记忆考试点的关系,在懂得的基础上记忆;四是要解决记和会的关系,在记的基础上练习,达到会的目的,在练习过程中加深理解和记忆。

3)学会处理理论知识复习和实操技能训练之间的关系,将理论知识复习放在更加突出的地位。

4)在复习中,应学会对重要知识点进行归纳复习。

5)在复习中,还应对高级汽车维修工理论复习题库中的相似知识点进行区分。

6)高级汽车维修工理论考试涉及的知识面很广,要求学生将所有知识点在短时间内都理解和掌握几无可能,但也不应该完全通过死记硬背把所有试题的答案都背下来。因此,学生在理论知识复习过程中,除了通过上述具体的试题对相关考核知识点进行总结归纳并对相似知识点进行区分外,应特别注重对部分知识点在理解的基础上进行记忆,只有这样才能达到事半功倍的效果。

五、"理论鉴定要素细目表"的几点说明

1)"理论鉴定要素细目表"反映了当前本职业对从业人员知识和技能的主要要求,是国家命题和抽题组卷的依据,同时也是理论知识考试的重点。

2)"理论鉴定要素细目表"是按照《汽车维修工鉴定细目表(三级)》的结构细化而成的,其中,理论知识部分的鉴定点就是理论知识考试的知识点。

3)"理论鉴定要素细目表"中,每个鉴定点都有其重要程度指标,即鉴定点后标注的"★★★""★★""★"。其中,"★★★"表示"核心要素",是考试中最重要、出现频率最高的内容;"★★"表示"一般要素",是考试中出现频率一般的内容;"★"表示"辅助要素",在考核中出现的频率较低。

第 1 章

职业素质

理论鉴定要素细目表

考核内容		考核要点	重要程度
职业素质	职业道德	道德的含义	★★★
		职业道德的含义	★★★
		职业道德的本质	★★★
		职业道德的特征	★
		职业道德的具体功能	★
		职业道德的社会作用	★
		职业道德的基本要求	★
		职业道德修养	★
	职业意识	职业意识的含义	★★★
		职业意识的特性	★
		职业意识的作用	★
		职业意识的基本内容	★
		职业目标意识	★
		岗位责任意识	★
		服务意识	★
		团队协作意识	★★★
		质量意识	★
		公平竞争意识	★
		法纪意识	★
		安全意识	★

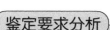

鉴定要求分析

　　本章主要涉及职业素质方面的基础知识，职业素质涵盖的内容是十分广泛的，其主要表现在职业道德、职业意识、职业兴趣、职业能力、职业个性及职业情况等方面，根据汽车维修高级工理论知识鉴定的要求，作为职业人的汽车维修工也必须掌握这方面的知识。因此，本章的内容在理论鉴定考核中多有涉及，但涉及的题量不是很多，约占5%，而且涉及的主要是职业道德和职业意识两方面的内容。因此考生在复习时应重点掌握这两方面的内容，特别是对章节后的真题分析和模拟试题训练中涉及的试题应重点理解和掌握，这些试题在历次考试中经常重复出现。

知识点阐述

1.1　职业道德

1.1.1　道德的含义

1. 什么是道德

　　道德是人类社会特有的，由社会经济关系决定的，依靠内心信念和社会舆论、风俗习惯等方式来调整人与人之间、个人与社会之间，以及个人与自然之间的关系的特殊行为规范的总和。

　　从某种意义上说，道德就是讲人的行为"应该"怎样和"不应该"怎样的问题。

2. 道德的三层含义

　　1）首先，一个社会的道德的性质、内容，是由社会生产方式、经济关系决定的；有什么样的生产方式、经济关系，就有什么样的道德体系。

　　2）其次，道德是以善与恶、好与坏、偏私与公正等作为标准来调整人们之间的行为的。

　　3）再次，道德不是由专门的机构来制定和强制实施的，而是依靠社会舆论和人们的信念、传统、习惯和教育的力量来调节的。

3. 道德与法律的关系

　　（1）道德规范与法律规范的联系

　　1）自从国家产生以来，道德与法律都是国家社会健康发展的重要保障。

　　2）道德与法律在作用上是相辅相成、相互促进、共同发展的。

　　3）道德与法律在内容上有相互重叠的部分。比如，我国《宪法》中许多法律条款，同时又是人们所应遵守的社会主义道德规范。

　　（2）道德规范与法律规范的区别

　　1）在调节范围上，道德的适用范围广，而法律的适用范围相对窄。只有违法的行为，才会受到法律惩处。

2）在调节主体上，法律代表着国家意志，通过国家司法部门强制执行，而道德主要靠社会舆论、风俗和人们的良心来指导和约束人们的行为。显然，道德调节的主体比法律广泛。

3）在调节方式上，法律调节具有强制性、滞后性特点。而道德调节主要通过改变人们的内心信念和思想觉悟，来促使人们自觉改变自己的态度与言行，具有明显的自觉性、事前性特点。

4. 道德评价

所谓道德评价是人们依据一定的道德原则和规范，对自己或他人的行为进行是非、善恶判断，表明自己态度和价值倾向的活动。道德评价具有扩散性和持久性的特点。

1.1.2 职业道德的含义

1. 职业

职业，简单地说，就是人们为了满足社会生产、生活需要，所从事的承担特定社会责任，具有某种专门业务活动的、相对稳定的工作。

职业有三个方面的含义：

1）职业是人们谋生的手段和方式。

2）通过职业劳动使自己的体力、智力和技能水平不断得到发展和完善。

3）通过自己的职业劳动，履行对社会和他人的责任，承担特定社会责任是职业的本质。这表明，职业是责任、权力和利益的有机统一。

2. 职业道德

所谓职业道德，就是同人们的职业活动紧密联系的符合职业特点所要求的道德准则、道德情操与道德品质的总和，它既是对本职人员在职业活动中行为的要求，同时又是职业对社会所承担的道德责任与义务。

职业道德的含义包括以下八个方面：

1）职业道德是一种职业规范，受到社会普遍的认可。

2）职业道德是长期以来自然形成的。

3）职业道德没有确定的形式，通常体现为观念、习惯、信念等。

4）职业道德依靠文化、内心信念和习惯，通过员工的自律实现。

5）职业道德大多没有实质的约束力和强制力。

6）职业道德的主要内容是对员工义务的要求。

7）职业道德标准多元化，代表了不同企业可能具有不同的价值观。

8）职业道德承载着企业文化和凝聚力，影响深远。

每个从业人员，不论是从事哪种职业，在职业活动中都要遵守职业道德。要理解职业道德需要掌握以下四点：

首先，在内容方面，职业道德总是要鲜明地表达职业义务、职业责任以及职业行为上的道德准则。它不是一般地反映社会道德和阶级道德的要求，而是要反映职业、行业以至产业特殊利益的要求；它不是在一般意义上的社会实践基础上形成的，而是在特定的职业实践的基础上形成的，因而它往往表现为某一职业特有的道德传统和道德习惯，表现为从事某一职

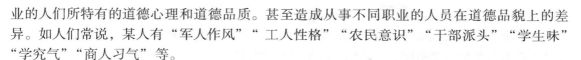

业的人们所特有的道德心理和道德品质。甚至造成从事不同职业的人员在道德品貌上的差异。如人们常说，某人有"军人作风""工人性格""农民意识""干部派头""学生味""学究气""商人习气"等。

其次，在表现形式方面，职业道德往往比较具体、灵活、多样。它总是从本职业交流活动的实际出发，采用制度、守则、公约、承诺、誓言、条例，以至标语口号之类的形式，这些灵活的形式既易于为从业人员所接受和实行，又易于形成一种职业的道德习惯。

再次，从调节的范围来看，职业道德一方面用来调节从业人员内部关系，加强职业、行业内部人员的凝聚力；另一方面，它也用来调节从业人员与其服务对象之间的关系，用来塑造本职业从业人员的形象。

最后，从产生的效果来看，职业道德既能使一定的社会或阶级的道德原则和规范"职业化"，又能使个人道德品质"成熟化"。

1.1.3　职业道德的本质

1）职业道德是生产发展和社会分工的产物，自从人类社会出现了农业和畜牧业、手工业的分离，以及商业的独立，社会分工就逐渐成为普遍的社会现象。由于社会分工，人类的生产就必须通过各行业的职业劳动来实现。随着生产发展的需要，随着科学技术的不断进步，社会分工越来越细。

分工没有把人们的活动分成彼此不相联系的独立活动，而是使人们的社会联系日益加强，人与人之间的关系越来越紧密，越来越扩大，经过无数次的分化与组合，形成了今天社会生活中各种各样的职业，并形成了人们之间错综复杂的职业关系。这种与职业相关联的特殊的社会关系，需要有与之相适应的特殊的道德规范来调整，职业道德就是作为适应并调整职业生活和职业关系的行为规范而产生的，可见，生产的发展和社会分工的出现是职业道德形成、发展的历史条件。

2）职业道德是人们在职业实践活动中形成的规范。人们对自然、社会的认识，依赖于实践，正是由于人们在各种各样的职业活动实践中，逐渐地认识人与人之间、个人与社会之间的道德关系，从而形成了与职业实践活动相联系的特殊的道德心理、道德观念、道德标准。由此可见，职业道德是随着职业的出现以及人们的职业生活实践形成和发展起来的，有了职业就有了职业道德，出现一种职业就随之有了关于这种职业的道德。

3）职业道德是职业活动的客观要求，职业活动是人们由于特定的社会分工而从事的具有专门业务和特定职责，并以此作为主要生活来源的社会活动。它集中地体现着社会关系的三大要素——责、权、利。

① 每种职业都意味着承担一定的社会责任，即职责。如完成岗位任务的责任，承担责权范围内的社会后果的责任等。职业者职业责任的完成，既需要通过具有一定权威的政令或规章制度来维持正常的职业活动和职业程序，强制人们按一定规定办事，也需要通过内在的职业信念、职业道德情感来操作。当人们以什么态度来对待和履行自己的职业责任时，就使职业责任具有了道德意义，成为职业道德责任。

② 每种职业都意味着享有一定的社会权力，即职权。职权不论大小都来自于社会，是社会整体和公共权力的一部分，如何承担和行使职业权力，必然联系着社会道德问题。

③ 每种职业都体现和处理着一定的利益关系，职业劳动既是为社会创造经济、文化效

益的主渠道，也是个人主要的谋生手段，因此，职业是社会整体利益、职业服务对象的公众利益和从业人员个人利益等多种利益的交汇点、结合部。如何处理好它们之间的关系，不仅是职业的责任和权力之所在，还是职业内在的道德内容。

总之，没有相应的道德规范，职业就不可能真正担负起它的社会职能。职业道德是职业活动自身的一种必要的生存与发展条件。

4）职业道德是由社会经济关系决定的特殊社会意识形态，职业道德虽然是在特定的职业生活中形成的，但它作为一种社会意识形态，则深深根植于社会经济关系之中，取决于社会经济关系的性质，并随着社会经济关系的变化而变化发展着。

在人类历史上，社会的经济关系归根到底只有两种形式：一种是以生产资料私有制为基础的经济结构，一种是以生产资料公有制为基础的经济结构。与这两种经济结构相适应也产生了两种不同类型的职业道德：一种是私有制社会的职业道德，包括奴隶社会、封建社会和资本主义社会的职业道德；另一种是公有制社会即社会主义社会的职业道德。以公有制为基础的社会主义的职业道德与私有制条件下的各种职业道德有着根本性的区别。

社会主义社会人与人之间的关系，不再是剥削与被剥削、雇佣与被雇佣的职业关系，从事不同的职业活动，只是社会分工不同，而没有高低贵贱的区别，每个职业工作者都是平等的劳动者，不同职业之间是相互服务的关系。每个职业活动都是社会主义事业的一个组成部分。各种职业的职业利益同整个社会的利益，从根本上说是一致的。因此，各行各业有可能形成共同的职业道德规范，这是以私有制为基础的社会的职业道德难以实现的。

本质上讲，职业道德是对社会行为个体履行岗位职责的一种规范，是按照职业操守规定对人的行为应有益于他人和社会的基本层次的要求，主要通过职业教育的手段，通过启迪人们的道德觉悟，激励人们的职业感情，强化人们的道德意志来养成个人良好的行为习惯和品质。在现实社会里，职业道德更多地表现为一种"软性约束"，主要体现为行业规范所约定，单位纪律所强调，社会舆论所监督。也正因为如此，对职业道德的履行，不同的人有不同的认识和表现形式。

① 消极地遵从职业道德。比如，对于餐饮酒店等服务行业来讲，可能表现为有社会大众或同事监督时能履行职业道德，遵从职业规范，无人监督或个人独自承担工作任务时就放松对自己职业道德的约束；对于国家事业机关单位公务员来讲，可能表现为八小时之内能够履行职业道德，下班时间或休假时间就有意无意地放松对自己职业道德的约束；对于企业经理人来讲，可能表现为在得到企业发展好处时能够履行职业道德，在企业发展不顺或个人未得到更多利益时就舍弃这种道德约束，甚至损害集体或者国家的整体利益。

② 被动地遵从职业道德。在客观行为人的思想深处或个人意识中有职业道德的约束，能够在关键时刻体现职业道德精神。但这种道德行为更多地体现在做分内工作或完成分内任务上，体现在对自己个人的约束上，对属于自己工作职责之外的事情，或不属于当天当时当地履行的职责，或对单位同事不履行职业道德可能对本单位形象或社会公德造成不良影响的行为持无所谓的态度，"事不关己，高高挂起"。

③ 主动地遵从职业道德。将职业道德作为自己的一种人生境界，一种人生价值，一种灵魂深处的"刚性"约束。能够在社会需要和日常生活工作处事中将职业道德升华为一种

奉献精神，将奉献精神作为职业道德行为的"自觉"，作为一种光荣和幸福，而且是更高层次、更大意义上的幸福。在近年来抵御洪灾、抢险济困等过程中，许许多多的共产党员，正是由于肯于牺牲、乐于奉献，才实现和提升了人生价值，体现了高尚人格和品质，赢得了尊重。

1.1.4　职业道德的特征

通过上述分析不难看出职业道德具有以下特点：

（1）职业道德具有适用范围的有限性　每种职业都担负着一种特定的职业责任和职业义务。由于各种职业的职业责任和义务不同，从而形成各自特定的职业道德的具体规范。

（2）职业道德具有发展的历史继承性　由于职业具有不断发展和世代延续的特征，不仅其技术世代延续，其管理员工的方法、与服务对象打交道的方法，也有一定的历史继承性。如"有教无类""学而不厌，诲人不倦"，从古至今始终是教师的职业道德。

（3）职业道德表达形式多种多样　由于各种职业道德的要求都较为具体、细致，因此其表达形式多种多样。

（4）职业道德兼有强烈的纪律性　纪律也是一种行为规范，但它是介于法律和道德之间的一种特殊的规范。它既要求人们能自觉遵守，又带有一定的强制性。就前者而言，它具有道德色彩；就后者而言，又带有一定的法律色彩。就是说，一方面遵守纪律是一种美德，另一方面，遵守纪律又带有强制性，具有法令的要求。如工人必须执行操作规程和安全规定；军人要有严明的纪律等。因此，职业道德有时又以制度、章程、条例的形式表达出来，让从业人员认识到职业道德又具有纪律的规范性。

1.1.5　职业道德的具体功能

（1）导向功能　导向功能是指职业道德具有引导职业活动方向的效用。表现在三个方面：

1）确立正确的职业理想，使企业和从业人员提高社会责任感，坚持社会文明前进的方向。

2）根据企事业发展战略和经营理念，引导企事业和从业人员集中智慧和力量，促进企事业健康发展，推动从业人员取得事业成功。

3）通过职业道德基本要求，引导从业人员的职业行为符合企业发展的具体要求，确保从业人员岗位活动不出偏差。

（2）规范功能　规范功能是指职业道德具有促进职业活动规范化和标准化的效用。表现在两个方面：

1）通过岗位责任的总体规定，使从业人员明白职业活动的基本要求。

2）通过具体的操作规程和违规处罚规则，让从业人员了解职业行为底线，不越"雷池"，避免受处罚。

（3）整合功能　整合功能是指企业通过职业道德核心理念对企业内部不同部门、不同个体之间进行调节，起到凝聚人心、协调统一的效用。表现在三个方面：

1）通过企业目标吸引员工的注意力、促进组织凝聚力。

2）通过企业价值理念调整内部利益关系，倡导精神的力量，最大限度地消除分歧，化解内部矛盾。

3）通过硬性要求，增强威慑力，抑制投机、"越轨"心理，以有效消除偏离正常轨道的思想和行为。

（4）激励功能 激励功能是指职业道德能够激发从业人员产生内在动力的效用。激励功能可以通过以下途径来实现：

1）通过教育引导，帮助从业人员树立崇高的职业理想。

2）通过榜样、典型的示范，提供鲜活、明确、具有感召力的行为坐标参照系。

3）通过考评奖惩机制。

1.1.6　职业道德的社会作用

职业道德是社会道德体系的重要组成部分，它一方面具有社会道德的一般作用，另一方面它又具有自身的特殊作用，具体表现在：

（1）调节职业交往中从业人员内部以及从业人员与服务对象间的关系 道德的基本职能是调节职能。它一方面可以调节从业人员内部的关系，即运用职业道德规范约束职业内部人员的行为，促进职业内部人员的团结与合作。如职业道德规范要求各行各业的从业人员都要团结、互助、爱岗、敬业、齐心协力地为发展本行业、本职业服务。另一方面，职业道德又可以调节从业人员和服务对象之间的关系。如职业道德规定了制造产品的工人要怎样对用户负责；营销人员怎样对顾客负责；医生怎样对病人负责；教师怎样对学生负责等。

（2）有助于维护和提高本行业的信誉 一个行业、一个企业的信誉，也就是它们的形象、信用和声誉，是指企业及其产品与服务在社会公众中的信任程度，提高企业的信誉主要靠产品的质量和服务质量，而从业人员职业道德水平高是产品质量和服务质量的有效保证。若从业人员职业道德水平不高，很难生产出优质的产品和提供优质的服务。

（3）促进本行业的发展 行业、企业的发展有赖于高的经济效益，而高的经济效益源于高的员工素质。员工素质主要包含知识、能力、责任心三个方面，其中责任心是最重要的。而职业道德水平高的从业人员其责任心是极强的，因此，职业道德能促进本行业的发展。

（4）有助于提高全社会的道德水平 职业道德是整个社会道德的主要内容。职业道德一方面涉及每个从业者如何对待职业，如何对待工作，同时也是一个从业人员的生活态度、价值观念的表现，是一个人的道德意识，道德行为发展的成熟阶段，具有较强的稳定性和连续性。另一方面，职业道德也是一个职业集体，甚至一个行业全体人员的行为表现，如果每个行业，每个职业集体都具备优良的道德，对整个社会道德水平的提高肯定会发挥重要作用。

1.1.7　职业道德的基本要求

要大力倡导以爱岗敬业、诚实守信、办事公道、服务群众、奉献社会为主要内容的职业道德，鼓励人们在工作中做一个好建设者。

1. 爱岗敬业

通俗地说，爱岗敬业就是"干一行爱一行"，它是人类社会所有职业道德的一条核心规

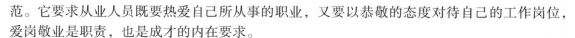

范。它要求从业人员既要热爱自己所从事的职业，又要以恭敬的态度对待自己的工作岗位，爱岗敬业是职责，也是成才的内在要求。

所谓爱岗，就是热爱自己的本职工作，并为做好本职工作尽心竭力。爱岗是对人们工作态度的一种普遍要求，即要求职业工作者以正确的态度对待各种职业劳动，努力培养热爱自己所从事工作的幸福感、荣誉感。

所谓敬业，就是用一种恭敬严肃的态度来对待自己的职业。任何时候用人单位只会倾向于选择那些既有真才实学又踏踏实实工作，持良好态度工作的人。这就要求从业人员只有养成干一行、爱一行、钻一行的职业精神，专心致志搞好工作，才能实现敬业的深层次含义，并在平凡的岗位上创造出奇迹。虽然社会职业在外部表现上存在差异性，但只要从业人员热爱自己的本职工作，并能在自己的工作岗位上兢兢业业工作，终会有机会创出一流的业绩。

爱岗敬业是职业道德的基础，是社会主义职业道德所倡导的首要规范。爱岗就是忠于职守，对本职工作尽心尽力；敬业是爱岗的升华，就是对本职工作一丝不苟。爱岗敬业，就是对自己的工作要专心、认真、负责任，为实现职业上的奋斗目标而努力。

2. 诚实守信

诚实就是实事求是地待人做事，不弄虚作假。在职业行为中最基本的体现就是诚实劳动。每一名从业人员，只有为社会多工作、多创造物质或精神财富，并付出卓有成效的劳动，社会所给予的回报才会越多，即"多劳多得"。

守信要求讲求信用，重信誉、信守诺言。要求每位从业人员在工作中严格遵守国家的法律、法规和本职工作的条例、纪律；要求做到秉公办事，坚持原则，不以权谋私；要求做到实事求是、信守诺言，对工作精益求精，注重产品质量和服务质量，并同弄虚作假，坑害人民的行为进行坚决的斗争。

3. 办事公道

所谓办事公道是指从业人员在办事情处理问题时，要站在公正的立场上，按照同一标准和同一原则办事的职业道德规范。即处理各种职业事务要公道正派、不偏不倚、客观公正、公平公开。对不同的服务对象一视同仁、秉公办事，不因职位高低、贫富亲疏的差别而区别对待。

如一个服务员接待顾客不以貌取人，无论对于那些衣着华贵的富人还是对那些衣着平平的普通百姓，对不同国籍，不同肤色，不同民族的宾客能一视同仁，同样热情服务，这就是办事公道。无论是对于那些一次购买上万元商品的大主顾，还是对于一次只买几元钱小商品的人，同样周到接待，这就是办事公道。

4. 服务群众

服务群众是指听取群众意见，了解群众需要，为群众着想，端正服务态度，改进服务措施，提高服务质量。做好本职工作是服务群众最直接的体现。要有效地履职尽责，必须坚持工作的高标准。工作的高标准是单位建设的客观需要，是强烈的事业心责任感的具体体现，也是履行岗位责任的必然要求。

5. 奉献社会

奉献社会是社会主义职业道德的最高境界和最终目的。奉献社会是职业道德的出发点和归宿。奉献社会就是要履行对社会、对他人的义务，自觉地、努力地为社会、为他人做出贡献。当社会利益与局部利益、个人利益发生冲突时，要求每一个从业人员把社会利益放在首位。

奉献社会是一种对事业忘我的全身心投入，这不仅需要有明确的信念，更需要有崇高的行动。当一个人任劳任怨，不计较个人得失，甚至不惜献出自己的生命从事于某种事业时，他关注的其实是这一事业对人类、对社会的意义。

1.1.8 职业道德修养

修养，即人们为了在理论、知识、艺术、思想、道德等方面达到一定水平，所进行自我教育、自我提高的活动过程。职业道德修养，是指从事各种职业活动的人员，按职业道德基本原则和规范，在职业活动中所进行的自我教育、自我锻炼、自我改造和自我完善，使自己形成良好的职业道德品质和达到一定的职业道德境界。

1. 加强职业道德修养的意义

（1）利于职业生涯的拓展 就业方式的转变对员工的职业道德修养提出了更高的要求；职业道德修养可以为一个人的成功提供社会资源；职业道德修养是个人职业规划的重要组成部分；良好的职业道德修养能帮助从业人员渡过难关，走向辉煌。

（2）利于职业境界的提高 对职业有正确的认识，明确工作的意义；不会在工作中被个人名利得失所束缚；有高度的责任心和事业心。

（3）利于个人成长成才 加强职业道德修养是从业人员"社会化"的需要、是自我实现的重要保证。

2. 职业道德修养的途径和方法

（1）端正职业态度 加强职业道德修养是培养一种职业态度；文明礼让是做人的起码要求，也是个人道德修养境界和社会道德风貌的体现。

（2）要强化职业情感 注重从我国优秀传统道德中汲取营养；有赖于从业人员对道德行为的直接体验（"慎独"，在无人监督时仍能严格按照道德规范的要求做事，"积善成德"）。

（3）注重历练职业道德意志 市场经济环境下的职业道德应该讲法治、讲诚信、讲效率、讲公平；内含着为人民服务的道德要求。

1.2 职业意识

1.2.1 职业意识的含义

职业意识是作为职业人所具有的意识，以前称为主人翁精神。具体表现为：工作积极认真，有责任感，具有基本的职业道德。

职业意识既影响个人的就业和择业方向，又影响整个社会的就业状况。职业意识由就业意识和择业意识构成。就业意识指人们对自己从事的工作和任职角色的看法；择业意识指人们对自己希望从事的职业的看法。

职业意识是人们对职业劳动的认识、评价、情感和态度等心理成分的综合反映，是支配和调控全部职业行为和职业活动的调节器，它包括创新意识、竞争意识、协作意识和奉献意识等方面。

职业意识是职业道德、职业操守、职业行为等职业要素的总和。职业意识是约定俗成、师承父传的。职业意识是用法律、法规、行业自律、规章制度、企业条文来体现的。职业意识有社会共性的，也有行业或企业相通的。它是每一个人所从事工作岗位最基本的，也是必须牢记和自我约束的要求。

1.2.2　职业意识的特性

（1）社会共性　在全社会各个行业形成的共有的、普遍认可和遵守的意识，如敬业精神、奉献意识、责任意识等。

（2）行业与单位共性　指人们对行业或单位的具体岗位职责的基本认识和观点，如医生与护士的救死扶伤、教师的文化传承和培养人才等。

1.2.3　职业意识的作用

存在决定意识，意识对存在具有反作用。职业意识的作用，具体表现在以下几个方面：

1）及时、全方位的职业意识的引导，有助于职业兴趣的产生、职业选择的顺利进行。在一个人生理、心理条件一定的情况下，职业兴趣的产生与职业信息的刺激构成相关关系，职业能力与职业兴趣成正比。职业意识正确与否，直接影响职业选择和职业成就。

2）一定的职业价值观影响制约人的职业方向、职业岗位的选择以及职业活动中的情感、态度、意志与品质，包括职业中的义利取舍和人际关系。健康积极的职业观有利于工作方式与生活方式的优化及水平的提高。

3）合理、恰当的职业期望有助于职业选择的成功，也有助于职业满意度的提高。

4）积极健康的职业意识有助于个人职业选择的顺利实现、职业生涯的顺利发展、个人事业的成功。职业意识在职业生涯设计中发挥着主观能动性的作用，有助于职业生涯设计变为现实。

1.2.4　职业意识的基本内容

1）职业意识的基本内容主要包括目标意识、岗位责任意识、服务意识、团队协作意识、质量意识、公平竞争意识和法纪意识等。

2）职业意识的各个组成部分是不可分割、相互联系的，共同作用于人的职业社会化过程。职业意识存在水平的高低和实质的优劣，职业知识的丰富、职业兴趣的成熟与集中，职业意向的合理明确驱使从业者向一定的职业努力，从而使职业选择更理智。

1.2.5　职业目标意识

（1）含义　职业目标意识是指从业者在职业活动中必须明确的职业发展目标，并采取有效的措施去实现的发展目标。

（2）意义　生活在错综复杂的社会里，应该要有很强的职业目标认识，只有这样才能有目标、有计划、有指向性地在职场生活中努力壮大。卧薪尝胆的越王勾践有打败吴国的目标，十年如一日的艰辛才实现自己的目标。西汉时期的司马迁有写好史书的目标，才最终成就"史家之绝唱，无韵之离骚"的千古篇章。

（3）要求　确定职业目标，好的故事就有好的开始，目标的确立就是成功开端的一半；有坚定追求目标实现的强烈进取心，当遇到挫折时，有很强的进取心就有奋斗的动力；围绕目标的不懈努力，在平常生活与工作中避免随波逐流与忙乱无章，时刻围绕目标进行，使职业的发展更加有效与快速。

1.2.6 岗位责任意识

（1）含义 岗位责任意识是指对本职工作的负责，忠于职守，尽职尽责的职业素养，它是职业意识的核心内容之一。

（2）意义 "三百六十行，行行出状元"，无论选择何种职业，也无论是否满意这一职业，只要选定了这一职业，就必须尽职尽责地将本职工作做好，岗位责任意识是从业人员最基本的职业素养。只有人人都热爱自己的本职工作，才能发挥整体的功能，更好地产生社会效益与经济效益。

（3）要求 适应岗位的要求，世上无难事，只要下功夫，没有学不会的工作技能，所以，只要用心就能更好地适应岗位要求；坚守岗位，有良好的工作习惯与工作秩序，如此才能保证工作的运行与开展；尽职尽责，勇于承担责任，扎实工作，尽职守，尽责任；讲究效率，快餐时代的来临，使效率成为必备的工作技能之一，如此才能取得较大的工作成绩。

1.2.7 服务意识

（1）含义 服务意识是指为社会、集体、他人的利益提供支持性的工作，是为他人提供更好的方便的意识，是成人之美的意识。

（2）意义 社会是一个大的系统，各个方面、各个部分、各个单位之间相互依存，相互服务。唯有相互为彼此提供服务，才会使一个单位的内部管理达到快捷和高效。因此，服务意识的树立是必然的要求。

（3）要求 强化服务理念，在工作中和与人交往中，应当及时为他人创造条件，提供服务；服务讲求实效，如此才不会为服务的价值大打折扣；服务应有绩效，急人之所急，想人之所想，从别人工作、生活所需出发去提供服务，才能让服务的真正价值体现出来。

1.2.8 团队协作意识

（1）含义 团队协作意识是指劳动者彼此之间以及单位的精诚团结，互助互爱，互相支持与密切合作，实现特定目标的职业素养。

（2）意义 "三个臭皮匠，胜过一个诸葛亮" "一个篱笆三个桩，一个好汉三个帮" "众人拾柴火焰高" "人心齐，泰山移" "团结就是力量" 等这些耳熟能详的谚语都在告诉我们团队协作的重要性。在生产社会化程度越来越高的社会更应如此。

（3）要求 树立全局观念，自觉将个人工作和组织目标联系在一起；做好本职工作，最大限度发挥自己的潜力；自觉维护团结才能让单位焕发出勃勃生机；关心他人疾苦，多换位思考，理解他人，才能形成良好的团结协作氛围。

1.2.9 质量意识

（1）含义 质量意识是指劳动者追求工作的过程、成果达到或超标准要求的态度和信念。

（2）意义 当代社会有时会出现食品安全问题，究其根本原因是生产者对质量的要求不严，可想而知质量意识相当重要。就个人而言，质量意识决定一个人的职业发展。

（3）要求　树立质量第一的意识，必须认识到质量是工作的价值所在；坚持信誉至上的原则，对质量负责，对工作成果负责；培养严谨认真的工作作风，才不会因为工作不细致造成质量问题。弘扬刻苦钻研的精神，才能持续培养职业技能。

1.2.10　公平竞争意识

（1）含义　公平竞争意识是指个人在职业活动中要具有努力向上，永不自满，敢于冒险的精神，以信立业，以质取胜，公平公正。

（2）意义　竞争是商品经济的必然产物，是市场经济的共同现象。随着改革的不断深入，社会主义市场经济体制的建立，各种竞争就更加广泛，只有公平竞争才能在实现职业劳动者个人利益的同时，更好地实现社会主义的整体利益。

（3）要求　强化信用意识和守法意识，正确追求个人的进步，树立诚实守信、公平竞争的职业意识，正确对待职业成就与职业荣誉。

1.2.11　法纪意识

（1）含义　法纪意识指用国家法律、政策和有关纪律、制度来约束自己，依法从事职业活动的素养。

（2）意义　法纪意识是现代人才素养中必不可少的思想行为素养，它适应现代社会的需要，也能推动全社会形成遵纪守法的良好风尚。

要求学习法纪知识，知法懂法守法；遵守法纪，是建设法治社会的需要，也是每位公民对社会履行道德责任的底线；维护和使用法纪，在职业活动中用法纪分析问题，解决问题。

总之，职业意识的各个组成部分不可分割、相互联系、共同作用于人的职业社会化的过程。职业意识存在水平的高低和实质的优劣。职业知识的丰富、职业兴趣的成熟与集中、职业意向的合理明确驱使人向一定的职业努力，从而使职业选择更理智。

1.2.12　安全意识

2012 年 1 月 10 日起实施的交通运输行业标准 JT/T 816—2011《机动车维修服务规范》中的安全管理部分有如下规定：

1）经营者应建立安全生产组织机构和安全生产责任制度，明确各岗位人员安全职责。

2）经营者应制订安全生产应急预案，内容包括应急机构组成、责任人及分工、应急预案启动程序、应急救援工作程序等。

3）经营者应开展安全生产教育与督促检查，为员工提供国家规定的劳动安全卫生条件和必要的劳动防护用品。

4）经营者应确保生产设施、设备安全防护装置完好，按照规定配置消防设施和器材，设置消防、安全标志。有毒、易燃、易爆物品，腐蚀剂，压力容器的使用与存放应符合国家有关规定的要求。

5）机动车维修作业场所相应位置应张贴维修岗位与设备安全操作规程及安全注意事项。

（1）安全工作条件

1）企业应具有与其维修作业内容相适应的安全管理制度和安全保护措施，建立并实施安全生产责任制；安全保护设施、消防设施等应符合有关规定。

2）企业应有各工种、各类机电设备的安全操作规程，并将安全操作规程明示在相应的工位或设备处。

3）使用、存储有毒、易燃、易爆物品，腐蚀剂，压力容器等均应有相应的安全防护措施和设施。

（2）安全工作意识　企业一定要重视员工的安全教育，员工自己更要有安全工作意识，每时每刻都有安全第一的观念，防患于未然。安全管理与工作的目的在于建立起安全生产的环境，所有的工作都应建立在安全的前提下。

安全工作意识的作用：

1）给客户留下深刻的印象，提升公司形象。

2）营造团队精神，创造良好的企业文化，增强员工的归属感。

3）提高工作效率，减少浪费，降低成本。

4）保障工作质量。

练习题

真 题 分 析

一、单项选择题

1. 纪律也是一种行为规范，但它是介于法律和（　　　）之间的一种特殊的规范。

A. 法律　　　　　　B. 道德　　　　　　C. 制度　　　　　　D. 规范

【分析】

本题涉及的知识点是纪律的含义。纪律既要求人们能自觉遵守，又带有一定的强制性。就前者而言，它具有道德色彩；就后者而言，又带有一定的法律色彩。所以，纪律是介于法律和道德之间的一种特殊的规范。

【答案】B

2. 职业道德调节职业交往中从业人员内部以及（　　　）与服务对象间的关系。

A. 从业人员　　　　B. 职业守则　　　　C. 道德品质　　　　D. 个人信誉

【分析】

本题涉及的知识点是职业道德的社会作用。道德的基本职能是调节职能，职业道德也是如此，它一方面可以调节从业人员内部的关系，即运用职业道德规范约束职业内部人员的行为，促进职业内部人员的团结与合作。如职业道德规范要求各行各业的从业人员，都要团结、互助、爱岗、敬业、齐心协力地为发展本行业、本职业服务。另一方面，职业道德又可以调节从业人员和服务对象之间的关系。如职业道德规定了制造产品的工人要怎样对用户负责。

【答案】A

3. 职业素质是（　　　）对社会职业了解与适应能力的一种综合体现，其主要表现在职业兴趣、职业能力、职业个性及职业情况等方面。

A. 消费者　　　　　B. 生产者　　　　　C. 劳动者　　　　　D. 个人

【分析】

本题涉及的知识点是职业素质的含义。职业素质首先是跟职业活动相联系的，因而是与劳动者相关的，是劳动者对社会职业了解与适应能力的一种综合体现，其主要表现在职业兴趣、职业能力、职业个性及职业情况等方面。

【答案】C

4. 职业意识是指(　　)。

A. 人们对职业的认识

B. 人们对理想职业的认识

C. 人们对求职择业和职业劳动的各种认识的总和

D. 人们对各行业的评价

【分析】

本题涉及的知识点是职业意识的含义。职业意识由就业意识和择业意识构成。就业意识指人们对自己从事的工作和任职角色的看法；择业意识指人们对自己希望从事的职业的看法。职业意识是人们对职业劳动的认识、评价、情感和态度等心理成分的综合反映。

【答案】C

二、判断题

1. (　　)职业道德具有发展的历史继承性。

【分析】

本题涉及的知识点是职业道德的特征。由于职业具有不断发展和世代延续的特征，不仅其技术世代延续，其管理员工的方法、与服务对象打交道的方法，也有一定的历史继承性。如"有教无类""学而不厌，诲人不倦"，从古至今始终是教师的职业道德。因而，题干的说法是正确的。

【答案】√

2. (　　)职业道德评价具有维护职业道德原则和规范的作用，但不具有教育作用和调节作用。

【分析】

本题涉及的知识点是职业道德评价的作用。通过职业道德评价，可以使社会主义职业道德原则和规范转化为从业人员的内心信念，并见之于行动。可以引导和帮助职工群众改善和提高服务态度、服务意识、服务质量和服务水平，明辨善恶、正邪，自觉遵守职业道德，实现"为人民服务，树立行业新风"这一目标。因此，职业道德具有维护职业道德原则和规范的作用，同时具有教育作用和调节作用。

【答案】×

 ## 练习题

模拟试题训练

一、单项选择题

1. (　　)的基本职能是调节职能。

A. 职业道德　　　B. 社会责任　　　C. 社会意识　　　D. 社会公德

2. ( )是社会主义职业道德的灵魂。

A. 为社会服务　　　B. 为行业服务　　　C. 为企业服务　　　D. 为人民服务

3. 职业意识是人们对职业劳动的认识评价、( )和态度等心理成分的综合反映，其核心是爱岗敬业精神，在本职岗位上能够踏踏实实地做好工作。

A. 接受　　　　　　B. 态度　　　　　　C. 情感　　　　　　D. 许可

4. 职业是指( )。

A. 人们所做的工作　　B. 能谋生的工作

C. 收入稳定的工作　　D. 人们从事的比较稳定的有合法收入的工作

5. 团队意识含义包括( )和合作能力两个方面。

A. 集体力量　　　　B. 行为规定　　　　C. 集体意识　　　　D. 规范意识

6. 职业道德承载着企业( )，影响深远。

A. 文化　　　　　　B. 制度　　　　　　C. 信念　　　　　　D. 规划

7. ( )是社会主义道德建设的核心。

A. 为社会服务　　　B. 为行业服务　　　C. 为企业服务　　　D. 为人民服务

8. 全心全意为人民服务是社会主义职业道德的( )。

A. 前提　　　　　　B. 关键　　　　　　C. 核心　　　　　　D. 基础

9. 职业道德是同人们的职业活动紧密联系的符合( )所要求的道德准则、道德情操与道德品质的总和。

A. 职业守则　　　　B. 职业特点　　　　C. 人生观　　　　　D. 多元化

10. ( )是每一个员工的基本职业素质体现。

A. 放纵他人　　　　B. 严于同事　　　　C. 放纵自己　　　　D. 严于律己

11. 质量意识是以质量为核心的内容，自觉保证( )的意识。

A. 工作内容　　　　B. 工作质量　　　　C. 集体利益　　　　D. 技术核心

12. 职业道德是一种( )规范，受社会普遍的认可。

A. 行业　　　　　　B. 职业　　　　　　C. 社会　　　　　　D. 国家

13. 职业意识是指( )。

A. 人们对职业的认识

B. 人们对理想职业的认识

C. 人们对求职择业和职业劳动的各种认识的总和

D. 人们对各行业的评价

14. 职业道德标准( )，代表了不同企业可能具有不同的价值观。

A. 多元化　　　　　B. 人生观　　　　　C. 职业道德　　　　D. 多样性

15. 所谓职业道德评价，就是根据一定( )或阶级的道德原则或规范，对他人或自己的行为进行善恶判断，表明褒贬态度。

A. 职业守则　　　　B. 社会　　　　　　C. 从业人员　　　　D. 道德品质

16. 职业道德是( )体系的重要组成部分。

A. 社会责任　　　　B. 社会意识　　　　C. 社会道德　　　　D. 社会公德

17. 由于各种职业的职业责任和义务不同，从而形成各自特定的( )的具体规范。

A. 制度规范　　　　B. 法律法规　　　　C. 职业道德　　　　D. 行业标准

18. ( )可以调节从业人员内部的关系。

A. 社会责任　　　　B. 社会公德　　　　C. 社会意识　　　　D. 职业道德

19. 职业道德的主要内容是对( )义务的要求。

A. 行业　　　　　　B. 管理人员　　　　C. 员工　　　　　　D. 股东

20. 职业道德是长期以来( )形成的。

A. 自然　　　　　　B. 自觉　　　　　　C. 强制　　　　　　D. 约束

21. 职业意识是指人们对职业岗位的认同、( )、情感和态度等心理成分的总和, 其核心是爱岗敬业精神, 在本职岗位上能够踏踏实实地做好工作。

A. 评价　　　　　　B. 接受　　　　　　C. 态度　　　　　　D. 同情

22. 法律主要体现的是( )的意志。

A. 全民　　　　　　B. 统治阶级　　　　C. 党　　　　　　　D. 整个社会

二、判断题

1. ( )职业道德的基本职能是调节职能。

2. ( )职业道德是同人们的职业活动紧密联系的符合职业特点所要求的道德准则、道德情操与道德品质的总和。

3. ( )职业道德具有发展的历史继承性。

4. ( )尽管公司的规章制度齐全, 员工仍然需要严于律己。

5. ( )爱岗敬业是为人民服务和从业人员精神的具体体现, 是社会主义职业道德一切基本规范的基础。

6. ( )职业道德兼有强烈的纪律性。

7. ( )团队意识含义包括规范意识和合作能力两个方面。

8. ( )职业道德评价具有维护职业道德原则和规范的作用, 但不具有教育作用和调节作用。

9. ( )职业道德标准多元化, 代表了不同企业可能具有不同的价值观。

10. ( )职业素质是劳动者对个人职业了解与适应能力的一种综合体现, 其主要表现在职业兴趣、职业能力、职业个性及职业情况等方面。

11. ( )团队意识含义包括集体意识和合作能力两个方面。

12. ( )职业素质是劳动者对社会职业了解与适应能力的一种综合体现, 其主要表现在职业兴趣、职业能力、职业个性及职业情况等方面。

13. ( )职业意识是指人们对职业岗位的认同、表扬、情感和态度等心理成分的总和, 其核心是爱岗敬业精神, 在本职岗位上能够踏踏实实地做好工作。

14. ( )质量意识是以质量为核心内容, 自觉保证工作质量的意识。

15. ( )职业道德是一种职业规范, 受社会普遍的认可。

16. ( )如果公司的规章制度齐全, 员工不需要严于律己。

17. ( )职业道德大多都有实质的约束力和强制力。

18. ( )职业道德是社会道德体系的重要组成部分, 它一方面具有社会道德的一般作用, 另一方面它又具有自身的特殊作用。

19. ( )职业道德评价不同于一般的道德评价, 它具有鲜明的职业特点。

20. ( )为人民服务是社会主义道德建设的核心。

21.（　　）为人民服务是社会主义职业道德的灵魂。

22.（　　）职业意识正确与否，直接影响职业选择和职业成就。

23.（　　）全面提高专业素质，只能进行专业实习，这才是唯一途径。

24.（　　）职业道德是为人民服务和集体主义精神的具体体现，是社会主义职业道德一切基本规范的基础。

25.（　　）职业意识是指人们对职业岗位的认同、评价、情感和同情等心理成分的总和，其核心是爱岗敬业精神，在本职岗位上能够踏踏实实地做好工作。

26.（　　）法律主要体现的是统治阶级的意志。

27.（　　）质量意识是以质量为工作质量，自觉保证工作质量的意识。

28.（　　）在车底下工作时，不要直接躺在地上，应尽量使用卧板。

第**2**章

相关法律法规

理论鉴定要素细目表

考核内容		考核要点	重要程度
相关法律法规	质量管理知识	汽车维修质量与质量管理的概念	★★★
		全面质量管理(TQM)	★★★
		汽车维修企业全面质量管理	★★★
		汽车维修质量的评定	★★★
		汽车维修质量管理法规	★
	环境保护知识	汽车排放污染物的危害	★★★
		汽车排放法规及标准	★
		汽车排放污染防治方法	★
	法律法规知识	公民的权利与义务	★★★
		劳动法常识	★★★

鉴定要求分析

　　本章内容涉及汽车维修的相关法律法规，其主要内容包括质量管理知识、环境保护知识和法律法规知识三个部分。从历次汽车维修高级工理论知识鉴定的试题来看，汽车维修相关法律法规的内容基本都有涉及，虽然涉及的试题不多，所占的分数较少，但是，考生在复习备考中也不能忽视这方面内容，一些考生不能通过理论知识的鉴定考核，往往就因少做对一两道题，而汽车维修相关法律法规涉及的内容较少，往往较容易把握，若时间有限，考生至少应理解和掌握本章后面的真题和模拟试题；若时间充裕，考生最好能系统地学习这方面的知识。

知识点阐述

2.1　质量管理知识

2.1.1　汽车维修质量与质量管理的概念

1. 汽车维修质量的概念

所谓质量，就是指产品或工作的优劣程度。汽车维修是为了维持或恢复汽车完好的技术状况和工作能力而进行的作业，它属于一项服务性的技术工作。因此，汽车维修质量包括汽车维修的技术质量和服务质量两方面。

从技术角度讲，汽车维修质量是指汽车维修作业对汽车完好技术状况和工作能力维持或恢复的程度。

从服务角度讲，汽车维修质量是指用户对维修服务的态度、水平、及时性、周到性以及收费等方面的满意程度。

2. 汽车维修质量管理

汽车维修质量是汽车维修企业的生命线，因此，汽车维修企业质量管理的水平，对汽车维修质量就显得非常重要。

汽车维修质量的好坏是由许多相关因素决定的，它既取决于汽车维修企业内部各方面、各部门和全体人员的工作质量，也与社会的经营环境、管理环境等外部条件相关。因此为了保证和提高汽车维修质量，必须对影响汽车维修质量的相关因素实施系统管理。

汽车维修质量管理就是汽车维修企业为了保证和提高汽车维修质量所进行的调查、计划、协调、控制、检验、处理及信息反馈等各项活动的总称。

汽车维修质量管理是汽车维修企业管理的重要内容之一。汽车维修质量是对汽车本身质量的维持和保障，汽车维修质量的好坏决定着汽车能否保持良好的技术状况安全地行驶。因此，汽车维修企业必须高度重视汽车维修质量管理，采取严格的技术手段和管理措施，保证和提高汽车维修质量，保证人们生命和财产安全。

汽车维修质量管理的任务主要有以下四个方面：

1）加强质量管理教育，提高全体员工的质量意识。

2）制定企业质量管理的方针和目标。

3）严格制定和执行汽车维修质量检验制度。

4）建立健全汽车维修质量保证体系。

2.1.2　全面质量管理（TQM）

在长期的质量管理实践中，人们探索、总结出许多质量管理的科学理论和方法。全面质量管理就是科学、先进的质量管理方法之一，长期以来在国内外各类企业中得到广泛的应用。

1. 全面质量管理发展历史概述

最早提出全面质量管理（Total Quality Management）概念的是美国通用电器公司的费根堡

姆(A.V.Feigenbaum)。他曾出版过一本著作,其中强调执行质量只能是公司全体人员的责任,应该使全体人员都具有质量的概念和承担质量的责任。因此,全面质量管理的核心思想是在一个企业内各部门中做出质量发展、质量保持、质量改进计划,从而以最为经济的水平进行生产与服务,使用户或消费者获得最大的满意度。

从费根堡姆提出全面质量管理的概念开始,世界各国对它进行了全面深入的研究,使全面质量管理的思想、方法、理论在实践中不断得到应用和发展。概括地讲,全面质量管理的发展经历了以下四个阶段:

(1)日本从美国引入全面质量管理　1950年,戴明博士在日本开展质量管理讲座,日本人从中学习到了这种全新的质量管理思想和方法。当时,全面质量管理的思路和概念并没有像如今一样被完整地提出来,但是它对日本经济的发展起到了极大的促进作用。到1970年,质量管理已经逐步渗透到了全日本企业的基层。

(2)质量管理中广泛采用统计技术和计算机技术　从20世纪70年代开始,日本企业从质量管理中获得巨大的收益,充分认识到了全面质量管理的好处。日本人开始将质量管理当作一门科学来对待,并广泛采用统计技术和计算机技术进行推广和应用,全面质量管理在这一阶段获得了新的发展。

(3)全面质量管理的内容和要求得到标准化　随着全面质量管理理念的普及,越来越多的企业开始采用这种管理方法。1986年,国际标准化组织(ISO)把全面质量管理的内容和要求进行了标准化,并于1987年3月正式颁布了ISO 9000系列标准,这是全面质量管理发展的第三个阶段。因此,通常所熟悉的ISO 9000系列标准实际上是对原来全面质量管理研究成果的标准化。

(4)质量管理上升到经营管理层面　随着质量管理思想和方法往更高层次发展,企业的生产管理和质量管理被提升到经营管理的层次。无论是学术界还是企业界,很多知名学者都提出了很多有关这个方面的观念和理论,"质量管理是企业经营的生命线"这种观念逐渐被企业所接受。

2. 全面质量管理的内容和特点

全面质量管理的内容和特点,概括起来是"三全""四一切"。

(1)"三全"　它是指对全面质量、全部过程和由全体人员参加者的管理。

1)全面质量的管理。过去说到质量,往往是指产品质量,它包括性能、寿命、可靠性和安全性,即所谓狭义的质量概念。当然,产品质量是非常重要的。但是,产品质量再好,如果制造成本高,销售价格高,用户也是不欢迎的。要使产品质量好,成本低,同时还必须交货及时和服务周到,才能真正受到用户欢迎。因此一个企业必须在抓好产品质量的同时,抓成本质量、交货期质量和服务质量。这些质量的全部内容就是所谓广义的质量概念,即全面质量。可见,质量管理必须对这种广义质量的全部内容进行管理。

2)全部过程的管理。产品是怎样形成的呢?它包括企业一系列活动的整个过程。这个过程包括市场调查、研究、设计、试制、工艺与工装的设计制造、原材料供应、生产制造、检验出厂和销售服务。用户的意见又反馈到企业加以改进,整个过程可看作是一个循环过程,如图2-1所示。

可见,产品质量的提高依赖于整个过程中每个环节的工作质量的提高,因此,质量管理必须对这种全部过程的每个环节都进行管理。

3）由全体人员参加的管理。产品质量的好坏，是企业许多环节和工作的综合反映。每个环节的每项工作都要涉及人。企业的人员，无论是前方的还是后方的，是车间的还是科室的，很多人都与产品质量有着直接或间接的关系。每个人都重视产品质量，都从自己的工作中去发现与产品质量有关的因素，并加以改进，产品质量就会不断提高。因此，质量管理，人人有责。只有人人都关心质量，都对质量高度负责，产品质量才能有真正的提高和保证。所以，质量管理必须由全体人员进行管理。

图2-1　全过程管理

（2）"四一切"　它是指一切为用户着想，一切以预防为主，一切以数据说话，一切工作按PDCA（图2-1）循环进行。

1）一切为用户着想——树立质量第一的思想。产品生产就是为了满足用户的需要。因此，企业应把用户看成自己服务的对象，也是为人民服务的具体内容。为了保持产品的信誉，必须树立质量第一的思想，在为用户提供物美价廉的产品的同时，还要及时地为用户提供技术服务。"下道工序就是用户"，这个口号在企业里应大力提倡和推行。企业的每个部门、每个人员在工作中都有前、后或上、下的相对关系，都有工作服务对象。工作服务对象就可以看作是下道工序。在企业里，树立质量第一的思想体现在更好地为下道工序服务的行动中。

2）一切以预防为主——好的产品是设计和生产出来的。用户对企业的要求，最重要的是保证质量，怎样理解保证质量呢？当前有两种片面的看法，一种看法认为坚决实行"三包"制度就可以保证质量；另一种看法认为只要检查严格就保证了质量。这些看法是对保证质量的误解，因为这种事后检查，把保证质量的重点放在检查上是不能从根本上保证质量的。不解决产生不良品的问题，不良品仍会出现，致使产品成本增高。由于质量不是一步形成的，也不是最后一道工序突然形成的，而是逐步形成的。因此，在工序中加以控制，把影响生产过程的因素统统控制起来，这就将过去单纯以产品检验，"事后检查"的消极"把关"，改变为以"预防为主"，防检结合，采用"事前控制"的积极"预防"。显然，这样生产出来的产品自然是好的。所以说，好的产品是设计和生产出来的，不是检验出来的。

3）一切用数据说话——用统计的方法来处理数据。一切用数据说话，就是用数据和事实来判断事物，而不是凭印象来判断事物。收集数据要有明确的目的性。为了正确地说明问题，必须积累数据，建立数据档案。收集数据以后，必须进行加工，加工整理数据的第一步就是分层。分层在全面质量管理中具有特殊的重要意义，必须引起我们的重视。对数据进行分析的基本方法是画出各种统计图表，如排列图、因果图、直方图、管理图、散布图、统计分析表等。

4）一切工作按PDCA循环进行。为了使思维活动条理化、形象化、科学化，往往用各种图表辅助语言进行思维活动，同时也需要先进的合乎科学的思考方法。PDCA循环就是全面质量管理的思想方法和工作步骤，因为是美国人戴明博士首先提出来的，所以也称"戴明环"。P是计划，D是实施，C是检查，A是处理。任何一个有目的有过程的活动都可按照这四个阶段进行。

第一阶段是计划，包括方针、目标、活动计划、管理项目等。

第二阶段是实施，即按照计划的要求实施。

第三阶段是检查，检查是否按规定的要求做，哪些做对了，哪些没有做对，哪些有效果，哪些没有效果，并找出异常情况的原因。

第四阶段是处理，要把成功的经验肯定下来，变成标准，以后就按照这个标准去做。失败的教训也要加以总结，使它成为标准，防止以后再发生。没有解决的遗留问题反映到下一个循环中去。

计划、实施、检查、处理这个过程，不断反复进行，一个循环接着另一个循环，每一次循环都被赋予新的内容，如车轮一样，转动一次，工作就前进一步。

整个企业的工作要按 PDCA 循环进行，企业各部门、车间、班组直到个人的工作，也要根据企业的总目标、总要求，具体制定出自己单位和个人的 PDCA 工作循环，形成大环套小环，一环扣一环；小环保大环，推动大循环的工作模式。PDCA 循环作为质量管理的一种科学方法，适用于企业各环节、各方面的质量工作。

2.1.3　汽车维修企业全面质量管理

汽车维修质量，受维修企业生产经营活动等多种因素的影响，是维修企业各项工作质量的综合反映。要保证和提高维修质量，就必须把影响维修质量的因素全面系统地管理起来，即动员维修企业全体职工同心协力，全面提高维修专业技术、经营管理、数理统计和思想教育水平，建立健全用户接待、配件供应、维修操作、检验试验等活动全过程的维修质量保证体系，也就是全面质量管理体系，并使之有效运行。

1. 维修全面质量管理要求全员参加

维修全面质量管理是维修企业各部门全部工作的综合反映。企业任何一个部门或个人的工作质量都会不同程度地、直接或间接地影响维修质量，因此必须把所有人员的积极性、创造性和责任感调动起来。人人关心维修质量，人人做好本职工作，全员参加维修质量管理，只有这样才能不断提高维修质量，让用户满意。

实现全员维修质量管理，应注意抓好以下工作：

1）首先抓好全员的质量教育工作，加强职工的质量意识，牢固树立"质量第一"的思想，促进职工自觉地参加维修质量管理活动。同时还要不断提高职工的文化素质、专业技术水平、道德修养，以适应维修质量管理的需要。

2）要实现全员维修质量管理，还要开展各种形式的群众性质量管理活动，调动广大职工的积极性，充分发挥广大职工的聪明才智。

2. 全面质量管理的范围

全面质量管理的范围包括用户接待、进厂检验、故障诊断、维修作业、中间检验、配件供应、检验试车的全过程。

维修全面质量管理，要求把质量隐患消灭在维修过程之中，做到防检结合，以防为主，因此必须把质量管理的重点从单纯的试车检验，转到维修作业过程中，树立"下道工序就是用户""努力为下道工序服务"的思想。各环节、各工序都要坚持高标准、高质量，积极为下个环节、下道工序着想，努力为下个环节、下道工序提供便利。只有这样，才能使整个维修企业目标一致,保证维修质量。

2.1.4 汽车维修质量的评定

1. 汽车维修质量评定的含义

汽车维修质量的评定,就是通过对维修竣工的汽车及其部件(包括整车、总成、零部件)的质量特性(即汽车技术状况和主要性能)进行检测,来衡量其是否符合有关标准规定的相应的维修竣工出厂汽车技术条件的要求。

2. 汽车维修质量的评定方法

根据汽车维修质量评定对象的不同,汽车维修质量的评定可分为对单车维修质量的评定和对维修企业维修质量的综合评定两种评定方法。

(1) 单车维修质量的评定 对单车维修质量的评定,就是在汽车一次维修作业竣工时,对所完成的维修作业项目进行质量检验,评定其是否符合规定的维修竣工技术标准要求,符合要求的即为维修质量合格,否则为不合格。

单车维修质量的评定指标通常用"合格"或"不合格"进行定性的评定。维修质量"合格"的车辆可以发给"维修出厂合格证",维修质量"不合格"的车辆不准出厂。

(2) 维修企业维修质量的综合评定 对维修企业维修质量的评定,就是对汽车维修企业在一定时期内汽车维修质量的综合评定。它实质上是在单车维修质量评定的基础上,对维修企业在一定时期内所维修的车辆的维修质量情况进行的综合统计分析。

维修企业汽车维修质量的综合评定指标主要有:

1) 上线检测一次合格率。它是指维修企业在一定时期内,汽车大修、二级维护上汽车综合性能检测线进行质量检测时,一次性检测合格的车辆数与被检测车辆总数之比,即

$$上线检测一次合格率 = \frac{一次性检测合格的车辆数}{被检测车辆总数} \times 100\%$$

2) 维修合格率。它是指在一定时期内维修合格的车辆(次)数与维修车辆(次)总数之比,即

$$维修合格率 = \frac{维修合格的车辆(次)数}{维修车辆(次)总数} \times 100\%$$

对于不要求上检测线检测的维修作业,可以用"维修合格率"进行评定。维修合格率可以简便直观地反映汽车维修企业总体的汽车维修质量水平。汽车维修过程中的工作质量越好,维修合格率就越高。维修合格率是企业内部对每个维修岗位、每个维修作业项目的维修质量进行检验与评价的重要指标。

3) 返修率。即维修质量保证期内的返修率,是指维修企业在一定时期内汽车维修出厂后因维修质量问题而返修的车辆数与维修出厂的车辆总数之比,即

$$返修率 = \frac{返修的车辆数}{维修出厂的车辆总数} \times 100\%$$

3. 汽车维修质量特性的评定参数

汽车维修质量是由一系列质量特性来表征的,其检测评定项目和参数主要有:

1) 一般技术要求。主要包括车辆外观、附件及装备、车身密封情况等。

2) 发动机性能及运转状况。主要包括气缸压力、发动机功率、发动机转矩、发动机燃

料消耗率、机油压力及起动性能、怠速性能、尾气排放性能、异响、四漏(漏油、漏水、漏气、漏电)情况等。

　　3)汽车动力性能。主要包括底盘输出功率、汽车加速时间、滑行性能等。

　　4)汽车燃料经济性能。用汽车等速百公里油耗量评价。

　　5)制动性能。主要包括制动距离或制动力、驻车制动器性能等。

　　6)转向操纵性能。主要包括转向轮侧滑量、前轮定位、转弯直径、转向盘操纵力等。

　　7)传动系工作状况、噪声以及灯光与信号状况等。

2.1.5　汽车维修质量管理法规

　　1991年交通部发布并实施了《汽车维修质量管理办法》，内容如下：

　　第一条　为加强汽车维修行业管理，保证汽车维修质量，根据交通部、原国家经委、国家工商行政管理局联合颁布的《汽车维修行业管理暂行办法》，制定本办法。

　　第二条　从事汽车修理、维护或专项维修的企业及个体工商户(以下简称汽车维修业户)和各级汽车维修行业管理部门，均适用本办法。

　　第三条　各级汽车维修行业管理部门负责汽车维修质量管理工作，其主要职责是：

　　(一)宣传、贯彻国家和交通部有关质量管理的方针、政策和法规。

　　(二)对汽车维修行业维修质量进行管理、监督、检查。

　　(三)指导、监督检查汽车维修业户建立健全内部质量保证体系和质量检验制度，执行汽车维修技术标准和工艺规范。

　　(四)组织汽车维修行业质量检查评比。

　　(五)收集交流汽车维修行业维修质量信息，开展技术咨询和质量诊断工作。

　　(六)组织汽车维修业户质量管理人员及质量检验人员的培训、考核工作。

　　(七)受理汽车维修质量问题的申诉，负责进行调解处理。

　　第四条　各级汽车维修行业管理部门应建立健全汽车维修质量监督检验体系，实行分级管理。建立汽车维修质量监督检测站(中心)，为汽车维修质量监督和汽车维修质量纠纷的调解或仲裁提供检测依据。汽车维修质量监督检测站必须是经当地交通主管部门会同技术监督部门认定后颁发了《检测许可证》的汽车综合性能检测站。

　　第五条　汽车维修企业必须建立健全与其维修类别相适应的质量管理机构；汽车维修个体业户应有人负责质量管理工作，其管理机构和人员的主要职责是：

　　(一)认真执行质量管理法规和本办法。

　　(二)贯彻执行国家和交通部颁布的有关汽车维修的技术标准、相关标准以及有关地方标准。

　　(三)制定维修工艺和操作规程。

　　(四)依据国家标准、行业标准、地方标准的要求，制定汽车维修企业技术标准。

　　(五)建立健全汽车维修业户内部质量保证体系，加强质量检验，掌握质量动态，进行质量分析，推行全面质量管理。

　　(六)开展质量评优与奖惩工作。

　　第六条　汽车维修业户必须有明确的质量负责人和质量检验员。质量检验必须经过当地汽车维修行业管理部门培训、考核并取得汽车维修检验员证，方可上岗。

第七条　汽车维修业户必须做好质量管理的基础工作，建立健全并严格遵守与企业维修类别相适应的技术管理、计量管理和质量检验等规章制度。

第八条　汽车维修业户在维修生产中必须遵守以下法规和标准：

（一）国务院发布的《工业产品质量责任条例》的有关规定。

（二）国家标准局发布的各项汽车修理技术条件，以及机动车运行安全技术条件、机动车允许噪声及测量方法和汽油车、柴油车排放标准及测量方法等。

（三）交通部第13号令发布的《汽车运输业车辆技术管理规定》。

（四）交通部颁发的有关汽车修理技术标准（技术条件）。

（五）各地制定发布的有关汽车维修技术标准。

第九条　汽车维修业户在维修没有国标、部标、地方标准的车辆时，应参照原车维修手册、使用说明书和有关维修技术资料进行维修。

第十条　车辆进厂、维修及竣工出厂，必须由专人负责质量检验，并认真填写检验单。一、二类维修业户对进行汽车大修、总成大修、二级维护的车辆必须建立《汽车维修技术档案》。

第十一条　汽车维修竣工出厂实行出厂合格证制度（汽车小修和部分专项修理除外），维修质量不合格的车辆不准出厂。汽车维修业户在车辆维修竣工出厂时必须按竣工出厂技术条件进行检测并向托修单位提供由出厂检验员签发的汽车维修竣工出厂合格证。汽车维修业户使用的汽车维修竣工出厂合格证由汽车维修行业管理部门统一印制和发放。

第十二条　汽车维修业户必须执行车辆出厂质量保证期制度。质量保证期内，车辆发生故障或损坏，承修业户和托修单位按下列规定划分责任：

（一）因维修质量造成的车辆故障或损坏，维修业户应负责及时返修，由于维修质量问题而造成的车辆异常损坏或车辆机件事故，由承修业户负责。

（二）由于托修单位违反使用规定或驾驶员违反操作规程造成的车辆故障或损坏，不属于维修质量，经济责任由托修单位自负。

第十三条　各级汽车维修行业管理部门应根据本地区情况，制定汽车维修质量保证期制度的具体规定。

第十四条　各级汽车维修行业管理部门应制定并认真执行汽车维修质量检验制度，对维修车辆实行定期或不定期的质量检测，并将检测结果作为评定维修业户维修质量和年审《技术合格证》的主要依据之一。

第十五条　托修单位与承修业户发生维修质量纠纷时，汽车维修行业管理部门应负责组织技术分析和鉴定，并进行调解，所发生的检查、试验分析、鉴定等费用均由责任方承担。双方经调解仍有争议时，可向当地技术监督部门提出申诉或向法院起诉。

第十六条　对不按技术标准修车，维修质量不能达到规定技术标准的维修业户，应按有关规定进行处理。

第十七条　各省、自治区、直辖市交通主管部门可根据本办法制定本地区的汽车维修质量管理办法或实施细则。

第十八条　本办法由中华人民共和国交通部负责解释。

第十九条　本办法自一九九一年六月一日起执行。

2.2　环境保护知识

　　汽车的排气中包含许多成分，其中基本成分是二氧化碳、水蒸气、过剩的氧气以及存留下的氮气。它们是燃料和空气完全燃烧后的产物，这些成分是无害的。除上述成分外，汽车排气中还含有不完全燃烧的产物和燃烧反应的中间产物，包括一氧化碳（CO）、碳氢化合物（HC）、氮氧化物（NOx）、二氧化硫（SO_2）、固体颗粒（炭烟）及醛类等。这些成分的质量总和在汽车排气中所占的比例不大，例如汽油车中只占5%，柴油车中还不到1%，但它们中大部分是有害的，或有强烈刺激性的臭味，有的还有致癌作用。因此被列为有害排放物。

　　在相同工况下，汽油车的CO、HC和NOx排放量比柴油车大，因此，目前的排放法规对汽油车主要是限制CO、HC和NOx的排放量。柴油车对大气的污染较汽油车轻很多。柴油机燃烧时混合气形成的时间短，在空气不足或混合气不均匀的情况下，主要是产生炭烟污染，因此排放法规主要是限制柴油车的炭烟排放。

2.2.1　汽车排放污染物的危害

　　（1）一氧化碳（CO）　汽车排气中的CO是燃料不完全燃烧的产物。当发动机混合气过浓或燃烧质量不好时，易生成CO。CO是一种无色无味的有毒气体。它进入人体后极易与血液中的血红蛋白结合。CO与血红蛋白的亲和力是氧的200～300倍。因此，CO可使血液携带氧的能力降低而引起缺氧。CO被人体大量吸入后会使人感觉恶心、头晕及疲劳，严重时会使人窒息死亡。

　　（2）碳氢化合物（HC）　汽车排气中的HC是多种碳氢化合物的总称，是发动机未燃尽的燃料分解或供油系统中燃料蒸发所产生的气体。单独的HC只有在浓度相当高的情况下才会对人体产生影响，一般情况下作用不大。但HC能引起光化学反应生成光化学氧化剂，且生成甲醛，形成烟雾，对人的眼、鼻和咽喉黏膜有较强的刺激作用，严重时可致癌。

　　（3）氮氧化物（NOx）　汽车排气中的氮氧化物主要是NO_2和NO，通常可概括表示为NOx。主要是高温燃烧过程中空气中的氧和氮化合而成，燃料中的含氮化合物也会部分形成氮氧化物。汽车尾气中直接排出的氮氧化物基本上都是NO。汽油车排出的氮氧化物中，NO占99%，而柴油车排出的氮氧化物中NO_2的比例较大。NO刚排出时，其毒性较小，但排出后NO在大气中被氧化成剧毒的NO_2，这一过程一般需要几个小时。若空气中有强氧化剂如臭氧，则氧化过程变得很迅速。NO_2是一种刺激性很强的污染物，它能刺激眼睛、麻醉嗅觉，甚至引起肺气肿。

　　（4）二氧化硫（SO_2）　汽车排气中SO_2的含量与燃料中的含硫量有关。一般来说，柴油机比汽油机排放的SO_2多些。SO_2对发动机使用的催化净化装置有破坏作用，即使少量的SO_2堆积在催化剂的表面，也会降低催化剂的使用寿命。同时SO_2是生成柴油机排放微粒的原因之一。但总的来说，与其他发生源（如燃煤）相比，汽车排放的SO_2所占的比例很小，从大气污染角度看，SO_2不是汽车排放的主要问题。

　　（5）微粒　所谓微粒是指汽车排气中的铅化物、炭烟等的总称。

　　1）铅化物。在车用汽油中，为了改善汽油的品质，曾采用添加各种铅的化合物的方法，如添加四乙铅，来提高汽油的辛烷值和抗爆性。在高压缩比、高性能的汽油机上，大都使用添加四乙铅的高辛烷值汽油。可是这种含铅的高辛烷值汽油燃烧所生成的铅化物从发动机排出后，成为污染大气的有害物质，如果人们吸入这种气体，铅将在人体内逐渐积累造成危害。另外，汽油中添加的铅还会使催化剂中毒，影响催化反应器的转化效率和使用寿命。为了防止铅污染，近年来许多国家开始采用无铅汽油。

2）炭烟。炭烟是燃料不完全燃烧的产物。发动机排出的炭烟主要由直径为 $0.1 \sim 10 \mu m$ 的多孔性炭粒构成。燃烧中各种各样的不完全燃烧产物，可以以多种形式附着在多孔的活性很强的炭粒表面，这些附着在炭粒表面的物质种类繁多，其中有些是致癌物质。

（6）臭味 臭味是由多种成分引起的，除了 O_3 和 NO_2 以外，燃料的不完全燃烧产物，如甲醛、丙烯醛等，也有臭味。臭味不仅使人感觉难受，产生臭味的物质还刺激人的眼睛等。

2.2.2　汽车排放法规及标准

为限制汽车排气污染物的排放量，世界上许多国家都制定了限制汽车排放的法规。美、日等国对汽车排放限制最为严格。我国在吸收发达国家的成功经验后，制定了一条适合我国国情的汽车排放标准技术路线：对汽油车先实行"怠速法"控制，再实施"强制装置法"，即对曲轴箱排放和燃油蒸发排放进行控制，最后实行"工况法"控制；对柴油车则是先实行"自由加速法"及"全负荷法"控制烟度，然后再与汽油车同步实施"工况法"，第三步制定柴油车颗粒物排放标准。

我国于1982年颁布了《大气环境质量标准》，从1983年开始陆续制定并颁布了汽车排放限制标准。1984年实施了《汽油车怠速污染物排放标准》《柴油车自由加速烟度排放标准》《汽车柴油机全负荷烟度排放标准》等6项排放限值和测量方法标准。1989年颁布了《轻型汽车排气污染物排放标准》。1993年对过去发布的部分标准进行了修订，并新颁布了《车用汽油机排汽污染物排放标准》《汽油车燃油蒸发污染物排放标准》和《摩托车污染物排放限值及测量方法》标准。1999年我国开始了新一轮的排放标准修订工作，并颁布了对新型车辆的型式认证和产品一致性试验排放限值国家标准。2000年12月颁布了《在用汽车排气污染物限值及测试方法》，2001年4月16日，国家环境保护总局（现为生态环境部）与国家质量监督检验检疫总局联合发布了《轻型汽车污染物排放限值及测量方法（Ⅰ）》《轻型汽车污染物排放限值及测量方法（Ⅱ）》和《车用压燃式发动机排气污染物排放限值及测量方法》，这些标准是当时的国家标准，并取代了原有的多项重叠的机动车污染物排放标准和测量方法标准。2013年5月1日起施行《机动车强制报废标准规定》。2014年4月24日第十二届全国人民代表大会常务委员会第八次会议修订通过最新的《中华人民共和国环境保护法》，并自2015年1月1日起施行，其第十二条规定每年6月5日为环境日。

排放标准可分为型式认证试验标准、产品一致性试验标准和在用车检测标准。其中，型式认证试验标准适用于对新设计车型的认证试验；产品一致性试验标准适用于从成批生产的车辆中任意抽取一辆或若干辆进行的抽样试验；在用车检测标准适用于对在用车的年检及抽样检测。

一般而言，型式认证试验标准严于产品一致性试验标准，但这种排放标准有合二为一的趋势；而在用车检测标准通常与该车型生产时所达到的新车排放标准相对应。

在用车排放污染控制是汽车排放污染控制的重要环节，因此对在用车的排放检测尤为重要。从2005年7月1日起，实施国家标准（GB18285—2005）《点燃式发动机汽车排气污染物

排放限值及测量方法(双怠速法及简易工况法)》,该标准是一种强制性标准,在用汽车排放标准主要有以下内容:

装配点燃式发动机的车辆,其排气污染物是指 CO、HC 和 NO_X。其中 HC 以正己烷当量表示,而 NOx 以 NO 表示。新生产汽车排气污染物排放限值见表 2-1。

表 2-1　新生产汽车排气污染物排放限值(体积分数)

车　　型	类　　别			
	怠速		高怠速	
	CO(%)	HC($\times 10^{-6}$)	CO(%)	HC($\times 10^{-6}$)
2005 年 7 月 1 日起新生产的第一类轻型汽车	0.5	100	0.3	100
2005 年 7 月 1 日起新生产的第二类轻型汽车	0.8	150	0.5	150
2005 年 7 月 1 日起新生产的重型汽车	1.0	200	0.7	200

表 2-2　在用汽车排气污染物排放限值(体积分数)

车　　型	类　　别			
	怠速		高怠速	
	CO(%)	HC($\times 10^{-6}$)	CO(%)	HC($\times 10^{-6}$)
1995 年 7 月 1 日前生产的轻型汽车	4.5	1 200	3.0	900
1995 年 7 月 1 日起生产的轻型汽车	4.5	900	3.0	900
2000 年 7 月 1 日起生产的第一类轻型汽车①	0.8	150	0.3	100
2001 年 10 月 1 日起生产的第二类轻型汽车	1.0	200	0.5	150
1995 年 7 月 1 日前生产的重型汽车	5.0	2 000	3.5	1 200
1995 年 7 月 1 日起生产的重型汽车	4.5	1 200	3.0	900
2004 年 9 月 1 日起生产的重型汽车	1.5	250	0.7	200

① 对于 2001 年 5 月 31 日以前生产的 5 座以下(含 5 座)的微型面包车,执行 1995 年 7 月 1 日起生产的轻型汽车的排放限值。

2.2.3　汽车排放污染防治方法

汽车排放污染物的防治,国家除了要采取更严格的排放法规外,还要依靠汽车技术的进步,以降低汽车污染物排放量。

早在 20 世纪 90 年代初,汽油车已基本上采用了电控燃油喷射发动机,使废气中的有害气体大为减少,动力性和燃料经济性均有所提高,再加上其他多种措施的综合应用,使汽油车的废气污染得到了有效的控制。

目前,国内外对于废气排放的控制和治理主要有如下几种措施:

(1)排气再循环(EGR)　已查明 NOx 是燃油在高温燃烧中的生成物。排气再循环就是根据发动机的不同工况,将废气中的一部分(3%~15%)引入燃烧室,用以降低气缸的燃烧温度,从而进一步减少 NOx 的排放量。

(2)二次空气供给　二次空气供给系统是在排气管的上段设置一个反应器,通过空气泵、控制阀、单向阀和喷射管等引入适量的新鲜空气,在高温下,令 CO 和 HC 在热反应器内继续燃烧(生成 H_2O 和 CO_2),从而进一步减少 CO 和 HC 的排放量。

(3)三元催化转化器 三元催化转化器类似于消声器,它的外面用双层不锈薄钢板制成筒形,在双层薄板夹层中装有绝热材料——石棉纤维毡,内部在网状隔板中间装有净化剂。净化剂由载体和催化剂组成。载体一般由三氧化二铝制成,其形状有球形、多棱体形和网状隔板等。净化剂实际上是起催化作用的,也称为催化剂。催化剂用的是金属铂(Pt)、铑(Rh)、钯(Pd)。将其中一种喷涂在载体上,就构成了净化剂。

三元催化转化器的工作原理是:发动机通过排气管排气时,CO、HC、和 NOx 三种气体通过三元催化转化器中的净化剂时,增加了三种气体的活性,进行氧化还原反应。其中 CO 在高温下氧化成无色、无毒的 CO_2。HC 化合物在高温下氧化成 H_2O 和 CO_2。NOx 还原成 N_2 和 O_2。三种有害气体变成无害气体,使排气得以净化。

性能较好的三元催化转化器的催化剂大多由铂(Pt)、铑(Rh)、钯(Pd)等稀有金属制成,价格昂贵。

(4)低硫分柴油 硫主要存留于柴油中,燃烧后生成毒性极大的 SO_2。降低柴油中的含硫量已成为炼油行业的重要任务。

(5)富氧燃料和燃油添加剂 甲醇、乙醇、异丁醇、叔丁醇、乙基叔丁基醚等许多含氧化合物具有很高的辛烷值,是良好的抗爆剂。汽油中加入少量的含氧化合物可以改善燃料的燃烧性能,可明显地减少 CO 和 HC 的生成。

2.3 法律法规知识

2.3.1 公民的权利与义务

1. 我国公民享有的基本权利

(1)平等权 公民在法律面前一律平等。

(2)政治权利和自由

1)选举权利。即选举权与被选举权的合称。

2)言论自由。此处指广义的言论自由,即表达自由,包括言论、出版、集会、结社、游行、示威自由。

3)担任国家公职的权利。担任国家机关职务的权利;担任国有公司、企业、事业单位和人民团体领导的权利。

(3)监督权。批评权、建议权、申诉权、控告权、检举权,以及取得赔偿权。

(4)宗教信仰自由

(5)人身自由权利。包括人身自由不受侵犯;人格尊严不受侵犯;公民的住宅不受侵犯;公民的通信自由和通信秘密受法律保护。

(6)社会经济、文化方面的权利

1)财产权。国家保护公民的合法收入、储蓄、房屋和其他合法财产的所有权。国家依照法律规定保护公民的私有财产权和继承权。

2)受教育的权利。

3)劳动的权利。劳动的权利即劳动权,主要体现为平等就业权和选择职业权。

4）物质帮助权。中华人民共和国公民在年老、疾病或者丧失劳动能力的情况下，有从国家和社会获得物质帮助的权利。

2. 我国公民享有的基本义务

1）维护国家统一和民族团结。

2）遵守宪法和法律。

3）维护祖国安全、荣誉和利益。

4）依法服兵役和参加民兵组织。我国实行以义务兵役制为主体的义务兵与志愿兵相结合、民兵与预备役相结合的兵役制度。我国公民不分民族、种族、职业、家庭出身、宗教信仰和教育程度，凡年满 18 周岁的，都有义务依法服兵役。依法被剥夺政治权利的人没有服兵役的资格。

5）依法纳税。宪法规定，公民有纳税的义务。

除了以上专门规定的五项义务外，我国公民的基本义务还包括在基本权利条文中规定的四项义务：劳动的义务，夫妻双方有实行计划生育的义务，父母有抚养教育未成年子女的义务，成年子女有赡养扶助父母的义务。所以，我国公民的基本义务总的说有如上九项。

2.3.2　劳动法常识

1. 合同法（节选）

1）为了保护合同当事人的合法权益，维护社会经济秩序，促进社会主义现代化建设，制定本法。（第 1 条）

2）本法所称合同是平等主体的自然人、法人、其他组织之间设立、变更、终止民事权利义务关系的协议。（第 2 条）

3）合同当事人的法律地位平等，一方不得将自己的意志强加给另一方。（第 3 条）

4）当事人依法享有自愿订立合同的权利，任何单位和个人不得非法干预。（第 4 条）

5）依法成立的合同，对当事人具有法律约束力。当事人应当按照约定履行自己的义务，不得擅自变更或者解除合同。依法成立的合同，受法律保护。（第 8 条）

6）当事人订立合同，应当具有相应的民事权利能力和民事行为能力。当事人依法可以委托代理人订立合同。（第 9 条）

7）当事人订立合同，有书面形式、口头形式和其他形式。（第 10 条）

8）书面形式是指合同书、信件和数据电文（包括电报、电传、传真、电子数据交换和电子邮件）等可以有形地表现所载内容的形式。（第 11 条）

9）当事人订立合同，采取要约、承诺方式。（第 13 条）

10）要约邀请是希望他人向自己发出要约的意思表示。寄送的价目表、拍卖公告、招标公告、招股说明书、商业广告等为要约邀请。商业广告的内容符合要约规定的，视为要约。（第 15 条）

11）当事人采用合同书形式订立合同的，自双方当事人签字或者盖章时合同成立。（第 32 条）

12）当事人采用信件、数据电文等形式订立合同的，可以在合同成立之前要求签订确认书。签订确认书时合同成立。（第 33 条）

13）依法成立的合同，自成立时生效。（第 44 条）

14）有下列情形之一的，合同无效：

① 一方以欺诈、胁迫的手段订立合同，损害国家利益。

② 恶意串通，损害国家、集体或者第三人利益。

③ 以合法形式掩盖非法目的。

④ 损害社会公共利益。

⑤ 违反法律、行政法规的强制性规定。（第52条）

15）应当先履行债务的当事人，有确切证据证明对方有下列情形之一的，可以中止履行：

① 经营状况严重恶化。

② 转移财产、抽逃资金，以逃避债务。（第68条）

16）当事人协商一致，可以变更合同。法律、行政法规规定变更合同应当办理批准、登记等手续的，依照其规定。（第77条）

17）债权人可以将合同的权利全部或者部分转让给第三人，但有下列情形之一的除外：

① 根据合同性质不得转让。

② 按照当事人约定不得转让。

③ 依照法律规定不得转让。（第79条）

18）有下列情形之一的，合同的权利义务终止：

① 债务已经按照约定履行。

② 合同解除。

③ 债务相互抵销。

④ 债务人依法将标的物提存。

⑤ 债权人免除债务。

⑥ 债权债务同归于一人。

⑦ 法律规定或者当事人约定终止的其他情形。（第91条）

19）当事人协商一致，可以解除合同。当事人可以约定一方解除合同的条件。解除合同的条件成立时，解除权人可以解除合同。（第93条）

20）有下列情形之一的，当事人可以解除合同：

① 因不可抗力致使不能实现合同目的。

② 在履行期限届满之前，当事人一方明确表示或者以自己的行为表明不履行主要债务。

③ 当事人一方迟延履行主要债务，经催告后在合理期限内仍未履行。

④ 当事人一方迟延履行债务或者有其他违约行为致使不能实现合同目的。

⑤ 法律规定的其他情形。（第94条）

21）当事人一方不履行合同义务或者履行合同义务不符合约定的，应当承担继续履行、采取补救措施或者赔偿损失等违约责任。（第107条）

22）当事人一方明确表示或者以自己的行为表明不履行合同义务的，对方可以在履行期限届满之前要求其承担违约责任。（第108条）

23）质量不符合约定的，应当按照当事人的约定承担违约责任。对违约责任没有约定或者约定不明确，依照本法第六十一条的规定仍不能确定的，受损害方根据标的性质以及损失的大小，可以合理选择要求对方承担修理、更换、重作、退货、减少价款或者报酬等违

约责任。(第111条)

24) 当事人双方都违反合同的，应当各自承担相应的责任。(第120条)

2. 劳动争议(纠纷)

(1) 劳动争议(纠纷)的含义　劳动争议也称劳动纠纷，是指劳动法律关系双方当事人即劳动者和用人单位，在执行劳动法律、法规和履行劳动合同过程中，就劳动权利和劳动义务关系所产生的争议。

劳动纠纷是现实中较为常见的纠纷。国家机关、企业事业单位、社会团体等用人单位与职工建立劳动关系后，一般都能相互合作，认真履行劳动合同。但由于各种原因，双方之间产生纠纷也是难以避免的事情。劳动纠纷的发生，不仅使正常的劳动关系得不到维护，还会使劳动者的合法利益受到损害，不利于社会的稳定。因此，应当正确把握劳动纠纷的特点，积极预防劳动纠纷的发生，对已发生的劳动纠纷，应当协商或运用相关的法律途径解决。

劳动争议的当事人是指劳动关系当事人双方——职工和用人单位(包括自然人、法人和具有经营权的用人单位)，即劳动法律关系中权利的享有者和义务的承担者。

(2) 劳动争议(纠纷)的特征

1) 劳动纠纷是劳动关系当事人之间的争议。劳动关系当事人，一方为劳动者，另一方为用人单位。劳动者主要是指与在中国境内的企业、个体经济组织建立劳动合同关系的职工和与国家机关、事业组织、社会团体建立劳动合同关系的职工。用人单位是指在中国境内的企业、个体经济组织以及国家机关、事业组织、社会团体等与劳动者订立了劳动合同的单位。不具有劳动法律关系主体身份者之间所发生的争议，不属于劳动纠纷。如果争议不是发生在劳动关系双方当事人之间，即使争议内容涉及劳动问题，也不构成劳动争议。如劳动者之间在劳动过程中发生的争议，用人单位之间因劳动力流动发生的争议，劳动者或用人单位在劳动行政管理中发生的争议，劳动者或用人单位与劳动行政部门在劳动行政管理中发生的争议，劳动者或用人单位与劳动服务主体在劳动服务过程中发生的争议等，都不属于劳动纠纷。

2) 劳动纠纷的内容涉及劳动权利和劳动义务，是为实现劳动关系而产生的争议。劳动关系是劳动权利义务关系，如果劳动者与用人单位之间不是为了实现劳动权利和劳动义务而发生的争议，就不属于劳动纠纷的范畴。劳动权利和劳动义务的内容非常广泛，包括就业、工资、工时、劳动保护、劳动保险、劳动福利、职业培训、民主管理、奖励惩罚等。

3) 劳动纠纷既可以表现为非对抗性矛盾，也可以表现为对抗性矛盾，而且，两者在一定条件下可以相互转化。在一般情况下，劳动纠纷表现为非对抗性矛盾，给社会和经济带来不利影响。

(3) 劳动争议(纠纷)的范围　劳动争议的范围，在不同的国家有不同的规定。根据我国《劳动争议调解仲裁法》第2条规定，劳动争议的范围是：

1) 因确认劳动关系发生的争议。

2) 因订立、履行、变更、解除和终止劳动合同发生的争议。

3) 因除名、辞退和辞职、离职发生的争议。

4) 因工作时间、休息休假、社会保险、福利、培训以及劳动保护发生的争议。

5) 因劳动报酬、工伤医疗费、经济补偿或者赔偿金等发生的争议。

6) 法律、法规规定的其他劳动争议。

(4) 劳动争议(纠纷)的处理

1）劳动争议调解 调解是处理企业劳动争议的基本办法或途径之一。事实上，调解可以贯穿着整个劳动争议的解决过程。它既指在企业劳动争议进入仲裁或诉讼以后由仲裁委员会或法院所做的调解工作，也指企业调解委员会对企业劳动争议所做的调解活动。这里所说的调解指的是后者。企业调解委员会所做的调解活动主要是指，调解委员会在接受争议双方当事人调解申请后，首先要查清事实、明确责任，在此基础上根据有关法律和集体合同或劳动合同的规定，通过自己的说服、诱导，最终促使双方当事人在相互让步的前提下自愿达成解决劳动争议的协议。

2）劳动争议仲裁。仲裁也称公断，仲裁作为企业劳动争议的处理办法之一，是指劳动争议仲裁机构依法对争议双方当事人的争议案件进行居中公断的执法行为。

仲裁一般要经历这样几个阶段：

① 案件受理阶段。这一阶段包括两项工作：一是当事人在规定的时效内向劳动争议仲裁委员会提交请求仲裁的书面申请；二是案件受理。仲裁委员会在收到仲裁申请后一段时间内要做出受理或不受理的决定。

② 调查取证阶段。调查取证的目的是收集有关证据和材料，查明争议实施，为下一步的调解或裁决做好准备工作。调查取证工作包括撰写调查提纲，根据调查提纲进行有针对性的调查取证，核实调查结果和有关证据等。

③ 调解阶段。仲裁庭在查明事实的基础上，首先要做调解工作，努力促使双方当事人自愿达成协议。对达成协议的仲裁庭还需制作仲裁调解书。

④ 裁决阶段。经仲裁庭调解无效或仲裁调解书送达前当事人反悔，调解失败的，劳动争议的处理便进入裁决阶段。仲裁庭的裁决要通过召开仲裁会议的形式做出。一般要经过庭审调查、双方辩论和陈述等过程，最后由仲裁员对争议事实进行充分协商，按照少数服从多数的原则做出裁决。仲裁庭做出裁决后应制作调解裁决书。当事人对裁决不服的，可在规定时间内向法院起诉。

⑤ 调解或裁决的执行阶段。仲裁调解书自送达当事人之日起生效；仲裁裁决书在法定起诉期满后生效。生效后的调解或裁决，当事人双方都应该自觉执行。

3）劳动争议诉讼。劳动争议诉讼是人民法院按照民事诉讼法规的程序，以劳动法规为依据，按照劳动争议案件进行审理的活动。

 练习题

真题分析

一、单项选择题

1. 下列不属于汽车维修质量管理方法的是（ ）。

A. 制定计划   B. 建立质量分析制度

C. 预测汽车故障   D. 制定提高维修质量措施

【分析】

本题涉及的知识点是汽车维修质量管理的内容。汽车维修质量管理就是汽车维修企业为了保证和提高汽车维修质量所进行的调查、计划、协调、控制、检验、处理及信息反馈等各项活动的总称。因此，预测汽车故障不属于汽车维修质量管理的内容。

【答案】C

2. 柴油机排放的主要污染物是(　　　)

A. 炭烟　　　　　　B. CO_2　　　　　　C. CO　　　　　　D. N_2

【分析】

本题涉及的知识点是柴油发动机排放的主要污染物。柴油发动机排放的主要污染物是炭烟，考生在复习备考的过程中，要特别注意柴油机与汽油机排放的主要污染物的区别。

【答案】A

3. 劳动纠纷是指劳动关系双方当事人在执行劳动法律、法规和履行(　　　)的过程中持不同的主张和要求而产生的争执。

A. 合同法　　　　　B. 宪法　　　　　　C. 个人权利　　　　D. 劳动合同

【分析】

本题涉及的知识点是劳动纠纷的含义。劳动纠纷是劳动关系当事人之间的争议。劳动关系当事人，一方为劳动者，另一方为用人单位。劳动者主要是指与在中国境内的企业、个体经济组织建立劳动合同关系的职工和与国家机关、事业组织、社会团体建立劳动合同关系的职工。用人单位是指在中国境内的企业、个体经济组织以及国家机关、事业组织、社会团体等与劳动者订立了劳动合同的单位。

【答案】D

二、判断题

1. (　　　)《合同法》规定，当事人订立合同，应当具有相应的民事权利能力和民事义务能力。

【分析】

本题涉及的知识点是合同法的相关规定。《合同法》规定，当事人订立合同，应当具有相应的民事权利能力和民事义务能力。无民事权利能力和民事义务能力的当事人订立的合同，视为无效合同。因而，题干的说法是正确的。

【答案】√

2. (　　　)合同也称契约，是指平等主体的自然人、法人、其他组织之间设立、变更、终止民事权利义务关系的协议。

【分析】

本题涉及的知识点是合同的含义。合同也称契约，是指平等主体的自然人、法人、其他组织之间设立、变更、终止民事权利义务关系的协议。因此，题干的说法是正确的。

【答案】√

 # 练习题

模拟试题训练

一、单项选择题

1. 劳动权主要体现为平等(　　　)和选择职业权。

A. 基本要求　　　　　B. 劳动权　　　　　C. 就业权　　　　　D. 实话实说

2. 最早提出全面质量管理概念的是(　　)质量管理专家。

A. 加拿大　　　　　B. 英国　　　　　C. 法国　　　　　D. 美国

3. 平等就业是指在劳动就业中实行(　　)、民族平等的原则。

A. 个人平等　　　　　B. 单位平等　　　　　C. 权利平等　　　　　D. 男女平等

4. 汽油机排放的主要污染物是(　　)。

A. 炭烟　　　　　B. CO　　　　　C. HC　　　　　D. NO$_X$、HC、CO

5. (　　)与血红蛋白结合,造成血液输氧能力下降,导致人体缺氧。

A. 固体颗粒　　　　　B. HC　　　　　C. 氮氧化物　　　　　D. CO

二、判断题

1. (　　)平等就业是指在劳动就业中实行权利平等、民族平等的原则。

2. (　　)《合同法》规定,当事人订立合同,应当具有相应的民事权利能力和民事义务能力。

3. (　　)全面质量管理概念最早是由法国质量管理专家提出的。

4. (　　)全面质量管理概念最早是由美国质量管理专家提出的。

5. (　　)汽车维修质量是汽车维修企业的生命线。

6. (　　)劳动纠纷是指劳动关系双方当事人在执行劳动法律、法规和履行劳动合同的过程中持不同的主张和要求而产生的争执。

7. (　　)劳动纠纷是指劳动关系双方当事人在执行劳动法律、个人权利、法规和履行劳动合同的过程中持不同的主张和要求而产生的争执。

8. (　　)汽车维修质量指标一般用维修合格率表示。

9. (　　)汽油机排放的三大有害气体是CO、HC、NOx。

10. (　　)合同也称契约,是指平等主体的自然人、法人、其他组织之间设立、变更、终止民事权利义务关系的协议。

11. (　　)劳动权主要体现为平等就业权和选择职业权。

12. (　　)劳动权主要体现为平等就业权和诚实守信。

13. (　　)汽车维修质量是维修企业的生命线。

第3章

相关理论知识

理论鉴定要素细目表

考核内容		考核要点	重要程度
相关理论知识	钳工基础知识	钳工常用设备	★★★
		划线工具及其用法	★★★
		錾削	★
		锯削	★
		锉削	★
	电工基础知识	直流电路	★★★
		磁与电磁的基本知识	★★★
		交流电基本知识	★
		晶体管基础知识	★★★
	机械制图知识	基本概念及国家制图标准	★★★
		三视图及其投影规律	★
		零件的表达方法	★
		表面粗糙度	★
		极限与配合	★
		简单零件图识读	★★★
	液压传动基本知识	液压传动的基本原理及应用	★★★
		液压传动系统的组成	★★★
		液压元件的作用	★★★
		液压传动的特点	★★★
		液压传动在汽车中的应用	★★

本章内容涉及汽车维修的相关理论知识，其主要内容包括钳工基础知识、机械识图、电工基本知识和液压传动四个部分。从历次汽车维修高级工理论知识鉴定的试题来看，汽车维修相关理论知识的内容基本都有涉及，涉及的试题量大约占到4%左右，尤其以电工基本知识和液压传动这两部分内容涉及的考点最多，因此，考生在复习时应重点掌握这两方面的内容，特别是对章节后的真题分析和模拟试题训练中涉及的试题应重点理解和掌握，这些试题在历次考试中不断地出现。

知识点阐述

3.1　钳工基础知识

钳工主要是利用台虎钳、各种手用工具和一些机械工具来完成某些零件的加工及机器或部件的装配和调试，以及各类机械的维护与修理等工作。它是机械制造中的重要工种之一。钳工的基本操作可分为：

1）辅助性操作。划线，它是根据图样在毛坯或半成品工件上画出加工界线的操作。

2）切削性操作。錾削、锯削、锉削、攻螺纹、套螺纹、钻孔（扩孔、铰孔）、刮削和研磨等多种操作。

3）装配性操作。即装配，将零件或部件按图样技术要求组装成机器的工艺过程。

4）维修性操作。即维修，对在役机械、设备进行维修、检查、修理的操作。

3.1.1　钳工常用设备

1. 台虎钳

台虎钳是工具钳工夹持工件进行手工操作的通用夹具，其规格用钳口的宽度来表示，常用几种规格有100mm、125mm和150mm等。图3-1a所示为轻型活动带砧台虎钳，图3-1b、所示为重型活动带砧台虎钳，图3-1c所示为固定带砧台虎钳。

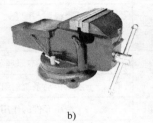

a)　　　　　　　　　　　b)　　　　　　　　　　　c)

图3-1　不同类型台虎钳

（1）台虎钳的结构　台虎钳通常按其结构分为固定式和回转式两种，如图3-2a、b所示。上述两种台虎钳的主要结构和工作原理基本相同。由于回转式台虎钳的整个钳身可以旋转，能满足工件不同方位加工的需要，使用方便，因此回转式台虎钳在工具钳工中应用非常广泛。

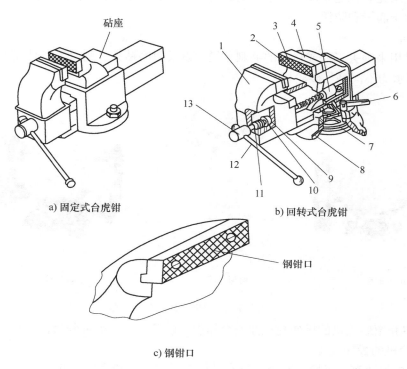

a) 固定式台虎钳　　　　　　　　　b) 回转式台虎钳

c) 钢钳口

图 3-2　台虎钳的结构

1—活动钳身　2—螺钉　3—钢钳口　4—固定钳身　5—螺母　6—转座手柄

7—夹紧盘　8—转座　9—销　10—挡圈　11—弹簧　12—手柄　13—丝杠

台虎钳的结构组成及其工作原理：活动钳身1通过导轨与固定钳身4的导轨孔做滑动配合，丝杠13装在活动钳身上，能够旋转但不能进行轴向移动，并与安装在固定钳身内的螺母5配合。当摇动手柄12使丝杠13旋转时，就带动活动钳身相对于固定钳身做进退移动，起到夹紧或松开工件的作用。钳口的工作面分为制有交叉网纹和光面两种形式，交叉网纹钳口夹紧工件后不易产生滑动，而光面钳口则用来夹持表面光洁的工件，夹紧已经加工过的表面后不会损伤工件表面。

（2）台虎钳的使用操作及维护保养方法　安装台虎钳时，必须使固定钳身的钳口工作面处于钳桌的边缘外，以便在夹持长的工件时下端不受阻碍。

台虎钳在钳桌上的固定要牢固，工作时应注意左右两个转座手柄必须扳紧，且保证钳身没有松动迹象，以免损坏钳桌、台虎钳及影响工件的加工质量。

夹紧工件时，只允许用手的力量来扳紧丝杠手柄，不允许用锤子敲击手柄或套上长管子去扳手柄，以免丝杠、螺母及钳身因受力过大而损坏。

夹紧工件所需夹紧力的大小，应视工件的精度、表面粗糙度、刚度及操作要求来定。原则是既要夹紧可靠，又要不损伤和破坏完工后工件的质量。

有强力作用时，应尽量使强力朝向固定钳身，以免损坏丝杠和螺母。

不允许在活动钳身的光滑平面上进行敲击作业，以免降低活动钳身与固定钳身的配合性能。

台虎钳使用完后，应立即清除钳身上的切屑，特别是丝杠和导向面应擦干净，并加注适量机油，有利于润滑和防锈。

2. 砂轮机

砂轮机是用来磨去工件或材料的毛刺和锐边以及刃磨钻头、刮刀等刀具或工具的简易机器。图3-3所示为不同型号砂轮机。

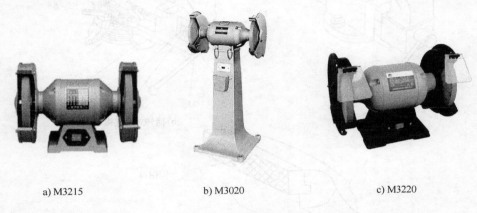

a) M3215　　　　　　　　b) M3020　　　　　　　　c) M3220

图3-3　不同型号砂轮机

下面重点介绍砂轮机的操作规程和安全知识。砂轮机按外形可分为台式与立式两种。

（1）砂轮机的操作规程

1）砂轮机起动前，应检查安全托板装置是否固定可靠和完好，并注意观察砂轮表面有无裂缝。

2）砂轮机起动后，应观察砂轮机的旋转是否平稳，旋转方向与指示牌是否相符，以及有无其他故障存在。

3）砂轮外圆表面若不平整，应用砂轮修整器进行修正。

4）待砂轮转速正常后才能进行磨削。

5）对长度小于50mm的小件进行磨削时，应用钳子或其他工具夹持，千万不能用手握。

6）使用完毕应立即切断电源。

（2）砂轮机使用安全知识

1）砂轮机应有安全罩。

2）操作时，人不能正对砂轮站立，应站在砂轮的侧面或斜侧位置。在磨削时不要用力太猛，以免砂轮碎裂。

3.1.2　划线工具及其用法

划线的工具很多，按用途不同，划线工具分为基准工具、支承装夹工具、直接绘划工具和量具等。

1. 基准工具——划线平板

划线平板由铸铁制成，整个平面是划线的基准平面，要求非常平直和光洁，如图3-4所示。使用时要注意：

1）安放时要平稳牢固、上平面应保持水平。

2）平板不准碰撞和用锤敲击，以免使其精度降低。

3）长期不用时，应涂油防锈，并加盖保护罩。

2. 支承装夹工具——方箱、千斤顶、V 形铁等

（1）方箱　方箱是由铸铁制成的空心立方体、各相邻的两个面均互相垂直。方箱用于夹持、支承尺寸较小而加工面较多的工件。通过翻转方箱，便可在工件的表面上划出互相垂直的线条。

（2）千斤顶　千斤顶用于在平板上支承较大及不规则工件，其高度可以调整。通常用三个千斤顶支承工件。

图 3-4　划线平板

（3）V 形铁　V 形铁用于支承圆柱形工件，使工件轴线与底板平行。

3. 直接绘划工具——划针、划规、划卡、划针盘和样冲等

（1）划针　划针是在工件表面划线用的工具，常用的划针用工具钢或弹簧钢制成，直径为 $\phi3\sim6mm$，尖端磨成 $15°\sim20°$ 的尖角，并经过热处理，硬度达 $55\sim60HRC$。

使用时，划针要依靠钢直尺等导线工具而移动，并向外侧倾斜 $15°\sim20°$，向划线方向倾斜约 $45°\sim75°$，如图 3-5 所示。

（2）划规　划规是划圆或弧线、等分线段及量取尺寸等用的工具，如图 3-6 所示，它的用法与圆规相似。

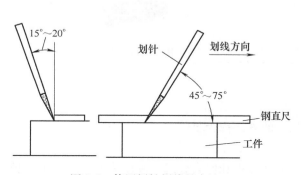

图 3-5　使用划针划线的方法　　　　图 3-6　划规

（3）划卡　划卡又称单脚划规，主要用于确定轴和孔的中心位置，使用方法如图 3-7 所示，先划出四条圆弧线，再在圆弧线中冲一样冲点。

（4）划针盘　划针盘主要用于立体划线和校正工件的位置，它由底座、立杆、划针和锁紧装置等组成，如图 3-8 所示。

（5）样冲　如图 3-9 所示，样冲用于在工件划线点上打出样冲眼，以备所划线模糊后仍能找到原划线的位置；在划圆和钻孔前应在其中心打样冲眼，以便定心。

4. 量具——钢直尺、直角尺、高度尺（普通高度尺和高度游标尺）等

高度游标尺除用来测量工件的高度外，还可用于半成品划线用，其读数精度一般为 0.02mm，结构如图 3-10 所示。它只能用于半成品划线，不允许用于毛坯。

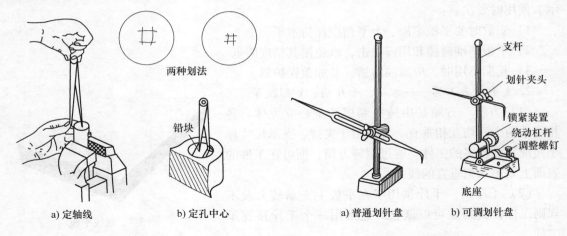

a) 定轴线　　　　b) 定孔中心

图 3-7　划卡的使用方法

a) 普通划针盘　　　b) 可调划针盘

图 3-8　划针盘

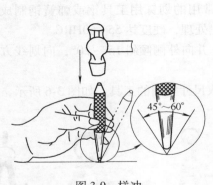

图 3-9　样冲

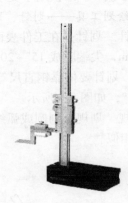

图 3-10　高度游标尺

3.1.3　錾削

用锤子捶击錾子，对金属工件进行切削加工的方法称为錾削。

錾削的主要工具是錾子和锤子。

錾子一般用优质碳素工具钢制成，刃口部分经淬火和回火处理，硬度为 53~56HRC，长度在 100~200mm 之间。常用的錾子有扁錾、尖錾、油槽錾和圆口錾四种，如图 3-11 所示。

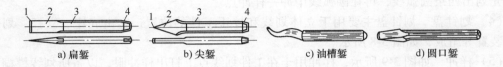

a) 扁錾　　　　b) 尖錾　　　　c) 油槽錾　　　　d) 圆口錾

图 3-11　錾子的种类

1—锋口　2—斜面　3—柄　4—头

錾削时常用的锤子规格有 0.25kg、0.5kg、0.75kg 和 1.00kg 等几种，錾子和锤子的握法如图 3-12 所示。

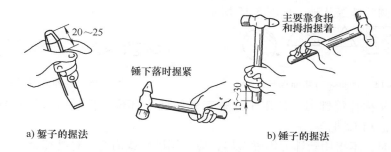

a) 錾子的握法　　　　　　　　b) 锤子的握法

图 3-12　錾子和锤子的握法

錾削操作前，应检查锤头是否松动，若有松动现象，应及时用铁楔楔牢，以防使用时锤头脱出。

錾削时，左手握住錾身，用中指、无名指与掌心夹持，錾子尾端以露出 20mm 左右为宜。过长錾子容易摆动，造成锤子打手。

操作中应及时擦净锤柄上的汗水、油污，避免锤子从手中滑脱。

3.1.4　锯削

锯削是用手锯或机械锯把金属材料分割、开缝和切槽的加工方法。

钳工主要用手锯进行锯削，手锯由锯弓和锯条组成。

锯弓是用来装夹锯条的，有固定式和可调式两种，如图 3-13 所示。

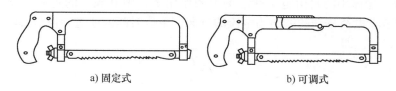

a) 固定式　　　　　　　　　　b) 可调式

图 3-13　锯弓

锯条分为工具钢锯条和合金钢锯条两类，均经过淬火处理。锯条规格用其两端安装孔距表示，常用的是 300mm 锯条。锯齿的大小是以 25.4mm 长度内所包含的锯齿数表示，此长度内包含的齿数越多，锯齿越细。细齿锯条适用于锯削硬材料或小而薄的工件。

安装锯条时，锯齿的齿尖要朝前，装正装直。其拉紧度以工作时锯条不弯曲为宜。过松会使锯条扭曲，锯缝歪斜，锯条容易折断；过紧会使锯条失去弹性，在锯削中也易崩断。

起锯时，起锯角要小（约 15°），行程要短，压力要小，速度要慢。锯削时，应尽可能使锯条全长参加工作，锯削速度以 30~40 次/min 为宜。

3.1.5　锉削

锉削是用锉刀切削、修整金属表面尺寸和形状的加工方法。

锉刀可分为普通锉刀、特种锉刀和整形锉刀三类。

普通锉刀是钳工最常用的锉刀，按断面形状不同，又可分为平锉、方锉、三角锉、半圆锉和圆锉等几种，如图 3-14 所示。

特种锉刀用来锉削特殊工件表面，按断面形状不同，又可分为刀口锉、菱形锉、扁三角锉、椭圆锉和圆肚锉等几种,如图 3-15 所示。

图 3-14 普通锉刀断面形状   图 3-15 特种锉刀断面形状

整形锉刀又称什锦锉刀,常用于修整工件的细小部位。整形锉刀每套分别有 5 把、6 把、8 把、10 把和 12 把等。

使用锉刀时,不得用新锉刀锉硬金属,应先用砂轮或旧锉刀打磨掉金属氧化皮、硬皮后再用新锉刀锉削。新锉刀应先使用一面,待一面磨钝后,再用另一面;细锉刀不可锉软金属,否则会粘塞锉齿。

3.2 电工基础知识

3.2.1 直流电路

1. 电路及基本物理量

电路就是电流的通过路径。最基本的电路由电源、负载、连接导线和开关等组成,如图 3-16 所示。电路分为外电路和内电路。从电源一端经负载回到另一端的电路称为外电路。电源内部的通路称为内电路。

(1)电流 导体中的自由电子在电场力的作用下,做有规则的定向运动,就形成了电流。习惯上规定正电荷移动的方向为电流的方向。单位时间内通过导体截面的电量,称为电流强度,用 I 表示,即

$$I = \frac{Q}{t}$$

式中 I——电流强度,简称电流(A);

Q——电量(C);

t——时间(s)。

(2)电流密度 通过导线单位截面积的电流。

(3)电位、电压 电位在数值上等于单位正电荷沿任意路径从该点移至无限远处的过程中电场力所做的功,其单位为伏特,简称伏(V)。

电压就是电场中两点之间的电位差。其表达式为

$$U = \frac{A}{Q}$$

式中 A——电场力所做的功(J);

Q——电荷量(C);

U——两点之间的电位差,即电压(V)。

(4)电动势 在电场中将单位正电荷由低电位移向高电位时外力所做的功称为电动势,其表达式为

$$E = \frac{A}{Q}$$

式中　A——外力所做的功（J）；

　　　Q——电荷量（C）；

　　　E——电动势（V）。

电动势的方向规定为由负极指向正极，由低电位指向高电位，且仅存于电源内部，如图 3-17 所示。

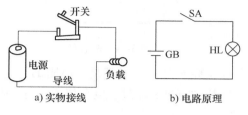

图 3-16　电路图

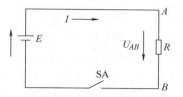

图 3-17　电压及电动势的正方向

（5）电阻　电流在导体中流动时所受到的阻力，称为电阻。用 R 表示，单位为欧姆或兆欧。导体电阻的大小与导体的长度 L 成正比，与导体的横截面积 S 成反比，并与其材料的电阻率成正比，即

$$R = \rho \frac{L}{S}$$

式中　ρ——导体的电阻率（$\Omega \cdot m$）；

　　　L——导体长度（m）；

　　　S——导体横截面积（m^2）；

　　　R——导体的电阻（Ω）。

（6）感抗、容抗、阻抗　当交流电通过电感线圈时，线圈会产生感应电动势阻止电流变化，有阻碍电流流过的作用，称为感抗。它等于电感 L 与频率 f 乘积的 2π 倍。即 $X_L = WL = 2\pi fL$。感抗在数值上就是电感线圈上电压和电流的有效数值之比，即 $X_L = U_L/I_L$。感抗的单位是欧姆。

当交流电通过电容时，与感抗类似，也有阻止交流电通过的作用，称为容抗。它等于电容 C 乘以频率的 2π 倍的倒数。即 $X_c = 1/(2\pi fC) = 1/(WC)$。容抗在数值上就是电容上电压和电流的有效值之比，即 $X_c = U_c/I_c$。容抗的单位是欧姆。

当交流电通过具有电阻 R、电感 L、电容 C 的电路时，所受到的阻碍称为阻抗 Z，即 $Z^2 = R^2 + (X_L - X_c)^2$。阻抗在数值上就等于具有 R、L、C 元件的交流电路中，总电压 U 与通过该电路总电流 I 的有效值之比，即 $Z = U/I$

2. 欧姆定律

欧姆定律是表示电路中电流、电压、电阻三者关系的定律。

（1）部分电路欧姆定律　不含电源的一段电路称为部分电路，如图 3-18 所示。在电阻 R 两端加上电压 U 时，电阻中就有电流 I 流过，三者之间关系为

$$I = \frac{U}{R}$$

欧姆定律公式成立的条件是电压和电流的标定方向一致，否则公式中就应出现负号。

（2）全电路欧姆定律　含有电源的闭合电路称为全电路，如图 3-19 所示。

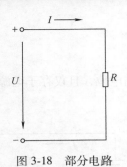

图 3-18　部分电路

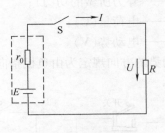

图 3-19　全电路

图中虚线框内代表一个电源。电源除了具有电动势 E 外，一般都是有电阻的，这个电阻称为内电阻，用 r_0 表示。当开关 S 闭合时，负载 R 中有电流流过。电动势 E、内电阻 r_0、负载电阻 R 和电流 I 之间的联系用公式表示，即为

$$I = \frac{E}{R + r_0}$$

全电路欧姆定律还可以写为

$$E = IR + Ir_0 = U + U_0$$

式中　U——其值为 IR，称为电源的端电压；

　　　U_0——其值为 Ir_0，称为电源的内电压。

3. 电功和电功率

电流所做的功，称为电功，用符号 W 表示，电功的数学式为

$$W = IUt = I^2 Rt = \frac{U^2}{R} t$$

式中　U——导体两端的电压(V)；

　　　I——电路电流(A)；

　　　R——导体的电阻(Ω)；

　　　t——通电时间(s)。

电功的大小与电路中的电流、电压及通电时间成正比，电功的单位为焦耳(J)，另一个单位是千瓦·时(kWh)。它们之间的关系是 1 千瓦·时 = 3.6 兆焦 = 3.6×10^6 焦耳(1kWh = 3.6MJ = 3.6×10^6J)。

单位时间内电流所做的功，称为电功率，用符号 P 表示，即

$$P = \frac{W}{t} = UI = I^2 R = \frac{U^2}{R}$$

式中　U——导体两端的电压(V)；

　　　I——电路电流(A)；

　　　R——导体的电阻(Ω)；

　　　t——通电时间(s)；

　　　W——电功(J)。

电功率的单位是瓦(W)，功率较大时，电功率的单位是千瓦(kW)、兆瓦(MW)(1MW = 10^3kW = 10^6W)。

当电流通过电阻时，要消耗能量而产生热量，这种现象称为电流的热效应。根据能量守

恒定律，电路中消耗的功率将全部转换成热功率，即 $P_R = 0.24 I^2 TR$（卡/秒）。

式中 0.24 为电、热功率的转换系数（热功当量），即每瓦电功率为 0.24 卡/秒的热功率。常用的电炉、白炽灯、电烙铁、电烘箱等都是利用电流的热效应而制成的电器。

4. 电源外部特性与电路的三种状态

（1）电源外部特性　在电动势不变的情况下，电源的端电压与电路中的电流大小及电源的内电阻大小有关。一般情况下，电流越大，电源的端电压就越低。

（2）电路的三种状态　当电路接通，负载中有电流流过时，电路处于导通状态；若外电路与电阻值近似为零的导体接通，电路处于短路状态；若电路中有断开处，电路中没有电流流过时，电路处于开路状态。电路处于开路状态时，电源的端电压与电动势相等。

5. 电阻的串、并联及混联

（1）电阻的串联　凡是将电阻首尾依次相连，使电流只有一条通路的接法，称为电阻的串联，如图 3-20 所示。电阻串联电路具有以下特点：

1）串联电路中电流处处相等，即 $I = I_1 = I_2 = I_3$。

2）串联电路中总电阻等于各分电阻的和，即 $R = R_1 + R_2 + R_3$。

3）串联电路中总电压等于各分电压的和，即 $U = U_1 + U_2 + U_3$。

4）各电阻上的电压降之比等于其电阻比，即 $U_1/U_2 = R_1/R_2$。

（2）电阻的并联　将电阻两端分别连接在一起的方式，称为电阻的并联，如图 3-21 所示。电阻并联电路具有以下特点：

1）并联电路中各电阻两端的电压等于电源电压，即 $U = U_1 = U_2 = U_3$。

2）并联电路中总电流等于各分电流的和，即 $I = I_1 + I_2 + I_3$。

3）并联电路等效电阻的倒数等于各并联支路电阻的倒数之和，即 $1/R = 1/R_1 + 1/R_2 + 1/R_3$。

4）各并联电阻中的电流及电阻所消耗的功率均与各电阻的阻值成反比，即 $I_1/I_2 = R_2/R_1$。

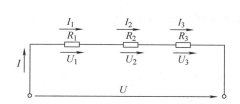

图 3-20　电阻的串联

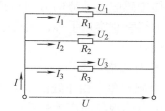

图 3-21　电阻的并联

（3）电阻的混联　电路中既有电阻的串联又有电阻的并联，称为电阻的混联。

3.2.2　磁与电磁的基本知识

1. 电流的磁场

通电导体的周围有磁场存在。导体中通过电流时产生的磁场方向可用安培定则（又称右手螺旋定则）来判断。当通电导体为直导体时，右手握直导体，拇指的方向为电流方向，弯曲四指的指向即为磁场方向，如图 3-22 所示。当通电导体为螺线管时，右手握螺线管，弯曲四指表示电流方向，拇指所指的方向即为磁场方向，如图 3-23 所示。

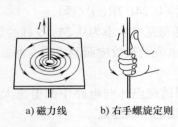

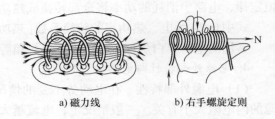

a) 磁力线　　　b) 右手螺旋定则　　　　　　　　a) 磁力线　　　b) 右手螺旋定则

图 3-22　通电直导体的磁场　　　　　　　图 3-23　通电螺线管的磁场

2. 磁场对电流的作用

（1）磁场对通电直导体的作用　处在磁场中的直导体流过电流时，导体会发生运动，表明通电导体受到一个电磁力的作用。这个电磁力的大小与通电导体电流（I）的大小成正比，与导体在磁场中的有效长度（L）以及导体所处位置的磁感应强度（B）成正比。写成数学表达式即为

$$F = BIL\sin\alpha$$

式中　α——磁感应强度方向与电流方向的夹角。

通电导体在磁场中受到的电磁力的方向，可用左手定则判定：平伸左手，使大拇指与其余四指垂直，让磁力线垂直穿过手心，四指指向电流方向，大拇指所指的方向就是导线受力的方向，如图 3-24 所示。

（2）通电平行导体之间的相互作用　两根平行且靠近的通电导体，相互之间都要受到对方电磁力的作用。电磁力的方向可用以下方法来判定。先判定通电导线产生的磁场方向，再判定两根导体分别受到的电磁力方向。两根平行导体的电流方向相同时，相互吸引；电流方向相反时，相互排斥。

3. 电磁感应

由于导体所处磁场的大小或方向发生变化或磁场与导体之间做相对运动而产生的电动势，称为感应电动势，这种现象称为电磁感应。

直导体中感应电动势的方向可用右手定则来判定：平伸右手，使大拇指与其余四指垂直，让磁力线垂直穿过手心，大拇指指向导线的运动方向，其余四指所指的方向就是感应电动势的方向。

4. 自感与互感现象

（1）自感现象　由于线圈本身电流的变化而引起线圈内产生电磁感应的现象，称为自感现象。由自感现象而产生的感应电动势，称为自感电动势。

（2）互感现象　互感现象是指一个线圈中的电流发生变化而使另一个线圈产生感应电动势的现象，如图 3-25 所示。

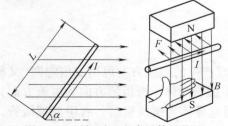

图 3-24　磁场对通电直导体的作用

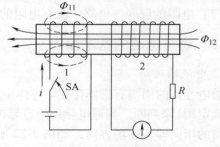

图 3-25　互感电路

3.2.3　交流电基本知识

1. 交流电的基本概念

大小和方向都随时间作周期性变化的电压和电流,分别称为交流电压和交流电流,统称交流电。按正弦规律变化的交流电称为正弦交流电。

大小和方向不随时间变化的电压和电流分别称为直流电压和直流电流,统称为直流电。如直流发电机、蓄电池等。

2. 正弦交流电的瞬时值、最大值、有效值和平均值

1)瞬时值。正弦交流电在某一瞬间的数值称为瞬时值。

2)最大值。正弦交流电在一个周期中所出现的最大瞬时值称为最大值。

3)有效值。交流电的有效值是指在热效应上同它相当的直流值。正弦交流电的有效值等于最大值的 $1/\sqrt{2}$ 倍。

4)平均值。正弦交流电在正半周期内所有瞬时值的平均大小称为正弦交流电的平均值。

3. 交流电的周期、频率及角频率

(1)周期和频率

1)周期。周期是交流电每交变一次所需的时间,通常用 T 表示,单位是秒(s)。

2)频率。每秒内交流电交变的周期数或次数称为频率,用 f 表示,单位是赫兹(Hz)。周期和频率互为倒数,即

$$T = \frac{1}{f}$$

我国工业上使用的正弦交流电的频率为 50Hz,习惯上称为工频。

(2)角频率　正弦交流电表达式 $u = A\sin(\omega t + \varphi)$ 的 ω,通常称为角频率或角速度。它表示交流电每秒钟内变化的角度。

4. 正弦交流电的三种表示方法

正弦交流电常用的表示方法有解析法、图形法和矢量法三种。

1)用一个数字来表示交流电的方法称为解析法。

2)用波形图来表示交流电的方法称为图形法,也称为曲线图法。

3)用矢量来表示交流电的方法称为矢量法,这是一种能比较简便直观地表示交流电的方法。

3.2.4　晶体管基础知识

1. PN 结

(1)P 型、N 型半导体　四价元素硅、锗、硒等都是常用的半导体材料,这些纯净的半导体在常温下导电能力很差。若将五价元素如锑等渗入上述纯净半导体中,会大大增强其导电能力。由于原子外层是五个电子,在其与外层只有四个电子的邻近半导体原子形成共价键时,就会多出一个电子不能结合在共价键内,这个多余的电子就容易挣脱出来,成为自由电子,形成了以自由电子导电为主的半导体,称为 N 型半导体。若掺入的是三价元素如硼等,在形成共价键时,又缺少一个电子,共价键中多出一个空位,这个空位称为"空穴",形成了以空穴导电为主的半导体,称为 P 型半导体。

自由电子带负电，空穴带正电，它们的存在极大地增强了半导体的导电能力。自由电子和空穴同时参与导电，是半导体导电的基本特征。

（2）PN 结及其单向导电性　任意一种半导体基片，无论是 P 型的还是 N 型的，只要通过适当的工艺就可以形成 P 型和 N 型两种半导体的结合面。这个结合面上形成的一个特殊结构薄层，称为 PN 结，如图3-26 所示。

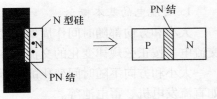

PN 结具有单向导电性，可通过在 PN 结两端加正向或反向电压实验证实。

图 3-26　PN 结的结构

图 3-27a 所示电路表示在 PN 结上加正向电压（或称为正向偏置），即 P 区接电源正极，N 区接电源负极。此时 PN 结处于正向导通状态，呈现低阻性，电路上有较大电流通过，串联在电路中的小电灯发光。反之，当加入反向电压时，电流则很难通过，小电灯不亮，此时 PN 结处于反向截止状态，如图3-27b 所示。

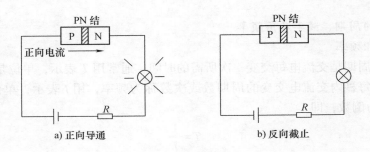

图 3-27　PN 结的单向导电性

2. 二极管

（1）二极管的结构和分类

1）二极管的结构。二极管由 2 个 PN 结加上相应的电极引线和管壳制成。图3-28 所示为二极管的结构示意图和符号。

2）二极管的分类。

① 按基片材料分，可分为硅二极管和锗二极管。

② 按结构分，可分为点接触和面接触两类。点接触二极管 PN 结接触面积小，不能通过很大的正向电流和承受较高的反向工作电压，但工作效率高，常用来作为检波器件。而面接触二极管的 PN 结接触面积大，能通过较大的电流，可用作整流器件。

③ 按用途分，可分为检波二极管、整流二极管、稳压二极管、开关二极管等。

（2）二极管的伏安特性　二极管的伏安特性是指通过二极管的电流 I 与加在二极管两端的电压 U 之间的关系，可以用伏安特性曲线表示，如图3-29 所示。

1）正向特性。当给二极管加正向电压时，有电流通过二极管。当外加电压很小时，电流很小，近似为零，称为不导通或死区。只有当外加电压增大到大于一定数值后（此电压值对硅管约为 0.5V，对锗管约为 0.2V），电流随电压增大而迅速增大，此时二极管导通。只要电流值不超过规定范围，二极管的正向电压几乎维持不变，该电压值称二极管正向电压。

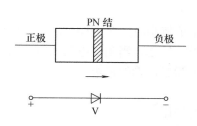

图 3-28　二极管的结构示意图和符号

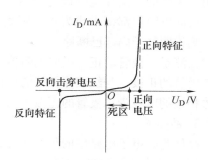

图 3-29　二极管伏安特性曲线

2）反向特性。当二极管两端加反向电压时，由于二极管的反向电阻很大，只有极小的电流(小功率硅管小于 0.1μA，锗管为几十微安)。当反向电压不超过某一限度时，反向电流几乎与反向电压无关，这个电流值称为反向饱和电流。当反向电压超过一定数值时反向电流突然增大，此后二极管的伏安特性曲线非常陡，二极管失去单向导电性，这种现象称为反向击穿，此时的电压值称为反向击穿电压。

二极管加一定的正向电压时导通，加反向电压时截止，这一导电特性，称为二极管的单向导电性。

（3）稳压二极管　稳压二极管与普通二极管一样，也是由一个 PN 结构制成，不同的是制造时经过特殊工艺制作，工作区域不同。稳压二极管的工作区在反向击穿区，在电路中稳压二极管的两端应加反向电压。

（4）汽车用整流二极管　汽车用整流二极管分为正向二极管和反向二极管两种。正向二极管的引出端为正极，外壳为负极；反向二极管的引出端为负极，外壳为正极，通常在正向二极管上涂有红点，反向二极管上涂有黑点。

（5）二极管的简易判别　使用二极管时，需要辨别其正、负极性和粗略判断二极的好坏。利用万用表测量时，先把万用表拨到"欧姆"档，一般采用 R×100 或 R×1k 这两档。然后用表棒分别正向和反向测量二极管的两端，如图 3-30 所示。由于指针式万用表欧姆档内接有电池，红表棒内接电池的负极，黑表棒内接电池的正极，所以红表棒带负电，黑表棒带正电。在图 3-31a 所示的情况下，加在二极管上的是正向电压，测量出来的是正向电阻，一般约为几十到几百欧。在图 3-31b 所示的情况下，加在二极管上的反向电压，测量出来的是反向电阻，一般小功率二极管反向电阻约为几十千欧到几百千欧。正、反向电阻相差越大，

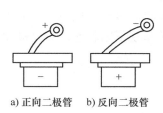

a) 正向二极管　　b) 反向二极管

图 3-30　汽车用整流二极管

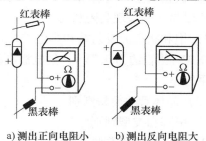

a) 测出正向电阻小　　b) 测出反向电阻大

图 3-31　用万用表检测二极管

表明二极管的单向导电性越好。若测得二极管的正、反向电阻值相近，表示管子已坏；若正、反向电阻值都很小或为零，则表示管子已被击穿，两极已短路；若正、反向电阻都很大，则说明管子内部已断路。

在测量二极管的正、反向电阻值时，当测得的电阻值较小时，黑表棒与之相接的电极就是二极管的正极、与红表棒相接的电极为二极管的负极。反之，当测得电阻值较大时，与红表棒相接的电极为二极管的正极、与黑表棒相接的电极为二极管的负极。

3. 晶体管

晶体管是电子电路中的重要元件，具有电流放大的作用。

（1）晶体管的结构　晶体管是由两个PN结构成的一种半导体器件。根据PN结的组合方式不同，晶体管可分为PNP型和NPN型两种类型，其外形、结构和图形符号如图3-32所示。可见，晶体管有两个结和三个区，中间为基区，两边分别为发射区和集电区。从这三个区引出相应的电极称为基极、发射极和集电极，简称b极、e极和c极。在三个区的交界处形成了两个PN结，发射区与基区分界处的PN结称为发射结，集电区与基区分界处的PN结称为集电结。图形符号中的箭头表示PN结在正向电压下晶体管的电流方向，对于PNP型晶体管，发射极箭头向里，NPN型晶体管，发射极箭头向外。

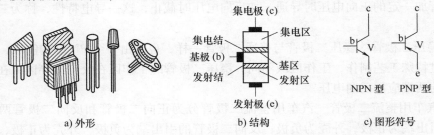

a) 外形　　　　　　b) 结构　　　　　　c) 图形符号

图3-32　晶体管的外形、结构和图形符号

按制造晶体管的基片材料不同，晶体管又可分为硅晶体管和锗晶体管两大类，硅管和锗管又都有NPN和PNP两种管型。

（2）晶体管的工作状态　晶体管有三种工作状态，即放大、截止和饱和，它们的特点分别是：

1）放大状态。发射结正向偏置，集电结反向偏置。I_b、I_c、I_e的关系为$I_e = I_b + I_c$。当I_b有微小变化时，会使I_c产生较大的变化，I_c的变化基本上与U_{ce}无关，I_c只受I_b的控制。

2）截止状态。发射结和集电结均处于反向偏置。此时，由于晶体管内基本没有电流通过，所以晶体管呈现高阻状态。

3）饱和状态。发射结和集电结均正向偏置。集电极和发射极之间的电压值很小（硅管约为0.3V，锗管约为0.7V），集电极电流I_c较大，晶体管呈现低阻状态，集电极和发射极之间几乎短路。

（3）晶体管的简易判别

1）引脚和类型判别

① 确定基极和类型。NPN型和PNP型晶体管都包含有两个PN结，因此可以根据PN结的正向电阻小，反向电阻大的特点，用欧姆档（R×100 或 R×1k）来判别。晶体管的简易判别如图3-33所示。

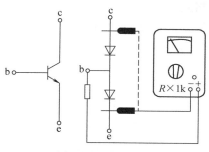

a) 确定晶体管的基极和类型

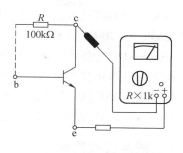

b) 判别 NPN 型管的发射极和集电极

图 3-33　晶体管的简易判别

任意假设一个极是基极，用万用表任一表棒与假设基极相接，另一表棒分别与其余两个电极依次相接，如图 3-33a 所示。若测得的电阻都很大（或很小），再将两表棒对调测量，若电阻都很小（或很大），则上述假设的基极是正确的。如果测得的电阻是一大一小，则假设的基极不对，可换一个引脚做基极再测试，直到符合上面的正确结果为止。

基极确定后，用万用表的黑表棒接基极，红表棒分别和另外两电极相接，若测得电阻都很小，则为 NPN 型管；反之，则为 PNP 型管。

② 集电极和发射极的判别。基极确定之后，对于 NPN 型管可以用万用表两表棒任意接在其余两引脚上，并在基极与黑表棒（负极）之间接一个 100kΩ 的电阻，如图 3-33 所示。然后观察电阻值，之后再将两表棒对调，按上法重测一次，最后比较两次测得的电阻值，以电阻值较小的一次为准，此时黑表棒（负极）所接的引脚是集电极，红表棒（正极）接的是发射极。

对于 PNP 型管，仍以电阻小的一次为准，此时红表棒（正极）接的是集电极，黑表棒（负极）接的是发射极。

2）晶体管好坏的粗略判别　根据晶体管内 PN 结的单向导电特性，可用万用表分别测量 b、e 极间和 b、c 极间 PN 结的正、反向电阻。如果测得正、反向电阻相差较大，说明晶体管基本上是好的；如果测得正、反向电阻都很大，说明晶体管内部已经断路；如果测得正、反向电阻都很小或为零，说明晶体管极间短路或击穿。

3.3　机械制图知识

3.3.1　基本概念及国家制图标准

1. 图样概念

图样由图形、符号、文字和数字等组成，是表达设计意图和制造要求以及交流经验的技术文件，常被称为工程界的语言。

2. 机械制图国家标准的基本规定

这主要介绍国家标准《技术制图》和《机械制图》中对图纸幅面、格式及标题栏、比例、字体、图线以及尺寸标注的基本规定，以便树立标准化概念，自觉贯彻执行国家标准。相关规定内容请参见如下标准：

GB/T 14689—2008《技术制图　图纸幅面及格式》。

GB/T 10609.1—2008《技术制图　标题栏》。

GB/T 14690—1993《技术制图　比例》。

GB/T 14691—1993《技术制图　字体》

GB/T 4457.4—2002《机械制图　图样画法　图线》

GB/T 4458.4—2003《机械制图　尺寸注法》。

3.3.2　三视图及其投影规律

1. 三视图的形成

（1）建立空间三投影面体系　正立投影面，用 V 来表示；水平投影面，用 H 来表示；侧立投影面，用 W 来表示，如图 3-34 所示。

（2）三面投影　将物体放入三投影面体系中，分别向三个面进行正投影。物体由前向后投射在 V 面上的投影称为正面投影，也称为主视图；物体由上向下投射在 H 面上的投影称为水平投影，也称为俯视图；物体由左向右投射在 W 面上的投影称为侧面投影，也称为左视图。此三投影称为物体的三视图，如图 3-35 所示。

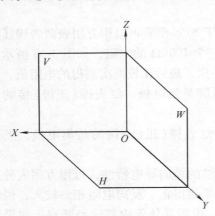

图 3-34　空间三投影面体系

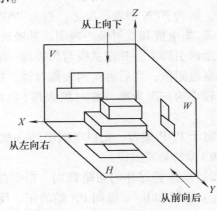

图 3-35　三视图

（3）投影面展开　为了画图方便，把互相垂直的三个投影面展开到一个平面上。展开时，正立投影面 V 的位置不变，将水平投影面 H 绕 OX 轴向下旋转 90°，将侧立投影面 W 绕 OZ 轴向右旋转 90°，这样 V、H、W 面就转到了一个平面上，便于作图，如图 3-36 所示。

2. 三视图的投影规律

主视图与俯视图长对正（等长），主视图与左视图高平齐（等高），俯视图与左视图宽相等（等宽），简称长对正、高平齐、宽相等，也即"三等"关系。

整个物体的三视图不仅必须符合上述投影规律，物体上每个组成部分的三面投影也都必须符合上述投影规律。

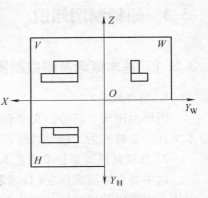

图 3-36　展开后的三视图

3.3.3　表面粗糙度

表面粗糙度是指加工表面上具有的较小间距和微小峰谷所组成的微观几何形状特性，即表面微观的不平度。

表面粗糙度对零件的使用性能有着重要的影响：表面粗糙度值越小，零件的耐磨性、疲劳强度、配合性质和耐蚀性等性能越好。反之，则各项性能越差。

1. 表面粗糙度符号

表面粗糙度的符号及说明见表 3-1。

表 3-1　表面粗糙度的符号及说明

符号名称	符　号	说　明
基本图形符号	H_2 H_1 60° 60°	未指定工艺方法的表面，仅用于简化代号标注，如果与补充要求一起使用，则不需要说明应去除材料或不去除材料
扩展图形符号	∨	指定表面是用去除材料的方法获得的，如车、铣、钻、磨、抛光、腐蚀、电火花加工、气割等
	⒱	指定表面是用不去除材料的方法获得的，如铸造、锻造、冲压、轧制、粉末冶金等。也可用于表示保持上道工序形成的表面，无论这种状态是通过去除材料或不去除材料形成的
完整图形符号	√　√　⒱	用于标注表面结构特征的补充信息

2. 表面粗糙度的注法

在表面粗糙度符号的基础上，注出表面粗糙度数值及其有关的规定项目后就形成了表面粗糙度代号。表面粗糙度的注法及意义见表 3-2。

表 3-2　表面粗糙度的注法及意义

代　号	意　义	代　号	意　义
√ Ra 3.2	用任何方法获得的表面粗糙度，Ra 的上限值为 3.2μm	√ Ra max 3.2	用去除材料方法获得的表面粗糙度，Ra 的最大值为 3.2μm
√ Ra 3.2	用去除材料方法获得的表面粗糙度，Ra 的上限值为 3.2μm	√ Ra 3.2 / Rz 12.5	用去除材料方法获得的表面粗糙度，Ra 的上限值为 3.2μm，Rz 的上限值为 12.5μm
√ U Ra 3.2 / L Ra 1.6	用去除材料方法获得的表面粗糙度，Ra 的上限值为 3.2μm，Ra 的下限值为 1.6μm	√ Rz max 3.2 / Rz min 1.6	用去除材料方法获得的表面粗糙度，Rz 的最大值为 3.2μm，Rz 的最小值为 1.6μm

3.3.4　极限与配合

1. 基本概念

（1）尺寸　用特定单位表示长度值的数字称为尺寸。由定义可知尺寸由数值和特定单位两部分组成，如 30mm、60mm 等。在机械制图中，图样上的尺寸通常以 mm 为单位，可省略单位的标注，仅标注数值。采用其他单位时，则必须在数值后注明单位。

（2）公称尺寸　设计给定的尺寸称为公称尺寸。公称尺寸由设计给定，设计时可根据零件的使用要求，通过计算试验或类比的方法确定公称尺寸。图样上所标注的尺寸，通常都是公称尺寸。

（3）实际尺寸　通过测量获得的尺寸，称为实际尺寸。

（4）极限尺寸　允许尺寸变化的两个界限值，称为极限尺寸。允许的最大尺寸称为上极限尺寸，最小尺寸称为下极限尺寸。

（5）互换性　是指同规格一批产品（包括零件、部件、构件）在尺寸、功能上能够彼此互相替换的功能。

（6）标准化　是指为在一定的范围内获得最佳秩序，对实际的或潜在的问题制定共同的和重复使用规则的活动。

2. 公差

允许尺寸的变动量称为尺寸公差，简称公差。

（1）形状公差　形状公差是为了保证零件的使用性能要求，满足互换性要求，需要给出零件上某些线或面等单一要素的形状误差允许的变动范围，形状公差就是单一实际要素的形状所允许的变动量。

1）直线度　用以限制被测实际直线对其理想直线变动量的一项指标。被限制的直线有平面内的直线，回转体的素线，平面与平面交线和轴线等。

2）平面度　用以限制实际表面对其理想平面变动量的一项指标。

3）圆度　用以限制实际圆对其理想圆变动量的一项指标，它是对圆柱面（圆锥面）的正截面和球体上通过球心的任一截面上提出的形状精度要求。圆度的标注如图3-37所示。

注意：标注圆度时指引线箭头应明显地与尺寸线箭头错开；标注圆锥面的圆度时，指引线箭头应与轴线垂直，而不应指向圆锥轮廓线的垂直方向。

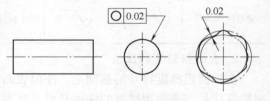

图3-37　圆度的标注

4）圆柱度。限制实际圆柱面对其理想圆柱面变动量的一项指标，它是对圆柱面所有正截面和纵向截面方向提出的综合性形状精度要求。

（2）形状方向或位置公差

1）线轮廓度。同一正截面上的实际轮廓线对理想轮廓线形状所允许的变动量。

2）面轮廓度。实际表面的轮廓形状对理想轮廓表面所允许的变动量。

（3）位置公差　位置公差是为了限制关联实际被测要素的位置误差，为保证使用性能要求，必须规定位置误差的允许变动量。

1）平行度。线或面上所有点对基准平面或基准轴为等距离的程度。

2）垂直度。线或面与基准平面或基准轴线构成90°角的状态。

3）同轴度。任意组成的两个以上回转面（圆柱面、圆锥面等）的轴线处于重合的程度。

4）倾斜度。线或面与基准平面或基准轴线构成给定的角度（90°除外）的程度。

5）对称度。被测中心要素（中心平面、中心线或轴线）与基准中心要素（中心平面、中心线或轴线）偏离的程度。

6）位置度。被测的点、线、面符合其理想位置的程度。

（4）跳动公差

1）圆跳动。被测回转体零件绕基准轴线回转，由位置固定的指示计（如百分表）在被测表面指针的方向上任意测量面上测得的跳动量。

2）全跳动。被测回转体零件绕基准轴线连续回转，同时指示计（如百分表）沿被测表面向上做移动，指示计反映整个表面轮廓的跳动量。各公差的项目和符号见表3-3。

表3-3　常用公差的标注符号（图案错误）

公差类型	特征项目	符号	有或无基准要求
形状公差	直线度	—	无
	平面度	▱	无
	圆度	○	无
	圆柱度	⌭	无
形状、方向或位置公差	线轮廓度	⌒	有或无
	面轮廓度	⌓	有或无
方向公差	平行度	∥	有
	垂直度	⊥	有
	倾斜度	∠	有
位置公差	位置度	⌖	有或无
	同轴（同心）度	◎	有
	对称度	⹀	有
跳动公差	圆跳动	↗	有
	全跳动	⌰	有

3. 配合

公称尺寸相同的，相互结合的孔和轴的公差带之间的关系称为配合。包括间隙配合、过渡配合和过盈配合三种形式。

孔的尺寸减去相配合的轴的尺寸所得的代数差为正时是间隙，一般用 X 表示；所得的代数差为负时是过盈，一般用 Y 表示。间隙数值前应标有"＋"号；过盈数值前应标"－"号。在孔和轴的配合中，间隙的存在是配合后能产生相对运动的基本条件，而过盈的存在是使配合零件位置固定或传递载荷。

1）具有间隙（包括最小间隙等于零）的配合称为间隙配合。某一规格的一批孔和某一规格的一批轴(孔、轴的公称尺寸相同),任选其中的一对孔、轴,则孔的尺寸总是大于或等于轴的尺寸,其代数差为正值或零,则这批孔与这批轴的配合为间隙配合。当其代数差为零时,则是间隙配合中的一种形式——零间隙。间隙配合时,孔的公差带在轴的公差带之上,如图3-38所示。

由于孔、轴的实际尺寸允许在其公差带内变动,因而其配合的间隙是变动的。当孔为上极限尺寸而与其相配合的轴为下极限尺寸时,配合处于最松状态,此时的间隙称为最大间隙,用"X_{max}"表示。在间隙配合中,最大间隙等于孔的上极限尺寸与轴的下极限尺寸之差。当孔为下

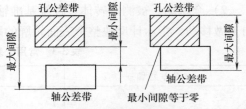

图3-38 间隙配合示意图

极限尺寸而与其相配合的轴为上极限尺寸时,配合处于最紧状态,此时的间隙称为最小间隙,用X_{min}表示。在间隙配合中,最小间隙等于孔的下极限尺寸与轴的上极限尺寸之差。

2) 具有过盈(包括最小过盈等于零)的配合称为过盈配合。某一规格的一批孔和某一规格的一批轴(两者公称尺寸相同),任取其中一对孔、轴,则孔的尺寸总是小于或等于轴的尺寸,其代数差为负值或零,则这批孔与这批轴的配合为过盈配合。当其代数差为零时,则是过盈配合中的一种形式——零过盈。过盈配合时,孔的公差带在轴的公差带之下,如图3-39所示。同样,由于孔、轴的实际尺寸允许在其公差带内变动,因而其配合的过盈是变动的。当孔为下极限尺寸,而与其相配合的轴为上极限尺寸时,配合处

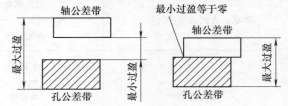

图3-39 过盈配合示意图

于最紧状态,此时的过盈称为最大过盈,用Y_{max}表示。在过盈配合中,最大过盈等于孔的下极限尺寸与轴的上极限尺寸之差。当孔为上极限尺寸,而与其相配合的轴为下极限尺寸时,配合处于最松状态,此时的过盈称为最小过盈,用Y_{min}表示。在过盈配合中,最小过盈等于孔的上极限尺寸与轴的下极限尺寸之差。

3) 可能具有间隙或过盈的配合称为过渡配合。某一规格的一批孔和某一规格的一批轴(两者公称尺寸相同),任取其中一对孔、轴,则孔的尺寸可能大于、也可能小于或等于轴的尺寸,其代数差可能为正值,也可能为负值或零,则这批孔与这批轴的配合为过渡配合。可以说过渡配合是介于间隙配合与过盈配合之间的一种配合。过渡配合时,孔的公差带与轴的公差带相互交叠,如图3-40所示。

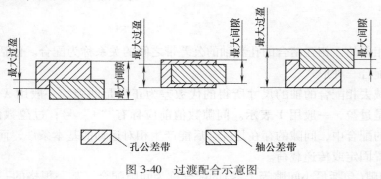

图3-40 过渡配合示意图

3.3.5　简单零件图识读

1. 零件图的要求

1）完全。将零件的各部分形状、结构、位置表达完全。

2）正确。投影关系、表达方法正确；符合设计要求和零件的加工工艺要求。

3）清晰。清楚易懂、便于看图。

2. 零件图的内容

1）一组视图（视图、剖视图、断面图等）。表达零件各部分的形状、结构、位置。

2）完整的尺寸。确定零件各部分形状的大小、各结构之间的相对位置。

3）技术要求。说明零件在制造和检验时应达到的技术标准。

4）标题栏。说明零件的名称、材料、数量以及签名等。

3. 零件图的识读方法

1）看标题栏。首先，通过读标题栏了解零件的名称、比例、材料等，以正确选用加工方法，还可以从比例想象出零件的实际大小。

2）分析视图。先找主视图，再找其他视图，然后看各视图采用的表达方法，弄清其投影关系，找到剖视图、断面图的剖切位置，局部视图和斜视图的投射方向。一般主视图是零件图的核心，应以形状特征明显的视图，以及加工位置和工作位置的视图等作为主视图，其他的视图则配合主视图，各有表达重点。

3）分析形体。用形体分析法分析零件的结构形状，在搞清楚视图关系的基础上，根据图形特点，通常将零件分解成几大部分，然后根据基本形体把各部分的形状想象出来，再对各细小结构进行分析，最后将细小结构和几大部分综合起来想象出零件的整体形状。

4）识读零件尺寸。综合分析视图和形体，找出视图长、宽、高三个方向尺寸的主要基准，然后从基准出发，以结构形状分析为线索，再了解各形体的定型和定位尺寸，弄清各尺寸的作用。视图和尺寸是从形状和大小两个方面来表达零件的，读图时应把视图、尺寸和形状三者结合起来分析。

5）了解技术要求。读图时应弄清表面粗糙度的要求，及尺寸公差、热处理、表面修饰、检验等方面的要求。

按以上步骤来读零件图，然后综合起来就可得到零件形状及其加工检验方面的完整概念。

看零件图的步骤可简单概括为：一看标题、二析视图、三想形状、四读尺寸、五识要求、最后综合。

3.4　液压传动基本知识

3.4.1　液压传动的基本原理及应用

液压传动的工作原理是以油液作为工作介质，依靠密封容积的变化来传递运动，依靠油液内部的压力来传递动力。液压传动装置实质上是一种能量转换装置，它先将机械能转换为液压能，然后再将液压能转换为机械能，以驱动工作机构完成所要求的各种动作。

汽车上应用的液压传动装置按工作原理可分为动力式和容积式两类，常称为液力传动和液压传动。汽车上采用的液力耦合器和液力变矩器属于液力传动，而液压制动系统、动力转向系统、自卸车的举升系统等属于液压传动系统。

3.4.2　液压传动系统的组成

一般液压传动系统除油液外，按其功能可分为动力元件、执行元件、控制元件和辅助元件四个组成部分，各部分所包含的主要液压元件见表3-4。

表3-4　液压系统的组成

元件分类	组　　成
动力元件	液压泵
执行元件	液压缸或液压马达
控制元件	液压控制阀
辅助元件	油箱、管路或接头滤油器、密封件

3.4.3　液压元件的作用

1. 液压泵

液压泵是动力元件，它把输入的机械能转变为油液的压力能，是液压系统的能源。液压泵多为容积式的，按其流量是否可以改变可分为定量泵和变量泵；按其结构形式的不同可分为螺杆泵、齿轮泵、叶片泵和柱塞泵等；按其压力的高低可分为高压泵、中压泵和低压泵。

2. 液压缸(液压马达)

液压缸是液压传动系统中执行元件的一种。它将油液的压力能转换为机械能，带动负载运动。液压缸有活塞式、柱塞式和摆动式三种形式，应用较广泛的是活塞式。

3. 液压控制阀

液压控制阀是液压系统的控制元件，用来控制和调节液流方向、压力和流量，从而控制执行元件的运动方向，输出力和力矩、运动速度、动作顺序，以及限制和调节液压系统的工作压力，防止过载。

液压控制阀一般由阀体、阀芯和控制机构组成。通过改变通流面积或通流方向实现控制功能。控制阀在系统中不做功，只对执行元件起控制作用。

根据用途和工作特点的不同，液压控制阀主要可分为方向控制阀、压力控制阀和流量控制阀三种。

(1) 方向控制阀　控制油液流动方向以改变执行机构运动方向的阀称为方向控制阀。它分为单向阀和换向阀两大类。

1) 单向阀。单向阀的作用是使油液按一个方向流动，不能反向流动。

2) 换向阀。换向阀是利用阀芯和阀体间的相对位置的改变，来控制油液的流动方向，接通或关闭油路，从而改变液压系统的工作状态。

(2) 压力控制阀　在液压系统中，控制工作液体压力的阀称为压力控制阀，常用的压力控制阀有溢流阀、减压阀、顺序阀。

(3) 流量控制阀　流量控制阀是靠改变工作开口的大小来控制通过阀的流量，从而调节执行机构(液压缸或液压马达)运动速度的液压元件。油液流经小孔、狭缝或毛细管时，

会遇到阻力，阀口通流面积越小、油液通过时的阻力就越大，因而通过的流量就越少。流量控制阀就是利用这个原理制造的。常用的流量控制阀有普通节流阀、调速阀、温度补偿调速阀以及这些阀和单向阀、行程阀等的各种组合阀。

4. 液压辅助元件

液压辅助元件包括密封件、油管、管接头、热交换器、过滤器、蓄能器、油箱、流量计、压力计、压力表开关和管系元件等。它们是液压系统的重要组成部分，对系统的工作稳定性、效率和使用寿命等有直接的影响。

（1）密封件　密封件的作用在于防止液压油的泄漏、外部灰尘的侵入，避免影响液压系统的工作性能及污染环境。常用的密封方法和密封件有间隙密封、O 形密封圈、Y 形密封圈和 V 形密封圈及活塞环、密封垫圈等。

（2）油管和管接头　油管是用来连接液压元件和输送液压油的元件，管接头则是油管之间、油管与液压元件之间的可拆卸连接件。对油管的要求是尽可能减少输油过程中的能量损失，应有足够的通油截面、最短的路程、光滑的管壁等。对管接头的要求是连接牢固可靠、密封性能好。常用的油管有钢管、铜管、塑料管、尼龙管和橡胶软管等。常用的管接头为焊接式、螺纹式、扩口式、卡套式等。

（3）过滤器　过滤器的作用是从油液中清除固体污染物。液压系统中多数的故障是由污染的油液引起的，保持油液清洁是液压系统可靠工作的关键，使用过滤器则是保持油液清洁的主要手段。

（4）蓄能器　蓄能器是储存和释放压力能的装置，以活塞式蓄能器和气囊式蓄能器应用最为广泛。蓄能器的主要用途是储存能量，吸收压力脉动，缓和压力冲击等。

（5）油箱　油箱起储油、散热、分离油中的空气和沉淀油中的杂质等作用。

（6）流量计、压力计　作用分别是观测系统的流量和系统各部位的压力。

3.4.4 液压传动的特点

（1）液压传动的主要优点

1）液压传动与机械传动相比体积小、质量小。

2）调速范围大，借助油管的连接可以方便灵活地布置传动机构。

3）与微电子技术结合，易于实现自动控制；液压传动借助于各种控制阀，可实现机器运行的自动化。

4）能实现过载保护。液压系统通过溢流阀等可自动实现过载保护，同时以油为介质时，相对运动表面可自行润滑，从而延长使用寿命。

（2）液压传动的主要缺点

1）传动效率低，且有泄漏。由于液体流动的阻力损失和泄漏均较大，因此液压传动的效率较低，一般为 75%～80%，泄漏会污染周围的场地。

2）工作时受温度变化的影响大，液压油的黏度随温度的变化会发生相应的变化，工作阻力相应增加，并且泄漏的可能性也增加。

3）噪声大，液压元件对污染敏感。

4）不能实现精确的传动。在传递压力不大的情况下，可以忽略液压油的体积变化，即认为液压油不可被压缩；但是当压力增加到一定程度以后，液压油由于被压缩造成的体积变化较大，就不能忽略体积变化，所以不能用于控制精确的传动。

3.4.5　液压传动在汽车中的应用

下面以汽车 ABS 系统中循环式制动压力调节器的工作原理为例，介绍液压传动在汽车中的应用。

循环式制动压力调节器由电磁阀、液压泵和电动机等部件组成，如图 3-41 所示。调节器直接装在汽车原有的制动管路中，在制动总缸与轮缸之间串联一电磁阀，直接控制轮缸的制动压力，可以使轮缸的工作处于常规工作状态、保压状态、减压状态或增压状态。这种压力调节系统的特点是制动压力油路和汽车防抱死制动系统 ABS 控制压力油路相通。

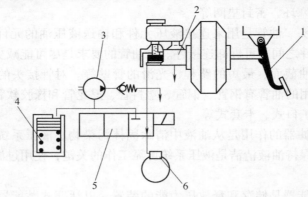

图 3-41　循环式制动压力调节器

1—制动踏板机构　2—制动主缸　3—回油泵　4—蓄能器　5—电磁阀　6—制动轮缸

（1）常规制动过程　在常规制动过程中，ABS 系统不工作，电磁线圈中无电流通过，电磁阀处于升压位置。制动主缸与轮缸相通，由制动主缸流入的制动液直接进入轮缸，轮缸压力随主缸压力的变化而变化，此时液压泵也不需要工件，如图 3-42 所示。

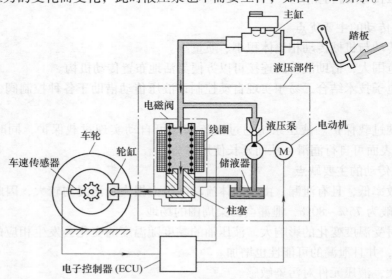

图 3-42　循环式制动压力调节器常规制动过程

（2）保压过程　当车速传感器发出抱死危险信号时，电控单元向电磁线圈输入一个较小的保持电流（约为最大电流的 1/2），电磁阀处于保压位置。此时制动主缸、制动轮缸和回油孔相互隔离密封，制动轮缸中的制动压力保持一定，此过程为保压过程，如图 3-43 所示。

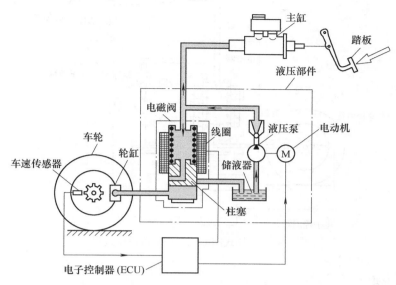

图 3-43　循环式制动压力调节器保压过程

（3）减压过程　当车速传感器监测到车轮仍处于抱死状态时，ECU 将指令电磁阀打开，使制动轮缸中的油压下降，此过程为减压过程，如图 3-44 所示。

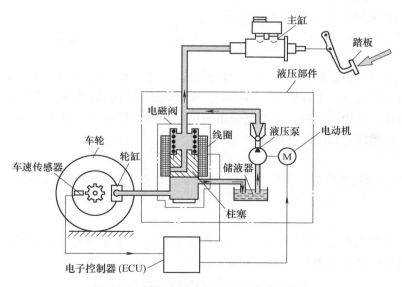

图 3-44　循环式制动压力调节器减压过程

（4）增压过程　当压力下降后车轮转速太快时，电控单元便切断通往电磁阀的电流，制动主缸和制动轮缸再次相通，制动主缸中的高压制动液再次进入轮缸，使制动力增加，此过程为增压过程，如图 3-45 所示。

汽车制动时，上述过程反复进行，直到解除制动为止。

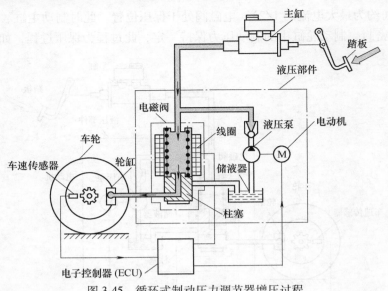

图 3-45 循环式制动压力调节器增压过程

 **练习题**

真 题 分 析

一、单项选择题

1. 常用的台虎钳有（　　）和固定式两种。

A. 齿轮式　　　　B. 回转式　　　　C. 蜗杆式　　　　D. 齿条式

【分析】

本题涉及的知识点是台虎钳的种类。台虎钳通常按结构不同分为固定式和回转式两种，两种台虎钳的主要结构和工作原理基本相同。所谓固定式台虎钳是指台虎钳的钳身是固定不动的，而回转式台虎钳是指台虎钳的整个钳身可以旋转，能满足工件不同方位加工的需要，使用方便，因此回转式台虎钳在钳工中应用非常广泛。

【答案】B

2. 零件图的标题栏应包括零件的名称、材料、数量、图号和（　　）等内容。

A. 比例　　　　B. 公差　　　　C. 热处理　　　　D. 表面粗糙度

【分析】

本题涉及的知识点是零件图的标题栏应包括的内容。常见零件图的标题栏如图 3-46 所示，其主要内容包括零件图的名称、比例、数量、图号和材料等。

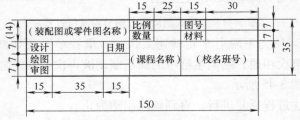

图 3-46 常见零件图的标题栏

【答案】A

3. 当加在硅二极管两端的正向电压从0开始逐渐增大时，硅二极管(　　)。

A. 立即导通 　　　　　　　　　　B. 到0.3V时才开始导通

C. 超过死区电压时才开始导通 　　D. 不导通

【分析】

本题涉及的知识点是二极管的导通条件。二极管导通必须同时具备两个条件：一是给二极管加正向电压；二是所加的正向电压必须大于二极管的死区电压。一般硅管的死区电压为0~0.5V，锗管的死区电压为0~0.2V。

【答案】C

4. 液压阀是液压传动系统中的(　　)。

A. 控制元件 　　B. 执行元件 　　C. 动力元件 　　D. 辅助元件

【分析】

本题涉及的知识点是液压传动系统的基本组成。一般液压传动系统除油液外，按其功能可分为动力元件、执行元件、控制元件和辅助元件四个组成部分，其中，液压控制阀(液压阀)是液压传动系统的控制元件。

【答案】A

5. 液压泵分为(　　)、齿轮泵、叶片泵、柱塞泵等四种。

A. 低压泵 　　　　B. 高压泵 　　　　C. 喷油泵 　　　　D. 螺杆泵

【分析】

本题涉及的知识点是液压泵的分类。液压泵按其流量是否可改变分为定量泵和变量泵；按其结构形式的不同可分为齿轮泵、叶片泵和柱塞泵和螺杆泵等；按其压力的高低可分为高压泵、中压泵和低压泵。

【答案】D

6. 开关控制的普通方向控制阀包括单向阀和(　　)两类。

A. 双向阀 　　　　B. 换向阀 　　　　C. 溢流阀 　　　　D. 减压阀

【分析】

本题涉及的知识点是方向控制阀的分类。控制油液流动方向以改变执行机构运动方向的阀称为方向控制阀，它分为单向阀和换向阀两大类。

【答案】B

7. 汽车上采用的液压传动装置以容积式为工作原理的常称(　　)。

A. 波动传动 　　B. 液压传动 　　C. 气体传动 　　D. 液体传动

【分析】

本题涉及的知识点是液压传动和液力传动的区别。汽车上应用的液压传动装置按工作原理可分为动力式和容积式两类，常称为液力传动和液压传动。汽车上采用的液压传动装置以容积式为工作原理的称为液压传动，以动力式为工作原理的称为液力传动。

【答案】B

8. 单相直流稳压电源由变压器、整流、滤波、(　　)组成。

A. 电源 　　　　B. 稳压电路 　　　　C. 电网 　　　　D. 硅整流元件

【分析】

本题涉及的知识点是单相直流稳压电源的基本组成。几乎所有的电子设备都需要稳定的直流电源，而通常由交流电源供电，因此，需要将交流电转变为稳定的直流电。单相直流稳压电源就是将单相交流电源经变压器变压后经过整流变成脉冲的直流电，然后通过滤波、稳压转换成稳定的直流电的仪器。它由变压器、整流、滤波和稳压电路组成，如图3-47所示。

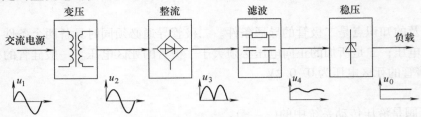

图 3-47　单相直流稳压电源的组成

【答案】B

9. 三相桥式整流电路由三相绕组、六个二极管和（　　）组成。

A. 三极管　　　　　　B. 电阻　　　　　　C. 电容　　　　　　D. 负载

【分析】

本题涉及的知识点是三相桥式整流电路的基本组成。三相桥式整流电路如图3-48所示，其基本组成包括三相绕组、六个二极管和负载。

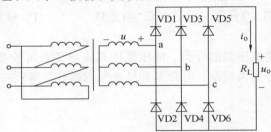

图 3-48　三相桥式整流电路

【答案】D

二、判断题

1. （　　）黄铜的主要用途是用来制作活塞、冷凝器、散热片及导电、冷冲压、冷挤压零件等部件。

【分析】

本题涉及的知识点是黄铜的主要用途。黄铜是由铜和锌组成的合金。如果只是由铜、锌组成的黄铜则称为普通黄铜。黄铜常被用于制造阀门、水管、空调内外机连接管、散热器、散热器带、供排水管、波纹管、蛇形管、冷凝管、弹壳及各种形状复杂的冲制品、小五金件等，随着锌含量的增加，能很好地承受热态加工，多用于机械及电器的各种零件、冲压件等。活塞主要是由铝合金或铸铁材料制成的，因此，题干的说法是错误的。

【答案】×

2. （　　）划线平板上允许锤敲各种物体，但要保持平板的清洁。

【分析】

本题涉及的知识点是划线平板使用的注意事项。划线平板的整个平面是划线的基准平面，要求非常平直和光洁，使用时要注意：平板不准碰撞和用锤敲击，以免使其精度降低。因此，题干中"划线平板上允许锤敲各种物体"的说法是错误的。

【答案】×

3.(　　)容抗反映了电容对交流电的阻碍能力。

【分析】

本题涉及的知识点是容抗的基本概念。交流电是能够通过电容的，但是将电容器接入交流电路时，由于电容器不断充电、放电，所以电容器极板上所带电荷对定向移动的电荷具有阻碍作用，物理学上把这种阻碍作用称为容抗，用字母 X_c 表示，所以电容对交流电仍然有阻碍作用。同理，当交流电通过电感线圈时，线圈会产生感应电动势阻止电流变化，有阻碍电流流过的作用，称为感抗。因此，题干的说法是正确的。

【答案】√

4.(　　)液压传动易获得很大的输出力或力矩，易于实现大幅度减速，但不能实现大范围的无级变速。

【分析】

本题涉及的知识点是液压传动的优点。液压传动的优点之一是液压传动可以输出大的推力或大转矩，可实现低速大吨位运动，能很方便地实现无级调速，调速范围大，且可在系统运行过程中调速。因此，题干中"不能实现大范围的无级变速"的说法是不正确的。

【答案】×

5.(　　)液压控制阀用来控制或调节液压系统中液流的流动方向、压力和流量，从而控制执行元件的运动方向、阻力、运动速度、动作顺序以及限制和调节液压系统的工作压力等。

【分析】

本题涉及的知识点是液压控制阀的作用。液压控制阀是液压系统的控制元件，用来控制和调节液流方向、压力和流量，从而控制执行元件的运动方向，输出力和力矩、运动速度、动作顺序，以及限制和调节液压系统的工作压力，防止过载。因此，题干中说"液压控制阀可以控制执行元件的阻力"是不正确的。

【答案】×

 ## 练习题

模拟试题训练

一、单项选择题

1. 零件图的技术要求包括表面粗糙度、几何公差、公差和配合、(　　)或表面处理等。

A. 材料　　　　B. 数量　　　　C. 比例　　　　D. 热处理

2. 正弦交流电的三要素是(　　)、角频率和初相位。

A. 最小值　　　B. 平均值　　　C. 最大值　　　D. 代数值

3. 接通电路，测量调节器大功率晶体管的管压降过低(小于 0.6V)，说明晶体管(　　)。

A. 短路　　　　B. 断路　　　　C. 搭铁　　　　D. 良好

4. 材料疲劳破坏是在(　　)载荷作用下产生的。

A. 交变　　　　　　B. 大　　　　　　C. 轻　　　　　　D. 冲击

5. 控制阀是用来控制或调节液压系统中液流的流动方向、压力和流量，从而控制执行元件的运动方向、推力、(　　)、动作顺序以及限制和调节液压系统的工作压力等。

A. 动力　　　　　　B. 运动速度　　　C. 速度　　　　　D. 阻力

6. 液压辅助元件是液压系统的重要组成部分，它包括蓄能器、过滤器、(　　)、热交换器、压力表开关和管系元件等。

A. 储能器　　　　　B. 粗滤器　　　　C. 油泵　　　　　D. 油箱

7. 晶体管的(　　)作用是晶体管基本的和最重要的特性。

A. 电流放大　　　　B. 电压放大　　　C. 功率放大　　　D. 单向导电

8. 正弦交流电是指电流的大小和方向按(　　)规律变化的交流电。

A. 正弦　　　　　　B. 余弦　　　　　C. 直线　　　　　D. 正切

9. 液压缸按结构组成可以分为缸体组件、活塞组件、密封装置、缓冲装置和(　　)五个部分。

A. 曲轴组件　　　　B. 排气装置　　　C. 凸轮轴装置　　D. 进气装置

10. 黄铜的主要用途是用来制作(　　)、冷凝器、散热片及导电、冷冲压、冷挤压零件等部件。

A. 导管　　　　　　B. 密封垫　　　　C. 活塞　　　　　D. 空调管

11. 润滑脂的使用性能主要有(　　)、低温性能、高温性能和抗水性等。

A. 油脂　　　　　　B. 中温　　　　　C. 高温　　　　　D. 稠度

12. 三视图中，俯视图和左视图应(　　)。

A. 长对正　　　　　B. 高平齐　　　　C. 宽相等　　　　D. 角对称

13. 用万用表 R×100 档来测试二极管，如果(　　)，说明二极管是好的。

A. 正、反向电阻都为 0

B. 正、反向电阻都为无穷大

C. 正向电阻为几百欧，反向电阻为几百千欧

D. 反向电阻为几百欧，正向电阻为几百欧

14. 液压传动系统由动力元件、执行元件、控制元件(　　)等组成。

A. 其他元件　　　　B. 输出元件　　　C. 液压传动元件　D. 辅助元件

15. 液压缸按结构形式主要分为活塞式、柱塞式、(　　)。

A. 双作用式　　　　B. 液压式　　　　C. 单作用式　　　D. 摆动式

16. 液压缸按结构组成可以分为缸体组件、(　　)、密封装置、缓冲装置和排气装置五个部分。

A. 曲轴组件　　　　B. 进气装置　　　C. 活塞组件　　　D. 凸轮轴组件

二、判断题

1. (　　)感抗反映了线圈对交流电的阻碍能力。

2. (　　)三相桥式整流电路由三相绕组、六个二极管的负载组成。

3. (　　)汽车常用轴承分为滑动轴承和滚动轴承两类。

4. (　　)零件图由一组视图、完整的尺寸、技术要求和标题栏四部分组成。

5. （　　）液压泵分为叶片泵、齿轮泵、柱塞泵、高压泵四种。

6. （　　）开关控制的普通方向控制阀包括方向阀和换向阀两类

7. （　　）开关控制的普通方向控制阀包括单向阀和换向阀两类。

8. （　　）周期、频率和角频率都是描述正弦交流电变化快慢的物理量。

9. （　　）润滑脂的使用性能主要有稠度、低温性能、高温性能和耐磨性能等。

10. （　　）图样中的尺寸是机件的实际大小，与图形大小及绘图的准确度有关。

11. （　　）交流电的大小和方向不随时间按正弦规律变化。

12. （　　）单相直流稳压电源由电源变压器、滤波、硅整流元件和稳压电路组成。

13. （　　）单相直流稳压电源由电网、整流、滤波和电源变压器组成。

14. （　　）三相桥式整流电路由三相绕组、九个二极管和负载组成。

15. （　　）液压传动是指以油液作为工作介质，依靠密封容积的变化来传递运动，依靠油液内部的压力来传递动力的方式。

16. （　　）液压传动系统由动力元件、执行元件、控制元件、辅助元件等组成。

17. （　　）液压泵分为叶片泵、齿轮泵、柱塞泵、螺杆泵四种。

18. （　　）液压缸按结构形式主要分为活塞式、柱塞式、摆动式。

19. （　　）液压缸按结构组成可以分为缸体组件、曲轴组件、密封装置、缓冲装置和排气装置五个部分

20. （　　）液压辅助元件是液压系统的重要组成部分，它包括蓄能器、过滤器、油泵、热交换器、压力表开关和管系元件等。

21. （　　）液压辅助元件是液压系统的重要组成部分，它包括蓄能器、过滤器、油箱、热交换器、压力表开关和管系元件等。

第4章

汽车维修专业基础

理论鉴定要素细目表

考核内容		考核要点	重要程度
汽车维修专业基础	汽车检修常用工、量具及仪器	汽车检修常用工、量具	★★★
		汽车诊断维修仪器及设备	★★★
	汽车发动机	汽车基本知识概述	★★
		汽车的主要技术参数	★★★
		汽车发动机构造	★★★
	汽车底盘	汽车传动系统	★★★
		汽车行驶系统	★★★
		汽车转向系统	★★★
		汽车制动系统	★★★
	汽车电器设备及汽车空调	汽车电源系统	★★★
		汽车起动系统	★★★
		汽车点火系统	★★★
		汽车照明、信号、仪表及报警系统	★
		汽车辅助电器	★
		汽车空调	★★★
	汽车车身	轿车车身分类	★
		轿车车身构造	★★
	汽车电子控制装置	电控燃油喷射系统（EFI）	★★★
		电控液力自动变速器	★★
		制动防抱死系统（ABS）	★★★
		安全气囊系统（SRS）	★★
		汽车电子防盗系统	★★★
	新能源汽车	新能源汽车的定义与类型	★★
		纯电动汽车的结构	★★
		混合动力汽车动力传递方式	★★★

鉴定要求分析

　　本章内容涉及汽车维修专业的基础知识，其主要内容包括汽车检修常用工、量具及仪器、汽车发动机、汽车底盘、汽车电器设备及汽车空调、汽车车身、汽车电子控制装置和新能源汽车几个部分。作为一名汽车维修工，掌握好这方面的知识对从事与汽车相关的工作至关重要，因为掌握汽车的基本结构、原理和常用的工、量具的使用是汽车拆装、检测和修理的前提和基础，甚至是汽车营销和汽车配件管理的基础。其中汽车发动机、底盘和电器设备及汽车空调应是重点复习和掌握的内容。

 知识点阐述

4.1　汽车检修常用工、量具及仪器

4.1.1　汽车检修常用工、量具

　　1. 汽车检修常用工具

　　汽车常用的拆装工具包括各种扳手、螺钉旋具、钳子、锤子、活塞环拆装钳、气门弹簧拆装架和顶拔器等。

　　（1）扳手　扳手用以紧固或拆卸带有棱边的螺母和螺栓，常用的扳手有呆扳手、梅花扳手、套筒扳手、活扳手、扭力扳手和内六角扳手等。

　　1）呆扳手。呆扳手是最常见的一种扳手，又称开口扳手，如图 4-1 所示。其开口的中心平面和本体中心平面成 15°角，这样既能适应人手的操作方向，又可降低对操作空间的要求。其规格是以两端开口的宽度 S（mm）来表示的，如 8/10、12/14 等。呆扳手通常是成套装备，有八件一套、十件一套等，通常用 45、50 钢锻造，并经热处理。

　　2）梅花扳手。梅花扳手与呆扳手的用途相似，其两端是花环式的，孔壁一般是十二边形，可将螺栓和螺母头部套住，扭转力矩大，工作可靠，不易滑脱，携带方便，如图 4-2 所示。使用时，扳动 30°后，即可换位再套，因而适用于在狭窄场合下操作。与呆扳手相比，

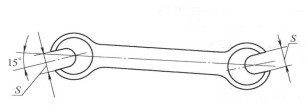

图 4-1　呆扳手

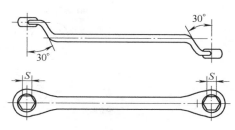

图 4-2　梅花扳手

梅花扳手强度高，使用时不易滑脱，但套上、取下不方便。其规格以闭口尺寸 $S(\mathrm{mm})$ 来表示，如 8/10、12/14 等。梅花扳手通常也是成套装备，有八件一套、十件一套等，通常也用45 钢或 40Cr 钢锻造，并经热处理。

3）套筒扳手。套筒扳手的材料、环孔形状与梅花扳手相同，适用于拆装位置狭窄或需要一定力矩的螺栓或螺母，如图 4-3 所示。套筒扳手主要由套筒头、滑头手柄、棘轮手柄、快速摇柄、接头和接杆等组成。不同手柄适用于不同的场合，以操作方便或可提高效率为原则，常用套筒扳手的规格是 10~32mm。在汽车维修中还采用了许多专用套筒扳手，如火花塞套筒扳手、轮毂套筒扳手、轮胎螺母套筒扳手等，如图 4-4 和图 4-5 所示。

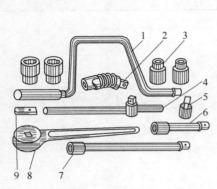

图 4-3　套筒扳手

1—快速摇柄　2—万向接头　3—套筒头　4—滑头手柄

5—旋具接头　6—短接杆　7—长接杆

8—棘轮手柄　9—直接杆

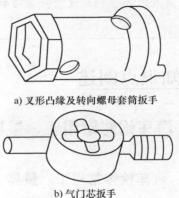

a) 叉形凸缘及转向螺母套筒扳手

b) 气门芯扳手

图 4-4　专用套筒扳手(一)

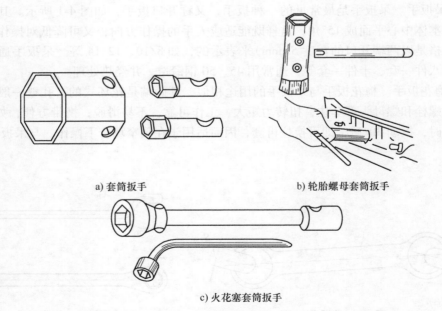

a) 套筒扳手　　　　　　　b) 轮胎螺母套筒扳手

c) 火花塞套筒扳手

图 4-5　专用套筒扳手(二)

4）活扳手。活扳手的开口尺寸能在一定的范围内任意调整，使用场合与呆扳手相同，但活扳手操作起来不太灵活，如图4-6所示。活扳手的规格是以最大开口宽度（mm）来表示的，常用的有150mm、300mm等，其通常是由碳素工具钢或铬合金钢制成的。

5）扭力扳手。扭力扳手是一种可读出所施力矩大小的专用扳手，如图4-7所示。其规格是以最大可测力矩来划分的，常用的有294N·m、490N·m两种。扭力扳手除用来控制螺纹件旋紧力矩外，还可以用来测量旋转件的起动转矩，以检查配合、装配情况。

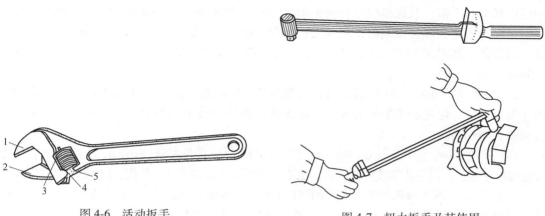

图 4-6 活动扳手
1—扳手体 2—活动扳口 3—蜗轮
4—蜗杆 5—蜗杆轴

图 4-7 扭力扳手及其使用

6）内六角扳手。内六角扳手是用来拆装内六角螺栓（螺塞）的，如图4-8所示。规格以六边形对边尺寸表示，有尺寸在3~27mm范围内的13种，汽车维修作业中使用成套内六角扳手拆装M4~M30的内六角螺栓。

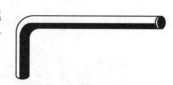

图 4-8 内六角扳手

（2）螺钉旋具 螺钉旋具主要用于旋松或旋紧有槽螺钉。螺钉旋具（以下简称旋具）有很多类型，其区别主要在尖部形状，每种类型的旋具都按长度不同分为若干规格。常用的旋具是一字螺钉旋具和十字螺钉旋具。

1）一字螺钉旋具。一字螺钉旋具用于旋松或旋紧头部开一字沟槽的螺钉，如图4-9a所示。一般工作部分用碳素工具钢制成，并经淬火处理。其规格以刀体部分的长度表示，常用的规格有100mm、150mm、200mm和300mm等几种。使用时，应根据螺钉沟槽的宽度选用相应的规格。

2）十字螺钉旋具。十字螺钉旋具用于旋松或旋紧头部带十字沟槽的螺钉，材料和规格与一字螺钉旋具相同，如图4-9b所示。

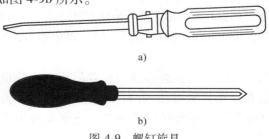

a)

b)

图 4-9 螺钉旋具

（3）钳子 钳子多用来弯曲或安装小零件、剪断导线或螺栓等。钳子有很多类型和规格。

1）鲤鱼钳和绝缘钢丝钳。如图4-10所示，鲤鱼钳钳头的前部是平口细齿，适用于夹捏一般小零件；中部凹口粗长，用于夹持圆柱形零件，也可以代替扳手旋小螺栓、小螺母；钳口后部的刃口可剪切金属丝。由于钳体上有两个互相贯通的孔，又有一个特殊的销子，所以操作时钳口的张开度可很方便地变化，以适应夹持不同大小的零件。鲤鱼钳是汽车维修作业中使用最多的手钳，其规格以钳长来表示，一般有165mm、200mm两种，用50钢制造。绝缘钢丝钳的用途和鲤鱼钳相似，但其支销相对于两片钳体是固定的，故使用时不如鲤鱼钳灵活，但剪断金属丝的效果比鲤鱼钳要好，其规格也以钳长表示，一般有150mm、175mm、200mm三种。

2）尖嘴钳。如图4-10所示，因其头部细长，所以能在较小的空间内工作，带刃口的能剪切细小零件，使用时不能用力太大，否则钳口头部会变形或断裂，其规格以钳长来表示，常用的有160mm。

在汽车维修中，应根据作业内容选用适当类型和规格（按长度分）的钳子，不能用钳子旋紧或旋松螺纹联接件，以防止螺纹件被倒圆，也不可用钳子当撬棒或锤子使用，以免钳子损坏。

（4）锤子 汽车维修中常用的锤子有金属锤、木槌和橡胶锤。金属锤通常用工具钢制成，规格按锤头质量划分。使用时应使锤头安装牢靠，手握锤柄末端，用锤头正面击打物体。木槌和橡胶锤主要用于击打零件加工表面，以保护零件不被损坏。

（5）活塞环拆装钳 活塞环拆装钳是一种专门用于拆装活塞环的工具，如图4-11所示。维修发动机时，必须使用活塞环拆装钳拆装活塞环。

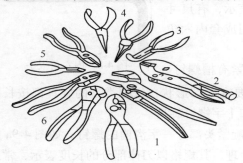

图4-10 常用钳子类型
1—鲤鱼钳 2—夹紧钳 3—钩钳
4—尖嘴钳 5—组合钢丝钳 6—剪钳

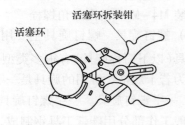

图4-11 活塞环拆装钳

使用活塞环拆装钳时，将拆装钳上的环卡卡住活塞环开口，握住手把稍稍均匀地用力，使拆装钳手把慢慢地收缩，环卡使活塞环慢慢地张开，使活塞环能从活塞环槽中取出或装入。

使用活塞环拆装钳拆装活塞环时，用力必须均匀，避免用力过猛而导致活塞环折断，同时也避免伤手事故。

（6）气门弹簧拆装架 气门弹簧拆装架是一种专门用于拆装顶置气门弹簧的工具，如图4-12所示。使用时，将拆装架托架抵住气门，压环对正气门弹簧座，然后压下手柄，使气门弹簧被压缩，这时可取下气门弹簧锁销或锁片，慢慢地松抬手柄，即可取出气门弹簧座、气门弹簧和气门等。

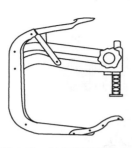

图 4-12 气门弹簧拆装架

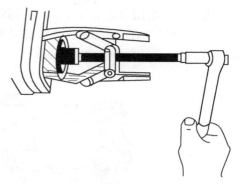

图 4-13 顶拔器

（7）顶拔器

顶拔器是用于拆卸通过过盈配合安装在轴上的齿轮或轴承等零件的专用工具。常用的顶拔器为手动式，在一杆式弓形叉上装有压力螺杆和拉爪。使用时，在轴端与压力螺杆之间垫一垫板，用顶拔器的拉爪拉住齿轮或轴承，然后拧紧压力螺杆，即可从轴上拉下齿轮等通过过盈配合安装的零件，如图 4-13 所示。

2. 汽车检修常用量具

（1）钢直尺 钢直尺可用来测量工件或材料的长度、宽度和厚度，长度有 150mm、300mm、500mm、1000mm 等多种，常用的一种为公、英制两用的钢直尺，它的长度是 150mm。钢直尺的精度可达到 0.50mm。

实际使用时，为使量得的尺寸更加准确，不要用尺的顶端作为测量起点，要留出 10mm 的长度，以第二段整数刻度线作为测量起点，然后再从量得的读数中减去 10mm。

（2）游标卡尺 游标卡尺可用来测量工件的内、外部尺寸和深度尺寸，是一种常用的中等精度量具。如图 4-14 所示。

游标卡尺主要由尺身、游标、内量爪、外量爪、尺框、紧固螺钉和深度尺等组成。

游标卡尺的读数由尺身和游标两部分组成。尺身的刻度每格为 1mm，游标读数根据分度值不同有 0.1mm、0.05mm、0.02mm 三种。

读数时，先读游标零线左边尺身上的数（mm），再看游标上哪条线与尺身上的刻线对齐，由游标上读出小数读数，将上面读出的整数和小数相加就是测量的尺寸读数。

图 4-15 所示为分度值为 0.1mm 的游标卡尺所测的尺寸，其读数为 (45 + 0.8) mm = 45.8mm。其他精度游标卡尺的读数方法与其相同，只是读数时尺身和游标的每一格差数不同而已。

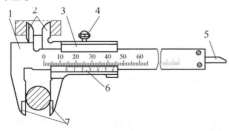

图 4-14 游标卡尺

1—尺身 2—内量爪 3—尺框 4—紧固螺钉
5—深度尺 6—游标 7—外量爪

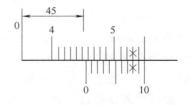

图 4-15 测量实例

使用时，禁止用游标卡尺测量正在运转的零件和粗糙零件。

（3）千分尺　千分尺是一种精密量具，由尺架、测微螺杆、测力装置等组成，如图4-16所示。

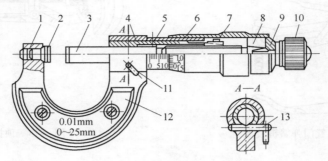

图4-16　千分尺

1—尺架　2—测砧　3—测微螺杆　4—螺纹轴套　5—固定套筒　6—微分筒　7—调节螺母
8—接头　9—垫片　10—测力装置　11—锁紧机构　12—绝热片　13—锁紧轴

千分尺用来测量工件外部尺寸，常用的千分尺有0~25mm、25~50mm、50~75mm、75~100mm、100~125mm等多种规格。

千分尺在微分筒的圆锥面上刻有50条等分的刻线，测微螺杆后面有精密螺纹，螺距是0.5mm。测微螺杆与活动套筒固定在一起，当微分筒转过一格时，测微螺杆向前（或向后）移动0.01mm[即（0.5÷50）mm=0.01mm]，所以千分尺的测量精度为0.01mm。

使用时，禁止使用千分尺测量粗糙表面和运转的工件。

（4）百分表　百分表用来测量工件的几何形状偏差和配合位置偏差，如平行度、垂直度、跳动量和间隙等。百分表是一种精密测量仪表，其测量精度一般为0.01mm。百分表的构造及使用如图4-17所示。

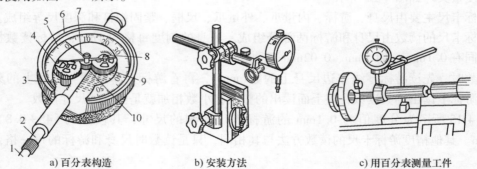

a）百分表构造　　　b）安装方法　　　c）用百分表测量工件

图4-17　百分表的构造及使用

1—测头　2—测杆　3、4、9、10—齿轮　5—刻度盘　6—转动表盘　7—长针　8—短针

当百分表测杆向上或向下移动1mm时，长针转一圈，短针则转一格。刻度盘在圆周方向有100个等分的刻度线，每格的读数值为（1÷100）mm=0.01mm，短针的读数值每格为1mm，长、短针读数之和等于所测尺寸的大小。

测量前根据需要将百分表安装固定，如图4-17所示。测量时将百分表测头垂直抵住工件被测量面，使工件按一定要求移动或转动，即可从刻度盘上读出被测工件的间隙或尺寸，如图4-17c所示。

（5）内径百分表　内径百分表通常称为量缸表，在汽车修理中主要用来测量发动机气缸、曲轴轴承的圆度和圆柱度。内径百分表由百分表、表杆、接杆、活动量杆和一套长短不一的可更换的固定量杆等组成。内径百分表的结构和测量方法如图 4-18 所示。

1）按所测气缸直径选择长度适当的固定接杆。选好接杆并安装后，用千分尺校准百分表尺寸。

2）测量时，百分表的量杆必须与气缸中心线垂直，以保证读数准确。为此，测量时可轻微摆动百分表，当指针指示到最小数值时，即表示量杆已垂直于气缸中心线。

3）读出百分表显示值。指针顺时针转动为减，逆时针转动为加。用标定的数值加上或减去表面显示值，就是所测气缸的直径值。

（6）塞尺　塞尺俗称片尺或厚薄规，用来检验两个接合面之间的间隙大小，如测量气门间隙、制动蹄片与制动鼓的间隙等。塞尺具有两个平行的测量平面，由一片标准钢片或一组厚度不同的薄钢片组成，每片上都标有厚度，如 0.05mm、0.1mm 等，如图 4-19 所示。

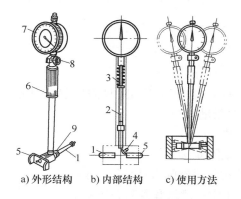

a）外形结构　　b）内部结构　　c）使用方法

图 4-18　内径百分表的结构和测量方法

1—接杆　2—传动杆　3—弹簧　4—凸轮　5—活动测头
6—表杆　7—百分表　8—安装螺母　9—固定螺母

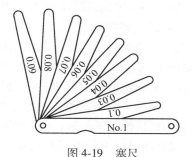

图 4-19　塞尺

4.1.2　汽车诊断维修仪器及设备

1. 汽车故障诊断仪

汽车故障诊断仪俗称解码器，是维修汽车电子控制装置必备的仪器。按检测范围的不同可分为通用型和专用型解码器。通用型解码器能检测多个汽车制造商的不同年代生产的多种车型，而专用型解码器只能检测某一汽车制造商生产的全部或部分车型。

目前常用的进口通用型解码器有美国 Snap-on 公司的 MT-2500（俗称红盒子）和美国 OTC 公司的 OTC-4000E 等。常用的进口专用型解码器有通用公司的 TECH2、福特公司的 NGS5、克莱斯勒公司的 DRBⅢ、本田公司的 PGM、大众公司的 VAG1551 和 VAG1552 等。国内主要生产通用型解码器，且品种较多，有修车王、电眼睛、金奔腾、检测王、车博士等。

解码器的功能可分为基本检测功能和特殊测试功能。基本检测功能包括读取故障码、查阅故障码和清除故障码。特殊测试功能包括数据流检测、执行器试验、功能设置、快速学习（自适应）和数据记录等。

（1）读取故障码　可将存储在汽车电子控制装置中的故障码显示在屏幕上，以便阅读。

（2）查阅故障码　可将当前和历史故障码以列表或其他形式显示在屏幕上，以便阅读。

解码器通常提供两种查阅故障码的方法，一种是按故障码的代号查阅，另一种是按故障码表的顺序查阅。

（3）清除故障码　利用解码器，通过简单的操作即可清除存储在车用电脑中的故障码。

（4）动态数据流检测　利用解码器可对传感器、执行器的动态参数进行实时监测，如发动机转速、节气门开度、水温、进气压力、喷油脉冲宽度和车速等。

（5）测试系统状态　利用解码器可对传感器和执行器的状态进行实时监测，如氧传感器、某些电磁阀和继电器、喷油器、怠速开关、空调开关等。

（6）设置功能　利用解码器可对汽车电子控制系统进行基本调整和设置，如发动机的怠速设置，节气门开度的初始设置，匹配钥匙、电脑编号等。

（7）其他功能　某些解码器还具有万用表、示波器、打印和网络升级功能，提供相关的汽车资料与技术参数以及维修信息服务功能等。

解码器的功能随测试软件的版本而异，也随被测车系和年款而异。有的只能检测一个系统，有的可检测几个系统。

2. 发动机综合检测仪

（1）QFC-4型微电脑发动机综合检测仪

1）仪器的主要功能。

① 汽、柴油机起动电流、起动电压、起动转速和气缸压力测量（只需用起动机起动发动机运转6s即可完成2~12缸汽、柴油机的气缸压力测量）。

② 汽、柴油机的提前角测量（用缸压法或闪光法）。

③ 汽、柴油机的配气相位动态检测（用缸压法或闪光法）。

④ 柴油机供油系统检测（外卡式传感器和串接式传感器配合使用）。可判断柴油机喷油状况，根据喷油时的振动波形判断喷油器工作是否正常；测量和判断高压系统供油压力和供油均匀性，判断各缸的供油均匀性。

⑤ 汽油机点火系统检测（重叠角、闭合角、点火高压测量）。

⑥ 汽油机单缸动力性检测（加速时间或功率测量）。

⑦ 汽、柴油机异响分析。能对各种异响故障波形进行存储、显示、打印，将其与实验得出的标准故障波形对比后，判断出主轴承响、连杆轴承响、活塞敲缸响、活塞销响及气门脚响等常见异响故障。

2）工作原理。该仪器采用以微处理器为核心的测量和数据处理系统，通过各种不同的传感器（点火传感器、电流传感器、电压传感器、油压传感器、缸压传感器、振动传感器、喷油传感器）从发动机的适当部位采集到多种信号。这些信号经过放大和处理后送往主机，并在相应软件支持下，通过键盘操作完成发动机各种参数的测量和故障判断，检测结果可由示波器或数码管显示出来，还可由打印机打印输出。

3）测量方法。详见QFC-4型微电脑发动机综合检测仪使用说明书。

（2）EA2000型发动机综合性能分析仪

1）功能特点。

① 可检测发动机各系统的工作状态、运行参数及排放性能。

② 可实时采集初、次级点火信号，喷油信号，电控传感器信号等的动态波形。

③ 可进行性能分析、波形存储与回放、测试结果查询。

④ 具有强大的在线帮助系统。

2）结构组成。此分析仪由信号提取系统、前端处理器、PC 主机、显示器、主电缆以及打印机组成。

3）检测步骤。

① 开机、自检、预热 20min。在开启电源总开关后，电源指示灯亮。打开主机电源开关，操作系统开始运行，正常后，系统自动执行 EA2 000 型发动机综合性能分析仪程序，进行系统自检。主机将对预处理器通信、适配器逐一进行自检，自检通过后对应图标显示绿色，不通过则显示红色。自检图标若显示红色，可能是因为未连接好适配器或适配器盒插错位，也有可能适配器损坏。全部自检通过，表示系统通信正常，适配器可靠连接。系统自检通过后，仪器预热 20min，再进行测试。

② 输入用户及车辆信息。系统通过自检后首先进入主界面，在主界面中单击检测图标进入检测界面，再单击用户资料，输入用户资料及车辆信息。

③ 选择测试种类。根据实际检测的需要，选择测试的种类，用户数据输入完毕后，单击确定按钮进入检测界面。这时，可以在检测菜单中选择所要测试的项目。

④ 连接线路。根据检测的项目参照信号提取系统的说明把相关的信号提取传感器信号夹和汇接器连到相应的部位。大多数情况是在怠速工况下进行检测，必要时汽车将在底盘测功机上进行加载调试，如调整化油器量孔真空提前角等。

⑤ 进行测试。

⑥ 诊断分析。

⑦ 存储、打印。

4）测试项目。

① 起动性能测试。可以对发动机的起动系统、点火系统和排放性能进行分析。

② 发电机性能测试。可对发电机的性能和充电系统进行分析。

③ 点火波形测试。可获得不同排列方式初、次级点火波形，并能将其存储。

④ 点火参数检测。可动态测量发动机转速、火花持续时间和闭合角。

⑤ 点火提前角与排气分析。可以动态测量发动机转速，结合发动机上的上止点传感器动态测量点火提前角，实现对发动机正时的精确调整，并分析点火提前角对排放性能的影响。

⑥ 空燃比与排气分析。可动态测量发动机转速、氧传感器电压和排放气体成分等参数，分析电控系统的综合控制性能。

⑦ 气缸压缩压力。可分析各缸的压缩压力及其密封性。

⑧ 发动机断缸测试。通过断缸控制可以分析某缸的工作状态，对发动机的"缺火"情况进行诊断。

⑨ 数字万用表。可测量电压、电流、电阻、频率、温度和压力等物理量。

⑩ 通用示波器。可显示测量波形，并能与图形库中标准比较。

3. 汽车专用示波器

随着汽车技术的发展，示波器越来越广泛地应用于汽车维修行业。正确地使用示波器可以使维修工时缩短、效率提高。下面就以 Fluke98 示波器为例，介绍该示波器的性能特点、按键功能、主菜单及接口功能。

（1）Fluke98 示波器的主要性能特点

1）菜单功能选项的操作简单。

2）在任何测试情况下，坐标刻度可自动设定，将获取的信号自动地以最适合的刻度显示。

3）可同时测试两个点火波形，使点火系统的波形分析更加简单，可轻易地判断点火系统的故障。

4）具有气缸相对压力的分析功能，找出压缩力较低的气缸。

（2）Fluke98 示波器的按键功能　Fluke98 示波器的界面如图 4-20 所示。

1）F1～F5 五个功能按键，在不同的界面有着不同的功能，功能对应屏幕下方的显示区。

2）记录数据键。此功能可记录并显示一段连续测试的图形。

3）上、下、左、右键。上、下键出现功能界面时用于移动光标选择菜单，在测试波形界面时，可以调节量程大小，可移动上下波形。左、右键调整时基范围，左右移动波形，左右移动游标的位置。

4）提示信息键。在使用菜单中选择某一个功能键时，按提示信息键，屏幕可显示功能键的使用信息。

5）屏幕亮度调整对比键。按下此键并压住，直到屏幕上的资料可清晰显示为止。

6）滤波功能键。按下滤波功能键，可调整所显示波形的阻尼，可使波形更为平滑，使读数更加稳定。减少波形阻尼，可以看出波形所含有的杂波。

7）自动量程调节键。自动调节示波器最佳电压量程和时基，使读数更加方便、快捷，同时屏幕上会出现"AUTO"字样。

8）屏幕光标键。在使用示波器时，按下此键就有两条垂直光标，移动左右光标使其任意移动到波形的任意位置，读取所需的数据。

9）示波器电源开关键。若同时按下 F5+开关键时，Fluke98 启动时会清除先前的记忆而执行最初设定功能。

10）锁定屏幕键。示波器使用过程中按此键锁定当前屏幕，可进行储存、记忆取出及其打印等操作，同时示波器屏幕会显示"HOLD"字样。

11）主菜单键。在测试过程中需要改变测试功能可按此键。

（3）Fluke98 示波器的主菜单　Fluke98 示波器的主菜单如图 4-21 所示。

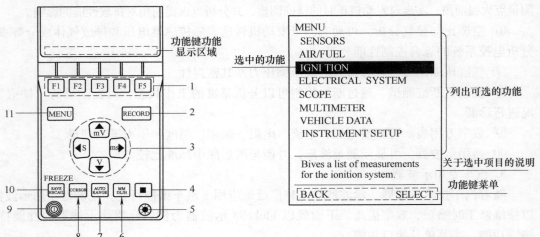

图 4-20　Fluke98 示波器的界面　　　　图 4-21　Fluke98 示波器的主菜单

1）传感器（SENSORS）测试功能。具有测试传感器（氧传感器、双氧传感器、温度传感器、爆燃传感器和电位器等）功能。

2）空气/燃油系统（AIR/FUEL）测试功能。具有对燃油喷油器、电位器、步进电动机、氧传感器、双氧传感器等的测试功能。

3）点火系统（IGNITION）测试功能。测试初级点火波形、次级点火波形、点火提前角、初级线圈触点闭合角等。

4）电子系统（ELECTRICAL SYSTEM）测试功能。充电、蓄电池、电位器、电磁线圈和二极管、电压、步进电动机等测试功能。

5）示波器（SCOPE）测试功能。可以显示单双通道输入波形测试，同步或非同步测量汽缸相对压力。

6）万用表（MULTIMETER）测试功能。可以测量电压、电阻/二极管/通断、占空比、脉冲宽度、转速、频率、直流或交流电流、温度等参数。

7）车辆基本数据（VEHICLE DATA）功能菜单。包括气缸数量、行程数量、蓄电池电压、点火方式等选择。

8）仪器设置（INSTRUMENT SETUP）功能菜单。仪器的对比度、像素大小、像素连接、信号保持、反显示、打印、提示信息语言选择、测试接线设置和标准化等内容。

（4）Fluke98 示波器的主要接口　Fluke98 示波器的主要接口如图 4-22 所示。

1）INPUT A（通道 A 红色）。用于所有输入信号的测量。有时需配合其他输入使用，根据不同测试功能要求，需连接不同测试线和适配器。

2）INPUT B（通道 B 灰色）。通道 B 配合通道 A 使用。O1：测量点火提前角；O2：双路氧传感器的测量。在 SCOPE（示波器）功能时，通道 A 和通道 B 可作为双通道示波器使用。

3）公共端（COM）和触发端（TRIGGER）。主要用于连接两个相交插头的探头，作为外触发使用，如连接 RPM90 感应拾取器。

① 触发（作为输入）。在示波器（SCOPE）功能时，接受外部触发源。

② 公共端（作为输入）。当用感应拾取器或次级点火拾取器测量点火系统时，COM 端用来作为安全搭铁端。

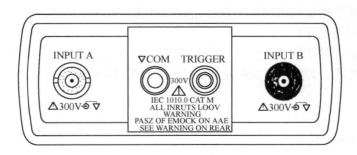

图 4-22　Fluke98 示波器的主要接口

4.2 汽车发动机

4.2.1 汽车基本知识概述

1. 国产汽车的分类

根据 GB/T 3730.1—2001《汽车和挂车类型的术语和定义》规定,汽车分为乘用车和商用车两大类。

乘用车主要用于载运乘员及其随身行李和/或临时物品,包括驾驶员座位在内最多不超过九个座位。它也可以牵引一辆挂车。

商用车用于运送人员和货物,并且可以牵引挂车。

我国汽车行业及许多企业仍沿用旧标准 GB/T 3730.1—1998 的规定进行分类。轿车根据发动机排量 V(L)分类(表4-1);客车根据车长 L(m)分类(表4-2);货车根据汽车总质量 M(t)分类(表4-3)。

表4-1 轿车的分类

类型	微型	普通型	中级	中高级	高级
发动机排量/L	≤1.0	>1.0~≤1.6	>1.6~≤2.5	>2.5~≤4.0	>4.0

表4-2 客车的分类

类型	微型	轻型	中型	大型	特大型
长度/m	≤3.5	>3.5~≤7	>7~≤10	>10~≤12	>12(铰链式) 10~12(双层)

表4-3 载货汽车的分类

类型	微型	轻型	中型	重型
总质量/t	≤1.8	>1.8~≤6	>6~≤14	>14

2. 国产汽车产品的型号

1988 年我国颁布了 GB/T 9417—1988《汽车产品编号规则》,该标准规定了编制各类汽车产品型号的术语及构成,适用于新设计定型的各类汽车和半挂车,不包括军事特种车辆(如装甲车、水陆两用车等)。

(1) 汽车产品型号的构成 汽车的产品型号由企业名称代号、车辆类别代号、主参数代号、产品序号组成,必要时附加企业自定代码,如图4-23 所示。

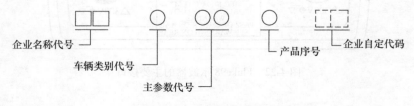

图4-23 汽车产品型号的构成

为了避免与数字混淆，不应采用汉语拼音字母中的"I"和"O"。对于专用汽车及专用半挂车还应增加专用汽车分类代码，如图4-24所示。

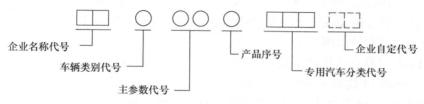

图4-24　专用汽车及专用半挂车的专用汽车分类代码

（2）基本内容

1）企业名称代码。企业名称代码位于产品型号的第一部分，用代表企业名称的两个或三个汉语拼音字母表示。

2）车辆类别代码。各类汽车的类别代码位于产品型号的第二部分，用一位阿拉伯数字表示，见表4-4。

表4-4　车辆类别代码

车辆种类	载货汽车	越野汽车	自卸汽车	牵引汽车	专用汽车	客车	轿车
车辆类别代码	1	2	3	4	5	6	7

3）主参数代号。各类汽车的主参数代码位于产品型号的第三部分，用两位阿拉伯数字表示。

① 载货汽车、越野汽车、自卸汽车、牵引汽车、专用汽车与半挂车的主参数代号为车辆的总质量（t）。牵引汽车的总质量包括牵引座上的最大总质量。当总质量在100t以上时，允许用三位数字表示。

② 客车及半挂客车的主参数代号为车辆长度（m）。当车辆长度小于10m时，应精确到小数点后一位，并以长度（m）值的十倍数值表示。

③ 轿车的主参数代号为发动机排量（L）。应精确到小数点后一位，并以其值的十倍数值表示。

④ 主参数的数字修约按GB/T 8170的规定。主参数不足规定位数时，在参数前以"0"占位。

4）产品序号。各类汽车的产品序号位于产品型号的第四部分，用阿拉伯数字表示，数字由0、1、2…依次使用。当车辆主参数有变化，大于10%时，应改变主参数代码，若因为数字修约而主参数代号不变时，则应改变其产品序号。

5）专用汽车分类代号。专用汽车分类代号位于产品型号的第五部分，用反映车辆结构和用途特征的三个汉语拼音表示。结构特征代号见表4-5，用途特征代码另行规定。

表4-5　专用汽车结构特征代号

结构类型	厢式汽车	罐式汽车	专用自卸汽车	特种结构汽车	起重举升汽车	仓栅式汽车
结构特征代号	X	G	Z	T	J	C

6）企业自定代号。企业自定代码位于产品型号的最后部分，同一种汽车结构略有变化而需要区别时，（如汽油、柴油发动机，长、短轴距，单、双排驾驶室，平、凸头驾驶室，左、右置转向盘等），可用汉语拼音字母和阿拉伯数字表示，位数也由企业自定。供用户选装的零部件（如暖风装置、收音机、地毯、绞盘等）不属于结构特征变化，应不给予企业自定代码。

（3）汽车产品型号示例

1）EQ1141。EQ代表生产企业名称为中国第二汽车制造厂，第一个1代表汽车类型为载货汽车，后面的14代表主参数为总质量14t，最后的1代表生产序号为1。

2）XMQ6122。XMQ代表厦门金龙旅行车制造有限公司，6代表汽车类型为客车，12代表主参数为车长12m，2代表生产序号为2。

3. 汽车的总体构造

汽车通常由发动机、底盘、车身和电气设备四部分组成。

发动机的作用是使输进气缸的燃料燃烧而发出动力。现代汽车广泛应用往复活塞式内燃机，它一般由机体、曲柄连杆机构、配气机构、燃油供给系统、冷却系统、润滑系统、点火系统（汽油发动机采用）、起动系统等部分组成。

底盘接受发动机的动力，使汽车产生运动，并保证汽车按照驾驶员的操纵正常行驶。

车身是驾驶员的工作场所，也是装载乘员和货物的地方。它包括车前板制件（俗称车头）、车身本体、还包括货车的驾驶室和货箱以及某些汽车上的专用作业设备。

电气设备包括电源组、发动机起动系统和点火系统、汽车照明和信号装置、仪表、导航系统、电视、音响、电话、微处理器、中央计算机及各种人工智能的操控装置等。

4.2.2 汽车的主要技术参数

1. 尺寸参数

汽车的主要尺寸参数如图4-25所示。

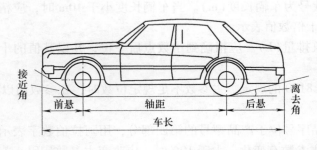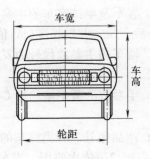

图4-25 汽车的主要尺寸参数

（1）车长 汽车长度方向（纵向）两极端点间的距离（mm）。

（2）车宽 汽车宽度方向（横向）两极端点间的距离（mm）。

（3）车高 汽车最高点至地面的距离（mm）。

（4）轴距 汽车前轴中心至后轴中心的距离（mm）。如果是三轴汽车，则为前轴中心至中轴与后轴中心之间的距离。

（5）轮距 同一车桥左右轮胎中心间的距离（mm）。如果后轴为双轮胎，则为同一车桥一端两轮胎的中心至另一端两轮胎中心间的距离。

（6）前悬　汽车最前端至前轴中心的距离（mm）。

（7）后悬　汽车最后端至后轴中心的距离（mm）。

（8）接近角　通过汽车最前端最低点所做的前轮切线与地平面所成的交角（°）。

（9）离去角　通过汽车最后端最低点所做的后轮切线与地平面所成的交角（°）。

（10）最小离地间隙　汽车满载时，除轮胎外的汽车最低点与地面间的距离（mm）。

（11）汽车转弯半径　由转向中心到外转向轮中心的距离R（mm），如图4-26所示。

最小转弯半径R_{min}与外转向轮的最大偏转角α_{max}关系为

$$R_{min} = \frac{L}{\sin \alpha_{max}}$$

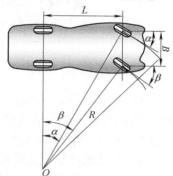

图4-26　汽车转弯示意图

2. 质量参数

（1）自身质量　汽车的自身质量，即空载质量，包括所有的机件、备胎、随车工具、备品配件并加满油、水的质量，有时也称为汽车的整备质量。

（2）载质量和载客量　汽车的载质量是指在良好路面上行驶时，汽车所允许的额定载质量。当汽车在碎石路面行驶时，载质量有所减少，为良好路面上的75%～80%。越野汽车的载质量是指越野行驶或行驶在土路上的载质量。

轿车和客车的载客量，以座位数来表示。微型轿车一般为2～4座，轻型轿车为4座，中型轿车为4～5座，大型和高级轿车为5～7座。无站立乘员的客车，其载客量就是其座位数（包括设立的边座座位数）。城市公共汽车的载客量包括座位数和站立人数，城市、城郊公共汽车按每平方米站10人计算。

（3）汽车的总质量G_a　汽车的总质量是指装备齐全，并按规定装满客、货（包括驾驶员）时的质量，即

$$G_a = G_0 + G_p + G_L$$

式中　G_0——汽车自身质量（kg）；

　　　G_p——乘员和驾驶员的质量（kg），每人按65kg（或70kg）计算；

　　　G_L——载货质量，轿车、客车为乘员携带的行李质量，对中型以上轿车，每人可携带5kg，轻型或微型轿车每人可携带10kg的行李。

4.2.3　汽车发动机构造

1. 发动机的基本组成

汽油发动机由曲柄连杆机构、配气机构、起动系统、燃料供给系统、点火系统、冷却系统及润滑系统组成，柴油发动机无点火系统。

2. 发动机的基本术语

如图4-27所示，活塞位于气缸中，活塞可在气缸内做往复直线运动，活塞通过连杆和曲轴相连，曲轴可绕其轴线旋转。

（1）上止点　活塞离曲轴回转中心最远处，通常指活塞上行到最高位置。

（2）下止点　活塞离曲轴回转中心最近处，通常指活塞下行到最低位置。

（3）活塞行程　上、下两止点间的距离。

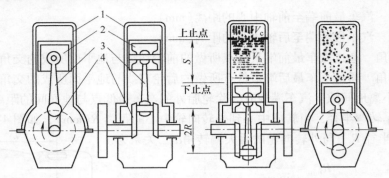

图 4-27　发动机基本术语

1—气缸　2—活塞　3—连杆　4—曲轴

（4）曲柄半径　与连杆下端（即连杆大头）相连的曲柄销中心到曲轴回转中心的距离。显然，曲轴每转一转，活塞移动两个行程。

（5）气缸工作容积（V_h）　活塞从上止点到下止点所经过的空间的容积。

（6）发动机排量　发动机所有气缸工作容积之和。

（7）燃烧室容积（V_c）　活塞在上止点时，活塞上方的空间叫燃烧室，它的容积叫燃烧室容积。

（8）气缸总容积（V_a）　活塞在下止点时，活塞上方的容积称为气缸总容积。它等于气缸工作容积与燃烧室容积之和。

（9）压缩比　气缸总容积与燃烧室容积的比值。压缩比表示活塞由下止点运动到上止点时，气缸内气体被压缩的程度。压缩比越大，压缩终了时气缸内的气体压力和温度就越高。一般车用汽油发动机的压缩比为 6~10，柴油发动机的压缩比为 15~22。

（10）发动机的工作循环　在气缸内进行的每一次将燃料燃烧的热能转化为机械能的一系列连续的过程（进气、压缩、做功和排气）称发动机的工作循环。

（11）二冲程发动机　活塞往复两个行程完成一个工作循环的称为二冲程发动机。

（12）四冲程发动机　活塞往复四个行程完成一个工作循环的称为四冲程发动机。

3. 四冲程发动机的工作过程

往复活塞式内燃机所用的燃料主要是汽油和柴油。由于汽油和柴油的性质不同，因而汽油发动机和柴油发动机在工作过程上有差异。

（1）四冲程汽油发动机工作过程　汽油发动机是将空气与汽油以一定的比例混合成良好的混合气，在进气行程被吸入气缸，混合气经压缩点火而产生热能，高温高压的气体作用在活塞的顶部，推动活塞做往复直线运动，通过连杆、曲轴飞轮机构对外输出机械能。四冲程汽油发动机在进气行程、压缩行程、做功行程和排气行程内完成一个工作循环。

1）进气行程。活塞在曲轴的带动下由上止点移至下止点。此时排气门关闭，进气门开启。在活塞移动过程中，气缸容积逐渐增大，气缸内形成一定的真空度。空气和汽油的混合气通过进气门被吸入气缸，并在气缸内进一步混合形成可燃混合气。

2）压缩行程。进气行程结束后，曲轴继续带动活塞由下止点移至上止点。这时，进、排气门均关闭。随着活塞移动，气缸容积不断减小，气缸内的混合气被压缩，其压力和温度同时升高。

3）做功行程。压缩行程结束时，安装在气缸盖上的火花塞产生电火花，将气缸内的可燃混合气点燃，火焰迅速传遍整个燃烧室，同时放出大量的热能。燃烧气体的体积急剧膨胀，压力和温度迅速升高。在气体压力的作用下，活塞由上止点移至下止点，并通过连杆推动曲轴旋转做功。这时，进、排气门仍旧关闭。

4）排气行程。排气行程开始，排气门开启，进气门仍然关闭，曲轴通过连杆带动活塞由下止点移至上止点，此时膨胀过后的燃烧气体（或称废气）在其自身剩余压力和在活塞的推动下，经排气门排出气缸之外。当活塞到达上止点时，排气行程结束，排气门关闭。

（2）四冲程柴油发动机工作过程　四冲程柴油发动机的工作循环同样包括进气、压缩、做功和排气四个过程，在各个活塞行程中，进、排气门的开闭和曲柄连杆机构的运动与汽油机完全相同。只是由于柴油和汽油的使用性能不同，使柴油发动机和汽油发动机在混合气形成方法及着火方式上有着根本的区别。

1）进气行程。在柴油发动机进气行程中，被吸入气缸的只是纯净的空气。

2）压缩行程。因为柴油发动机的压缩比大，所以压缩行程终了时气体压力高。

3）做功行程。在压缩行程结束时，喷油泵将柴油泵入喷油器，并通过喷油器喷入燃烧室。因为喷油压力很高，喷油孔直径很小，所以喷出的柴油呈细雾状。细微的油滴在炽热的空气中迅速蒸发汽化，并借助于空气的运动，迅速与空气混合形成可燃混合气。由于气缸内的温度远高于柴油的自燃点，因此柴油随即自行着火燃烧。燃烧气体的压力、温度迅速升高，体积急剧膨胀。在气体压力的作用下，活塞推动连杆，连杆推动曲轴旋转做功。

4）排气行程。排气行程开始，排气门开启，进气门仍然关闭，燃烧后的废气排出气缸。

4. 曲柄连杆机构

（1）作用　曲柄连杆机构的作用是将燃料燃烧时产生的热能转变为活塞往复运动的机械能，再通过连杆将活塞的往复运动变为曲轴的旋转运动而对外输出动力。

（2）组成　曲柄连杆机构由机体组、活塞连杆组、曲轴飞轮组三部分组成。

1）机体组。机体组主要包括气缸体、气缸盖罩、油底壳、气缸盖和气缸垫等不动件，如图4-28所示。

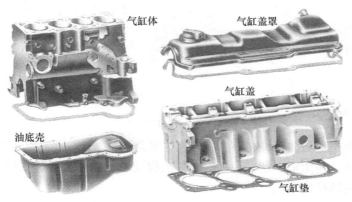

图 4-28　机体组

气缸体是气缸的壳体，曲轴箱是支持曲轴做旋转运动的壳体，二者组成了发动机的机体。其结构有整体式和分体式两种。

2）活塞连杆组。活塞连杆组由活塞、活塞环、活塞销和连杆等主要零件组成，如图4-29

所示。

活塞的作用是与气缸壁等共同组成燃烧室，承受气体压力，并将此压力通过活塞销传给连杆，以推动曲轴旋转。

活塞环可分为气环和油环两大类。

气环也叫压缩环，用来密封活塞与气缸壁的间隙，防止气缸内的气体窜入油底壳，以及将活塞头部的热量传给气缸壁，再由冷却液或空气带走。另外还起到刮油、泵油的辅助作用。

一般发动机的每个活塞装有2~3道气环。

油环用来刮气缸壁上多余的机油，并在气缸壁上涂一层均匀的机油膜，这样既可以防止机油窜入燃烧室燃烧，又可以减小活塞、活塞环与气缸的磨损和摩擦阻力。此外，油环也起到密封的辅助作用。通常发动机有1~2道油环。

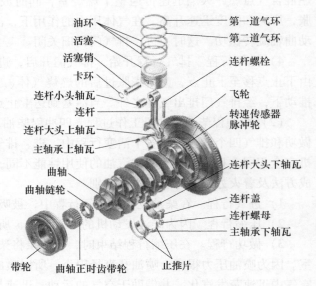

图4-29　活塞连杆组

连杆的作用是将活塞承受的力传给曲轴，把活塞的往复运动变为曲轴的旋转运动。

3）曲轴飞轮组。曲轴飞轮组主要由曲轴、飞轮、减振器、带轮、正时齿轮（或链轮）等组成，如图4-30所示。

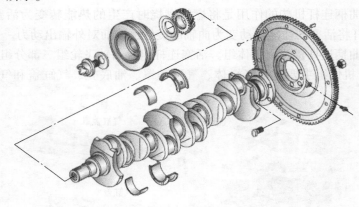

图4-30　曲轴飞轮组

曲轴是发动机中重要的机件之一。其作用主要是把活塞连杆组传来的气体压力转变为转矩对外输出；另外，还用来驱动发动机的配气机构及其他各种辅助装置（如发电机、风扇、水泵、转向油泵、平衡轴机构等）。

减振器的作用就是吸收曲轴扭转振动的能量，消减扭转振动。

飞轮的主要作用是储存做功行程的能量，用以在其他行程中克服阻力完成发动机的工作循环，使曲轴的转动角速度和输出转矩尽可能均匀，并改善发动机应对短暂超负荷的能力。同时将发动机的动力传给离合器。

5. 配气机构

（1）作用　配气机构的作用是按照发动机各缸工作过程的需要，定时地开启和关闭进、排气门，使新鲜可燃混合气（汽油机）或空气（柴油机）得以及时进入气缸，废气得以及时排出气缸。

（2）组成　以顶置式配气机构为例，配气机构由气门组和气门传动组两部分组成，其结构如图4-31所示。

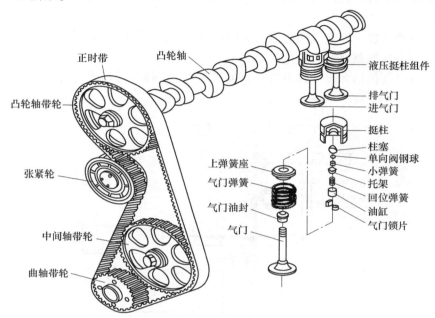

图4-31　顶置凸轮轴四缸发动机的配气机构

1）气门组。由气门、气门导管、气门弹簧、气门弹簧座及气门锁片等组成。

2）气门传动组。由挺柱、推杆、摇臂轴及支座、摇臂、调整螺钉、凸轮轴及正时齿轮等组成。

6. 汽油发动机燃料供给系统

（1）作用　汽油发动机燃料供给系统的作用是储存、输送、清洁燃料，根据发动机不同工况的要求，配制一定数量和浓度的可燃混合气进入气缸，并在燃烧做功后，将燃烧产生的废气排出。

汽油在燃烧前必须与空气形成可燃混合气。可燃混合气是按一定比例混合的汽油与空气的混合物。可燃混合气中燃料含量的多少称为可燃混合气浓度。

可燃混合气浓度有两种表示方法：过量空气系数 α 和空燃比 A/F。

过量空气系数是指理论上燃烧 1kg 燃料实际供给的空气质量与理论上完全燃烧时所需要的空气质量之比。由此可知，$\alpha=1$ 的可燃混合气称为标准混合气；$\alpha<1$ 的可燃混合气称为浓混合气；$\alpha>1$ 的可燃混合气称为稀混合气。

空燃比是燃烧时空气质量与燃料质量之比。理论上，1kg 汽油完全燃烧需要 14.7kg 空气，故空燃比 $A/F=14.7$ 的可燃混合气称为标准混合气；$A/F<14.7$ 的可燃混合气称为浓混合气；$A/F>14.7$ 的可燃混合气称为稀混合气。

在发动机工作时，大量的空气和燃料顺畅地充进气缸中，在这一过程中，燃料供给系统的作用是控制供给发动机的空气量和汽油量。现代汽车的汽油供给系统大体上可分为两大类，即化油器方式和汽油喷射方式。

（2）化油器式燃料供给系统的组成　（轿车已淘汰，但部分考题还出现相关考点，故而单独说明）化油器式燃料供给系统的组成如图4-32所示，其主要由以下装置组成：

1）燃料供给装置。包括汽油箱、汽油滤清器、汽油泵和油管等，完成汽油的储存、输送、滤清任务。

2）空气供给装置。即空气滤清器（某些发动机上还装有进气预热装置）。

3）可燃混合气配制装置。即化油器。

4）可燃混合气供给和废气排出装置。包括进气管、排气管和排气消声器。

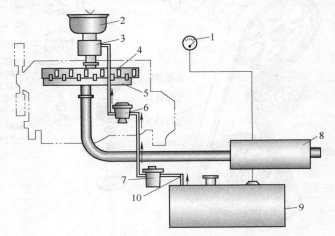

图4-32　化油器式燃料供给系统的组成

1—汽油表　2—空气滤清器　3—化油器　4—进气管　5—排气管
6—汽油泵　7—汽油滤清器　8—排气消声器　9—汽油箱　10—油管

（3）汽油喷射式燃料供给系统的组成　电控汽油喷射式燃料供给系统的组成将在本章第6节的汽车电控发动机燃油喷射系统中讲述。

7. 柴油发动机燃料供给系统

（1）作用　完成燃料的储存、滤清和输送工作，按柴油机各种不同工况的要求，定时、定量、定压并以一定的喷油质量将柴油喷入燃烧室，使其与空气迅速而良好地混合和燃烧，最后使废气排出。

1）在适当的时刻将一定数量的洁净柴油增压后以适当的规律喷入燃烧室。喷油定时和喷油量各缸相同且与柴油机运行工况相适应。喷油压力、喷油雾化质量及其在燃烧室内的分布与燃烧室类型相适应。

2）在每一个工作循环内，各气缸均喷油一次，喷油次序与气缸工作顺序一致。

3）根据柴油发动机负荷的变化自动调节循环供油量，以保证柴油发动机稳定运转，尤其要稳定怠速，限制超速。

4）储存一定数量的柴油，保证汽车的最大续驶里程。

（2）组成　柴油发动机燃油供给系统由柴油供给装置、空气供给装置、混合气形成装

置和废气排出装置四个部分组成，直列柱塞泵柴油发动机燃料供给系统的组成如图 4-33
所示。

柴油供给装置主要由柴油箱、输油泵、柴油滤清器、喷油泵、喷油器等零部件组成，其作用是完成燃料的储存、滤清和输送工作。

空气供给装置主要由空气滤清器、进气管道组成。

混合气形成的装置是燃烧室。

废气排出装置主要由排气管道、消声器组成。

8．冷却系统

（1）作用　发动机工作时，由于燃料的燃烧，气缸内气体温度高达 1927 ~
2527℃，使发动机零部件温度升高，特别是直接与高温气体接触的零件，若不及时

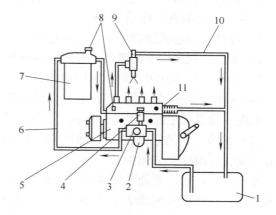

图 4-33　直列柱塞泵柴油发动机燃料供给系统的组成
1—柴油箱　2—柴油滤清器　3—输油泵　4—手油泵
5—喷油泵　6—低压油管　7—空气滤清器　8—放气螺钉
9—喷油器　10—回油管　11—限压阀

冷却，难以保证发动机正常工作。冷却系统的作用就是保持发动机在最适宜的温度（80 ~
90℃）范围内工作。

（2）组成　目前汽车发动机均采用强制循环式水冷却系统，它主要由风扇、水泵、散热器、水管、冷却液温度表和冷却液温度传感器等组成，如图 4-34 所示。

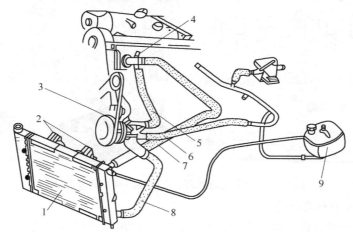

图 4-34　桑塔纳轿车用发动机冷却系统
1—散热器　2—风扇　3—水泵　4—机体进水口（进入气缸体、气缸盖水套）
5—旁通水　6—暖气回水进水泵水管　7—机体冷却水出口与散热器进水口接管
8—散热器出水管　9—膨胀小水箱

9．润滑系统

（1）作用　在发动机运转时，必须向各润滑部位提供机油进行润滑。润滑系统的作用就是不断地使机油循环，从而润滑发动机的各个部位，使发动机的各个零件都能发挥出最大的性能。归纳起来如下：

1）润滑。将零件间的直接摩擦变为间接摩擦，减小零件磨损和功率损耗。

2）密封。利用机油的黏性，提高零件的密封效果。如活塞与气缸套之间保持一层油膜，增强了活塞的密封作用。

3）冷却。通过机油的循环，将零件摩擦时产生的热量带走。

4）清洗。利用机油的循环，将零件相互摩擦时产生的金属屑带走。

5）防锈。在零件表面附上一层油膜，可以防止零件表面被氧化锈蚀。

6）缓冲。在相对运动的零件表面形成油膜，吸收冲击，减小振动。

根据发动机类型和润滑部位不同，其润滑方式也不同。

（2）组成　润滑系统主要由油底壳、机油泵、集滤器、限压阀、油压开关、机油尺、油道和油管等组成，如图4-35所示。

发动机工作时，机油泵将机油从油底壳吸入，并压送到机油滤清器，经滤清器后的机油流入主油道，然后分别流入各曲轴轴承、凸轮轴轴承、连杆轴承等处，最后又重新回到油底壳。

由于轿车发动机转速高、功率大、凸轮轴多为顶置，机油泵一般由中间轴驱动，配气机构多采用液压挺柱，在主轴道与机油泵之间多用单级全流式滤清器，以简化滤清系统。集滤器为固定淹没式，避免机油泵吸入表面泡沫，保证润滑系统工作可靠。

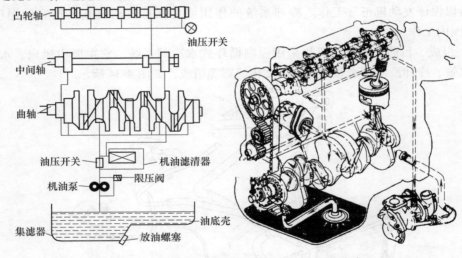

图4-35　轿车发动机润滑系统的组成及润滑油路

（3）润滑系统中润滑脂的基本性能

1）润滑脂的流变性能。润滑脂的流变性能是指润滑脂在受到外力的作用下表现的流动变化的性能。衡量润滑脂流变性能的参考指标主要是稠度（针入度）、触变性、强度极限和相似黏度。润滑脂的流变性能是润滑脂的重要基础性质，与润滑脂的使用有密切的关系。

2）润滑脂的高温性能。润滑脂的高温性能是指润滑脂在高温情况下发生性质变化的性能。温度对于润滑脂的流动性能具有很大的影响，温度升高，润滑脂变软，使得润滑脂的附着性能降低而易于流失。

3）润滑脂的低温性能。润滑脂的低温性能是指润滑脂在低温下保持其流动性的能力，汽车与工程机械起步时的温度与环境温度近乎一致。在寒冷地区使用时，要求润滑脂在低温条件下仍能保持良好的润滑性能，这取决于润滑脂低温条件下的相似黏度、泵送性及低温转矩。

4）润滑脂的安定性能。润滑脂的安定性能是指润滑脂在长期储存和使用中抵抗各种条件下不同作用因素引起润滑脂变化的能力。在通常的润滑脂储存和使用中，润滑脂的安定性主要包括润滑脂的胶体安定性、化学安定性、机械安定性。

5）润滑脂的润滑性能。润滑脂的润滑性能是指润滑脂在使用过程中改善摩擦、减小磨损的性能。

6）润滑脂的防护性能。润滑脂的防护性能是指润滑脂能黏附在金属表面上，防止外界各种物质侵蚀金属表面、腐蚀金属表面和使金属表面锈蚀的能力。

7）润滑脂的相容性能。润滑脂的相容性能是指润滑脂在使用过程中接触到各种各样的材料时所产生的相互作用，这种相互作用越小，润滑脂的相容性能就越好，反之则相容性能就越差。

8）润滑脂的其他性能。润滑脂的其他性能是指润滑脂在生产、储存和使用中，可以使润滑脂的性质发生影响的一些因素，如机械杂质、水分、颗粒度、生物降解等。

4.3　汽车底盘

汽车底盘一般由传动系统、行驶系统、转向系统和制动系统四大部分组成。

4.3.1　汽车传动系统

汽车传动系统主要由离合器、变速器、万向传动装置及安装在驱动桥中的主减速器、差速器和半轴组成，如图4-36所示。汽车传动系统的主要作用是将发动机的动力传给驱动轮。

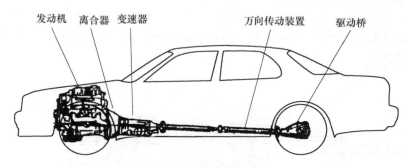

图4-36　传动系统的组成

1. 离合器

（1）离合器的作用

1）平顺接合动力，保证汽车平稳起步。

2）临时切断动力，保证换档时工作平顺。

3）防止传动系统过载。

（2）离合器的组成　汽车普遍采用摩擦式离合器，摩擦式离合器按压紧弹簧的结构形式分为螺旋弹簧离合器和膜片弹簧离合器。离合器主要由主动部分、从动部分、压紧部分和操纵部分组成，如图4-37所示。

1）主动部分。由装在曲轴上的飞轮和压盘组成。

2）从动部分。双面带摩擦衬片的从动盘。

3）压紧部分。由压紧弹簧组成。

4）操纵部分。包括离合器踏板、分离叉、分离杠杆、分离轴承和分离套筒。一般有机械式和液力式两种离合器操纵方式。

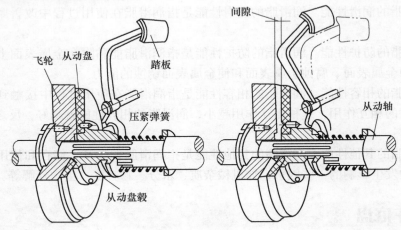

图 4-37　离合器的组成

2. 变速器

（1）变速器的作用

1）改变传动比，从而改变传递给驱动轮的转矩和转速。

2）实现倒车。

3）利用空档中断动力的传递。

（2）变速器的组成　汽车变速器由变速传动机构和变速操纵机构两部分组成。手动变速器主要由输入轴、输出轴、变速齿轮、换档操纵机构、同步器等组成，如图 4-38 所示。

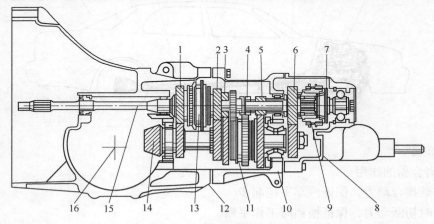

图 4-38　手动变速器的组成

1—四档齿轮　2—三档齿轮　3—二档齿轮　4—倒档齿轮　5—一档齿轮　6—五档齿轮
7—五档运行齿环　8—换档机构壳体　9—五档同步器　10—齿轮箱体　11——、二档同步器
12—变速器壳体　13—三、四档同步器　14—输出轴　15—输入轴　16—主减速器、差速器

3. 万向传动装置

（1）万向传动装置的作用　万向传动装置连接两根轴线不重合，且相对位置经常发生变化的轴，并能可靠地传递动力。万向传动装置的布置如图4-39所示。

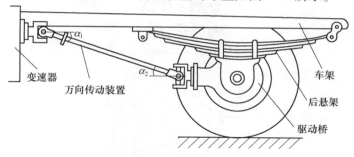

图4-39　万向传动装置的布置

（2）万向传动装置的组成　万向传动装置主要由万向节、传动轴组成，有的装有中间支承。

前轮驱动轿车的万向传动装置由球笼式等速万向节和传动轴组成，货车的万向传动装置一般由十字轴刚性万向节和传动轴组成。

（3）万向传动装置的类型

1）不等速万向节。如十字轴式万向节，其特性是主动轴与从动轴的转速不相等，并且允许两轴的最大交角为15°~20°。

2）准等速万向节。如三销轴式万向节、双联式万向节。

3）等速万向节。如球叉式万向节、球笼式万向节，其特性是主动轴和从动轴的转速相等。

4. 主减速器

（1）主减速器的作用　主减速器的作用是降速增矩，以保证汽车在良好的路面上有足够的驱动力和适当的车速。此外，对于纵置发动机还具有改变转矩旋转方向的作用。

（2）主减速器的组成　目前，轿车、轻型货车、中型货车等均采用单级主减速器，桑塔纳轿车的单级主减速器如图4-40所示，它由一对锥齿轮组合而成；汽车双级主减速器的第一级一般由一对锥齿轮组成，第二级由一对圆柱斜齿轮组成，解放CA1091型汽车双级主减速器如图4-41所示。

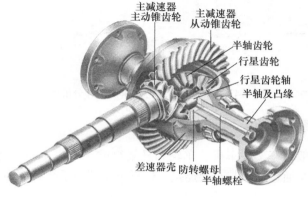

图4-40　桑塔纳轿车单级主减速器和差速器

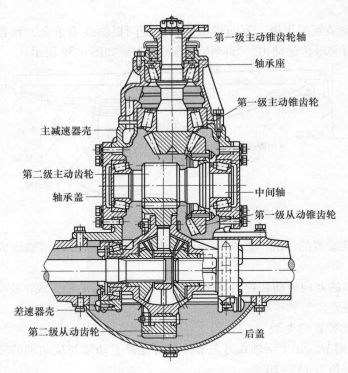

第一级主动锥齿轮轴

轴承座

第一级主动锥齿轮

主减速器壳

第二级主动齿轮

轴承盖

中间轴

第一级从动锥齿轮

差速器壳

第二级从动齿轮

后盖

图 4-41　解放 CA1091 型汽车双级主减速器

5. 差速器

（1）差速器的作用　汽车转弯时，由于内、外轮转弯半径不同，使左、右驱动轮的转速不相等。差速器的作用就是避免轮胎打滑，使汽车平稳地转弯。

（2）差速器的组成　差速器主要由四个（或两个）行星齿轮、行星齿轮轴、两个半轴齿轮和差速器壳等组成，如图 4-42 所示。

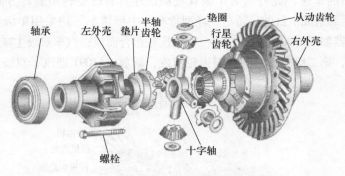

轴承

左外壳

垫片

半轴齿轮

垫圈

行星齿轮

从动齿轮

右外壳

螺栓

十字轴

图 4-42　对称式锥齿轮差速器零件分解图

4.3.2　汽车行驶系统

汽车行驶系统一般由车架、车桥、车轮和悬架组成，如图 4-43 所示。车轮经轮毂轴承安装在车桥上，车桥又通过悬架与车架连接，这样汽车行驶系统就成为一个整体。

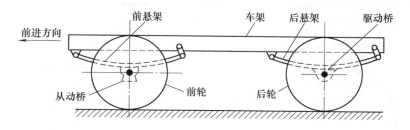

图 4-43　汽车行驶系统的组成

1. 车架

（1）车架的作用　车架是整个汽车的基体，是汽车的装配基础，发动机、变速器、传动机构、操纵机构、车身等总成和部件都安装在车架上。车架的作用是承载连接汽车的各零部件，承受来自车内外的各种载荷。

（2）车架的类型　汽车上装用的车架按其结构形式的不同可分为边梁式车架、中梁式车架、综合式车架和无梁式车架。

边梁式车架广泛应用于各类载货、载客汽车和少量轿车上，中梁式车架主要用于越野汽车和少量轿车上。轿车车架的形式复杂多样，其中主要以综合式车架和承载式车身为主。无梁式车架是以车身兼代车架，现在许多轿车和大客车上没有车架，其车架的功能由轿车车身或大客车车身骨架承担，故无梁式车架又称为承载式车身。

2. 车桥

（1）车桥的作用　车桥的作用是传递车架和车轮之间各个方向的作用力及其所产生的转矩和弯矩。

（2）车桥的组成　汽车转向桥的结构基本相同，由前轴、万向节、主销和轮毂四部分组成。转向驱动桥既有一般驱动桥所具有的主减速器、差速器和内半轴，也有一般转向桥所具有的万向节、主销和轮毂等。

（3）车桥的类型　根据悬架结构的不同，分为整体式和断开式车桥。整体式车桥是刚性的实心或空心梁，与非独立悬架配用。断开式车桥为活动关节结构，它与独立悬架配用。

根据车桥上车轮作用的不同，车桥又分为转向桥、驱动桥、转向驱动桥和支持桥四种，主要起转向作用的车桥称为转向桥，主要起驱动作用的车桥称为驱动桥，既起转向又起驱动作用的车桥称为转向驱动桥，只起支持作用的车桥称为支持桥，其中转向桥和支持桥都属于从动桥。

（4）转向轮定位　转向轮、万向节和前轴三者之间的相对安装位置，称为转向轮定位。为了使汽车能保持直线稳定行驶，使转向轻便且能自动回正，减小轮胎磨损，转向轮需要进行定位，主要包括主销后倾角、主销内倾角、车轮外倾角和前轮前束等。对于后轮一般只有外倾角和前束两个定位参数。

1）主销后倾。主销装在前轴上，其上端略向后倾斜，这种现象称为主销后倾。在纵向垂直平面内，垂线与主销轴线之间的夹角 γ 叫主销后倾角，如图 4-44 所示。主销后倾的作用主要是为了保持汽车直线行驶的稳定性，并使汽车转向后，转向轮有自动回正的作用。

2）主销内倾。主销在前轴上安装时，其上端略向内倾斜，这种现象称为主销内倾。在横向平面内，垂线与主销轴线之间的夹角 β 叫主销内倾角，如图 4-45 所示。主销内倾的作用也是为了保持汽车直线行驶的稳定性，同时还具有使转向轻便的作用。

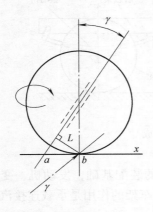

图 4-44　主销后倾角

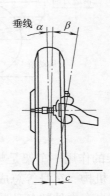

图 4-45　主销内倾角

3) 车轮外倾。车轮安装在车桥上时，其旋转平面上方略向外倾斜，这种现象称为车轮外倾，如图 4-46 所示。车轮外倾的作用是避免汽车重载时车轮产生负外倾，提高汽车行驶的安全性。

4) 前轮前束。前轮安装时，同一轴上两端车轮的旋转平面不平行，前端略向内倾，这种现象称为前轮前束，如图 4-47 所示。左、右轮后方距离 A 与前方距离 B 之差 $(A-B)$ 称为前束值。当 $A-B>0$ 时，前束值为正，反之则为负。

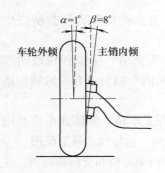

图 4-46　车轮外倾角

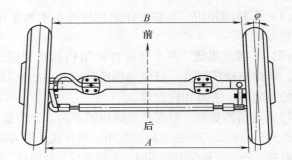

图 4-47　前轮前束

3. 悬架

(1) 悬架的作用　悬架是车架(或承载式车身)与车桥(或车轮)之间的一切传力连接装置的总称。悬架的作用是把路面作用于车轮上的垂直反力(支承力)、纵向反力(驱动力和制动力)和侧向反力以及这些反力所引起的力矩传递到车架(或承载式车身)上，以保证汽车的正常行驶。

(2) 悬架的组成　悬架由弹性元件、减振器和导向机构三部分组成，分别起缓冲、减振和导向作用，三者的共同任务是传力。

在多数轿车和客车上，为防止车身在转向行驶等情况下发生过大的横向倾斜，在悬架中还设有辅助弹性元件——横向稳定器。

(3) 悬架的类型　汽车悬架可分为两大类：非独立悬架和独立悬架。

1) 非独立悬架。如图 4-48a 所示，其结构特点是两侧的车轮由一根整体式车桥相连，车轮连同车桥一起通过弹性悬架与车架(或车身)连接。当一侧车轮因道路不平而发生跳动时,必然引起另一侧车轮在汽车横向平面内摆动,故称为非独立悬架。

2)独立悬架。如图 4-48b 所示,其结构特点是车桥做成断开的,每一侧的车轮可以单独地通过弹性悬架与车架(或车身)连接,两侧车轮可以单独跳动,互不影响,故称为独立悬架。

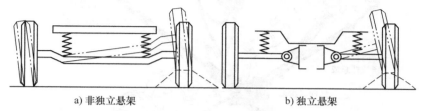

a) 非独立悬架　　　　　　　　　　b) 独立悬架

图 4-48　非独立悬架与独立悬架示意图

4.3.3　汽车转向系统

(1)汽车转向系统的功用　根据汽车行驶的需要,改变和保持行驶方向。

(2)汽车转向系统的组成　汽车转向系统按转向能源的不同分为机械转向系统和动力转向系统两大类。

1)机械转向系统。机械转向系统以驾驶员的体力作为转向能源,其中所有传力件都是机械的。机械转向系统由转向操纵机构、转向器和转向传动机构三大部分组成,其中转向操纵机构由转向盘、转向轴、转向万向节、转向传动轴组成;转向传动机构由转向摇臂、转向直拉杆、转向节臂、万向节、梯形臂、转向横拉杆组成。其一般布置情况如图 4-49 所示。

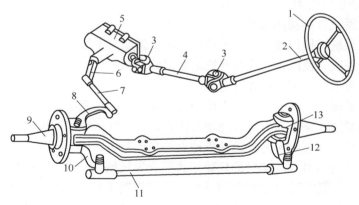

图 4-49　机械转向系示意图

1—转向盘　2—转向轴　3—转向万向节　4—转向传动轴　5—转向器　6—转向摇臂
7—转向直拉杆　8—转向节臂　9—左万向节　10、12—梯形臂　11—转向横拉杆　13—右万向节

2)动力转向系统。动力转向系统是以驾驶员体力和发动机动力为转向能源的转向系统。动力转向系统是在机械转向系统的基础上加设一套转向加力装置而形成的。

图 4-50 所示为一种液压动力转向系统示意图,其中属于转向加力装置的部件是:转向罐、转向油泵、转向控制阀和转向动力缸。

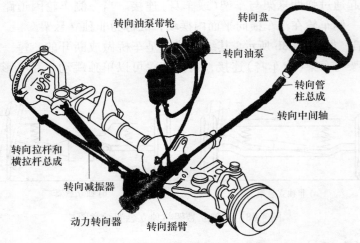

图 4-50　液压动力转向系统示意图

4.3.4　汽车制动系统

1. 汽车制动系统概述

（1）汽车制动系统的作用　汽车制动系统的作用是使行驶中汽车减速或停车，使下坡行驶汽车的速度保持稳定，以及使已停驶的汽车保持原地不动。

（2）汽车制动系统的组成　汽车制动系统由产生制动作用的车轮制动器和操纵制动器的传动机构组成。一般包括两套独立的制动装置，一套是行车（脚）制动装置，主要用于汽车行驶时减速或停车；另一套是驻车（手）制动装置，主要用于汽车停驶后防止汽车滑行。

（3）汽车制动系统的类型

1）汽车制动系统按其功用可分为：

① 行车制动系统。使行驶中的汽车减速或停止的制动系统。

② 驻车制动系统。使停止的汽车在原地驻留的制动系统。

2）汽车制动系统按其制动能源可分为：

① 人力制动系统。以驾驶员的体力作为输入能源的制动系统。

② 动力制动系统。完全靠发动机的动力转化而成的气压或液压能进行制动的系统。

③ 伺服制动系统。兼用人力和发动机动力的制动系统。

3）汽车制动系统按其制动能量的传输形式可分为机械式、液压式、气压式三种。

4）汽车制动系统按其传动系统的回路可分为单回路系统和双回路系统。双回路制动系统在一侧回路失效时，仍能提供部分制动力，目前汽车制动系统必须采用双回路制动系统。

2. 制动器

制动器是用以产生制动力矩的部件。制动器按照结构可分为鼓式制动器和盘式制动器；按安装位置可分为车轮制动器和中央制动器。车轮制动器可用于行车制动和驻车制动，中央制动器主要用于驻车制动。

鼓式和盘式制动器的区别在于前者的摩擦副中旋转元件为制动鼓，其圆柱面为工作表面；后者的摩擦副中旋转元件为圆盘状制动盘，其端面为工作表面。

鼓式制动器的结构如图 4-51 所示，盘式制动器的结构如图 4-52 所示。盘式制动由摩擦衬块夹紧制动盘产生制动力，鼓式制动由摩擦衬片压紧旋转的制动鼓内侧产生制动力。两种制动方式都产生大量的摩擦热，制动装置就是使行驶中汽车的动能转换为热能，使汽车减速的装置，如图4-53所示。

图 4-51 桑塔纳轿车后轮鼓式制动器

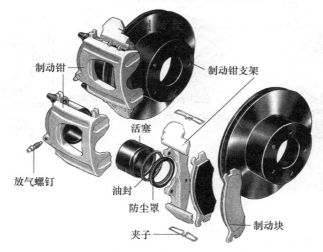

图 4-52 北京吉普切诺基汽车前轮盘式制动器

3. 人力制动系统

人力制动系统的制动能源是驾驶员的体力。按其传动装置的结构形式，人力制动系统有人力机械式和人力液压式两种，前者只用于驻车制动。

（1）人力机械式制动系统 人力机械式制动系统目前主要用于驻车制动，因为驻车制动系统必须可靠地保证汽车在原地停驻，并在任何情况下都不能自动滑行。这一点只有用机械锁止方法才能实现。人

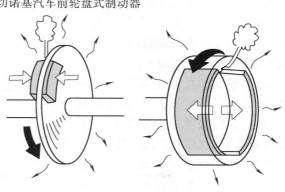

图 4-53 制动器的制动原理

力机械式制动系统的基本组成如图4-54所示。

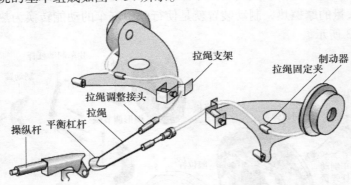

图4-54　人力机械式制动系统

（2）人力液压式制动系统　人力液压式制动系统主要由前轮制动器、后轮制动器、制动踏板机构、制动主缸、制动轮缸和油管等构成，如图4-55所示。

其工作过程是：踩下制动踏板，制动主缸中产生的高压油液通过油管传到各个轮缸，从而产生制动作用。

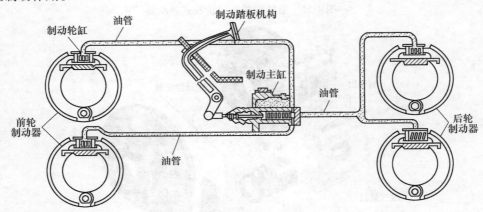

图4-55　人力液压式制动系统

4. 伺服制动系统

伺服制动系统是在人力液压式制动系统的基础上加设一套动力伺服系统而形成的，是兼用人的体力和发动机作为制动能源的制动系统。伺服制动系统的分类如下：

（1）按伺服能量的形式分为真空伺服式、气压伺服式和液压伺服式三种，其伺服能量分别为真空能（负气压能）、气压能和液压能。

（2）按伺服系统输出力的作用部位和对其控制装置操纵方式的不同，伺服制动系统可分为助力式（直

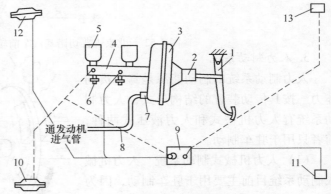

图4-56　助力式伺服制动系统

1—制动踏板机构　2—控制阀　3—真空伺服气室　4—制动主缸
5—储液罐　6—制动信号灯液压开关　7—真空单向阀
8—真空管　9—感载比例阀　10~13—制动轮缸

接操纵式)和增压式(间接操纵式)两类。

1) 助力式(直接操纵式)伺服制动系统。助力式(直接操纵式)伺服制动系统的特点是伺服系统的控制装置用制动踏板机构直接操纵,其输出力作用于制动主缸,与踏板力一起对制动主缸油液加压。

助力式伺服制动系统如图 4-56 所示,真空伺服气室和控制阀组合成一个整体部件,称为真空助力器。真空助力器是助力式伺服制动系统的核心部件,它利用发动机进气管的真空和大气之间的压差起助力作用。真空伺服气室的前方串联双腔制动主缸,主缸输出的高压油液通过对角线布置的双回路液压制动管路传递到各个车轮制动器的制动轮缸。助力式伺服制动系统广泛应用于各种轿车。

2) 增压式(间接操纵式)伺服制动系统。增压式(间接操纵式)伺服制动系统的特点是用制动踏板机构控制制动主缸,制动主缸输出的液压传递到辅助缸,并对伺服系统进行控制,伺服系统的输出力与主缸液压共同作用于辅助缸,辅助缸输出到制动轮缸的液压远高于制动主缸液压。

增压式伺服制动系统的组成如图 4-57 所示。通常辅助缸、真空伺服气室和控制阀组合装配成一个部件,称为真空增压器。真空增压器是增压式伺服制动系统的核心部件。增压式伺服制动系统主要应用于轻型以上货车。

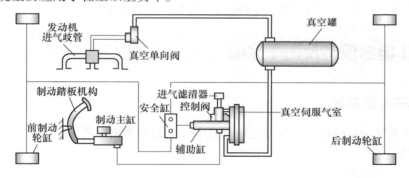

图 4-57 增压式伺服制动系统

5. 动力制动系统

(1) 动力制动系统的特点及类型 动力制动系统的特点是驾驶员的体力仅作为控制能源,而不是制动能源。动力制动系统中,用以进行制动的能源是由空气压缩机产生的气压能,或是由液压系统产生的液压能,而空气压缩机或液压系统则由汽车发动机驱动。

动力制动系统有气压制动系统、气顶液制动系统和全液压动力制动系统三种。

气压制动系统的供能装置和传动装置全部是气压式。其控制装置主要由制动踏板机构和制动阀等气压控制元件组成,有些汽车在踏板机构和制动阀之间还串联有液压式操纵传动装置。

气顶液制动系统的供能装置、控制装置与气压制动系统相同,但其传动装置包括气压式和液压式两部分。

全液压动力制动系统中除制动踏板机构以外,其供能、控制和传动装置全部是液压式。

(2) 气压制动系统 气压制动系统广泛应用于中型以上特别是重型的货车和客车中。图 4-58 所示为 CA1091 汽车双回路气压制动系统。

气压制动系统各元件之间的连接管路有三种：

1）供能管路。供能装置各组成件(如空气压缩机、储气筒)之间和供能装置与控制装置(如制动阀)之间的连接管路。

2）促动管路。控制装置与制动器促动装置(如制动气室)之间的连接管路。

3）操纵管路。一个控制装置与另一个控制装置之间的连接管路。如果制动系统中只有一个气压控制装置，即只有一个制动阀，就没有操纵管路。

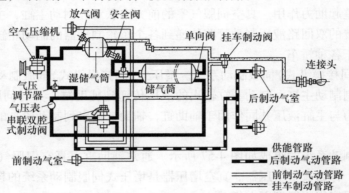

图 4-58　CA1091 汽车双回路气压制动系统

4.4　汽车电器设备及汽车空调

4.4.1　汽车电源系统

汽车电源系统由蓄电池、交流发电机及其电压调节器等部件组成。

1. 蓄电池

（1）蓄电池的作用

1）发动机起动时，向起动机和点火系统供电。

2）发动机低速运转、发电机电压较低或不发电时，向用电设备供电，同时还向交流发电机励磁绕组供电。

3）发动机中高速运转、发电机正常供电时，将发电机剩余电能转换为化学能储存起来。

4）发电机过载时，协助发电机向用电设备供电。

5）稳定系统电压、保护电子设备。因为蓄电池相当于一个大容量电容器，所以不仅能够保持汽车电系的电压稳定，还能吸收电路中出现的瞬时电压，防止电子设备击穿损坏。

（2）蓄电池的结构组成　蓄电池由 6 个单格电池串联而成，每个单格电池的电压约为 2V，串联成 12V 以供用电设备使用。蓄电池的结构如图 4-59 所示，它主要由极板、隔板、电解液、外壳、加液孔盖和正、负极桩等组成。

极板分为正极板和负极板两种。将涂上铅膏后的生极板先用热风干燥，再放入稀硫酸中进行充电便得正极板和负极板。正极板上的活性物质为二氧化铅(PbO_2)，呈深棕色；负极板上的活性物质为海绵状纯铅（Pb），呈深灰色。

为了增大容量，将多片正、负极板分别并联，用汇流条焊接起来便分别组成正、负极板组。汇流条(横板)上连有极柱，各片间留有空隙。安装时各片正、负极板相互嵌合，中间插入隔板后装入蓄电池单格内，便形成单格电池。

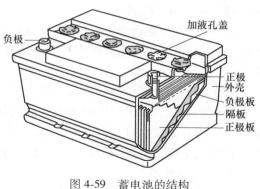

图4-59　蓄电池的结构

为了减小蓄电池的内阻和尺寸，蓄电池的正、负极板应尽可能靠近。为了防止相邻正、负极板彼此接触而短路，正、负极板之间要用隔板隔开。

电解液由纯硫酸与蒸馏水按一定比例配制而成。电解液的密度一般在 $1.1 \sim 1.3 \mathrm{g/cm^3}$ 之间，充足电后，电解液的密度一般在 $1.26 \sim 1.30 \mathrm{g/cm^3}$ 之间。

蓄电池的外壳用来盛放极板组和电解液。

各单格电池串联后，两端的正、负极柱穿出电池盖，分别形成蓄电池的正、负极桩。正极桩较粗，标有"＋"号或涂红色；负极桩较细，标有"－"号或涂蓝色、绿色等。

2. 交流发电机

（1）交流发电机的作用　交流发电机是在发动机的驱动下，将机械能转变为电能的装置。发电机作为汽车的主要电源，主要作用如下：在发动机怠速以上转速运转时，为电气设备供电；给蓄电池充电。

（2）交流发电机的结构　交流发电机的总体结构如图4-60所示，主要由定子、转子、硅整流器、前后端盖、风扇、带轮、电刷和电刷架等组成。

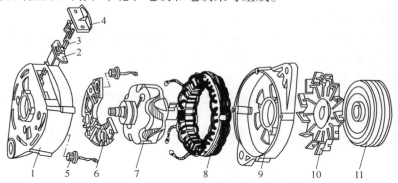

图4-60　国产 JFZ1813Z 型交流发电机的结构
1—后端盖　2—电刷架　3—电刷　4—电刷弹簧压盖　5—硅二极管
6—散热板　7—转子　8—定子总成　9—前端盖　10—风扇　11—带轮

转子的作用是形成发电机的磁场。它主要由两块爪极、励磁绕组、集电环组成。两个电刷装在与端盖绝缘的电刷架内，通过弹簧力使其与集电环保持接触。当发电机工作时，两电刷与直流电源连通，可为励磁绕组提供励磁电流并产生轴向磁通。

定子又称电枢，用以产生交流电动势，它由定子铁心和定子绕组组成。定子铁心槽内嵌入三相对称定子绕组。

整流器的作用是将定子绕组产生的三相交流电转换为直流电；其次是阻止蓄电池电流向发电机倒流，避免烧坏发电机。整流器的硅二极管根据引线极性的不同分为正二极管和负二极管两种类型：引线为正极，外壳为负极的二极管称为正二极管；引线为负极，外壳为正极的二极管称为负二极管。

前后端盖均由铝合金压铸或用砂型铸造而成。因为铝合金为非导磁材料，可减少漏磁并具有轻便、散热性能好等优点。在后端盖上装有电刷组件，电刷组件包括电刷、电刷架和电刷弹簧等。

（3）交流发电机的励磁方式　励磁方式就是产生磁场的方式。当转子通过电流时，转子就会产生磁场，转子产生磁场的大小与流过的电流有关，流过转子的电流被称为励磁电流。发电机开始发电时，需由蓄电池供给励磁电流，此时为他励。当发电机达到蓄电池电压时，即由发电机自己供给励磁电流，也就是由他励转变为自励。

3. 电压调节器

（1）电压调节器的作用　在交流发电机转速变化时，控制其电压保持恒定，防止电压过高而损坏用电设备，并避免对蓄电池过量充电。

（2）电压调节器的类型　交流发电机电压调节器种类繁多、形式各异，按其总体结构可分为电磁振动式电压调节器和电子式电压调节器两大类。

1）电磁振动式电压调节器。电磁振动式电压调节器也称为机械式调节器或简称为触点式调节器，它是利用触点的开、闭作用，在发电机转速变化时，改变磁场电路的电阻，从而改变磁场电流和磁极磁通的方法维持发电机电压恒定。

2）电子式电压调节器。电子式电压调节器是利用晶体管的开、关作用，控制发电机磁场电路的通、断，调节磁场电流和磁极磁通，在发电机转速变化时维持其端电压不变。

4.4.2　汽车起动系统

1. 汽车起动系统的作用

汽车起动系统的作用是在正常使用条件下，通过起动机将蓄电池储存的电能转变为机械能带动发动机以足够高的转速运转，以便发动机顺利起动。

2. 汽车起动系统的组成

汽车起动系统主要由起动机、起动机继电器、点火开关等组成，如图4-61所示。

3. 起动机

起动机是汽车起动系的核心，它主要由直流电动机、传动机构和控制机构三部分组成，如图4-62所示。

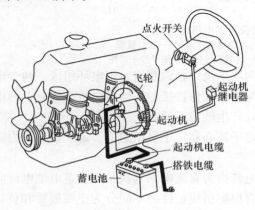

图4-61　汽车起动系统的组成

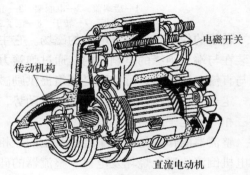

图4-62　起动机的组成

（1）直流电动机 直流电动机由磁极、电枢、换向器等组成，如图 4-63 所示，电枢绕组与励磁绕组串联的直流电动机又称为串励式直流电动机。直流电动机在直流电压的作用下产生旋转力矩，称为电磁力矩或电磁转矩。

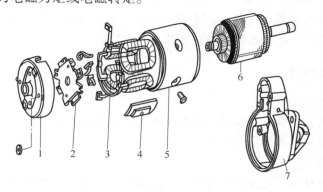

图 4-63 直流电动机的组成

1—端盖 2—电刷和电刷架 3—磁极绕组 4—磁极铁心 5—机壳 6—电枢 7—后端盖

（2）传动机构 起动机的传动机构安装在电动机电枢的轴上。在起动发动机时，将驱动齿轮与电枢轴连成一体，并使驱动齿轮与飞轮齿圈啮合，将起动机产生的电磁转矩传递给发动机的曲轴，使发动机起动。发动机起动后，飞轮转速提高，带着驱动齿轮旋转，将使电枢轴超速旋转而损坏。因此，在发动机起动后，驱动齿轮转速超过电枢轴转速时，传动机构应使驱动齿轮与电枢轴自动脱开，防止电枢轴超速。为此，起动机的传动机构必须具有超速保护装置。

（3）控制机构 控制机构的作用是控制起动机主电路的通、断，并控制驱动齿轮与电枢轴的连接。起动机的控制机构也称为操纵机构，有下列两种形式：

1）直接操纵式控制机构。由驾驶员通过起动踏板和杠杆机构，直接操纵起动开关接通起动机的主电路，并使驱动齿轮随着电枢轴一同旋转来驱动飞轮。

2）电磁操纵式控制机构。电磁操纵式控制机构，俗称电磁开关，结构如图 4-64 中的点画线框内部分所示。

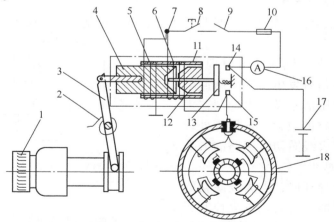

图 4-64 起动系统的控制电路

1—驱动齿轮 2—拨叉轴 3—拨叉 4—活动铁心 5—保持线圈 6—吸拉线圈 7—接线柱
8—起动按钮 9—总开关 10—熔断器 11—黄铜套 12—挡铁 13—接触片 14—主接线柱 15—主接线柱
16—电流表 17—蓄电池 18—直流电动机

由驾驶员通过起动开关操纵起动机的电磁开关，或通过起动继电器操纵起动机的电磁开关，接通起动机的主电路，并使驱动齿轮随着电枢轴一同旋转来驱动飞轮。电磁操纵式控制机构结构简单、工作可靠、操作方便，在汽车上的应用十分广泛。

（4）汽车起动系统的控制电路　汽车起动系统的控制电路如图4-64所示，其具体控制过程请参见第7章中汽车起动系统线路检测的相关内容。

4.4.3　汽车点火系统

1. 汽车点火系统的作用

汽车点火系统的作用就是在发动机各种工况和使用条件下，适时、可靠地产生足够强的电火花，以点燃气缸内的可燃混合气。

2. 传统点火系统

传统点火系统也称为蓄电池点火系统、触点式点火系统。这种点火系统具有最基本的结构，在该系统中，通过机械凸轮接通和断开触点，使点火线圈的初级电流间歇流动，从而在点火线圈次级产生点火高压，如图4-65所示。

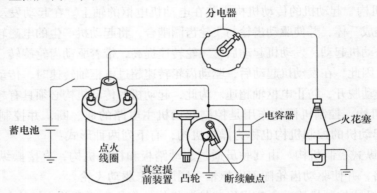

图4-65　传统点火系统的组成

3. 无触点电子点火系统

无触点电子点火系统一般由点火信号发生器、点火控制器、点火线圈、火花塞等组成，如图4-66所示。

无触点电子点火系统的基本原理为：转动分电器使点火信号发生器产生脉冲电压信号，此脉冲电压信号经点火控制器大功率晶体管前置电路的放大、整形等处理后，控制串联于点火线圈初级回路的大功率晶体管的导通和截止。

大功率晶体管导通时，点火线圈初级通路，点火系统储能；当输入点火控制器的点火信号脉冲使大功率晶体管截止时，点火线圈初级断路，次级绕组便产生高压电。

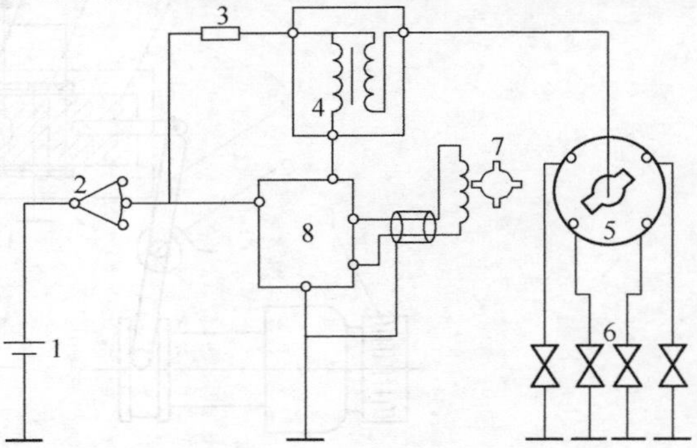

图4-66　无触点电子点火系统的组成

1—电源　2—点火开关　3—附加电阻
4—点火线圈　5—分电器　6—火花塞
7—点火信号发生器　8—点火控制器

4. 微机控制点火系统

微机控制点火系统，按照是否保留传统的分电器（实质上指配电器），可分为两大类：有分电器的微机控制点火系统和无分电器的微机控制点火系统。

（1）有分电器的微机控制点火系统　有分电器的微机控制点火系由低压电源、点火开关、电子控制单元（ECU）、点火器、点火线圈、分电器、火花塞、高压线和各种传感器等组成，如图4-67所示。

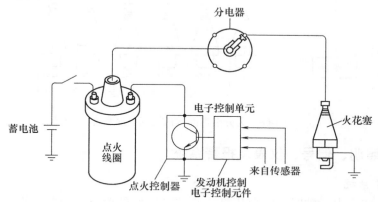

图4-67　有分电器的微机控制点火系统

电子控制单元简称ECU。它根据各传感器输入的信号，计算确定最佳点火提前角和初级电路导通角，并将点火控制信号输送给点火器，通过点火器快速、准确地控制点火线圈的工作。

传感器是将电信号或非电信号整理或转变为电信号的装置，为微机控制单元提供转速、节气门开度、负荷、冷却水温度、进气温度和流量、起动开关状态、蓄电池电压、废气中氧的含量等有关发动机运行工况和使用条件的各种信息。

点火控制器，又称点火模块，主要根据电子控制单元输出的点火控制信号控制点火线圈初级电路的通断。

分电器主要起分配高压电的作用，多数分电器还装有曲轴位置和转速传感器及判缸信号传感器。

有分电器的微机控制点火系统的工作原理是：接通点火开关，电源电压加到点火控制器上。起动发动机，各传感器开始将发动机的各种工况信息转换为电信号并传递给微机控制单元，微机控制单元将接收到的信号与只读存储器中储存的数据进行比较、计算后，输出点火信号至点火控制器，由点火控制器中的功率晶体管接通和切断点火线圈的初级电路。

（2）无分电器的微机控制点火系统　无分电器的微机控制点火系由低压电源、点火开关、电子控制单元（ECU）、点火控制器、点火线圈、火花塞、高压线和各种传感器等组成，如图4-68所示。

有的无分电器微机控制点火系统还将点火线圈直接安装在火花塞上方，取消了高压线。无分电器微机控制点火系次级电压的产生过程和点火提前角的控制与有分电器微机控制点火系统的基本相同。

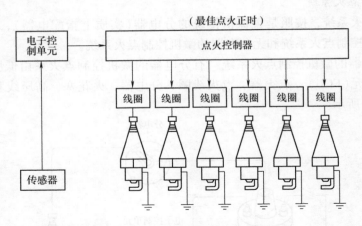

图 4-68　无分电器的微机控制点火系统

4.4.4　汽车照明、信号、仪表及报警系统

1. 汽车照明系统

汽车在夜间或雾中行驶时，需要用灯光来照亮道路的前方，因此，汽车上必须有照明装置。

（1）汽车照明灯具的种类

1）外部照明。前照灯、前小灯、后灯、雾灯、牌照灯、防空灯等。

2）内部照明。厢灯、顶灯、阅读灯、踏步灯、工作灯、发动机舱灯、仪表灯等。

（2）前照灯　前照灯是汽车夜间行驶时照明前方道路的灯具，它能发出远光和近光两种光束。远光在无对方来车的道路上，汽车以较高速度行驶时使用。远光应保证在车前100米或更远的路上得到明亮而均匀的照明。近光则在会车时和市区明亮的道路上行驶时使用，会车时，为了避免使迎面而来的驾驶员目眩而发生危险，前照灯应该可以将强的远光转变成光度较弱而且光束下倾的近光。

前照灯可分为二灯式和四灯式两种，前者是在汽车前端左右各装一个前照灯，而后者是在汽车前端左右各装两个前照灯。

（3）前小灯　前小灯主要用来在夜间会车行驶时，使对方能判断本车的外廓宽度，故又称示宽灯。前小灯也可供近距离照明用。很多公共汽车在车身顶部装有一个或两个标高灯，若有两个，则同时兼起示宽的作用。

（4）后灯　后灯的玻璃是红色的，便于后车驾驶员判断前车位置而与之保持一定距离，以免当前车突然制动时发生碰撞。后灯一般兼做照明汽车牌照的牌照灯，有的汽车牌照灯是单装的，它应保证夜间在车后20m处能看清牌照号码。

（5）雾灯　经常在多雾地区行驶的汽车还应在前部装置光色为黄色的雾灯。雾灯受继电器控制。前雾灯左、右各一个，电压和功率一般为12V/55W，后雾灯只有一个，电压功率一般为12V/21W。

（6）其他照明灯　车身内部的照明灯特别要求造型美观、光线柔和悦目。它包括驾驶室顶灯和轿车中的车门灯和行李箱灯等。为了便于夜间检修发动机，还设有发动机罩下灯。为满足夜间在路上检修汽车的需要，车上还应备有带足够长灯线的工作灯（行灯），使用时临时将其插头接入专用的插座中。驾驶室的仪表板上有仪表板照明灯。

2. 汽车信号系统

（1）转向信号灯 转向信号灯安装在车身前端和后端的左右两侧，由驾驶员在转向之前，根据将向左转弯或向右转弯，相应地开亮左侧或右侧的转向信号灯，以通知交通警察、行人和其他汽车上的驾驶员。为了在白天能引人注目，转向信号灯的亮度很强，此外为引起对方注意，在转向信号灯电路中装有转向信号闪光器，借以使转向信号灯光发生闪烁。闪烁式转向信号灯可以单独设置，也可以与前小灯合成一体，在后一种情况下，一般用双灯泡。也有的后转向信号灯和后灯合成一体。转向信号闪光器有电热式、电容式和晶体管式三种。

（2）制动信号灯 制动信号灯装在汽车后部，在驾驶员踩下制动踏板时即发亮，发出即使在白天也能明显看出的强烈红光，以提醒后车驾驶员注意。制动信号灯有一个或两个，可以单独设置，也可以和后灯合装成一体。

（3）倒车信号灯及倒车报警器 有些汽车的后部装有倒车信号灯和倒车报警器，当驾驶员倒车时，倒车信号灯发亮，同时报警器的电扬声器发出断续的响声，用以警告车后的行人和车辆的驾驶员。倒车信号灯以及报警器均由装在变速器盖上的倒车灯开关控制。

（4）扬声器 为警告行人和其他车辆驾驶员注意安全，汽车上都有声响信号装置——扬声器。汽车扬声器按其能源的不同分为电扬声器和气扬声器两种。

电扬声器按其外部形状的不同分为螺旋形（亦称蜗牛形）、长筒形和盆形三种；按音调的不同又可分单音、双音和三音扬声器。当装用多音扬声器时，为减小通过扬声器按钮的电流和减小线路中的电压，应加装扬声器继电器。

气扬声器按结构形状的不同也可分长筒形和螺旋形两种。按音调的不同又可分为单音和双音两种。

3. 汽车仪表、报警系统

为了使驾驶员能够随时掌握汽车各系统的工作情况，在汽车驾驶室的仪表板上装有各种指示仪表及各种报警装置。

汽车一般采用组合仪表板，组合仪表板主要由车速表、转速表、水温表、燃油表、时钟等组成。仪表电路为薄膜印刷电路，水温表与燃油表制成一个总成，为了防止电源电压变化影响燃油表、水温表的指示精度，燃油表和水温表配有仪表稳压器。

4.4.5 汽车辅助电器

1. 电动风窗刮水器

（1）作用 为了保证驾驶员在雨天、雪天和雾天有良好的视线，汽车都安装有电动风窗刮水器，它具有一个或两个以上的橡皮刷，由驱动装置控制来回摆动，以除去玻璃上的水、雪等。

（2）组成 电动风窗刮水器的结构如图4-69所示。它主要由电动机、蜗杆、减速蜗轮、连杆、摆杆和刮片架等组成。

2. 电动车窗

（1）作用 为了方便驾驶员和乘员，减轻他们的劳动强度，许多汽车采用了电动车窗。电动车窗又称自动车窗，它利用电动机来驱动升降器（又称换向器）使车窗上下移动，由于其操作简单、可靠，目前在汽车上得到了广泛的应用。

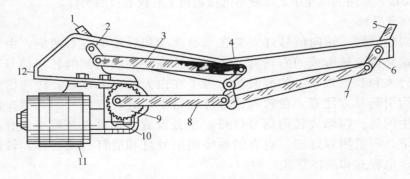

图 4-69　电动风窗刮水器的结构

1、5—刮片架　2、4、6—摆杆　3、7、8—连杆　9—减速蜗轮　10—蜗杆　11—电动机　12—底板

（2）组成　电动车窗主要由车窗、车窗升降器、电动机、开关(主控开关、分控开关)等组成。有些汽车上的电动车窗由电动机直接作用于升降器，而有些则是通过驱动机构作用于升降器，从而把电动机的转动转换成车窗的上下移动。

车窗升降器有两种形式，一种是用齿扇来实现换向作用，如图 4-70 所示，另一种是使用柔性齿条和小齿轮，车窗连在齿条的一端，电动机带动轴端小齿轮转动，使齿条移动，以带动车窗升降，如图 4-71 所示。

电动车窗的主控开关用于驾驶员对电动车窗系统进行总的操纵，一般安装在左前车门把手上或变速杆附近。分控开关装在每个车门的中部或车门把手上，用于乘员对车窗进行操纵。

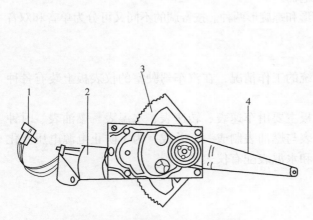

图 4-70　齿扇式电动车窗升降器

1—电缆接头　2—电动机　3—齿扇　4—推力杆

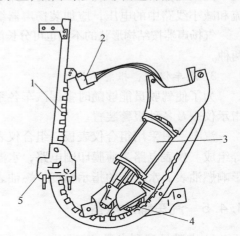

图 4-71　齿条式电动车窗升降器

1—齿条　2—电缆接头　3—电动机　4—小齿轮　5—定位架

（3）控制电路　电动车窗的控制电路如图 4-72 所示，从图中可以看出，每个车窗的电动机均要通过主控开关搭铁，所以电流不仅通过车窗上的分控开关，还要通过主控开关。有的汽车在主控开关上安装断路开关(锁定开关)。若将断路开关断开，各分控开关就不起作用。

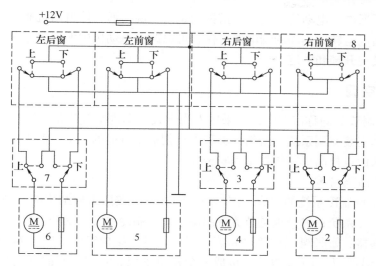

图 4-72　电动车窗控制电路

1—右前车窗开关　2—右前车窗电动机　3—右后车窗开关　4—右后车窗电动机

5—左前车窗电动机　6—左后车窗电动机　7—左后车窗开关　8—驾驶员主控开关组件

3. 电动门锁

（1）作用　电动门锁（又称自动门锁）用来借助电动机操纵车门的锁定机构使车门锁住或打开。

（2）组成　电动门锁由门锁开关、电动机、传动和执行机构等组成。

（3）电动门锁控制电路　图 4-73 所示为一种电动门锁电路图。驾驶员或乘员利用门锁开关可以接通或断开门锁继电器，门锁继电器包括锁定和开锁两个继电器。门锁开关都不接通时，所有电动机两端都通过继电器直接搭铁，电动机不转；门锁开关接通（开锁或锁定）

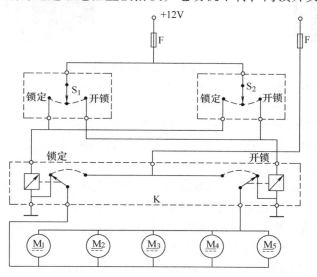

图 4-73　电动门锁电路图

S_1—左前门锁开关　S_2—右前门锁开关　K—门锁继电器　M_1—尾门锁电动机

M_2—左后门锁电动机　M_3—左前门锁电动机　M_4—右前门锁电动机　M_5—右后门锁电动机　F—熔断器

时，一个继电器通电，电动机一端不再搭铁而是与电源接通，使电动机通过两个继电器和电源构成回路而通电运转。不同的继电器工作，可以改变电动机中电流的方向，使门锁电动机的转向改变，实现开锁和锁定。

4.4.6　汽车空调

"汽车空气调节"简称汽车空调，采用人为方式对车内空气流量、温度、湿度和清洁度进行调节，汽车安装空调系统，给驾驶员和乘员创造了舒适的环境，改善了工作条件，减轻了旅途疲劳，从而也提高了工作效率和安全性。

1. 汽车空调制冷系统

（1）汽车空调制冷系统的组成　汽车空调制冷系统按照组成结构的不同一般分为两类：一类是膨胀阀制冷系统；另一类是节流管制冷系统。制冷系统包括的主要部件有压缩机、冷凝器、储液干燥器、膨胀阀（节流管）和蒸发器等，具体结构组成如图4-74所示。各部件之间采用铜管（或铝管）和高压橡胶管连接成一个密封系统。它们之间的差别是节流（膨胀）装置和储液干燥器的安装位置不同。

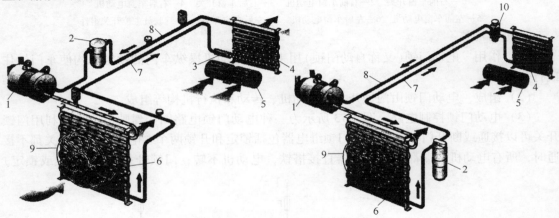

图4-74　汽车空调制冷系统的组成

1—压缩机　2—储液干燥器　3—节流管　4—蒸发器　5—鼓风机
6—冷凝器　7—高压管路　8—低压管路　9—冷凝风扇　10—膨胀阀

（2）汽车空调制冷系统的工作原理　在制冷系统的密封回路中，制冷剂以不同的状态在制冷系统内循环流动，每个循环有四个基本过程。以膨胀阀式的制冷系统为例，其具体工作原理如图4-75所示。

1）压缩过程。压缩机工作时将蒸发器出口处的低压低温（3 Bar（1Bar=0.1MPa），5℃）的气态制冷剂吸入气缸内，把它压缩成高压高温（20 Bar，110℃）的气体排出，泵入冷凝器。注意，对于压缩机来说，吸入气态的制冷剂是至关重要的，因为液态制冷剂不可压缩，可能破坏系统（与发动机进水而被破坏的情况是相似的）。

2）放热过程。冷凝器将高压高温（20 Bar，110℃）气态过热制冷剂的大部分热量通过冷凝风扇向外散发，变成高压高温（19 Bar，60℃）的液态，然后流入储液干燥器。

3）节流过程。压力和温度较高的液态制冷剂（19 Bar，60℃）通过膨胀装置后体积变大，温度和压力急剧下降，以低压低温（4 Bar，16℃）的雾状（细小液体）排出膨胀装置，进入蒸发器。

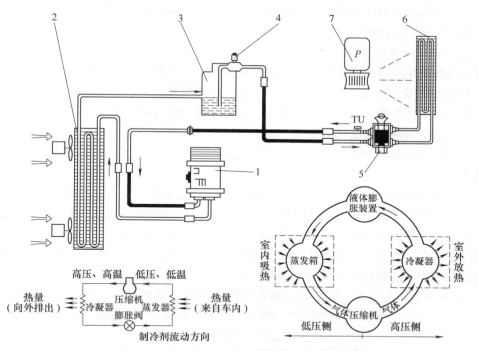

图 4-75　汽车空调制冷系统的工作原理

1—压缩机　2—冷凝器　3—储液干燥器　4—压力安全阀　5—膨胀阀　6—蒸发器　7—鼓风机

4）吸热过程。雾状制冷剂进入蒸发器后，沸腾汽化变为低压低温（3 Bar，3℃）气体。在汽化过程中吸收周围大量热量，达到制冷目的。低压低温气态制冷剂又被压缩机吸走，开始下一个循环。

（3）轿车空调制冷系统的布置形式　缩机，即压缩机由发动机通过带轮驱动。

整个制冷系统的装置大部分布置在发动机舱内，压缩机一般固定在发动机的一侧，由发动机通过带轮经电磁离合器驱动。冷凝器安装在发动机散热器的前端，两者一般共用一个散热风扇进行冷却。轿车行驶时，流动空气和风扇同时对冷凝器进行冷却，可提高散热效果。膨胀阀一般安装在与蒸发器附近，对进入蒸发器中的制冷剂的量进行调整，而节流管一般安装在由冷凝器到蒸发器的高压管路中，需要拆卸管路才能发现。蒸发器一般安装在驾驶室内，内藏在仪表板内空调器的通风管路中，可以对进入室内的空气进行冷却。制冷部件之间通过高压和低压管路进行连接，由压缩机出气端、储液干燥器、膨胀

由于空间的限制，轿车空调常常采用非独立式压缩机。一般轿车空调制冷系统的布置如图 4-76 所示。

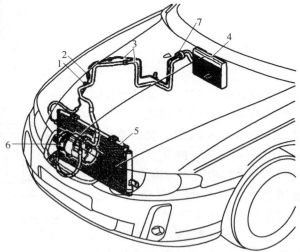

图 4-76　一般轿车空调制冷系统的布置

1—低压维修接口　2—高压维修接口　3—制冷系统管路
4—蒸发器　5—冷凝器　6—压缩机　7—膨胀阀

阀之间的连接管路为高压管路；由膨胀阀至蒸发器、压缩机入口端的连接管路一般采用低压管路。高压管路一般比低压管路细一些。

2. 汽车空调暖风装置

汽车空调暖风装置是汽车冬季运行时供车内取暖的设备的总称，其可将新鲜空气或液体介质送入热交换器，吸收其中某种热源的热量，从而提高空气或液体介质的温度，并将热空气或被加热的液体介质送入车内，直接或通过热交换器供乘员取暖、车窗玻璃除霜及车内空气调节，达到舒适性和安全性的要求。

汽车空调暖风装置的种类很多，按所使用的热源的不同可分为余热式暖风装置和独立式暖风装置。

（1）余热式暖风装置　汽车空调余热式暖风装置，主要是以发动机冷却循环水的余热或发动机排气的余热为热源，并引入热交换器，由风机将车内或车外空气吹过热交换器而使之升温。

余热式暖风装置分为水暖式和气暖式两种。水暖式暖风装置是利用发动机冷却液的热量，多用于轿车、大型货车及采暖要求不高的大客车；气暖式暖风装置是利用发动机排气系统的热量，多用于安装风冷式发动机的汽车。

1）水暖式暖风装置。水暖式暖风装置的管路如图4-77所示。

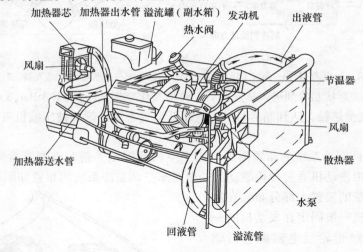

图4-77　水暖式暖风装置管路

水暖式暖风装置一般以水冷式发动机冷却系统中的冷却液为热源，将冷却液引入车厢内的热交换器中，使鼓风机送来的车厢内部空气或外部空气与热交换器中的冷却液进行热交换，鼓风机将加热后的空气送入车厢内，其工作原理如图4-78所示。

2）气暖式暖风装置　气暖式暖风装置利用发动机排气余热进入车厢采暖。在汽油机中，发动机排气带走的热量约占36%，而在预燃式和直喷式

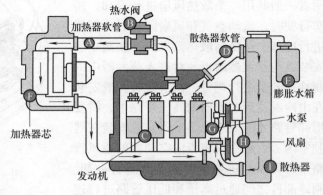

图4-78　水暖式暖风装置工作原理图

柴油机中，则分别占29%和30%。

气暖式暖风装置按布置的不同可分为直热式和间接换热式。

① 直热式。直热式是采用铸铁圆形暖气管或用薄铁板制成的圆形、方形暖气管，在车内通道处地板上前后纵向布置，前端接于发动机排气管后。其特点是方便简单，发热快，但由于暖气管直接裸露，表面温度高，容易烫伤乘员、烧坏鞋和行李物品。若管接头处密封不好，出现漏气，会使废气直接进入车内而产生中毒现象。

② 间接换热式。间接换热式由风机、热交换器、暖风管道和控制元件四部分组成。

供热时，废气从消声器前支管经过三通阀进入热交换器，同时，打开电动机开关，通过风机将车厢内的空气经引风管送入热交换器加热后，沿暖风管道送入车厢。停止供热时，关闭电动机开关，转换三通阀位置，废气就由前支管经三通阀从尾管排出。

气暖式暖风装置按空气加热器结构的不同，可分为热交换器式和热管式两种形式。

余热气暖热交换器式暖风装置结构如图4-79所示，该装置在发动机的排气管上安装一个热交换器用于加热空气。工作时，将通往消声器的阀门关闭，汽车废气就进入热交换器内，用于加热热交换器外的冷空气，冷空气通过热交换器吸收热量后温度升高，由风机吹入车厢内用于采暖和除霜。

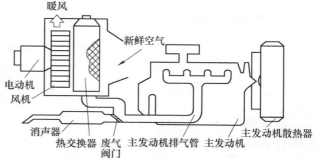

图4-79 余热气暖热交换器式暖风装置结构

余热气暖热管式暖风装置利用小型热管式换热器，高效回收汽车发动机排气中的余热，用于大型汽车的冬季采暖。

热管换热器的安装结构如图4-80所示，汽车发动机的废气通过废气进口进入热管换热器的加热段，使"碳钢-氨"重力式热管（垂直安装）内的氨液真空蒸发，蒸气在热管冷凝段放出热量，加热由汽车车头窗下通风口进入的新鲜空气，加热后的新鲜空气由风机吹送到车厢内用于采暖。热管换热器的冷凝放热段安装在车厢内地板之上，废气加热段安装在汽车的地板下，车厢下的外面，接通发动机排气管的废气。

（2）独立式暖风装置 大型豪华旅游车、客车以及寒冷地区使用的汽车等，常常采用独立式暖风装置。

独立式暖风装置是在燃烧器内燃烧汽油、煤油或柴油，产生的热量加热空气或水，输送到车厢内提高其温度，燃烧后的气体在热交换后被排出车外，对车内空气无污染。

独立式暖风装置同样也分为独立气暖式暖风装置和独立水暖式暖风装置。

1）独立气暖式暖风装置。独立气暖式暖风装置的结构如图4-81所示。

独立气暖式暖风装置的工作过程如下：

① 当采暖装置中的电动机接通电源开始运转时，带动燃料泵2、燃料分布器3、燃烧空气送风机13、暖风送风机17运转。

② 燃料由燃料泵2从燃料箱中经燃烧过滤器、吸入燃料管15吸出，吸出的燃料由分布器3内部滴下，由于离心力作用使其雾化。

③ 当燃烧空气送风机13将被燃烧空气由燃烧室空气吸入管14吸进与燃料（汽油、柴油、煤油等）混合，由火花塞点火在燃烧室5中进行燃烧。一旦燃烧开始，电火花塞即行断电，

以后就是燃烧热和燃烧环 10 保持燃烧。

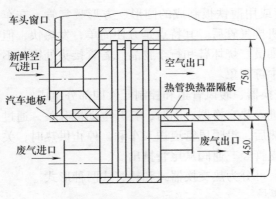

图 4-80　热管换热器的安装结构

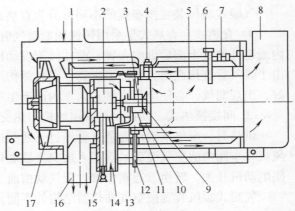

图 4-81　独立气暖式暖风装置的结构

1—电动机　2—燃料泵　3—燃料分布器　4—火花塞
5—燃烧室　6—燃烧指示器　7—热保险　8—暖风排出口
9—分布器帽　10—燃烧环　11—油分布器管　12—排气管
13—燃烧空气送风机　14—燃烧室空气吸入管
15—吸入燃料管　16—排气管　17—暖风送风机

④ 燃烧后的高温气体作为废气经排气管 16 排到环境中，而电动机前端安装的空气送风机送入空气，经过燃烧室和外筒间壁以及外筒外侧被加热。加热的空气由暖风排出口 8 排出而进入车室内的管道，由管道通入各风口供暖。

2）独立水暖式暖风装置。独立水暖式暖风装置的结构如图 4-82 所示。燃烧室与气暖式相同，由喷油器和高压电弧点火器组成，或由多孔陶瓷蒸发器和电热塞组成；加热器的供油系统由电动机、油泵、助燃风扇、水泵组成；控制系统由水温控制器(节温器)、水温过热保护器、定时器等组成。

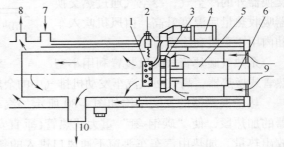

图 4-82　独立水暖式暖风装置的结构

1—多孔陶瓷蒸发器　2—电热塞　3—助燃风扇
4—油泵　5—电动机　6—水泵
7—进水口　8—出水口　9—助燃空气　10—废气

独立水暖式暖风装置的工作原理与独立气暖式暖风装置的基本相同，其加热介质不是空气而是水，用水泵代替了风扇。

4.5　汽车车身

4.5.1　轿车车身分类

1. 按轿车的外形分类

轿车已有 100 多年的历史，各个国家的各个汽车公司所生产的轿车的名称十分复杂，有些相同的轿车却有着不同的名称，而又有一些不同的轿车有着相同的称呼。一般而言，车身

可分为:

1) 折背式车身(桥式车身,三厢式车身)(图 4-83)。

2) 直背式车身(快背式车身,溜背式车身,两厢式车身)(图 4-84)。

3) 舱背式车身(两厢式车身)(图 4-85)。

4) 短背式车身(两厢半式车身)(图 4-86)。

5) 变形车身(两厢式车身)(图 4-87)。

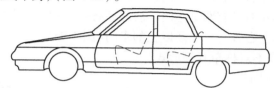

图 4-83　折背式车身

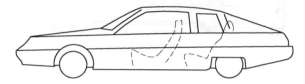

图 4-84　直背式车身

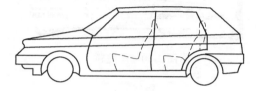

图 4-85　舱背式车身

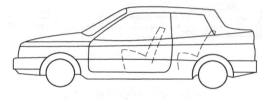

图 4-86　短背式车身

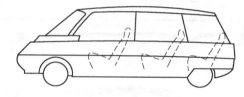

图 4-87　变形车身

2. 按轿车车顶分类

轿车的车顶有各种不同的结构,在不同的轿车上可以采用相同的车顶,而在相同的轿车上又可以采用不同的车顶。按轿车车顶结构可分为:

1) 普通车顶(图 4-88)。普通车顶是最常见的一种车顶,车顶由轿车的前柱、中柱和后柱三根支柱支撑。

2) 硬顶车顶(图 4-89)。硬顶车顶多用于运动型轿车(跑车),车顶由前柱和后柱两根支柱支撑。

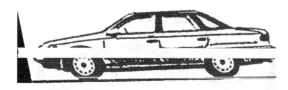

图 4-88　普通车顶

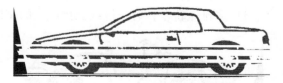

图 4-89　硬顶车顶

3) 敞篷轿车(图 4-90)。敞篷轿车是一种带有可折叠顶篷的轿车,顶篷平时收藏在轿车后部行李箱中,使用时可自动升起,成为敞篷轿车的软顶。还有一种可拆卸硬顶的敞篷轿车。

3. 按轿车车门分类

轿车的车门有不同的数量和不同的排列方式，按车门的数量可分为：

1）双门轿车，轿车左右各有一个车门（图4-91）。

2）三门轿车，轿车左右各有一个车门，后部还有一个背门（图4-92）。

3）四门轿车，轿车左右各有两个车门（图4-93）。

4）五门轿车，轿车左右各有两个车门，后部还有一个背门（图4-94）。

5）多门轿车，轿车左右各有三个及以上的车门（图4-95）。

车门还有对称布置和不对称布置等形式。

图4-90　敞篷轿车

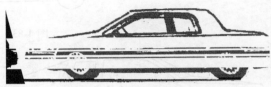

图4-91　双门轿车

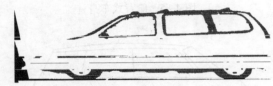

图4-92　三门轿车

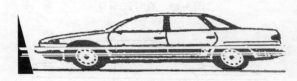

图4-93　四门轿车

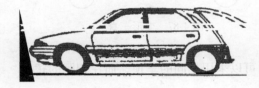

图4-94　五门轿车

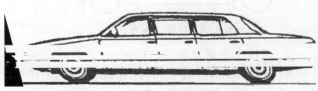

图4-95　多门轿车

4. 按座椅排列分类

按座椅排列方法可分为：

1）单排座轿车，只有一排座椅。有的单排座轿车，还在后面装有儿童座椅（图4-96）。

2）双排座轿车，有前后两排座椅，大多数轿车为双排座（图4-97）。

3）多排座轿车，有三排或三排以上的座椅，座椅还可以调整（图4-98）。

图4-96　单排座轿车

图4-97　双排座轿车

图 4-98　多排座轿车

4.5.2　轿车车身构造

轿车车身主要由车身结构件、车身覆盖件、车门、车身外装件、车身内装件、车身附件等组成。

1. 轿车车身结构件

轿车车身结构件包括车身前部结构件、客厢、车身后部结构件和一些连接用结构件。各种结构件焊装成为空间车身骨架，构成轿车各个总成的安装空间和乘员的乘坐空间。要求有最佳的强度和刚度，保证各个总成安装稳固可靠，乘员安全舒适，图 4-99 所示为焊装好的整体车身骨架。

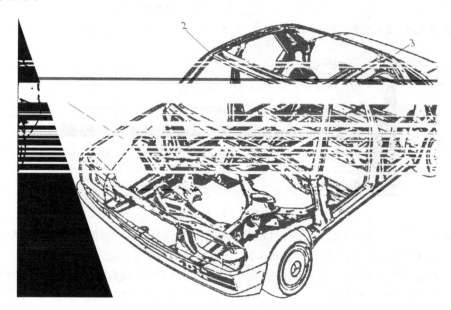

图 4-99　焊装好的整体车身骨架

1—车身前部结构件　2—客厢　3—车身后部结构件

2. 轿车车身覆盖件

图 4-100 所示为轿车车身的主要覆盖件，它们大多数是冲压成型的钣制件，包括发动机罩盖、左右前翼子板、前围上盖板、顶盖、后围上盖板、行李箱盖板、行李箱尾板、左右后翼子板等大型覆盖件。

3. 轿车车门

车门按结构不同可以分为整体式车门、带玻璃框架式车门和敞篷轿车车门。各种车门都由车门外板、车门内板组成。但在车门窗框结构上有所不同。

（1）车门的结构型式（图4-101）

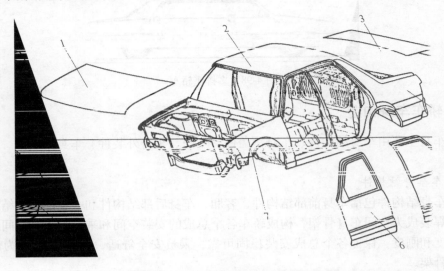

图4-100 轿车车身的主要覆盖件

1—发动机罩 2—顶盖 3—行李箱盖 4—后翼子板 5—后车门 6—前车门 7—前翼子板

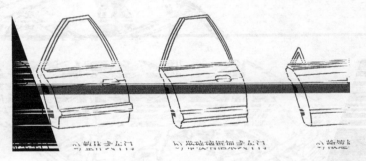

图4-101 车门的结构

1）整体式车门。整体式车门的门板和玻璃窗框架连成一个整体，由整体的车门外板和整体的车门内板沿门边铰合成为整个的车门。

2）带玻璃框架式车门。带玻璃框架式车门下部门板的外板和内板，在冲压成型后，组合成为车门门板部分，在门板窗台以上另外装置用特种型材制造的玻璃框架，可以节约材料，减轻重量，还可以使车门的造型更为美观。

3）敞篷轿车车门。敞篷轿车车门和带玻璃框架式车门的门板部分基本相同，一般不再装置玻璃框架，玻璃由玻璃升降器控制，在风雨天与活动顶篷一起来遮蔽风雨。

（2）车门外板 车门外板的形式如图4-101所示。

（3）车门内板 车门内板如图4-102所示。

（4）车门加强梁 车门上必须装置车门加强梁，以保护在轿车受到侧面碰撞时，乘员的安全。图4-103所示为轿车车门加强梁的布置方式，加强梁固定在车门内板的两端，由内板的肋板来承受作用力。

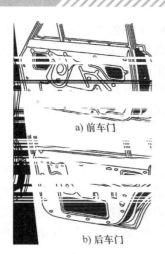

a) 前车门

b) 后车门

图 4-102　车门内板

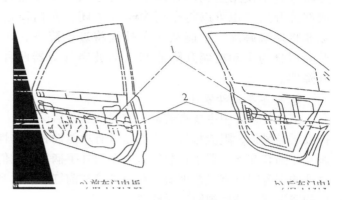

图 4-103　车门加强梁

1—车门加强梁　2—车门内板肋板

（5）车门防撞气囊　轿车受到侧向撞击的范围最广，概率也较大，除采用上述加强梁加强车门外，在一些轿车上正在推广安装侧面防撞气囊，其中有的是安装在车门上，在车门上装置侧向冲撞传感器，当传感器受到强大的冲击力作用时，向中央控制器发出信号，经中央控制器进行分析处理并确认后，向充气元件发出引爆信号，使气囊急速充气，在车门金属结构件与乘员之间，形成一个缓冲气垫，减小冲击力对人体的作用，降低对人体造成的危害，如图 4-104 所示。

图 4-104　车门防撞气囊

1—中央传感器　2—SRS 警告灯　3—侧向撞击传感器　4—充气元件　5—车门防撞气囊

（6）车门玻璃升降器 车门上部玻璃框中要安装能够升降的车门窗玻璃，车门窗是轿车在不使用空调时，调节车内通风的主要通道，可以根据气候条件将车门窗全部或部分开启，也可以将车门窗全部关闭。车门窗还是轿车安全保障的重要部分，要求除非将玻璃砸碎，不能从轿车外面将玻璃降下，车窗的开闭由玻璃升降器控制，玻璃升降器分为手动玻璃升降器和电动玻璃升降器两种，现代汽车基本都采用了电动玻璃升降器。

4. 轿车车身外装件

车身外装件中主要有玻璃、密封条、前后保险杠、散热器面罩、灯器、装饰线、侧面防护板、导风板、阻流板等，它们是具有功能性和装饰性的外装件。另外还有标牌、各种有金属光泽的装饰条、翼子板装饰板、车门外手柄等，它们则是以装饰性为主的外装件。装在车身外的车身附件有风窗玻璃、后窗玻璃和前灯玻璃的刮水器、风窗玻璃、后窗玻璃和前灯玻璃的清洗器、外后视镜，天线等。

5. 轿车车身内装件

轿车车身内装件是轿车的精华部分，直接影响轿车的安全性、方便性、舒适性。轿车车身内装件包括装置在轿车内部的装备件，轿车内的车身附件和一些选装件。根据国外有关法规规定，驾驶员用安全气囊也将成为标准装备。轿车内的车身附件发展很快，已采用了由多种电子元件控制的车内车身附件。选装件范围很广，包括自动空调系统，自动驾驶系统，自动监控系统，各种电子和通信设备等。上述各种轿车的内装件，都是由专业厂家来生产的，涉及机械、电子、化工、纺织、皮革、塑料、木材等行业。各种装置和设备在专业厂家装配好，然后送到总装厂装配到轿车上，如图 4-105 所示。

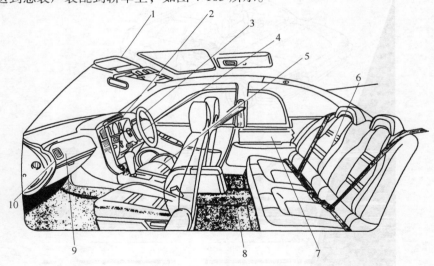

图 4-105 轿车车身内装件

1—遮阳板及车内后视镜 2—仪表板、自动驾驶仪、电子监控装置及自动诊断装置
3—转向盘 4—安全气囊 5—驾驶员座椅及安全带 6—乘员座椅及安全带 7—侧面安全气囊
8—隔音、隔热地毯 9—前排乘员安全气囊 10—自动空气调节系统

4.6　汽车电子控制装置

　　汽车电子控制装置的种类很多，有电控燃油喷射系统(EFI)、电控自动变速器(ECT)、制动防抱死系统(ABS)、安全气囊系统(SRS)、电子控制防盗装置、电控悬架等，下面简单介绍汽车中常用的电子控制装置。

4.6.1　电控燃油喷射系统(EFI)

　　1. 电控燃油喷射系统的基本组成

　　汽油发动机电控燃油喷射系统由空气供给系统、燃油供给系统和电子控制系统组成，如图 4-106 所示。

　　（1）空气供给系统

　　1）作用。空气供给系统的作用是控制并测量吸入发动机的空气量，提供可燃混合气形成所需的空气。

　　2）组成。空气供给系统主要由空气滤清器、空气计量计、节气门体、进气总管、进气歧管、怠速空气阀等组成。

　　3）工作情况。空气供给系统的工作情况如图 4-107 所示。

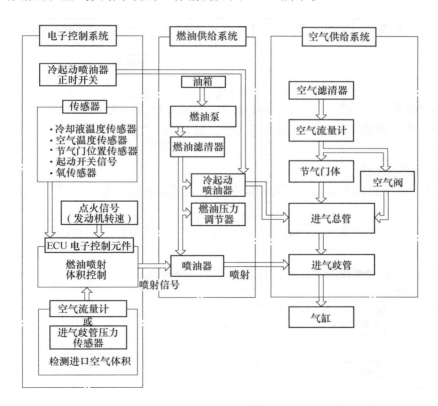

图 4-106　电控燃油喷射系统的基本组成

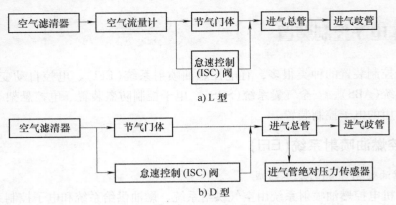

图4-107　空气供给系统的工作情况

（2）燃油供给系统

1）作用。燃油供给系统的作用是向气缸供给燃烧所需的汽油。

2）组成。燃油供给系统主要由燃油泵、燃油滤清器、喷油器、燃油压力调节器、输油管道等组成。

3）工作情况。燃油供给系统的工作情况如图4-108所示。

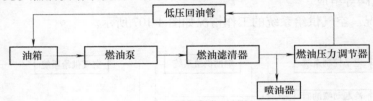

图4-108　燃油供给系统的工作情况

燃油流动路径为：油箱→燃油泵→输油管→燃油滤清器→燃油分配管→喷油器。

回油路径为：油箱→燃油泵→输油管→燃油滤清器→燃油分配管→燃油压力调节器→回油管→油箱。

（3）电子控制系统

1）作用。电子控制系统的主要作用是根据发动机运转状况和车辆运行状态确定汽油的最佳喷射量。

2）组成。电子控制系统由传感器、电子控制单元（ECU）、执行元件（执行器）三部分组成。

3）工作情况。电子控制系统的工作情况如图4-109所示。

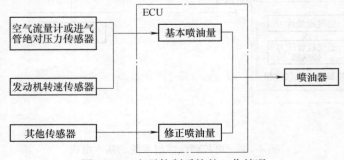

图4-109　电子控制系统的工作情况

2. 电控汽油喷射系统的工作原理

电子控制单元首先读取进气歧管的真空度（或进气流量）、发动机转速、冷却水温度、进气温度、节气门位置等传感器输入的信号，然后将这些信号与储存在 ROM 存储器中预置好的信号进行比较，进而确定在这种状态下发动机所需的油量和点火提前时间。

预先储存在存储器内的信息是由发动机优化数据实验获得的。一般来讲，进气歧管真空度（或进气流量）和发动机转速是主参数，由它们可以确定在此工况下的基本燃油供给量和基本点火正时时刻。其他几个参数对基本量起修正作用。

4.6.2 电控液力自动变速器（ECT）

1. 电控液力自动变速器的基本组成

电控液力自动变速器主要由液力变矩器、行星齿轮变速器、液压控制系统、电子控制系统和冷却滤油装置等组成，如图 4-110 所示。

（1）液力变矩器 液力变矩器是一个通过自动变速器油（ATF）传递动力的装置，其主要作用是：

1）在一定范围内自动、连续地改变转矩比，以适应不同行驶阻力的要求。

2）具有自动离合器的功用。在发动机不熄火、自动变速器位于动力档（D 或 R 位）的情况下，汽车可以处于停车状态。驾驶员可通过控制节气门开度控制液力变矩器的输出转矩，逐步加大输出转矩，实现动力的柔和传递。

（2）行星齿轮变速器 行星齿轮变速器由 2~3 排行星齿轮机构组成，不同的运动状态组合可得到 2~5 种传动比，其作用主要有：

1）在液力变矩器的基础上再将转矩增大 2~4 倍，以提高汽车的行驶适应能力。

2）实现倒档传动。

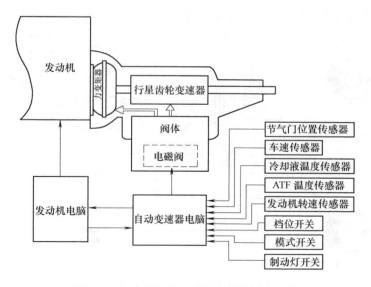

图 4-110 电控液力自动变速器的基本组成

（3）液压控制系统 液压控制系统是由油泵，各种控制阀及与之相连通的液压换档执行元件，如离合器、制动器、油缸等组成的液压控制回路。汽车行驶中根据驾驶员的要求和行驶条件的需要，控制离合器和制动器的工作状况来实现行星齿轮变速机构的自动换档。

（4）电子控制系统　电子控制系统将自动变速器的各种控制信号输入电子控制单元（ECU），经 ECU 处理后发出控制指令控制液压系统中的各种电磁阀实现自动换档，并改善换档性能。

（5）冷却滤油装置　自动变速器油（ATF）在自动变速器工作过程中会因冲击、摩擦产生热量，并且由于吸收齿轮传动过程中所产生的热量，油温将会升高。油温升高将导致 ATF 的黏度下降，传动效率降低，因此必须对 ATF 进行冷却，保持油温在 80～90℃。ATF 是通过油冷却器与冷却水或空气进行热量交换的。自动变速器工作中各部件磨损产生的机械杂质，由滤油器从油中过滤分离出去，以减轻机械的磨损、堵塞液压油路和控制阀卡滞。

2. 电控液力自动变速器的工作原理

电控液力自动变速器是在液力自动变速器的基础上增设电子控制系统而形成的。它通过传感器和开关监测汽车和发动机的运行状态，接受驾驶员的指令，并将所获得的信息转换成电信号输入到电子控制单元。电子控制单元根据这些信号，通过电磁阀控制液压控制系统的换档阀，使其打开或关闭通往换档离合器和制动器的油路，从而控制换档时刻和档位的变换，以实现自动变速。

4.6.3　制动防抱死系统（ABS）

制动防抱死系统（Anti-lock Brake System，ABS），是汽车上的一种主动安全装置。其作用就是防止汽车制动时车轮抱死拖滑，并把车轮的滑移率控制在 15%～20%，以提高汽车制动过程中的方向稳定性、转向控制能力并缩短制动距离，使汽车制动更为安全有效。

1. ABS 的结构组成

典型的 ABS 结构组成如图 4-111 所示，通常的制动防抱死系统是由车轮转速传感器、ECU、制动压力调节装置和 ABS 警告灯等组成的。

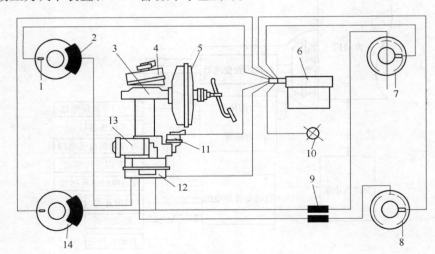

图 4-111　典型的 ABS 结构组成

1—车轮转速传感器　2—右前制动器　3—制动主缸　4—储液室　5—真空助力器
6—电子控制单元（ECU）　7—右后制动器　8—左后制动器　9—比例阀　10—ABS 警告灯
11—储液干燥器　12—调压电磁阀总成　13—电动泵总成　14—左前制动器

2. ABS 的基本工作原理

汽车制动时，首先由车轮转速传感器测出与制动车轮转速成正比的交流电压信号，并将该电压信号送入电子控制单元（ECU）。由 ECU 中的运算单元计算出车轮速度，滑动率及车轮的加、减速度，再由 ECU 中的控制单元对这些信号加以分析比较后，向压力调节器发出制动压力控制指令。使压力调节器中的电磁阀等直接或间接地控制制动压力的增减，以调节制动力矩，使之与地面附着状况相适应，防止制动车轮被抱死。

4.6.4 安全气囊系统（SRS）

1. 安全气囊系统的作用

安全气囊系统简称 SRS 系统，主要包括座椅安全带及其收紧机构和安全气囊两部分。安全带是汽车上最有效的被动安全保护装置，安全气囊则是安全带的辅助装置。在汽车发生碰撞时只有安全带和安全气囊同时起作用，才能有效保护乘员不受伤害。

汽车与汽车或汽车与障碍物之间的直接碰撞称为一次碰撞。一次碰撞后，车速将急剧下降。在惯性力的作用下，驾驶员和乘员会继续向前运动，并与车内构件发生碰撞，这种碰撞称为二次碰撞。

安全气囊设计的目的是在一次碰撞和二次碰撞之间的短暂时间（约120ms）内，在驾驶员、乘员和车内构件之间迅速形成一个气垫，使驾驶员、乘员的头部与胸部压在充满气体的气囊上，利用气囊本身的阻尼作用和气囊背面排气孔的排气节流作用来吸收人体惯性力产生的动能，达到保护人体的目的。

安全气囊系统按气囊的数目可分为单气囊、双气囊和多气囊系统；按气囊的功用可分为正面气囊和侧面气囊系统等。

2. 安全气囊系统的组成

电控安全气囊系统主要由碰撞传感器、安全气囊电子控制单元（SRS ECU）、气囊组件、电器连接件等组成，如图4-112所示。

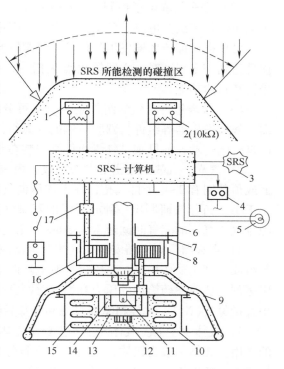

图 4-112　电控安全气囊系统的组成

1—碰撞传感器　2—自检监控电阻　3—SRS 警告灯
4—检查连接器　5—乘员侧气囊　6—转向柱外罩
7—螺旋电缆盒底座　8—螺旋电缆盒上盖　9—转向盘
10—气囊盒盖　11—电热引火管　12—粗滤器
13—产气物质　14—点火药　15—气囊
16—螺旋电缆　17—控制线束

（1）碰撞传感器　在 SRS 系统中，通常设有2~4个碰撞传感器，分别安装在车身前部和中部，也有的车型安装在气囊计算机内。其作用是检测车辆发生碰撞时的减速度或惯性力，并将信号送至 SRS ECU。碰撞传感器或气囊计算机的外壳上有朝前的安装标记，切勿装错。

碰撞传感器按结构的不同可分为滚球式、卷簧式、水银开关式、电阻应变式和压电效应式几种。按其功能的不同又可分为碰撞烈度传感器和安全防护传感器。

碰撞烈度传感器简称碰撞传感器，主要负责检测碰撞的激烈程度，计算机据此信号判断是否发生了碰撞，以及是否需要引爆气囊。

安全防护传感器是SRS系统必不可少的部件之一，通常安装在气囊计算机内，其作用是防止碰撞传感器短路而造成气囊误爆。气囊计算机根据安全防护传感器的信号判断是否发生了碰撞。通常安全防护传感器闭合所需的减速度值比碰撞烈度传感器的要小一些。当安全防护传感器导通时，可接通气囊点火器的电源电路。在SRS系统中，只有安全防护传感器与任意一个碰撞烈度传感器同时导通时，气囊才会引爆。

（2）安全气囊电子控制单元（SRS ECU）　SRS ECU是安全气囊系统的控制中枢，主要由电压保护和调节电路、备用电源电路、引爆控制电路、安全传感器电路和报警自诊电路组成。可根据碰撞传感器发出的信号，经逻辑判断后，确定是否发生了碰撞。当判定发生了碰撞且达到一定程度时，立即输出点火指令，引爆气囊。此外SRS ECU还具有监控、保护、报警和自诊功能。

（3）气囊组件　气囊组件是一个不可分解、一次性使用的总成，主要包括气囊、点火器、气体发生器等组件。驾驶员侧的气囊组件通过螺栓固定在转向盘中央的底板上，可随转向盘一同转动，前排乘员气囊组件则安装在其座椅正前方的仪表台上。

1）气囊。气囊通常由尼龙布制成，内表面涂有树脂层，以提高密封性。早期的气囊背面或顶部制有2~4个排气孔，在人体压向气囊时排气而起到缓冲作用，排气持续时间通常小于1s。近年来研制出一种能呼吸的新型气囊，气囊上没有排气孔，而是靠气囊本身的孔隙排气。气囊的充气时间通常为30ms，充气压力可达160kPa。

2）点火器。点火器安装在气体发生器内部的中央位置，主要由引爆剂、电热丝、药筒等组成，其主要作用是：当引爆控制电路向电热丝输出引爆电流时，电热丝迅速红热而点燃引爆剂，从而使药筒内的压力和温度急剧升高，于是气体发生器内的充气剂受热分解而释放出大量氮气（N_2），并经粗滤器过滤和冷却后喷入气囊。

3）气体发生器。气体发生器主要由壳体、充气剂和过滤器组成，起充气、过滤和冷却的作用。壳体一般为铝质，上面有若干个充气孔。过滤器为一个多层金属粗滤器，起冷却和过滤渣粒的作用。目前充气剂多采用叠氮化钠片状合剂，改变其数量可调节气体发生器的充气压力。

（4）电器连接件　SRS系统的电器连接件包括线束、接插件（连接器）和螺旋电缆。SRS系统的线束和接插件多为黄色，以区别于其他系统的线束。接插件多为导电性和耐久性良好的镀金端子，并设计有防止误爆机构、双重锁定机构和电路连接诊断机构。由于气囊组件随转向盘一同转动，为了保证点火器导线的可靠连接，普遍采用螺旋电缆的连接方式。螺旋电缆制成扁平带状绝缘线束，盘旋安装在电缆盒中，约10~15圈，其一端固定，另一端可随转向盘转动。通过电缆的收紧和放松，实现固定端和旋转端的电路始终连接。

3. SRS系统的工作原理

SRS系统的工作原理如图4-113所示。当汽车发生前方规定角度范围内的高速碰撞时，SRS ECU根据碰撞传感器的信号，经过逻辑判断后，立即向SRS气囊组件内的点火器发出点火指令，通过电热丝点燃引爆剂，迅速产生大量热量，使充气剂受热分解释放大量氮气充入气囊，其动作过程如下：

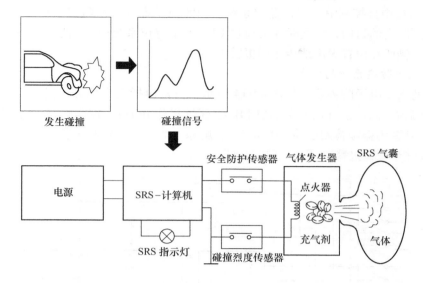

图 4-113　SRS 系统的工作原理

1）碰撞约 10ms 后，气囊系统达到引爆极限，气囊引爆，但此时驾驶员尚未动作。

2）碰撞约 40ms 后，气囊完全充满，驾驶员向前移动，安全带起作用，吸收大部分动能。

3）碰撞约 60ms 后，驾驶员头部和胸部压向气囊，气囊在气体压力和人体压力下排气，利用排气节流作用进一步吸收人体与气囊之间弹性碰撞产生的动能。

4）碰撞约 110ms 后，大部分气体已从气囊中逸出，驾驶员身体的上部回到座椅靠背上。

5）碰撞约 120ms 后，碰撞危害解除，车速降低至零。

4.6.5　汽车电子防盗系统

随着科学技术的进步，为应对不断升级的盗车手段，人们研制出一代又一代各种方式、不同结构的汽车电子防盗系统，不同时期的防盗系统具有不同的结构及功能。

1. 汽车电子防盗系统的分类

汽车电子防盗系统按其结构可分三大类：机械式、电子式、网络式。

（1）机械式防盗系统　机械式防盗系统主要是靠锁定离合、制动、节气门或转向盘、变速杆来达到防盗的目的，它只防盗不报警。常见的结构形式有转向盘锁和变速手柄锁。

（2）电子式防盗系统　电子式防盗系统主要是靠锁定点火或起动来达到防盗的目的，同时具有防盗和声音报警功能。电子式防盗系统是目前使用最广泛的汽车电子防盗系统，包括插片式、按键式和遥控式等。共有四种功能：

1）服务功能。

2）警惕提示功能。

3）报警提示功能。

4）防盗功能。

（3）网络式防盗系统　网络式防盗系统分为卫星定位跟踪系统（简称 GPS）和利用车载

台(对讲机)通过中央控制中心定位监控系统。GPS 卫星定位汽车防盗系统主要靠锁定点火或起动来达到防盗的目的，而同时还可通过 GPS 卫星定位系统(或其他网络系统)，将报警信息和报警车辆所在位置无声地传送到报警中心。

2. 汽车电子防盗系统的组成

最基本的汽车电子防盗系统如图 4-114 所示，通常包括三个部分：报警启动/解除操作部分(包括钥匙存在开关、开门开关、锁门开关、钥匙操作开关)、控制电路部分(包括警报状态开关电路、是否为盗贼检测电路、30s 定时器、解除警戒状态电路和报警电路)、执行机构部分(包括 LED 指示器、报警器、警告灯和起动断电器)。

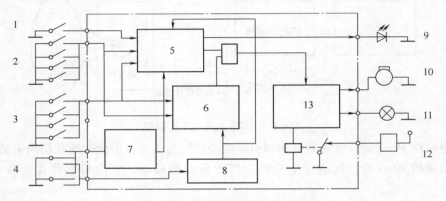

图 4-114　汽车电子防盗系统的组成

1—钥匙存在开关　2—开门开关　3—锁门开关　4—钥匙操作开关　5—警报状态开关电路
6—是否为盗贼检测电路　7—30s 定时器　8—解除警戒状态电路　9—LED 指示器
10—报警器　11—警告灯　12—起动断电器　13—报警电路

当用钥匙锁好所有车门时，该系统处于约 30s 检测时间报警状态。之后，系统中的指示器(通常为发光二极管-LED)开始断续闪光，表明系统处于报警状态。

当用钥匙开启门锁时，这种报警状态或报警运转解除。

警报一般以闪烁灯或发声报警形式发出。警报发生后持续时间约为 1min，但起动电路直到用钥匙打开汽车门锁之前始终处于断路状态。

3. 汽车电子防盗系统的基本原理

点火开关首先起动防盗系统，接着由装在各类开关上的各类传感器检测是否出现非法进入汽车并开始起动发动机或非法搬运汽车的情况。

当探测到汽车出现异常时，防盗控制 ECU 向执行机构发出命令，一方面要求其发出报警信号，包括尖锐的警示声音和灯光闪烁，另一方面要求其阻止起动机和发动机运转，使汽车失去运动能力。

4.7　新能源汽车

4.7.1　新能源汽车的定义与类型

新能源汽车是指采用非常规的车用燃料作为动力来源(或使用常规的车用燃料、采用新型车载动力装置)，综合车辆的动力控制和驱动方面的先进技术，形成的技术原理先进、具有新技术、新结构的汽车。

新能源汽车包括：混合动力汽车（HEV）、纯电动汽车（BEV）、燃料电池汽车（FCEV）、氢发动机汽车以及气体燃料汽车等。

1. 混合动力汽车（HEV）

混合动力汽车（HEV）从广义上说，是指车辆驱动系统由两个或多个能同时运转的单个驱动系统联合组成的车辆，车辆的行驶功率根据实际车辆行驶状态由单个驱动系统单独或共同提供。

通常所说的混合动力汽车，一般是指油电混合动力汽车（Hybrid Electric Vehicle，HEV），即采用传统的内燃机（柴油机或汽油机）和电动机作为动力源，也有的发动机经过改造，使用其他替代燃料，如压缩天然气、丙烷和乙醇燃料等。

（1）优点

1）采用混合动力后可按照平均需用的功率来确定内燃机的最大功率，此时处于油耗低、污染小的最优状况下工作。需要大功率，内燃机功率不足时，由电机来补充；负荷小时，多余的功率可发电给电池充电，由于内燃机可持续工作，电池又可以不断充电，故在使用相同燃料的前提下，其行程比内燃机汽车更远。

2）因为有了电池，可以十分方便地回收制动、下坡、怠速时的能量。

3）在繁华的市区，可关停内燃机，由电池单独驱动汽车，实现"零排放"。

（2）缺点 长距离高速行驶时基本不能省油。

（3）代表车型 丰田普锐斯 PRIUS、凯迪拉克雷德 Hybrid、本田 CIVIC Hybrid。

2. 纯电动汽车（BEV）

纯电动汽车（BEV），它是完全由可充电电池（如铅酸电池、镍镉电池、镍氢电池或锂离子电池）提供动力源的汽车。

（1）优点 技术相对简单成熟，只要有电力供应的地方都能够充电；噪声小、无污染。

（2）缺点 目前蓄电池单位重量储存的能量太少，电动车的电池成本高、价格高，需解决电池、电动机、电控三个技术问题；另外，没有形成经济规模，故整车价格高。

（3）代表车型 比亚迪 E6、奇瑞 S18、众泰 5008EV。

3. 燃料电池汽车（FCV）

燃料电池汽车（FCV）是指以氢气、甲醇等为燃料，通过化学反应产生电流，依靠电动机驱动的汽车。燃料电池汽车的电池是通过氢气和氧气的化学作用，而不是经过燃烧直接产生电能的。燃料电池的化学反应过程不会产生有害产物，能量转换率比内燃机要高 2~3 倍。燃料电池汽车的种类很多，目前研究较多的是质子交换膜燃料电池。

（1）优点 零排放或近似零排放，无污染，燃油经济性高，运行平稳、无噪声。

（2）缺点 燃料电池汽车开发中仍存在着技术挑战，如燃油电池组一体化，燃料处理器技术要求高，部件成本高。

（3）代表车型 奔驰 B 级 F-CELL、福特 Edge、丰田 FCEV、雪佛兰 Equinox。

4. 气体燃料汽车

气体燃料汽车是指利用可燃气体作为能源驱动的汽车。根据汽车使用可燃气体的形态不同，可分为压缩天然气（CNG）汽车、液化石油气（LPG）汽车和液化天然气（LNG）汽车。

（1）优点　燃烧彻底、排污少、运行成本低、技术成熟、安全可靠。

（2）缺点　目前，加气站数量不足、投资大、燃气价格较高。

（3）代表车型　一汽大众捷达 CNG、东风雪铁龙爱丽舍 CNG。

5. 生物乙醇汽车

乙醇俗称酒精，用乙醇代替石油燃料的历史已经很长了，无论是从生产还是应用上，技术都已经很成熟。近年来由于石油资源紧张，汽车能源多元化趋向加剧，乙醇汽车得到了较大发展。目前已有多个国家，不同程度应用乙醇汽车，有的已进行较大规模的推广。乙醇汽车的燃料应用方式：第一是掺烧，指乙醇和汽油掺和应用。在混合燃料中，乙醇的容积比例以 E 表示，若乙醇占 10%、15%，则用 E10、E15 来表示。目前，乙醇汽车以掺烧为主；第二是纯烧，即单烧乙醇，可用 E100 表示，目前，应用并不多，处于试行阶段；第三是变性燃料乙醇，指乙醇脱水后，再添加变性剂而生成的乙醇，也处于试验阶段；第四是灵活燃料，指燃料既可用汽油又可以使用乙醇或甲醇与汽油按比例混合的燃料，还可以用氢气，并随时可以切换。

（1）优点　在汽车上使用乙醇，可以提高燃料的辛烷值，增加含氧量，使汽车缸内燃烧更完全，可以降低有害物质的排放量，生产和应用技术都已经很成熟。

（2）缺点　生物乙醇的生产需要消耗大量粮食。

6. 氢动力汽车

氢动力汽车是以氢作为主要燃料的汽车。氢可以从海水中提取，被视为是取之不尽的能源。氢具有很高的能量密度，释放的能量足以使发动机运转，且氢动力汽车的排放物是水，没有污染，是未来汽车能源的首选。

（1）优点　储存量丰富，排放物是水，无污染。

（2）缺点　氢燃料的储存和运输按照目前的技术条件来说非常困难，因为氢分子非常小，极易透过储藏装置的外壳逃逸。另外，最大的问题是氢气的提取需要通过电解水或者利用天然气进行，如此一来同样需要消耗大量能源，很难从根本上降低二氧化碳排放。

（3）代表车型　BMW 氢能 7 系、奔驰 B 级氢动力汽车。

7. 太阳能汽车

太阳能汽车是通过贴在车身上的太阳能光伏极吸收太阳能，再通过光电的转化将电能储存在蓄电池里，以供电动机使用而驱动车辆行驶的交通工具，被称为当今最清洁、最有发展前景的绿色环保汽车。在光照强度比较大的情况下，太阳能电池吸收的太阳能通过光电转化而来的电流直接驱动电动机，也可以与蓄电池同时供电；而储存在蓄电池中的能量则可以在不利的天气（如多云、深夜、雨天）供太阳能汽车使用。受目前技术发展的水平和客观因素的制约，太阳能主要还是作为一种辅助能源来使用，太阳能电动汽车还远远不能完全取代现代的燃油汽车而实现商用化，只能作为概念车或赛车来使用。

（1）优点　无污染零排放、无级变速驾驶方便、无噪声、节能、安全、经济、能源补充广等。

（2）缺点　太阳能辐射强度较弱，光伏电池板造价高，加之受蓄电池容量和天气的限制，使得目前完全靠太阳能驱动的汽车的使用性受到了极大的限制，不利于推广。

（3）代表车型　标志 Shoo 太阳能汽车、通用汽车公司的 Sunrayer 概念车。

4.7.2 纯电动汽车的结构

纯电动汽车主要由电力驱动控制系统、汽车底盘、车身以及各种辅助装置等组成。除了电力驱动控制系统，其他部分的功能及结构组成基本与传统汽车的相同，不过有些部件根据所选的驱动方式的不同，已被简化或省去了。所以电力驱动控制系统既决定了整个纯电动汽车的结构组成及其性能特征，也是纯电动汽车的核心，它相当于传统汽车中的发动机与其他功能以机电一体化的方式相结合，这也是与传统内燃机汽车的最大不同点。

1. 电力驱动控制系统

电力驱动控制系统的组成与工作原理如图 4-115 所示，按工作原理可划分为车载电源模块、电力驱动主模块和辅助模块三大部分。

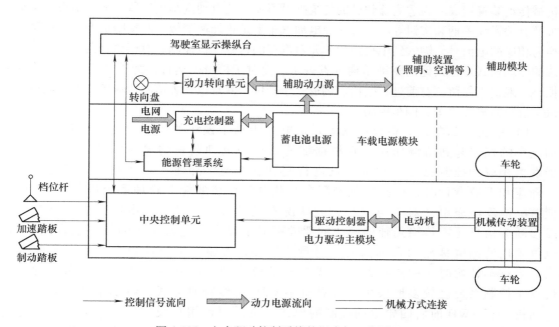

图 4-115　电力驱动控制系统的组成与工作原理

（1）车载电源模块　车载电源模块主要由蓄电池电源、能源管理系统和充电控制器三部分组成。

1）蓄电池电源。蓄电池是纯电动汽车的唯一能源，它除了供给汽车驱动行驶所需的电能外，还是供应汽车上各种辅助装置的工作电源。由于电动机驱动一般要求为高压电源，为满足该要求，可以用多个低压蓄电池组合成电压为 96~384V 或更高的高压直流电池组，再通过 DC/DC 转换器（或逆变器）供给所需的不同电压。

2）能源管理系统。能源管理系统的主要功能是在汽车行驶中进行能源分配，协调各功能部分工作的能量管理，使有限的能量最大限度地得到利用。能源管理系统与电力驱动主模块的中央控制单元配合在一起控制发电回馈，使在纯电动汽车降速制动和下坡滑行时进行能量回收，从而有效地利用能源，提高纯电动汽车的续程能力。能源管理系统还需与充电控制器一同控制充电。为提高蓄电池性能的稳定性并延长使用寿命，需要实时监控电源的使用情况，对蓄电池的温度、电解液浓度、蓄电池内阻、电池端电压、当前电池剩余电量、放电时间、放电电流或放电深度等蓄电池状态参数进行检测，并按蓄电池对环境温度的要求进行调温控制，通过限流控制避免蓄电池过充、放电，对有关参数进行显示和报警，其信号流向辅助模块的驾驶室显示操纵台，以便驾驶员随时掌握并配合其操作，按需要及时对蓄电池充电并进行维护保养。

3）充电控制器。充电控制器是把电网供电制式转换为对蓄电池充电要求的制式，即把交流电转换为相应电压的直流电，并按要求控制其充电电流。开始时充电器为恒流充电阶段。当电池电压上升到一定值时，充电器进入恒压充电阶段，输出电压维持在相应值，充电器进入恒压充电阶段后，电流逐渐减小。当充电电流减小到一定值时，充电器进入涓流充电阶段。还有的采用脉冲式电流进行快速充电。

（2）电力驱动主模块 电力驱动主模块主要由中央控制单元、驱动控制器、电动机、机械传动装置组成。为适应驾驶员的传统操纵习惯，纯电动汽车仍保留了加速踏板、制动踏板及有关操纵手柄和按钮等。不过在纯电动汽车上是将加速踏板、制动踏板的机械位移量转换为相应的电信号，输入到中央控制单元对汽车的行驶实行控制。对于离合器，除了采用传统的驱动模式外，其他的驱动结构都省去了。而对于档位变速杆，为遵循驾驶员的传统习惯，一般仍需保留，有前进、空档、倒退三个档位，并且以开关信号传输到中央控制单元对汽车进行前进、停车、倒车控制。

1）中央控制单元。中央控制单元是电力驱动主模块的控制中心，要对整辆纯电动汽车的控制起到协调作用。它根据加速踏板与制动踏板的输入信号，向驱动控制器发出相应的控制指令，对电动机进行起动、加速、降速、制动控制。在纯电动汽车降速和下坡滑行时，中央控制器配合车载电源模块的能源管理系统进行发电回馈，使蓄电池反向充电。对于与汽车行驶状况有关的速度、功率、电压、电流及有关故障诊断等信息还需传输到辅助模块的驾驶室显示操纵台进行相应的数字或模拟显示，也可采用液晶屏幕显示来提高其信息量。另外，若驱动采用轮毂电动机分散驱动方式，当汽车转弯时，中央控制器也需与辅助模块动力的硬件连线，提高可靠性，现代汽车控制系统已较多地采用了计算机多CPU总线控制方式，特别是对于采用轮毂电动机进行4WD前后四轮驱动控制的模式，更需要运用总线控制技术来简化纯电动汽车内部线路的布局，提高其可靠性，也便于故障诊断和维修，并且采用该模块化结构，一旦技术成熟其成本也将随产量的增加而大幅下降。

2）驱动控制器。驱动控制器的功能是按中央控制单元的指令、电动机的速度和电流反馈信号，对电动机的速度、驱动转矩和旋转方向进行控制。驱动控制器与电动机必须配套使用，目前对电动机的调速主要采用调压、调频等方式，这主要取决于所选用的驱动电动机的类型。由于蓄电池以直流电方式供电，所以对直流电动机主要是通过DC/DC转换器进行调压调速控制的；而对于交流电动机需通过DC/AC转换器进行调频调压矢量控制；对于磁阻电动机是通过控制其脉冲频率来进行调速的。当汽车进行倒车行驶时，需通过驱动控制器使电动机反转来驱动车轮反向行驶。当纯电动汽车处于降速和下坡滑行时，驱动控制器使电动机运行于发电状态，电动机利用其惯性发电，将电能通过驱动控制器回馈给蓄电池，所以图5-115中驱动控制器与蓄电池电源的电能流向是双向的。

3）电动机。电动机在纯电动汽车中承担着电动和发电的双重功能，即在正常行驶时发挥其主要的电动机功能，将电能转化为机械旋转能；而在降速和下坡滑行时又被要求进行发电，将车轮的惯性动能转换为电能。对电动机的选型一定要根据其负载特性来选，通过对汽车行驶时的特性分析，可知汽车在起步和上坡时要求有较大的起动转矩和相当的短时过载能力，并有较宽的调速范围和理想的调速特性，即在起动低速时为恒转矩输出，在高速时为恒功率输出。电动机与驱动控制器所组成的驱动系统是纯电动汽车中最为关键的部件，纯电动汽车的运行性能主要取决于驱动系统的类型和性能，它直接影响车辆的各项性能指标，如车辆在各工况下的行驶速度、加速与爬坡性能以及能源转换效率。

4）机械传动装置。纯电动汽车机械传动装置的作用是将电动机的驱动转矩传输给汽车的驱动轴，从而带动汽车车轮行驶。由于电动机本身就具有较好的调速特性，其变速机构可被大大简化，较多的是为放大电动机的输出转矩而仅采用一种固定的减速装置。又因为电动机可带动负载直接起动，即省去了传统内燃机汽车的离合器。由于电动机可以容易地实现正反向旋转，所以也就无须通过变速器中的倒档齿轮组来实现倒车。对电动机在车架上合理布局即可省去传动轴、万向节等传动链。当采用轮毂式电动机分散驱动方式时，又可以省去传统汽车的驱动桥、机械差速器、半轴等一切传动部件，所以该驱动方式也可被称为"零传动"方式。纯电动汽车传动装置按所选驱动结构可以有多种组合方式。

（3）辅助模块　辅助模块包括辅助动力源、动力转向单元、驾驶室显示操纵台和各种辅助装置等。各个装置的功能与传统汽车上的基本相同，其结构原理因纯电动汽车的特点和需求而有所区别。

1）辅助动力源。辅助动力源是供给纯电动汽车其他各种辅助装置所需的动力电源，一般为 12V 或 24V 的直流低压电源，它主要给动力转向、制动力调节控制、照明、空调、电动窗门等各种辅助装置提供所需的能源。

2）动力转向单元。动力转向单元是为实现汽车的转弯而设置的，它由转向盘、转向器、转向机构与转向轮等组成。作用在转向盘上的控制力，通过转向器、转向机构和转向轮偏转一定的角度，实现汽车的转向。为提高驾驶员的操纵性，现代汽车都采用了动力转向，较理想的是采用电子控制动力转向系（EPS）。电子控制动力转向系主要有电控液力转向系和电控电动转向系两类，对于纯电动汽车较适于选用电控电动转向系。多数汽车为前轮转向，而工业用电动叉车常采用后轮转向，为提高汽车转向时的操纵稳定性和机动性，较理想的是采用四轮转向系统，而对于采用轮毂式电动机分散驱动的纯电动汽车，由于电动机控制响应速度的提高，可更容易地实现四轮电子差速转向控制。另外，为满足转弯时左右两侧车轮有相应的差速要求，还需同时控制电子差速器协调工作。

3）驾驶室显示操纵台。它类似于传统汽车驾驶室的仪表板，不过其功能根据纯电动汽车驱动的控制特点有所增减，其信息指示更多地选用数字或液晶屏幕显示。它与前述电力驱动主模块中的中央控制单元结合，用计算机进行控制。目前，已研发出了纯电动汽车专用的数字化电控系统，它是以 CAN 总线、嵌入式技术为核心的数字化整车电控系统，GPS/GPRS 集成到车载信息系统，提升纯电动汽车档次，符合环保时尚消费理念。

4) 辅助装置。纯电动汽车的辅助装置主要有照明、各种声光信号装置、车载音响设备、空调、刮水器、风窗除霜清洗器、电动门窗、电控玻璃升降器、电控后视镜调节器、电动座椅调节器、车身安全防护装置控制器等。它们主要是为提高汽车的操纵性、舒适性、安全性而设置的,有些是必要的,有些是可选用的。与传统汽车一样,大都有成熟的专用配件供应。不过选用时应考虑到纯电动汽车能源不充足的特点,特别是空调所消耗的能量比较大,应尽可能从节能方面考虑。另外,对于有些装置可用液压或电动两种方式来控制的,用电动控制的较为方便。

2. 纯电动汽车的底盘

纯电动汽车的底盘是整个汽车的基体,不仅起着支承蓄电池、电动机、驱动控制器、汽车车身、空调及各种辅助装置的作用,还将电动机的动力进行传递和分配,并按驾驶员的意图(加速、减速、转向、制动等)行驶。按传统汽车的归类或叙述习惯,汽车底盘应包括传动系、行驶系、转向系和制动系四大系统。

对于纯电动汽车,其传动系根据所选驱动方式(图4-116)的不同,可简化或省掉。

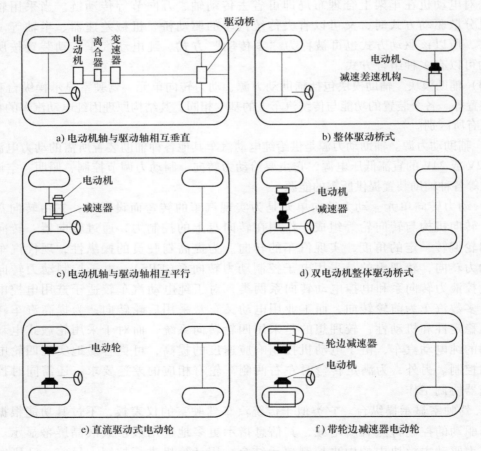

a) 电动机轴与驱动轴相互垂直   b) 整体驱动桥式

c) 电动机轴与驱动轴相互平行   d) 双电动机整体驱动桥式

e) 直流驱动式电动轮   f) 带轮边减速器电动轮

图4-116　纯电动汽车的几种驱动方式

行驶系包括车桥、车架、悬架、车轮与轮胎，其中车桥若采用轮毂电动机驱动可省去；车架是整个汽车的装配基体，其作用主要是支承连接汽车的各零部件，承受来自车内和车外的各种载荷；悬架是车架（或车身）与车轮（或车桥）之间一切传力连接装置的总称，它主要由弹性元件、减振器和导向机构等组成，与充气轮胎一起缓和不平路面对车辆的冲击振动；车轮主要由轮辋、轮辐等组成，其内部还需安装制动器，并还可能需要安装轮毂电动机，所以结构紧凑；为减小纯电动汽车行驶时的滚动阻力，轮胎采用子午线轮胎为好。

转向系包括转向操纵机构、转向器、转向传动机构等，按能源不同被分为机械转向系和动力转向系两大类，机械转向系与传统汽车的完全一致，动力转向系前已简单说明。

制动系由供能装置、控制装置、传动装置、制动器四个基本部分组成，按其功用不同被分为行车制动系、驻车制动系、应急制动系和辅助制动系等，纯电动汽车由于可利用电动机实现再生制动进行能量回收，并且还可利用电磁吸力实现电磁制动，因此随着技术的发展其制动系也将会有较大的变化。

3. 车身与纯电动汽车总体布局的特点

汽车车身主要由车身本体、开启件（各种门、窗、行李箱和车顶盖等）、各种座椅、内外饰附件和安全保护装置（保险杠、安全带、安全气囊等）组成。针对纯电动汽车能源少的特点，汽车车身在造型上要求尽可能缩小其迎风面积以降低空气阻力，并采用轻型高强度材料以减轻汽车自身的重量。车内各个部件的布局也相当重要，由于纯电动汽车动能的传递主要是通过柔性的电缆，即减少了大量用刚性的机械件连接部件的动能传递，因此纯电动汽车各部件的布置具有较大的灵活性，并且蓄电池组也可分散布置，作为配重物来布局。纯电动汽车各个部件的总体布局原则是：符合车辆动力学对汽车重心位置的要求，并尽可能降低车辆质心高度。特别是对于采用轮毂电动机驱动实现"零传动"方式的纯电动汽车，不仅去掉了发电机、冷却水系统、排气消声系统和油箱等相应的辅助装置，也省去了变速器、驱动桥及所有传动链，既减轻了汽车自重，也留出了许多空间，其结构发生了很大的变化，车辆的整个结构布局需重新设计全面考虑各种因素。

4.7.3 混合动力汽车动力传递方式

电驱动系统是新能源汽车的核心技术之一，它的主要任务是按照驾驶员的驾驶意图，将动力电池的化学能高效地转化为机械能，经过变速器、驱动轴等机构驱动车轮。电驱动系统主要由电动机、功率器件和控制系统组成。电动机将电能转化为机械能驱动车辆，并在车辆制动时把车辆的动能再转化为电能回馈到动力电池中实现车辆的再生制动。功率器件用来对电动机提供相应的电压和电流。控制系统一般包括中央处理器、检测单元、中间连接单元。它通过控制功率器件调整电动机的运行，以产生特定的转矩和转速。电驱动系统的功能模块框图如图 4-117 所示。

电驱动系统中的电子控制器根据来自加速踏板和制动踏板的信号，控制功率转换器进行工作，使得由储能装置提供的直流电源变为适当的交流电源，从而按照驾驶员期望的输出转矩来驱动电动机，再经过传动装置和差速器来驱动车轮，使车轮前进或后退。

混合动力汽车的驱动系通常包含两个动力系，一般情况下，混合动力电驱动系统含有一个能量可双向流动的动力系，如图 4-118 所示。

一般情况下，混合动力汽车分为三种基本形式：串联式、并联式、混联式。

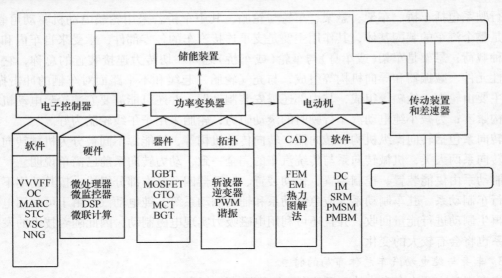

图 4-117　电驱动系统的功能模块框图

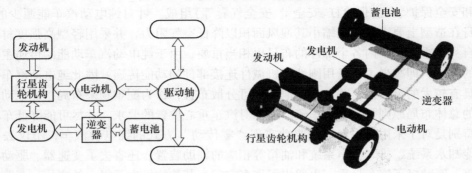

图 4-118　混合动力汽车的驱动系图

串联式混合动力结构如图 4-119 所示，它的动力传递是通过发动机产生动力驱动电动机发动，再把电能储存在动力电池中，供电动机驱动传动装置和差速器使用，进而驱动车轮前进或后退。

并联式混合动力结构如图 4-120 所示，它的动力是由发动机和电池组提供，发动机的动力经变速器传给传动装置、差速器驱动车轮前进或后退，电池组则把电能输出给电动机，电动机把动力传给变速器，再经传动装置和差速器来驱动车轮前进或后退。

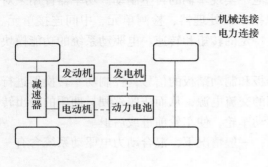

图 4-119　串联式混合动力结构

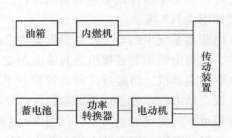

图 4-120　并联式混合动力结构

混联式混合动力结构如图 4-121 所示，发动机带动发电机产生电能，产生的电能通过逆变器后驱动电动机产生电磁力矩从而驱动汽车运动。

串联式混合动力汽车的车辆加速性能、爬坡性能和最高车速完全取决于牵引发动机的性能。蓄电池组是储能元件，可以起到功率平衡作用，即当发电机发出的功率小于电动机需要的功率时，蓄电池组提供额外的功率进行补充；当发电机发出的功率大于电动机需要的功率时，通过蓄电池组来接收多余的功率。从电池组到 DC/DC 转换器、逆变器，再到电动机这个能量通道是可逆的，可以回收制动时产生的能量，从而提高能源利用率。

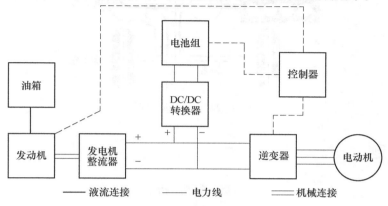

图 4-121 混联式混合动力结构

（1）起动和低速运行 当车辆起动出发，或者以低速运行时，主要牵引电动机提供原动力，若蓄电池处于低荷电状态，则发动机立即起动，如图 4-122 所示。

（2）正常工况运行 在正常工况下行驶时，发动机功率经过动力分配装置分配为两个功率流通道：一部分直接驱动车轮；另一部分通过发电机产生电能再驱动电动机，通过电动机来驱动车轮。通过控制两个能量通道分配的比例，可以获得最大的运行效率，如图 4-123 所示。

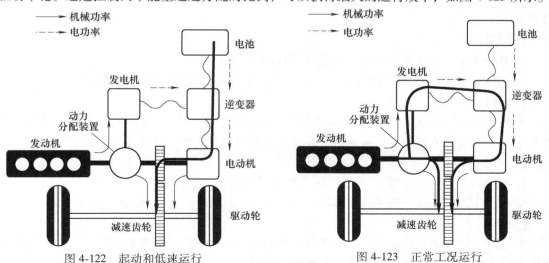

图 4-122 起动和低速运行   图 4-123 正常工况运行

（3）全加速工况运行 在全加速工况下，功率除了由发动机提供外，电动机还提供额外的功率，通过发电机和牵引电动机的转矩耦合，来提供加速所需要的功率，如图 4-124。

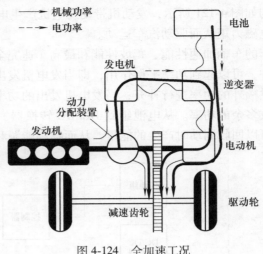

图 4-124　全加速工况

真 题 分 析

一、单项选择题

1. 量缸表的测量精度为(　　　　)。

A. 0.05mm　　　　B. 0.02mm　　　　C. 0.01mm　　　　D. 0.005mm

【分析】

本题涉及的知识点是量缸表的测量精度,学生在复习备考的过程中,除了应掌握量缸表的测量精度外,对汽车检修常用量具中包括游标卡尺、外径千分尺、钢直尺及百分表的测量精度也应掌握。

【答案】 C

2. QFC-4 型微电脑发动机综合分析仪可检测柴油机的(　　　)。

A. 喷油状况　　　　B. 燃烧状况　　　　C. 混合气形成状况　　D. 排气状况

【分析】

本题涉及的知识点是 QFC-4 型微电脑发动机综合分析仪的主要功能,其主要功能请参考本章第一节的相关知识点,考生若掌握这方面的知识点,则不难选出正确的答案。

【答案】 A

3. 起动机的(　　)种类有机械操纵式和电磁操纵式两类。

A. 增速机构　　　　B. 控制机构　　　　C. 传动机构　　　　D. 减速机构

【分析】

本题涉及的知识点是起动机组成部分中控制机构的两种形式:即机械操纵式控制机构和电磁操纵式控制机构,学生应掌握这方面的知识点。

【答案】 B

4. 发动机的机体组包括气缸体、(　　)、上曲轴箱、气缸盖和气缸垫等。

A. 下曲轴箱　　　　B. 活塞　　　　C. 连杆　　　　D. 曲轴

【分析】

本题涉及的知识点是发动机的基本组成，发动机由两大机构(包括曲柄连杆机构和配气机构)、五大系统(柴油机除外)组成。其中，曲柄连杆机构由机体组、活塞连杆组和曲轴飞轮组三部分组成。而本题考核的知识点是发动机机体组的主要零件组成，发动机的机体组主要包括气缸体、气缸盖、气缸垫、上曲轴箱、下曲轴箱(油底壳)。

【答案】A

5. 传动系由(　　)等组成。

A. 离合器、变速器、冷却装置、主减速器、差速器、半轴

B. 离合器、变速器、起动装置、主减速器、差速器、半轴

C. 离合器、变速器、万向传动装置、驱动桥(主减速器、差速器、半轴)

D. 离合器、变速器、电子控制装置、主减速器、差速器、半轴

【分析】

本题涉及的知识点是汽车底盘的基本组成，汽车底盘一般由传动系、行驶系、转向系和制动系四部分组成，而本题考核的知识点是传动系的基本组成，传动系主要由离合器、变速器、万向传动装置和驱动桥组成，其中驱动桥由主减速器、差速器、半轴和桥壳组成。

【答案】C

6. 汽车的左右半轴应装入(　　)。

A. 轮毂　　　　　B. 车桥　　　　　C. 驱动桥　　　　　D. 半轴套管

【分析】

本题涉及的知识点是汽车驱动桥部件的安装结构，而不是汽车驱动桥的基本组成，考生在考试时往往容易选择答案C，所以特别注意。

【答案】D

7. 汽车车身一般包括车前、车底、侧围、顶盖、(　　)等部件。

A. 车后　　　　　B. 后围　　　　　C. 车顶　　　　　D. 前围

【分析】

本题考核的知识点是汽车车身的基本组成，汽车车身一般包括车前、车底、侧围、顶盖和后围等部件。

【答案】B

8. 对使用中的蓄电池进行的充电称为(　　)。

A. 初充电　　　　B. 补充充电　　　　C. 去硫化充电　　　　D. 锻炼性充电

【分析】

本题涉及的知识点是汽车蓄电池充电的种类，汽车蓄电池充电的种类主要包括初充电、补充充电和去硫化充电，初充电适用于新启用的蓄电池，补充充电则适用于使用中的蓄电池的充电。

【答案】B

9. 桑塔纳起动机"50"接柱引出的导线接向(　　)。

A. 电池正极　　　B. 电池负极　　　C. 点火开关　　　D. 中央接线板

【分析】

本题涉及的知识点是桑塔纳汽车起动机的结构及起动系的控制线路，考生在复习备考的过程中，若能熟练掌握桑塔纳汽车起动机的结构及起动系的控制线路，则不难选出正确的答

案。考生即使面对其他相关的知识点，也不难应对，比如起动机的"30"接柱和"C"接柱的连接情况。

【答案】D

10. 空调的作用是在封闭的空间内，对温度、（　　）及洁净度进行调节。

A. 湿度　　　　　　B. 暖风　　　　　　C. 室内　　　　　　D. 气候

【分析】

本题涉及的知识点是汽车空调的作用，考生若能掌握这一知识点，则不难选出正确的答案，此外，也就掌握了汽车空调的诊断参数。

【答案】A

11. 水暖式加热系统属于（　　）。

A. 独立热源加热式　B. 余热加热式　　　C. 废气加热式　　　D. 火焰加热式

【分析】

本题涉及的知识点是汽车暖风装置的分类，汽车暖风装置根据所使用的热源不同可分为余热式暖风装置和独立式暖风装置，余热式暖风装置分为余热气暖式和余热水暖式加热系统。

【答案】B

12. 汽车（　　）分为机械式和电子式两种类型。

A. 触摸式　　　　　B. 按键式　　　　　C. 电子钥匙式　　　D. 防盗装置

【分析】

本题涉及的知识点是汽车防盗装置的分类，汽车防盗装置主要分为机械式和电子式两种类型，未来的发展趋势将是网络式汽车防盗装置，考生应注意掌握这方面的知识点。

【答案】D

二、判断题

1. （　　）起动系的功用就是将机械能转变为蓄电池的电能，产生力矩，起动发动机。

【分析】

本题涉及的知识点是汽车起动系的功用，汽车起动系的功用是将蓄电池的电能转化为起动机的机械能，产生力矩，起动发动机。题干中将起动系的功用说成是将机械能转变为蓄电池的电能，因而是错误的。

【答案】×

2. （　　）工件旋转时，可以用千分尺测量尺寸大小。

本题涉及的知识点是千分尺使用的注意事项，使用千分尺测量工件的尺寸时，禁止工件旋转，因而题干的说法是错误的。

【答案】×

3. （　　）游标卡尺内量爪测量外表面，外量爪测量内表面。

【分析】

本题涉及的知识点是游标卡尺的结构、功能及使用方法，游标卡尺可以测量工件的内、外部尺寸和深度尺寸。外量爪用于测量工件的外部尺寸（如外径），内量爪用于测量工件的内部尺寸（如内径），深度尺用于测量工件的深度（如活塞环槽的深度），因而题干的说法是错误的。

【答案】×

4.（　　）多缸发动机各气缸的总容积之和，称为发动机的排量。

【分析】

本题涉及的知识点是发动机的基本术语，出题人往往故意将发动机的排量与气缸的总容积联系在一起，其实是错误的，发动机的排量实际上是指发动机各气缸的工作容积之和，因此，考生在复习备考中，一定要熟练掌握与发动机相关的一些基本术语。

【答案】×

5.（　　）循环球式转向器中的转向螺杆、螺母传动副的螺纹是直接接触的。

【分析】

本题涉及的知识点是循环球式转向器的基本结构，循环球式转向器中的转向螺杆、螺母传动副是通过循环球传递力矩的，不是直接接触传递力矩的，因而题干中的说法是错误的。

【答案】×

6.（　　）安装制动防抱死系统（ABS）的车辆在制动时，制动距离没有变化。

【分析】

本题涉及的知识点是制动防抱死系统（ABS）的优点，汽车装用制动防抱死系统（ABS）的主要优点是提高制动时方向的稳定性和缩短汽车制动的距离，所以题干中的说法是错误的。

【答案】×

 练习题

模拟试题训练

一、单项选择题

1. 汽车由（　　）四大部分组成。
A. 发动机、变速器、底盘、车身　　　　B. 离合器、底盘、车身、电气设备
C. 发动机、离合器、变速器、车身　　　D. 发动机、底盘、车身、电气设备

2. 发动机起动后，应（　　）检查各仪表的工作情况是否正常。
A. 及时　　　B. 滞后　　　C. 途中　　　D. 熄火后

3. 对新启用的蓄电池进行的充电称为（　　）。
A. 初充电　　　B. 补充充电　　　C. 去硫化充电　　　D. 锻炼性充电

4. 桑塔纳起动系，起动机的（　　）接柱与蓄电池"+"接柱相连。
A. 150　　　B. 31　　　C. 30　　　D. 50

5. 汽车暖风装置除能完成主要功能外，还能起到（　　）的作用。
A. 除湿　　　B. 除霜　　　C. 去除灰尘　　　D. 降低噪声

6. 除霜热风出口位于（　　）。
A. 仪表台下方　　B. 仪表台上方　　C. 仪表台后方　　D. 仪表台前方

7. 向车内提供新鲜空气和保持适应气流的装置是（　　）。
A. 制冷装置　　B. 采暖装置　　C. 通风装置　　D. 净化装置

8. 气暖式加热系统属于（　　）。
A. 独立热源加热式　B. 冷却水加热式　　C. 余热加热式　　D. 火焰加热式

9. 汽车空调的主要功能是调节空气的( )。

A. 温度　　　　　　B. 湿度　　　　　　C. 洁净度　　　　　D. 流速

10. 风量、温度、压力和清洁度是空调系统的( )参数。

A. 质量　　　　　　B. 寿命　　　　　　C. 功能　　　　　　D. 诊断

11. 汽车空调暖风装置的功能是向车内提供( )。

A. 冷气　　　　　　B. 暖气　　　　　　C. 新鲜空气　　　　D. 适宜气流的空气

12. 天气较热时，提供冷气，以降低车厢内温度的装置是( )。

A. 制冷装置　　　　B. 暖风装置　　　　C. 送风装置　　　　D. 加湿装置

13. 活塞往复式四冲程发动机完成一个工作循环曲轴转动( )圈。

A. 1/2　　　　　　B. 1　　　　　　　C. 2　　　　　　　D. 4

14. 二冲程发动机气缸完成一个工作循环活塞往复运动( )个行程。

A. 1　　　　　　　B. 2　　　　　　　C. 3　　　　　　　D. 4

15. 气门弹簧的作用是使气门同气门座保持( )。

A. 间隙　　　　　　B. 一定距离　　　　C. 紧密闭合　　　　D. 一定的接触强度

16. 凸轮轴用来控制各气缸进、排气门的( )的时间。

A. 开闭时刻和开启持续　　　　　　　　B. 压缩

C. 点火　　　　　　　　　　　　　　　D. 做功

17. 使用国产 EA-2000 型发动机综合分析仪时，当系统对各适配器逐个自检，若连接正确显示为( )色。

A. 红　　　　　　　B. 绿　　　　　　　C. 黄　　　　　　　D. 蓝

18. 汽车专用示波器的波形，显示的是( )的关系曲线。

A. 电流与时间　　　B. 电压与时间　　　C. 电阻与时间　　　D. 电压与电阻

19. 活塞环拆装钳是一种专门用于拆装( )的专用工具。

A. 活塞环　　　　　B. 活塞销　　　　　C. 顶置式气门弹簧　D. 轮胎螺母

20. 轮胎螺母拆装工具是一种专门用于拆装( )的专用工具。

A. 活塞环　　　　　B. 活塞销　　　　　C. 顶置式气门弹簧　D. 轮胎螺母

21. 用游标卡尺测量工件，读数时先读出游标零刻线对( )刻线左边格数为多少毫米，再加上尺身上的读数。

A. 尺身　　　　　　B. 游标　　　　　　C. 活动套筒　　　　D. 固定套筒

22. 汽车转弯半径是指由汽车转向中心到( )。

A. 内转向轮与地面接触点间的距离　　　B. 外转向轮与地面接触点间的距离

C. 内转向轮之间的距离　　　　　　　　D. 外转向轮之间的距离

23. ( )是用电磁控制金属膜片振动而发声的装置。

A. 电磁阀　　　　　B. 刮水器　　　　　C. 风窗玻璃　　　　D. 电扬声器

24. 闪光继电器的种类有( )、电热式、电容式三类。

A. 信号式　　　　　B. 电子式　　　　　C. 过流式　　　　　D. 冲击式

25. 安全气囊传感器按结构分可分为全机械式、( )、机电结合式三种类型。

A. 开关式　　　　　B. 电子式　　　　　C. 线性式　　　　　D. 滑动电阻式

26. ( )属于压燃式发动机。

A. 汽油机　　　　　　　　　　　　　　B. 煤气机

C. 柴油机　　　　　　　　　　　　　　D. 汽油机、煤气机、柴油机均不对

27. (　　)属于点燃式发动机。

A. 汽油机　　　　　　　　　　　　　　B. 煤气机

C. 柴油机　　　　　　　　　　　　　　D. 汽油机、煤气机、柴油机均不对

28. 驱动桥的通气塞一般位于桥壳的(　　)。

A. 上部　　　　　B. 下部　　　　　C. 与桥壳平行　　　　　D. 后部

29. (　　)的功用就是将蓄电池的电能转变为机械能，产生力矩，起动发动机。

A. 润滑系　　　　　B. 起动系　　　　　C. 传动系　　　　　D. 起动机

30. 游标卡尺测量工件某部位外径时，卡尺与工件应垂直，记下(　　)。

A. 最小尺寸　　　　　B. 平均尺寸　　　　　C. 最大尺寸　　　　　D. 任意尺寸

31. 变速器壳体前后端面对第一、二轴轴承孔公共轴线的圆跳动误差，可用(　　)进行检测。

A. 内径千分尺　　　　　B. 百分表　　　　　C. 高度游标卡尺　　　　　D. 塞尺

32. 拆卸制动鼓时，须用(　　)。

A. 梅花扳手　　　　　B. 专用扳手　　　　　C. 常用工具　　　　　D. 以上均正确

33. 气门脚发出异响，可用(　　)进行辅助判断发动机气门间隙是否过大。

A. 塞尺　　　　　B. 撬棍　　　　　C. 扳手　　　　　D. 卡尺

34. 气缸体翘曲变形可用(　　)进行检测。

A. 百分表和塞尺　　B. 塞尺和直尺　　C. 游标卡尺和直尺　　D. 千分尺和直尺

35. 下列用于检查发动机配气相位的仪器是(　　)。

A. CQ-1A 型曲轴箱窜气量测量仪　　　　　B. 气门正时检验仪

C. 千分表　　　　　　　　　　　　　　　D. 汽车电器万能试验台

36. 发动机气缸体轴承座孔同轴度检验仪主要由定心轴套、定心轴、球形触头、百分表及(　　)组成。

A. 等臂杠杆　　　　　B. 千分表　　　　　C. 游标卡尺　　　　　D. 定心器

37. 起动机电枢轴轴颈外径与衬套内径的配合间隙的检测，应使用(　　)。

A. 万用表　　　　　B. 游标卡尺　　　　　C. 百分表　　　　　D. 塞尺

38. 使用 Fluke 98 型汽车专用示波器测试有分电器点火系统次级电压波形时信号拾取器应夹在第(　　)缸的火花塞引线上。

A. 1　　　　　B. 2　　　　　C. 3　　　　　D. 4

39. 自动变速器中间轴端面间隙用(　　)测量，用(　　)的方法调整。

A. 游标卡尺、增垫　　　　　　　　　B. 螺旋测微器、减垫

C. 百分表、增减垫　　　　　　　　　D. 以上均正确　　　　E. 无要求

40. 气缸的磨损情况用(　　)测量。

A. 量缸表　　　　　B. 螺旋测微器　　　　　C. 游标卡尺　　　　　D. 以上均正确

41. 发动机活塞环侧隙用(　　)检查。

A. 百分表　　　　　B. 卡尺　　　　　C. 塞尺　　　　　D. 千分尺

42. 奥迪 A6 发动机曲轴的径向间隙可用(　　)进行检测。

A. 百分表　　　　B. 千分尺　　　　C. 游标卡尺　　　　D. 塑料塞尺

43. 凸轮轴轴颈磨损的检测工具是（　　）。

A. 百分表　　　　B. 外径千分尺　　　C. 游标卡尺　　　D. 塑料塞尺

44. QFC-4型微电脑发动机综合分析仪可判断汽油机（　　）。

A. 气缸压力　　　B. 燃烧状况　　　C. 混合气形成状况　D. 排气状况

45. 使用国产EA-2000型发动机综合分析仪时，开启仪器电源应预热（　　）min。

A. 10　　　　　　B. 20　　　　　　C. 30　　　　　　D. 40

46. 利用量缸表可以测量发动机气缸、曲轴轴承的圆度和圆柱度，其测量精度为（　　）。

A. 0.05mm　　　B. 0.02mm　　　　C. 0.01mm　　　　D. 0.005mm

47. 汽车空调中的冷凝器常用的有管带工、（　　）、平流式三种类型。

A. 管片式　　　　B. 卧式壳管式　　　C. 套管式　　　　D. 壳管式

48. 发动机的缸体曲轴箱组包括汽缸体、下曲轴箱、（　　）、气缸盖和气缸垫等。

A. 上曲轴箱　　　B. 活塞　　　　　C. 连杆　　　　　D. 曲轴

49. 发动机凸轮轴的修理级别一般分4个等级，级差为（　　）mm。

A. 0.10　　　　　B. 0.20　　　　　C. 0.30　　　　　D. 0.40

50. 螺纹损坏多于（　　）牙需修复。

A. 1　　　　　　B. 2　　　　　　C. 3　　　　　　D. 4

51. 新195和190型柴油机是通过增减喷油泵与机体之间的铜垫片来调整供油提前角的；减少垫片供油时间变（　　）。

A. 晚　　　　　　B. 早　　　　　　C. 先早后晚　　　D. 先晚后早

52. 在喷油器试验台对喷油器进行喷油压力检查时，各缸喷油压力应尽可能一致，一般相差不得超过（　　）MPa。

A. 0.15　　　　　B. 0.25　　　　　C. 0.10　　　　　D. 0.05

53. 检测电控燃油喷射系统燃油压力时，应将油压表接在供油管和（　　）之间。

A. 燃油泵　　　　B. 燃油滤清器　　　C. 分配油管　　　D. 喷油器

54. 发动机连杆的修理技术标准为连杆在100mm长度上弯曲值应不大于（　　）mm。

A. 0.01　　　　　B. 0.03　　　　　C. 0.5　　　　　　D. 0.8

55. 桑塔纳2000GLI型轿车AFE型发动机的机油泵主从动齿轮与机油泵盖接合面正常间隙为（　　）mm。

A. 0.10　　　　　B. 0.20　　　　　C. 0.50　　　　　D. 0.30

56. 蜗杆轴承与壳体配合的最大间隙应该不得（　　）原计划规定的0.02mm。

A. 小于　　　　　B. 大于　　　　　C. 等于　　　　　D. 取规定值

57. 安装AJR型发动机活塞环时，其开口应错开（　　）。

A. 90°　　　　　B. 100°　　　　　C. 120°　　　　　D. 180°

58. 日本丰田轿车采用（　　）调整气门间隙。

A. 两次调整法　　B. 逐缸调整法　　C. 垫片调整法　　D. 不用调整

59. 铝合金发动机气缸盖下平面的平面度误差每任意50mm×50mm范围内均不应大于（　　）mm。

A. 0.015　　　　　B. 0.025　　　　　C. 0.035　　　　　D. 0.030

60. 检测凸轮轴轴向间隙的工具是(   )。

A. 百分表　　　　　B. 外径千分尺　　　　C. 游标卡尺　　　　D. 塑料塞尺

61. 用非分散型红外线气体分析仪检测汽油车废气时，应在发动机(   )工况检测。

A. 起动　　　　　　B. 中等负荷　　　　　C. 怠速　　　　　　D. 加速

62. 变速器壳体上平面长度不大于(   )mm。

A. 100　　　　　　B. 150　　　　　　　C. 250　　　　　　D. 300

63. 驱动桥油封轴颈的径向磨损不大于(   )mm，油封轴颈端面磨损后，轴颈位的长度应大于油封的厚度。

A. 0. 15　　　　　B. 0. 20　　　　　　C. 0. 25　　　　　D. 0. 30

64. 变速器壳体第一、二轴轴承孔与中间轴轴承孔轴线的平行度误差一般应不大于(   )mm。

A. 0. 10　　　　　B. 0. 15　　　　　　C. 0. 20　　　　　D. 0. 25

65. 由计算机控制的变矩器，应将其电线接头插接到(   )上。

A. 变速驱动桥　　　B. 发动机　　　　　　C. 蓄电池负极　　　D. 车速表小齿轮表

66. 转向器补偿器压盖和油压分配阀罩的螺栓拧紧力矩为(   )N·m。

A. 10　　　　　　　B. 15　　　　　　　C. 20　　　　　　D. 30

67. 安装盘式制动器后，(   )用力将制动器踏板踩到底数次，以便使制动摩擦片正确就位。

A. 停车状态　　　　B. 启动状态　　　　　C. 怠速状态　　　　D. 行驶状态

68. 钢板弹簧卡子内侧与钢板弹簧侧的间隙应该为(   )mm。

A. 0. 7~1. 0　　　　B. 0. 8~10　　　　　C. 0. 9~1. 0　　　D. 以上均正确

69. 装好输出轴齿轮、垫圈和螺母，应该(   )。

A. 按规定力矩拧紧　B. 任意力矩拧紧　　　C. 以上均不对　　　D. 以上均正确

E. 无要求

70. 制动鼓内径标准值为(   )mm。

A. 200　　　　　　B. 190　　　　　　　C. 180　　　　　　D. 181

71. 制动踏板自由行程大于规定值，应该(   )。

A. 调整　　　　　　B. 调大　　　　　　C. 继续使用　　　　D. 以上均正确

E. 无要求

72. 用百分表检查从动盘的摆差，其最大极限为 0. 4mm，从外缘测量径向跳动量最大为(   )mm，超过极限值时，应更换从动盘总成。

A. 2. 5　　　　　　B. 3. 5　　　　　　　C. 4. 0　　　　　　D. 4. 5

73. 用内径表及外径千分尺进行测量，轮毂外轴承与轴颈的配合间隙应不大于(   )mm。

A. 0. 020　　　　　B. 0. 040　　　　　　C. 0. 060　　　　　D. 0. 080

74. 变速器输入轴前端花键齿磨损应不大于(   )mm。

A. 0. 10　　　　　B. 0. 20　　　　　　C. 0. 30　　　　　D. 0. 60

75. 分动器里程表软轴的弯曲半径不得小于(   )mm。

A. 50　　　　　　　B. 150　　　　　　　C. 100　　　　　　D. 200

76. 半轴套管中间两轴颈径向跳动不得大于(　　　)mm。

A. 0.03　　　　　　B. 0.05　　　　　　C. 0.08　　　　　　D. 0.5

77. 手动变速器总成竣工验收时，进行无负荷试验时，各档运行应大于(　　　)min。

A. 5　　　　　　　　B. 10　　　　　　　C. 15　　　　　　　D. 20

78. 制动性能台试检验的技术要求中，机动车制动完全释放时间对单车不得大于(　　　)s。

A. 0.2　　　　　　　B. 0.5　　　　　　　C. 0.8　　　　　　　D. 1.2

79. 转向传动机构的横、直拉杆的球头销按顺序装好后，要对其进行(　　　)的调整。

A. 紧固　　　　　　B. 间隙　　　　　　C. 预紧度　　　　　　D. 测隙

80. 汽车转向轮侧滑量检测方法的前提条件是，将车辆对正侧滑试验台，并使转向盘处于(　　　)位置。

A. 左极限　　　　　B. 右极限　　　　　C. 正中间　　　　　D. 自由

81. 若测得发电机 F 与 E 接柱间的阻值为无穷大，说明该绕组(　　　)。

A. 断路　　　　　　B. 短路　　　　　　C. 良好　　　　　　D. 不能确定

82. 发电机就车测试时，起动发动机，使发动机保持在(　　　)运转。

A. 800r/min　　　　B. 1000r/min　　　　C. 1500r/min　　　　D. 2000r/min

83. 实验中将小功率灯泡接于电路中，可以判断调节器的(　　　)。

A. 功率　　　　　　B. 管压降　　　　　C. 搭铁形式　　　　　D. 调步频率

84. 用万用表测量晶体管调节器各接柱之间电阻的方法是(　　　)。

A. 动态检测法　　　B. 静态检测法　　　C. 空载检测法　　　D. 负载检测法

85. GST-3U 型万能试验台，主轴转速为(　　　)。

A. 800r/min　　　　B. 1000r/min　　　　C. 3000r/min　　　　D. 200～2500r/min

86. QD124 型起动机，空转试验电压 12V 时，起动机转速不低于(　　　)。

A. 3000r/min　　　　B. 4000r/min　　　　C. 5000r/min　　　　D. 6000r/min

87. 检验起动机的工作性能应使用(　　　)。

A. 测功仪　　　　　　　　　　　　　　B. 发动机综合分析仪

C. 电器万能试验台　　　　　　　　　　D. 解码仪

88. 试验起动系时，点火开关应(　　　)完成试验项目。

A. 及时回位　　　　B. 不应回位　　　　C. 保持一段时间　　D. 无要求

89. 桑塔纳起动系，蓄电池"+"接柱与起动机的(　　　)接柱相连。

A. 150　　　　　　　B. 31　　　　　　　C. 30　　　　　　　D. 50

90. 用塞尺检查电磁离合器周边的空气间隙，应在(　　　)范围内。

A. 0.1～0.5mm　　　B. 0.2～0.8mm　　　C. 0.4～0.8mm　　　D. 0.6～1mm

91. 为保持轮胎缓和路面冲击的能力，给轮胎的充气标准可(　　　)最高气压。

A. 略低于　　　　　B. 略高于　　　　　C. 等于　　　　　　D. 高于

92. 检测发动机配气相位的仪器有(　　　)。

A. CQ-1A 型曲轴箱窜气量测量仪　　　　B. 气门正时检验仪

C. 千分表　　　　　　　　　　　　　　D. 汽车电器万能试验台

93. 安装活塞销时，先将活塞置于水中加热到(　　　)℃取出。

A. 50～60　　　　　B. 60～80　　　　　C. 50～80　　　　　D. 80～90

94. 德国的奔驰轿车采用(　　)调整气门间隙。

A. 两次调整法　　　B. 逐缸调整法　　　C. 垫片调整法　　　D. 不用调整

95. 壳体后端面对第一、二轴轴承承孔的公共轴线的轴向圆跳动公差为(　　)mm。

A. 0. 15　　　　　B. 0. 20　　　　　C. 0. 25　　　　　D. 0. 30

96. 变速器倒档轴与中间轴轴承孔轴线的平行度误差一般应不大于(　　)mm。

A. 0. 02　　　　　B. 0. 04　　　　　C. 0. 06　　　　　D. 0. 10

97. 装配变速驱动桥时，回旋低档和倒档制动带调节螺钉，使制动带达到(　　)张开程度。

A. 最小　　　　　B. 最大　　　　　C. 中等　　　　　D. 不

98. 在进行车轮动平衡检测时，其主轴振幅的大小，在一定转速下，只与(　　)。

A. 车轮不平衡质量大小成正比　　　　　B. 车轮不平衡质量大小成反比

C. 车轮质量成正比　　　　　D. 车轮质量成反比

99. 空气压缩机的装配中，组装好活塞连杆组，使活塞环开口相互错开(　　)。

A. 30°　　　　　B. 60°　　　　　C. 90°　　　　　D. 180°

100. 后离合器(　　)压缩空气时，后离合器应该立刻接合并发出"砰"的响声，放出压缩空气，离合器应该(　　)。

A. 吹入、分离　　　B. 放出、接合　　　C. 以上均不对　　　D. 以上均正确

E. 无要求

101. 计算出电池容量与数量使之符合自己的使用要求，这是免维护电池的(　　)原则。

A. 安全选择　　　B. 性价比选择　　　C. 按需选择　　　D. 按适应性选择

102. 密度计是用来检测蓄电池(　　)的器具。

A. 电解液密度　　　B. 电压　　　C. 容量　　　D. 输出电流

103. 检查皮带松紧度，用30~50N的力按下传动带，挠度应为(　　)。

A. 5~10mm　　　B. 10~15mm　　　C. 15~20mm　　　D. 20~25mm

104. 调节器的检测方法可分为静态检测和(　　)。

A. 电阻检测　　　B. 搭铁形式检测　　　C. 管压降检测　　　D. 动态检测

105. 电刷磨损后的高度一般不小于(　　)。

A. 10mm　　　　　B. 15mm　　　　　C. 20mm　　　　　D. 25mm

106. 检测起动机电枢轴轴颈外径与衬套内径的配合间隙，应使用(　　)。

A. 万用表　　　B. 游标卡尺　　　C. 百分表　　　D. 塞尺

107. 起动系线路(　　)应不大于0.2V。

A. 电压　　　　　B. 电压降　　　C. 电动势　　　D. 电阻

108. 起动机的起动控制线主要负责给起动机上的(　　)供电。

A. 电枢绕组　　　B. 磁场绕组　　　C. 电磁开关　　　D. 继电器

109. 检测起动机(　　)，主要检测线路的通断情况。

A. 控制线路　　　B. 搭铁线路　　　C. 供电线路　　　D. 检测线路

110. 用于连接制冷装置低压侧接口与低压表下的接口的软管颜色为(　　)。

A. 蓝色　　　　　B. 红色　　　　　C. 黄色　　　　　D. 绿色

111. 制冷装置在拆卸调换部件时，在充注制冷剂之前必须(   )。

A. 清洗   B. 加压   C. 抽空   D. 加油

112. 材料疲劳破坏是在(   )载荷作用下产生的。

A. 交变   B. 大   C. 轻   D. 冲击

113. 热交换器的冷却器根据冷却介质不同可分为风冷式、水冷式和(   )。

A. 冷媒式   B. 多管式   C. 油冷式   D. 蛇形管式

114. 当发动机曲轴中心线弯曲大于(   )mm时，曲轴须加以校正。

A. 0. 10   B. 0. 05   C. 0. 025   D. 0. 015

115. 发动机转速升高，供油提前角应(   )。

A. 变小   B. 变大   C. 不变   D. 随机变化

116. 发动机全浮式活塞销与活塞销座孔的配合，汽油机要求在常温下有(   )mm的过盈。

A. 0. 025 ~ 0. 075   B. 0. 0025 ~ 0. 0075   C. 0. 05 ~ 0. 08   D. 0. 005 ~ 0. 008

117. 桑塔纳2000GLI型轿车AFE型发动机的机油泵主动轴弯曲度超过(   )mm，则应对其进行校正或更换。

A. 0. 10   B. 0. 20   C. 0. 05   D. 0. 30

118. 壳体上两蜗杆轴承孔公共轴线与两摇臂轴轴承公共轴线的(   )公差应符合规定。

A. 平行度   B. 圆度   C. 垂直度   D. 平面度

119. 拧紧AJR型发动机汽缸盖螺栓时，第二次拧紧力矩为(   )N·m。

A. 40   B. 50   C. 60   D. 75

120. 钢板弹簧座定位孔磨损不大于(   )mm。

A. 1. 50   B. 2. 50   C. 3. 00   D. 3. 50

121. 下列关于自动变速器驱动桥中各总成的装合与调整中说法错误的是(   )。

A. 把百分表支架装在驱动桥壳体上，使百分表测头对着输出轴中心孔上黏着的钢球，用专用工具推、拉并同时转动输出轴，将输出轴轴承装合到位

B. 输出轴和齿轮总成保持不动(可用2个螺钉将一扳杆固定在输出轴齿轮上)，装上输出轴垫圈和螺母，按照规定力矩拧紧

C. 用扭力扳手转动输出轴，检查输出轴的转动扭矩，此时所测力矩是开始转动所需的力矩

D. 将输出轴、轴承及调整垫片装入驱动桥壳体内，以专用螺母作为压装工具将输出轴齿轮及轴承压装到位

122. 检查制动蹄摩擦衬片的厚度，标准值为(   )mm。

A. 3   B. 7   C. 11   D. 5

123. 循环球式转向器中的转向螺母可以(   )。

A. 转动   B. 轴向移动   C. A、B均可   D. A、B均不可

124. 若制动蹄产生变形、裂纹或不均匀磨损，则应(   )。

A. 继续使用   B. 更换新品   C. 修复后使用   D. 换到其他车上继续使用

125. 变速器输出轴(   )拧紧力矩为100 N·m。

A. 螺钉   B. 螺母   C. 螺栓   D. 任意轴

126. 从动盘铆钉埋入深度不小于(　　)mm，超过极限值时，应更换从动盘总成。

A. 0. 2 　　　　　 B. 0. 3 　　　　　 C. 0. 4 　　　　　 D. 0. 6

127. 检测蓄电池的相对密度，应使用(　　)检测。

A. 密度计 　　　 B. 电压表 　　　 C. 高率放电计 　　　 D. 玻璃管

128. 给蓄电池充电，选择充电电流为蓄电池额定容量的(　　)。

A. 1/5 　　　　　 B. 1/10 　　　　 C. 1/15 　　　　 D. 1/25

129. 静态检测方法即用万用表测量晶体管调节器各接柱之间的静态(　　)。

A. 电压 　　　　 B. 电流 　　　　 C. 电阻 　　　　 D. 电容

130. 制冷剂装置的检漏方法中，检测灵敏度最高的是(　　)。

A. 肥皂水检漏法 　 B. 卤素灯检漏法 　 C. 电子检漏仪检漏 　 D. 加压检漏法

131. 桑塔纳 2000GLI 型轿车 AFE 型发动机的机油泵齿轮啮合间隙磨损极限为
(　　)mm。

A. 0. 10 　　　　 B. 0. 20 　　　　 C. 0. 50 　　　　 D. 0. 30

132. 检验气门密封性，常用且简单可行的方法是用(　　)。

A. 水压 　　　　　　　　　　 B. 煤油或汽油渗透

C. 口吸 　　　　　　　　　　 D. 仪器

133. 变速器第一轴的轴向间隙不大于(　　)mm。

A. 0. 05 　　　　 B. 0. 10 　　　　 C. 0. 12 　　　　 D. 0. 15

134. 制动蹄摩擦衬垫磨损量为(　　)mm。

A. 2. 5 　　　 B. 5 　　　 C. 3 　　　 D. 1 　　　 E. 无要求

135. 用(　　)测量气缸的磨损情况。

A. 量缸表 　　　 B. 螺旋测微器 　　　 C. 游标卡尺 　　　 D. 以上均正确

136. 用百分表检查从动盘的摆差，其最大极限为(　　)mm。

A. 0. 2 　　　　　 B. 0. 3 　　　　　 C. 0. 4 　　　　　 D. 0. 6

137. 用反力式滚筒试验台检验时，驾驶员将车辆驶向滚筒，位置摆正，变速器置于
(　　)，起动滚筒，使用制动。

A. 倒档 　　　　 B. 空档 　　　　 C. 前进低档 　　　 D. 前进高档

138. JFT126 型调节器 S 与 E 接柱之间的电阻为(　　)。

A. 4600~5000kΩ 　 B. 7. 5~8kΩ 　　 C. 3. 0kΩ 　　 D. 550kΩ

139. 汽车空调的诊断参数中没有(　　)。

A. 风量 　　　　 B. 温度 　　　　 C. 湿度 　　　　 D. 压力

140. 凸轮轴轴颈磨损的圆柱度误差大于(　　)mm 时，应更换凸轮轴。

A. 0. 10 　　　　 B. 0. 05 　　　　 C. 0. 025 　　　 D. 0. 015

141. 发动机连杆轴承轴向间隙使用极限为(　　)mm。

A. 0. 40 　　　　 B. 0. 50 　　　　 C. 0. 30 　　　　 D. 0. 60

142. 差速器壳承孔与半轴齿轮轴颈的配合间隙为(　　)mm。

A. 0. 05~0. 15 　 B. 0. 05~0. 25 　 C. 0. 15~0. 25 　 D. 0. 25~0. 35

143. 转向器中蜗杆轴承与蜗杆轴配合的最大间隙不得大于原计划规定的(　　)mm。

A. 0. 002 　　　 B. 0. 006 　　　 C. 0. 02 　　　 D. 0. 20

144. 变速驱动桥阀体上固定螺栓有（　　）个。

A. 5　　　　　　　　B. 7　　　　　　　　C. 9　　　　　　　　D. 10

145. 钢板弹簧应该视需要进行（　　）处理恢复弹性。

A. 冷处理　　　　　B. 热处理　　　　　C. 不需要　　　　　D. 以上均正确

146. 从伺服油缸作用孔（　　）压缩空气，制动带应该制动。

A. 吹入　　　　　　B. 放出　　　　　　C. 不变　　　　　　D. 以上均正确

147. 用百分表检查主减速器壳上安装差速器轴承的承孔的同轴度，其误差应不大于（　　）mm。

A. 0. 01　　　　　　B. 0. 02　　　　　　C. 0. 03　　　　　　D. 0. 04

148. 汽车转向轮侧滑量的检测应在（　　）上进行。

A. 制动试验台　　　B. 滚筒试验台　　　C. 侧滑试验台　　　D. 操作平台

149. 蓄电池电解液面高度要求高出隔板上沿（　　）。

A. 5～10mm　　　　B. 10～15mm　　　　C. 15～20mm　　　　D. 20～25mm

150. 汽车电器万能试验台是用于汽车（　　）性能试验的综合性设备。

A. 车身　　　　　　B. 底盘　　　　　　C. 发动机　　　　　D. 空调

151. 起动机电刷与换向器的接触面不低于（　　）。

A. 50%　　　　　　B. 60%　　　　　　C. 70%　　　　　　D. 80%

152. 凸轮轴轴向间隙的允许极限为（　　）mm。

A. 0. 10　　　　　　B. 0. 15　　　　　　C. 0. 025　　　　　D. 0. 015

153. 拧紧 AJR 型发动机气缸盖螺栓时，应分（　　）次拧紧。

A. 3　　　　　　　　B. 4　　　　　　　　C. 5　　　　　　　　D. 2

154. 发动机热磨合时，水温最好控制在（　　）℃左右。

A. 50　　　　　　　B. 70　　　　　　　C. 90　　　　　　　D. 100

155. 变速器壳体平面的平面度误差应不大于（　　）mm。

A. 0. 10　　　　　　B. 0. 15　　　　　　C. 0. 20　　　　　　D. 0. 25

156. 后制动鼓同时起（　　）作用。

A. 车轮　　　　　　B. 轮胎　　　　　　C. 轮毂　　　　　　D. 以上均正确

157. 更换踏板时，必须测量调整制动踏板的（　　）。

A. 自由间隙　　　　B. 自由行程　　　　C. 工作行程　　　　D. 以上均正确

158. 钢板弹簧座上 U 形螺栓孔及定位孔的磨损量应不大于（　　）mm，否则，进行堆焊修理。

A. 0. 2　　　　　　B. 0. 6　　　　　　C. 1　　　　　　　D. 1. 4

159. 使用的指针式万用表型号不同，测得的发电机（　　）接柱之间的阻值不同。

A. "F"与"E"　　　B. "B"与"E"　　　C. "B"与"F"　　　D. "N"与"F"

160. 起动系线路电压降应不大于（　　）。

A. 2V　　　　　　　B. 1V　　　　　　　C. 0. 5V　　　　　　D. 0. 2V

161. 天气寒冷时，向车内提供暖气，以提高车厢内温度的装置是（　　）。

A. 制冷装置　　　　B. 暖风装置　　　　C. 送风装置　　　　D. 加湿装置

162. 压缩机电磁离合器前锁紧螺母的拧紧力矩为（　　）。

A. 20～30N·m　　　　B. 34～41N·m　　　　C. 50～60N·m　　　　D. 40～50N·m

163. 检测凸轮轴轴颈磨损的工具是(　　)。

A. 百分表　　　　　　B. 外径千分尺　　　　C. 游标卡尺　　　　　D. 塑料塞尺

164. 非分散型红外线气体分析仪使用前，先接通电源，预热(　　)min 以上。

A. 20　　　　　　　　B. 30　　　　　　　　C. 40　　　　　　　　D. 60

165. 低档、倒档制动带(　　)调节螺钉。

A. 共用　　　　　　　B. 单独　　　　　　　C. A、B 均不对　　　D. A、B 均正确

166. 桑塔纳 JF1913 型发电机，"F" 与 "E" 接柱之间的阻值为(　　)。

A. 5～7Ω　　　　　　B. 3.5～3.8Ω　　　　C. 2.8～3.2Ω　　　　D. 2.8～3.0Ω

167. 变速器输入轴、输出轴不得有裂纹，各轴颈磨损不得超过(　　)mm。

A. 0.01　　　　　　　B. 0.02　　　　　　　C. 0.03　　　　　　　D. 0.06

168. 起动线路电压降应(　　)0.2V。

A. 大于　　　　　　　B. 小于　　　　　　　C. 不大于　　　　　　D. 不小于

169. 制动鼓内径磨损量不超过(　　)mm。

A. 1　　　　　　　　B. 2　　　　　　　　C. 3　　　　　　　　D. 5

170. 用量缸表测量气缸时，当大指针沿顺时针方向离开 "0" 位时，表示气缸直径(　　)标准尺寸的缸径。

A 小于　　　　　　　B. 等于　　　　　　　C. 大于　　　　　　　D. 大于等于

171. 汽油燃烧抗爆性能的指标是(　　)。

A. 辛烷值　　　　　　B. 蒸发性　　　　　　C. 清洁性　　　　　　D. 十六烷值

172. 防冻液的冰点要比使用地区的最低气温低(　　)。

A. 1T　　　　　　　　B. 2T　　　　　　　　C. 39℃　　　　　　　D. 5℃

173. 国产汽车类别代号中的第一位数字如果是 6，它代表(　　)。

A. 轿车　　　　　　　B. 牵引汽车　　　　　C. 客车　　　　　　　D. 越野车

174. (　　)的功用就是将蓄电池的电能转变为机械能，产生转矩，起动发动机。

A. 起动系　　　　　　B. 润滑系　　　　　　C. 传动系　　　　　　D. 发电机

175. 起动机的控制机构种类有机械操纵式和(　　)式两类。

A. 电磁操纵　　　　　B. 增速机构　　　　　C. 传动机构　　　　　D. 减速机构

176. 汽车灯具的种类可分为前照灯、防雾灯、(　　)、仪表灯和工作灯等。

A. 示宽灯　　　　　　B. 牌照灯　　　　　　C. 远光灯　　　　　　D. 顶灯

177. 开起罐装制冷剂，所使用的工具是(　　)。

A. 螺钉旋具　　　　　B. 扳手　　　　　　　C. 开启阀　　　　　　D. 棘轮扳手

178. 汽车暖风装置的功能是向车内提供(　　)。

A. 冷气　　　　　　　B. 暖气　　　　　　　C. 新鲜空气　　　　　D. 适宜气流的空气

179. 检查制冷系统高低压侧制冷剂压力的工具是(　　)。

A. 气压表　　　　　　B. 油压表　　　　　　C. 电压表　　　　　　D. 歧管压力表

180. 风窗洗涤装置按照控制方式不同分为(　　)、脚踏控制和电机驱动式三种。

A. 手动控制　　　　　B. 开环控制　　　　　C. 闭环控制　　　　　D. 自动控制

181. 四冲程柴油机工作时，柴油在(　　)时进入气缸。

A. 进气行程   B. 接近压缩终了   C. 接近行程做功终了   D. 排气行程

二、判断题

1. （ ）举升器按控制方式的不同只分为电动式、气动式两种。

2. （ ）活塞环拆装钳是一种专门用于拆装活塞环的工具。

3. （ ）活塞环拆装钳是一种专门用于拆装气门弹簧的工具。

4. （ ）气门弹簧拆装钳是一种专门用于拆装气门弹簧的工具。

5. （ ）工件旋转时，可以用千分尺测量尺寸大小。

6. （ ）使用量缸表测量时，必须使量杆与气缸的轴线保持垂直。

7. （ ）QFC-4 型微电脑发动机综合分析仪可判断柴油机喷油提前角。

8. （ ）安全气囊传感器按结构分可分为开关式、线性式和电子式三种类型。

9. （ ）安全气囊传感器按结构分可分为机械式、电子式和机电结合式三种类型。

10. （ ）汽车防盗装置分为触摸式和电子式两种类型。

11. （ ）汽车防盗装置分为机械式和电子式两种类型。

12. （ ）汽车空调的作用是在封闭的空间内，对暖风、温度及洁净度进行调节。

13. （ ）汽车空调的作用是在封闭的空间内，对温度、湿度、流速及洁净度等进行调节。

14. （ ）独立式暖风装置可分为独立气暖式暖风装置和独立水暖式暖风装置。

15. （ ）除湿加热装置，用以保持车内温度适宜。

16. （ ）衡量汽车空调质量的指标主要有风量、温度、压力和清洁度。

17. （ ）衡量汽车空调质量的指标主要有温度、湿度、流速和清洁度。

18. （ ）不同地区、不同气候条件，可采用单一暖气或单一冷气功能的空调。

19. （ ）氟利昂 R12 无色无味，容易使人中毒。

20. （ ）所有汽车都安装有空气净化装置。

21. （ ）有的汽车安装有空气净化装置。

22. （ ）独立热源式加热系统可分为独立热源气暖式和独立热源水暖式。

23. （ ）温度、湿度、流速和清洁度是汽车空调的诊断参数。

24. （ ）按点火方式不同，汽车发动机可分为点燃式和压燃式两种。

25. （ ）游标卡尺内量爪测量内表面，外量爪测量外表面。

26. （ ）多缸发动机各气缸的工作容积之和，称为发动机的排量。

27. （ ）曲柄连杆机构由机体组、活塞连杆组和曲轴飞轮组组成。

28. （ ）起动系的功用就是将蓄电池的电能转变为机械能，产生转矩，起动发动机。

29. （ ）起动机控制机构的种类有机械操纵式和增速机构式两类。

30. （ ）起动机控制机构的种类有机械操纵式和电磁操纵式两类。

31. （ ）环境温度越高蓄电池电解液密度越高。

32. （ ）三相桥式整流电路由三相绕组、六个二极管和负载组成。

33. （ ）干荷电蓄电池初次使用，需要进行初充电。

34. （ ）普通铅酸蓄电池初次使用，需要进行初充电。

35. （ ）桑塔纳起动系线路，起动机由点火开关直接控制，无起动继电器。

36. （ ）循环球式转向器中的转向螺杆、螺母传动副的螺纹不是直接接触的。

37. （ ）举升器按控制方式可分为电动式、气动式、液压式、电动液压式和移动式。

38.（　　）示波器为电控发动机常用诊断的通用仪表。

39.（　　）可用外径千分尺测量发动机活塞裙部。

40.（　　）使用百分表检测凸轮轴的弯曲度前应先校表。

41.（　　）桑塔纳起动线路上，点火开关直接控制起动机，无起动继电器。

42.（　　）刮水器用来清除风窗玻璃上的雨水、雪或尘土，确保驾驶员能有良好的视线。

43.（　　）移动式空调维修盒是一个可移动的组合体，具有较全面的维修功能。

44.（　　）为保持轮胎缓和路面冲击的能力，充气标准可高于最高气压。

45.（　　）安装制动防抱死装置（ABS）的车辆制动，可用力踏制动踏板。

46.（　　）打开或松开制冷装置连接管头的方法，可将制冷剂迅速排放。

47.（　　）蓄电池全放电时电解液为0。

48.（　　）变速器盖的变速叉端面磨损量应不大于0.40mm。

49.（　　）曲柄连杆机构由气缸体曲轴箱组、活塞连杆组和曲轴飞轮组组成。

50.（　　）汽车防盗装置分为触摸式、电子式类型。

51.（　　）制动踏板自由行程大于规定值时，必须调整。

52.（　　）转向盘的自由行程越小越好。

53.（　　）用内、外径量具测量，主销衬套内孔磨损超过0.70mm，或衬套与主销的配合间隙超过0.20mm时，应更换主销衬套。

54.（　　）起动系线路电压降应大于0.2V。

55.（　　）汽车防盗装置分为键式、电子钥匙式。

56.（　　）桑塔纳2000GLI型轿车AFE型发动机的机油泵主从动齿轮与机油泵盖接合面正常间隙为0.20mm。

57.（　　）发动机气缸套承孔内径修理尺寸的级差为0.5mm，共三个级别。

58.（　　）变速器盖的变速叉端面与变速叉轴孔轴线的垂直度公差为0.40mm。

59.（　　）分动器里程表软轴的弯曲半径不得小于200mm。

60.（　　）给蓄电池补充充电时，应检查电解液高度，若不足应补加电解液。

61.（　　）所有发电机B与E间的电阻值都应大于10kΩ。

62.（　　）QD124型起动机，全制动试验时，电压8V，电流不大于90A。

63.（　　）汽车底盘由传动系、悬架、转向系和制动系四大部分组成。

64.（　　）活塞由一个止点移动到另一个止点的过程称为冲程。

65.（　　）电扬声器是用电磁控制金属膜片振动而发生的装置。

66.（　　）汽车灯具的种类可分为仪表灯、防雾灯、顶灯、前照灯和工作灯等。

67.（　　）汽车灯具的种类可分为前照灯、防雾灯、远光灯、仪表灯和工作灯等。

68.（　　）闪光继电器的种类有冲击式、电热式、信号式三类。

69.（　　）闪光继电器的种类有电热式、电容式、电子式三类。

70.（　　）汽车空调只能对空气制冷。

71.（　　）水暖式加热系统的热源为发动机冷却水。

72.（　　）维修空调系统应准备带有空调的汽车一台。

73.（　　）维修空调时，若有移动式空调维修台，就无须其他工具。

第**5**章

汽车大修及验收

鉴定要求分析

　　本章内容涉及汽车大修及验收的专业技能，其主要内容包括汽车整车或总成大修、汽车接车验收、汽车修理过程检验、汽车修理竣工检验四个部分。在汽车维修高级工理论知识鉴定考核中，这部分内容是历次考核的重点，特别是汽车主要总成及部件的检验、修理方法及技术要求是重点中的重点，因此，考生在复习备考中，要着重理解和掌握这方面的内容。而要有效地掌握这方面的内容，就应特别注意其方法。对汽车主要总成及部件的检验及修理方法，要学会寻找规律、触类旁通，不能死记硬背；对修理的技术要求则只能重复记忆。

 # 知识点阐述

5.1　汽车整车或总成大修

5.1.1　汽车修理的分类

汽车修理是指汽车零件及总成修理的总和。汽车修理按作业范围分为汽车大修、总成大修、汽车小修和零件修理四类。

（1）汽车大修　汽车大修是指新车或经过大修后的车辆，在行驶一定里程（或时间）后，经过检测诊断和技术鉴定，用修理或更换汽车任何零部件（包括基础件）的方法，恢复汽车的完好技术状况，完全（或接近完全）恢复汽车技术性能的恢复性修理。

（2）总成大修　总成大修是指车辆的总成经过一定使用里程（或时间）后，用修理或更换总成的任何零部件（包括基础件）的方法，恢复其完好技术状况和寿命的恢复性修理。

（3）汽车小修　汽车小修是指用更换或修理个别零件的方法，保证或恢复车辆工作能力的运行性修理。主要是消除车辆在运行过程或维护过程中发生或发现的故障或隐患。

（4）零件修理　零件修理是指对因磨损、变形、损伤等而不能继续使用的零件进行修理，使其恢复良好的技术状态。

5.1.2　汽车零件的清洗

在对汽车装配体进行拆卸后，特别是对使用过的装配体进行测绘时，零件的清洗对提高测量精度、方便测量具有重要的作用。对于轴承、精密配合件、液压元件、密封件以及有特殊清洗要求的零件更为重要。在一般的装配过程中，汽车零件的清洗工作对提高汽车装配质量、延长汽车及零件的使用寿命具有重要的意义。清洗工作做得不好，会使轴承发热和过早失去精度，也会因为污物和毛刺划伤配合表面，使相对滑动的工作面出现损伤，甚至发生咬合等严重事故。由于油路堵塞，相互运动的零件之间得不到良好的润滑，使零件磨损加快。为此，汽车零件在检测前及装配过程中必须认真做好零件的清洗工作。

（1）零件清洗方法　一般对于单件和少量的零部件，在清洗槽内用棉纱或泡沫塑料擦洗或进行冲洗。对于成批大量的零件，则用洗涤机清洗。

（2）常用清洗剂　常用清洗剂有汽油、煤油、柴油、酒精和化学清洗液。

1）工业汽油主要用于清洗油脂、污垢和一般黏附的机械杂质，适用于清洗较精密的零部件。航空汽油用于清洗质量要求较高的零件。

2）煤油和柴油的用途与汽油相似，但清洗能力不及汽油，清洗后干燥较慢，但比汽油安全。

3）化学清洗液，又称乳化剂清洗液，对油脂、水溶性污垢具有良好的清洗能力。这种清洗液配制简单，稳定耐用，无毒，不易燃，使用安全，以水带油，节约能源。如105清洗剂、6501清洗剂，可用于冲洗钢件上以机油为主的油垢和机械杂质。

（3）清洗时注意事项

1）对于橡胶塑料制品，如密封圈等零件，严禁用汽油、煤油或氢氧化钠溶液清洗，以防发胀变形，而应使用酒精、制动液、清水或清洗液等进行清洗。

2）清洗零件时，可根据不同精度的零件，选用棉纱或泡沫塑料擦拭。滚动轴承不能使用棉纱清洗，防止棉纱头进入轴承内，影响轴承装配质量。

3）清洗后的零件，应等零件上的油滴干燥后，再进行装配，以防污油影响装配质量。同时清洗后的零件不应放置时间过长（暂不装配的零件应妥善保管），防止脏物和灰尘弄脏零件。

4）零件的清洗工作，可分为一次清洗和二次清洗。零件在第一次清洗后，应检查配合表面有无碰损和划伤，齿轮的齿部和棱角有无毛刺及螺纹有无损坏。对零件的毛刺和轻微碰损的部位应进行修整。修整时可用油石、刮刀、砂布、细锉进行去刺修光，但应注意不要损伤零件。经过检查修整后的零件，应进行二次清洗。

5.1.3　汽车零件的检验

汽车零件的检验方法可根据检验技术要求的不同，分为外观检验、几何误差的检验、零件隐伤的检验等。

零件的外观检验主要检验零件的外部是否有明显的破裂、较大的划痕或锈蚀，零件是否有显著的裂纹、变形或磨损。

零件因磨损引起尺寸的改变及因变形引起几何误差的变化，需运用通用或专用的测量量具进行测量，通过测量来确定零件的技术状况，是零件检验的重点。

零件隐伤检验时，由于损伤在零件的内部，有隐蔽的缺陷，必须采用专用的方法进行检验，一般有磁力探伤法、荧光探伤法、水压试验法等。

高速旋转的组件会由于磨损、变形或拆装不当而破坏其平衡状态，维修时应重新平衡，需用专用平衡仪检验。

1. 汽车零件几何误差的检验

零件几何误差的检验是汽车修理技术检验中的重要项目，关系到汽车的维修质量和使用寿命，必须认真做好。

（1）圆度与圆柱度误差的检验　以同一横截面上测得的最大与最小直径差的一半作为圆度误差值。圆柱度误差的测量，在汽车维修中常以沿轴线长度上任意方位和任意截面测得的最大与最小直径差的一半作为圆柱度误差值。

圆度和圆柱度的测量通常用于孔类和轴类零件，如发动机的气缸承孔或气缸的磨损的检验，曲轴轴颈磨损的检验，凸轮轴轴颈磨损的检验等。

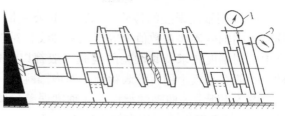

（2）圆跳动的检验　圆跳动的检验包括径向圆跳动的检验和轴向圆跳动的检验。前者的测量方向与基准轴线垂直且相交，测量面为垂直于基准轴线的同一正截面；后者的测量方向与基准轴线平行，测量面是与基准轴线同轴的圆柱面。图 5-1 所示为曲轴飞轮凸缘的径向圆跳动和轴向圆跳动的检验。其检验基准为两端主轴颈的公共轴线。

图 5-1　曲轴飞轮凸缘的径向圆跳动
和轴向圆跳动的检验
1、2—百分表

检验时将曲轴两端主轴颈支承在置于平板上的两块 V 形架中，并使曲轴在轴向定位。被测曲轴回转一周的过程中，百分表 1 读数的最大差值即为待测的飞轮凸缘径向圆跳动值；百分表 2 读数的最大差值则为待测的飞轮凸缘外端面轴向圆跳动值。在测轴向圆跳动时，若未指定测量半径，则可将百分表的测头置于所测端面的最大回转半径处测量。

（3）轴线直线度误差的检验　轴线的直线度是指轴线中心要素的几何误差。

在实际的检验中，轴线的直线度误差常用简单的径向圆跳动来代替，只需要将测得的径向圆跳动数值的一半作为轴线的直线度误差即可。这样获得的检验结果是近似的，但是在汽车维修检验中，已经能够满足技术要求。

直线度的检验多用于轴类零件或孔类零件的检验，特别是在工作时受力易于产生弯曲变形的零件上。如发动机的曲轴、凸轮轴、气缸体的曲轴轴承承孔，底盘的传动轴等。

（4）平面度误差的检验　零件的平面度表示实际平面的不平程度，是零件表面的形状公差。汽车零件上许多重要的平面，如发动机气缸体的上、下平面，气缸盖的下平面，变速器壳体的上平面等，由于工作条件和性能等方面的原因都有平面度要求。

在汽车修理过程中，比较实用的平面度误差的检验方法如图 5-2 所示。

测量时，可取一长度等于或略大于被测平面最大尺寸的刀口形直尺或检验光轴置于平面上，用塞尺检验被测平面与刀口形直尺的刃口，或检验光轴素线之间的间隙大小。按图 5-3 所示各检验位置所测得的间隙最大值，作为整个平面的平面度误差。

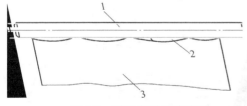

图 5-2　平面度误差检验图
1—光轴　2—塞尺　3—缸体

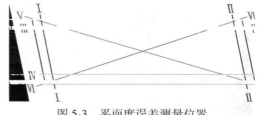

图 5-3　平面度误差测量位置

利用上述方法检验时，对于中凹或中凸平面，刀口形直尺或检验光轴与被测平面间将呈不同的接触状态。对前者，接触部位在两端，自然形成稳定接触，检验时不需调整；而后者，接触部位在中间，形成不稳定接触，检验时应将两端间隙调成等值才能进行测量，否则将会使误差大幅度增加。

50mm×50mm 局部范围内的平面度，应用专用平面度检验仪检验，也可用长 70mm 的刀口形直尺塞尺在该范围内任意方向检测，取其最大间隙值作为该局部的平面度误差。

（5）同轴度误差的检验 同轴度的公差带是以基准轴线为轴线，直径等于公差值的圆柱体。同轴度误差在数值上等于被测轴线相对于基准轴线最大偏离量的两倍。在汽车维修生产中，同轴度要求及其误差的检验一般都以径向圆跳动要求及其检验代替。对各种外圆跳动，一般在平板上用百分表检验；对内圆跳动，一般需使用专用检验仪。

图5-4所示为曲轴轴承承孔同轴度误差检验仪。该检验仪由本体1、百分表2、等臂杠杆3、心轴7等组成。用本体1将检验仪支承在心轴上，通过一块装夹结构将其与心轴固定在一起。在本体上安装着百分表和等臂杠杆。等臂杠杆的一端用球形测头与被测轴承承孔表面接触，另一端则与百分表的测头接触。等臂杠杆的中间用一销轴支承在本体上，从而可将测头所测得的误差值等值地传递给百分表。心轴的作用则是用来模拟作为检测基准的两端曲轴轴承孔公共轴线。

检测时缸体底面朝上，并安装心轴和各道主轴承盖，在心轴位于两承孔之间的部位，安装检验仪，如图5-4所示，然后使测头分别位于承孔的不同测量截面上。再转动心轴，测量其径向圆跳动值，并取各测量截面中的最大径向圆跳动值作为该道主轴承承孔轴线对两端主轴承承孔公共轴线的同轴度误差。然后，取下检验仪，改变其在心轴上的安装部位，对不同的主轴承承孔重复上述操作，便可获得所有主轴承承孔的同轴度误差。

2. 汽车零件隐伤的检验

检验汽车零件隐伤的方法有：磁力探伤法、荧光探伤法、水压试验法等。

（1）磁力探伤法 汽车维修中的待检零部件主要是用钢铁材料制成的，探伤的目的主要是探查有无表面和近表面裂纹。磁力探伤对铁磁质零部件的表面和近表面的探伤灵敏度都比较高，且无毒，对零部件的形状、表面要求和技术要求及投资要求都较低，而且直观方便。因此，在汽车维修的无损探伤方法中，目前采用磁力探伤法比较多。

1）磁力探伤原理及方法。磁力探伤是利用电磁原理来检验金属零件的隐蔽缺陷，适用于能被磁化的金属零件隐伤的检验。其原理是当磁通量通过被检零件时，若零件内部有裂纹，则在裂纹部位会由于磁力线的外泄形成局部磁极，产生一对有S、N极的局部磁场，如图5-5所示，若在零件表面上喷洒磁性铁粉，或使铁粉与油的混合液通过零件表面，铁粉就被磁化并吸附在裂纹处，从而显现出裂纹的位置和大小及裂纹方向。

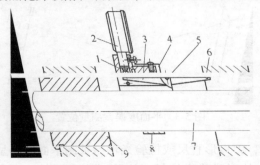

图5-4 曲轴轴承承孔同轴度误差检验仪
1—本体 2—百分表 3—等臂杠杆
4—压簧片 5—轴 6—钢球
7—心轴 8—卡簧 9—定心套

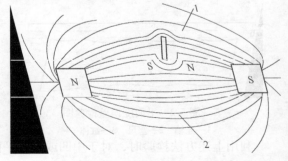

图5-5 磁场在缺陷边缘的分布和磁极的形成
1—横切磁力线的缺陷 2—平行于磁力线的缺陷

用磁力探伤法检验零件时，根据裂纹可能产生的位置和方向，可采用纵向磁化法及周向磁化法和联合磁化法。

2）磁力探伤工艺。磁力探伤的工序包括预处理、磁化、施加磁粉（或磁悬液）、检验、退磁和后处理等。

探伤前零件的预处理工作主要是消除零件表面的油污、铁锈等。干法探伤时，零件表面应充分干燥；使用磁悬液时，零件上不应有水分；有非导电覆盖层（如油漆层）的零件必须通电磁化时，应将其清除干净。

零件经磁化检验后，必须进行退磁，否则，会因有磁性吸附铁屑，导致零件在使用中产生磨损。退磁方法有直流退磁法和交流退磁法。

直流退磁法适用于直流磁化的零件，它是利用原直流磁场不断改变其磁场方向，并逐渐将磁化电流降低到零。

交流退磁法是将零件从交变磁场中慢慢退出或者将零件放在交变磁场中，逐渐减少磁场电流，直至电流为零。

零件探伤完毕应进行后处理，如用磁悬液检验的零件，可用汽油或煤油等溶剂去掉零件上残存的磁粉。

（2）荧光探伤法　荧光探伤是利用渗透到缺陷内的荧光物质，在紫外线激发后发出可见光，将零件表面上的缺陷显示出来的方法。

荧光探伤适用于从表面开始的裂纹，不仅能检验能被磁化的金属零件，还能检验不能被磁化的其他金属零件以及非金属零件。

检验零件表面缺陷时，在零件表面涂一层渗透性好的荧光剂，它能渗透到零件表面细微的裂纹中去，保持 10～20min，再经过 20～30℃的水的冲洗，然后在 85℃温度下快速烘干 1～2min 后，在零件表面上均匀地撒上一层氧化镁干粉，10～15min 后，用压缩空气吹掉多余的粉末，再用紫外线灯进行照射，就可以显现裂纹的部位、大小、方向。

（3）水压试验法　发动机缸体、缸盖和散热器等零件裂纹的检验，通常采用水压试验的方法进行，如图 5-6 所示。其方法是将气缸盖及气缸衬垫装在气缸体上，将水压机的出水管接头与气缸前端水泵入口连接好，堵住其他水道口，然后将水压入水套，在 300kPa～400kPa 的压力下，保持 5min，观察气缸体和气缸盖有无渗漏。如果发现气缸体、气缸盖由里向外有水珠渗出，表明该处有裂纹。

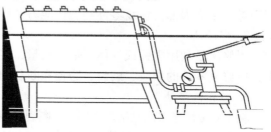

图 5-6　气缸体、气缸盖的水压试验

3. 汽车零件平衡的检验

造成零件和组合件产生不平衡的原因有零件的尺寸误差大；零件的材料质量不均匀；装配误差使零件的旋转中心或轴线发生偏移；零件磨损或加工使同轴度误差加大；使用不当导致零件弯曲、凹陷或破裂等。汽车的平衡分为静平衡和动平衡。

（1）汽车零件静平衡及其检验　静不平衡是由于零件的质心偏离了其旋转轴线而引起的。汽车零件的静平衡要求一般是针对径向尺寸较大而轴向尺寸较小的盘形零件，如飞轮、离合器从动盘、制动盘等提出的。零件的静平衡检验在一个专门的检验台架上进行。

（2）汽车零件动平衡及其检验　动不平衡是由于零件的质心偏离了其旋转轴线或零件的惯性主轴与其旋转轴线不重合而引起的。汽车零件的动平衡要求一般是针对轴向尺寸较大而径向尺寸较小的轴类零件，如发动机曲轴、底盘传动系的传动轴等提出的，质量较大的轮胎也有动平衡要求。

应该指出，即使是完全处于静平衡状态的零件，仍有可能是动不平衡的。

在汽车修理作业中，动不平衡程度的检验一般是在专用的检验装置如曲轴动平衡机、传动轴动平衡机上进行的。

5.1.4　汽车零件的修复

汽车零件的修复方法包括机械加工修复法、焊修法、粘接修复法、校正修复法以及喷涂和喷焊修复法。

1. 机械加工修复法

机械加工修复法是零件修复中最基本、最重要和最常用的修复方法，包括：修理尺寸法、附加零件修理法（镶套修理法）、局部更换修理法和转向翻转修理法。

（1）修理尺寸法　修理尺寸法是修复配合副零件磨损的一种方法，它是将待修配合副中的一个零件利用机械加工的方法恢复其正确几何形状并获得新的尺寸（修理尺寸），然后选配具有相应尺寸的另一配合件与之相配，恢复配合性质的一种修理方法。

（2）附加零件修理法（镶套修理法）　附加零件修理法（镶套修理法）是对零件的磨损部位或损伤部位，用过盈配合方式镶上新的金属套，使零件恢复到原尺寸或技术状况的修复方法。

（3）局部更换修理法　局部更换修理法就是将零件需要修理（磨损或损坏）的部分切去，重制这部分零件，再用焊接或螺纹联接方式将新换上的部分与零件基体连在一起，经最后加工恢复零件的原有性能的方法。

（4）转向翻转修理法　转向翻转修理法是将零件的磨损或损坏部分翻转一定的角度，利用零件未磨损部位恢复零件的工作能力的一种修复方法。

2. 焊修法

焊修法是利用电弧或气体火焰的热量，将焊条和零件金属熔化，使焊丝金属填补在零件上，以修复零件的裂纹、破裂、磨损和断裂的方法。主要有铸铁件的焊修、铝合金焊修。

3. 粘接修复法

粘接修复法是采用黏结剂把裂纹、断裂或两个独立零件进行粘补或连接的一种工艺方法。在汽车修理中，粘接可用于缸体、散热器、蓄电池壳的堵漏密封，制动蹄与摩擦衬片连接等。

4. 校正修复法

校正修复法是指利用外力或火焰使零件产生新的塑性变形，消除原有变形，恢复零件的正确形状的方法。

5. 喷涂和喷焊修复法

（1）喷涂　喷涂是利用火焰或电弧的热量将钎料加热至熔化状态，并用高速气流雾化后高速喷射到预处理的工件表面，获得修复层的修复方法。

（2）喷焊　喷焊是利用火焰或电弧的热量将合金粉末加热至熔化状态，并用高速气流雾化后高速喷射到预处理的工件表面，然后再加热重熔，从而使涂层与金属零件的表面熔焊在一起的修复方法。

5.1.5 汽车主要总成部件的修理

1. 气缸的修理

（1）气缸修理尺寸的确定 确定气缸的修理尺寸，主要是为镗磨缸，选配活塞、活塞环提供依据。几种常见车型发动机气缸的修理尺寸见表5-1。发动机大修时气缸修理尺寸常用+0.50mm、+1.00mm。

（2）气缸镗削量的确定

1）气缸镗削量的计算在修理尺寸确定后，选择同一级修理尺寸的活塞，镗削时必须按活塞的实际尺寸进行，可通过下式计算气缸的镗削量 X。

$$X = D_{max} - D_{min} + \Delta - C$$

式中 X——气缸的镗削量（mm）；

D_{max}——活塞最大直径（mm）；

D_{min}——气缸最小直径（mm）；

Δ——气缸与活塞的配合间隙（mm）；

C——气缸磨削余量。

表 5-1 发动机气缸修理尺寸 （单位：mm）

尺寸 等级 \ 机型	气缸直径加大	气缸直径			桑塔纳	
		CA6102	EQ6100	BJ492Q	1.8L	1.6L
标准尺寸	0.00	$101.60^{+0.02}_0$	$100.00^{+0.06}_0$	$92.00^{+0.036}_0$	81.01	79.51
一级修理尺寸	+0.25	$101.85^{+0.02}_0$	$100.25^{+0.06}_0$	$92.25^{+0.036}_0$	81.26	79.76
二级修理尺寸	+0.50	$102.10^{+0.02}_0$	$100.50^{+0.06}_0$	$92.50^{+0.036}_0$	81.51	80.01
三级修理尺寸	+0.75	$102.35^{+0.02}_0$	$100.75^{+0.06}_0$	$92.75^{+0.036}_0$	82.01	80.51
四级修理尺寸	+1.00	$102.60^{+0.02}_0$	$101.00^{+0.06}_0$	$93.00^{+0.036}_0$	—	—

气缸与活塞的配合间隙 Δ，不同车型要求不同，一般在 0.02~0.06mm 之间。气缸磨削余量跟设备的精度和操作人员的技术水平有关，常选取 0.03~0.05mm。

2）气缸镗削次数确定。气缸镗削量确定之后，根据镗缸机允许的吃刀量和工艺过程的要求，确定镗削次数和每次镗削的吃刀量。铸铁气缸由于气缸表面的硬化层和磨损不均匀，造成镗刀负荷不均匀，吃刀量过大易产生振动，影响镗削质量，因此，第一刀吃刀量一般为 0.03~0.05mm；中间的几刀可大一些，但一般不要超过镗缸机所允许的最大吃刀量；为了提高加工精度和减小表面粗糙度的值，最后一刀吃刀量也选 0.03~0.05mm。

（3）气缸的镗削 气缸镗削的目的是恢复气缸原有的技术要求，包括气缸的圆度、圆柱度、垂直度、表面粗糙度等。现在常用的镗缸设备基本有两种：固定式镗缸机和移动式镗缸机。小型企业多采用移动式镗缸机，现以 T8014 型移动式镗缸机为例介绍镗缸工艺。

T8014 型移动式镗缸机如图 5-7 所示，它是以气缸体上平面为镗缸定位基准，镗孔直径范围为 65~140mm，最大镗孔深度为 370mm，主轴转速为 250r/min 和 380r/min，主轴进给量为 0.11mm/r，最大吃刀量为 0.5mm。

在气缸镗削之前，必须完成对气缸体的焊补、镶套、镶气门导管和镶气门座圈等修理工作，以免镗磨气缸后气缸体变形。

气缸的镗削工艺如下：

1）检修气缸体的上平面。若有不平或杂质，要用油石或细锉刀修平并擦洗干净，以免影响镗缸机的定位，使镗杆倾斜，镗出的气缸轴线与曲轴轴线不垂直，影响修理质量。

2）安装镗缸机。将镗缸机底座擦拭干净，放置在气缸体上平面上，使镗缸机镗杆对正需进行镗削的气缸孔，初步固定镗缸机。

3）安装定心指。根据气缸直径选择一套长度相适应的定心指。清洁定心指并插入镗杆定心指孔内，用弹簧箍紧，然后转动定心指旋钮，使定心指收缩。

4）选择镗削中心。按镗削的气缸轴线与气缸原轴线是否重合，镗削中心可用同心法和偏心法进行选择。

同心法一般是以"缸肩"定中心，若"缸肩"动过，则改用气缸底部定中心，使镗缸机主轴轴线与原设计气缸轴线相重合，这样可以恢复原设计要求。

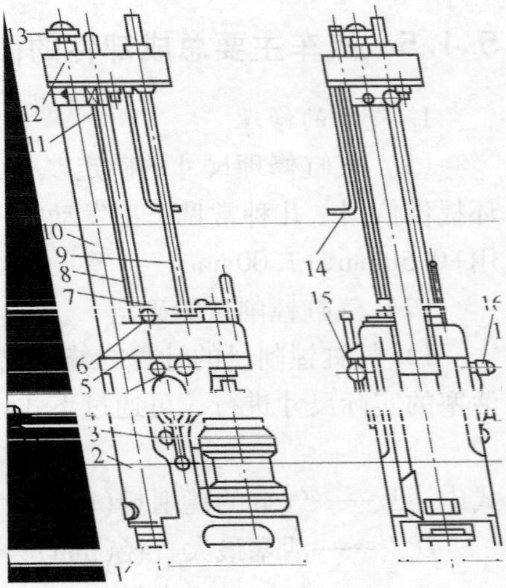

偏心法是以气缸最大磨损部位定中心。由于气缸磨损不均匀，定中心时，使镗缸机主轴向磨损较大的方向偏移，因此称其为偏心法。

同心法镗缸保证了原设计配合精度，但金属镗削量较大，气缸镗削次数少。偏心法镗缸金属镗削量小，可进行多次镗削，但精度较低，偏到一定程度时，将影响发动机的使用寿命，因此，建议尽可能采用同心法镗缸。

5）调整镗刀。根据气缸直径选择刀架和镗刀，将镗刀装入刀架，再将刀架装入镗杆头上的刀架孔内，然后用专用的测微器调整镗刀，直到调整完毕，如图5-8所示。

6）镗削参数的选择。镗削参数的选择通常是指镗头转速、进给量和吃刀量的选择。应根据气缸材料的硬度、气缸直径、刀具性能、镗削工序等要求合理选择。气缸材料硬度高、气缸直径大时，应采用低转速，进给量和吃刀量也不应太大。一般情况下，镗削第一刀和最后一刀的吃刀量为 0.025～0.05mm，其余各刀为 0.07～0.08mm。吃刀量过大时，刀杆将产生振动，影响表面加工精度和表面粗糙度。

7）镗削。将镗刀降至气缸口，用手转动镗头，检验吃刀量的多少，镗刀在气缸圆周的各个方向吃刀量是否均匀。可以进行试镗，镗至气缸口下 10mm 处，用量缸表测出镗削实际尺寸，并与镗缸机的测微器进行比较，确定其误差，便于再次调整时予以修正。

8）校正自动停刀装置。根据所镗气缸的深度，校正自动停刀控制杆的位置，然后进行

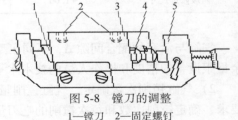

图 5-7　T8014 型移动式镗缸机

1—镗头　2—机体　3—放油孔　4—油杯
5—变速器　6—注油孔　7—磨刀轮
8—升降丝杠　9—光杆　10—镗杆
11—张紧轮装置　12—带轮箱
13—定中心控制旋钮　14—自动停刀装置
15—开关　16—进给量变换杆　17—升降把手

图 5-8　镗刀的调整
1—镗刀　2—固定螺钉
3—刀架　4—调整螺钉　5—测微器

镗削。

9）缸口倒角。每镗好一缸，应随时用刀刃的角度在气缸上口镗出倒角，便于活塞与活塞装入气缸，同时也保证了生产安全。

10）质量检查。气缸镗削后的质量要求是：同一发动机各缸应镗成同一级修理尺寸；气缸壁表面粗糙度的值不超过 $Ra1.6\mu m$；预留有一定的磨削量（一般为 $0.03\sim0.04mm$）；气缸上口倒角符合要求；气缸轴线对曲轴主轴承孔轴线垂直度误差不大于 $0.05mm$；圆柱度误差不大于 $0.01mm$。

（4）气缸的磨削 气缸经镗削加工后，表面存有螺旋形的加工刀痕。为了减小气缸壁表面粗糙度的值，达到气缸加工的最终要求，延长气缸和活塞的使用寿命，必须对气缸壁表面进行最后一次精加工。磨缸的主要加工工具是带有砂条的珩磨头，如图 5-9 所示。

珩磨头依靠气缸孔内圆定位，与磨缸机主轴挠性连接，因此可以消除主轴与气缸轴线的偏差。珩磨头由磨缸机主轴带动旋转，并做上下往复运动。气缸壁经过珩磨，条形油石从气缸壁表面磨去薄薄的一层金属，留下相互交叉的细微网纹，如图 7-10 所示。

图 5-9　珩磨头
1—接头座　2、4—箍簧　3—磨条导片
5—连接杆　6—磨条　7—调整盘

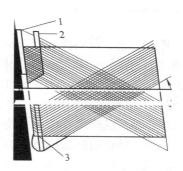

图 5-10　珩磨网状轨迹
1—前进行程开始时的磨条位置
2—返回行程终了时的磨条位置
3—前进终了时的磨条位置

磨削时的圆周速度与往复运动速度在磨削中形成的交角，是影响磨缸质量和表面粗糙度值的主要因素。磨缸的程序和注意事项如下：

1）安装气缸体。清洁、检查气缸表面，选择好珩磨头、条形油石，做好磨缸前的准备工作。

2）安装磨缸头。把条形油石装在磨缸头上，把磨缸头放在气缸中，安装在磨缸机主轴上，调整磨条对缸壁的压力。压力大、效率高，但表面粗糙度的值大；压力小，气缸易磨成"锥形"。

3）选好磨缸参数。磨头的圆周速度一般取 $60\sim70r/min$；往复运动速度：粗磨时取 $15\sim20m/min$，精磨时取 $20\sim25m/min$。

4）珩磨气缸。先粗磨、后精磨，磨缸顺序为"隔缸镗磨"。珩磨时要使磨缸主轴、磨缸头和气缸的轴线在同一直线上；要加切削液（柴油或煤油中加 $15\%\sim20\%$ 机油），用来冷却缸体和清洗磨屑。

5）质量检查。珩磨后的气缸表面粗糙度的值不得超过 $Ra0.41\mu m$；气缸的圆度误差不大于 0.0075mm，圆柱度误差不大于 0.01mm。湿式缸套的圆柱度误差不大于 0.0125mm。气缸若有微量锥形应上小下大。活塞与气缸的配合间隙应符合规定，配合间隙应在室温下进行测量。用活塞试配时，先将活塞和气缸擦拭干净，把不带活塞环的活塞倒置在气缸内，在活塞裙部无膨胀槽一侧，夹入规定厚度的塞尺，一手握住活塞，一手用弹簧秤拉出塞尺，如图 5-11 所示。其拉力应符合表 5-2 的规定，各缸之间的拉力差不得超过 9.8N。

表 5-2 用塞尺检查活塞与气缸配缸间隙时的拉力

标准 项目 机型	配合间隙/mm	塞尺长度/mm	塞尺宽度/mm	塞尺厚度/mm	拉力/N
CA6102	0.015~0.035	200	13	0.05	29~34
EQ6100	0.05~0.07	200	13	0.05	19.6~29.4
BJ492Q	0.05~0.07	200	13	0.05	29.4~44.1
桑塔纳	0.025~0.045	200	12~15	0.03	9.8~24.5

（5）镶气缸套 气缸镗削超过最后一级修理尺寸，或气缸壁上有特殊损伤时，可镶套（干式）或换套（湿式），以延长气缸体的使用寿命。

干式气缸套的镶配应注意以下问题：

1）根据气缸套的外形尺寸，将气缸镗到所需尺寸，保证气缸与缸套的良好结合。气缸体第一次镶套时，应选用外径尺寸最小的缸套，以便提高发动机的修理次数。若非第一次镶套，可用专用工具将旧缸套拉出，如图 5-12a 所示，或用镗缸机镗削掉。

2）镶配缸套的技术要求。镶配表面粗糙度的值为 $Ra1.6\mu m$；圆柱度误差不大于 0.01mm；留有适当的压入过盈量：带有凸缘的为 0.05~0.07mm，无凸缘的为 0.07~0.10mm。选用有凸缘的气缸时，应在气缸体上端镗出凸缘槽，凸缘槽口每边有不小于 0.05mm 的间隙。

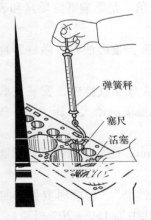

图 5-11 检查活塞与气缸的配合间隙

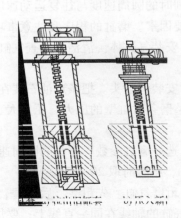

图 5-12 干式气缸套的更换

3）镶配缸套时，应在气缸套的外壁涂以润滑油，放正气缸套，垫上平整垫木，用压床徐徐压入，或用手操纵专用压具压入新缸套，如图 5-12b 所示。压力应逐渐增加，不能过大或过小。为了防止气缸体变形，应采用隔缸压入。

4）检查。气缸套压入后，应与气缸体上平面平齐，不得低于气缸体上平面；若有高出，不得超过 0.10mm，高出部分可用锉削、磨削修平。

5）镗磨。气缸套镶配完毕后，进行水压试验，不漏水后，按气缸需要的修理尺寸，进行镗削和光磨。

湿式气缸套的镶配应注意以下问题：

1）拆卸旧缸套，可轻轻敲击缸套底部取出，清理气缸体内污垢，气缸体与气缸套的结合处保持洁净，气缸体上下承孔的圆度和圆柱度误差应不大于 0.015mm。

2）压入气缸套，压入前应装入新的涂以白漆的防漏水橡胶密封圈。气缸套与座孔的配合应符合机型的规定。

3）检查。装入气缸套后，按不同机型要求，检查气缸套端面高出气缸体顶面的距离。距离过大或过小，可用调换气缸套的垫片进行调整。

4）湿式套缸因压入时用力不大，缸内径未受影响，因而可以不再进行光磨加工。

2. 曲轴的修理

（1）曲轴轴颈的修磨　当轴颈的圆度和圆柱度未超过规定限度，轴颈表面仅有擦伤、起槽、疤痕和烧蚀，以及轻微的磨损时，可用砂布、磨石、锉刀等手工修复。当轴颈磨损量大，其圆度和圆柱度超过规定限度时，可按修理尺寸进行光磨，曲轴磨床通常用 MQ8260 型（图 5-13）和 MQ8230 型磨床。

1）曲轴修理尺寸的确定。曲轴轴颈修理尺寸的确定，是根据各轴颈中磨损量最大的轴颈来确定的。曲轴主轴颈和连杆轴颈应分别磨削成同一级修理尺寸，以便各自选配同一尺寸的轴承。曲轴主轴颈和连杆轴颈的修理尺寸级差为 0.25mm，汽油机一般分 6~8 级，柴油机一般分 10~12 级。几种常见车型发动机的曲轴轴颈修理尺寸见表 5-3。

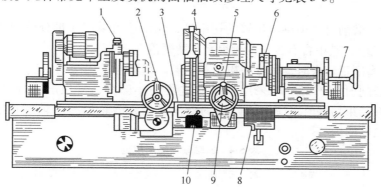

图 5-13　MQ8260 型曲轴磨床

1—左卡盘定位手柄　2—工作台纵向移动手轮　3—工作台机动手动选择手柄
4—磨削液开关　5—横向进给手轮　6—右卡盘定位手柄　7—配重块　8—按钮台
9—横向进给刻度盘调整手轮　10—砂轮架快速进退手柄

表 5-3　常见车型发动机的曲轴轴颈修理尺寸　　　　　　　　　　（单位：mm）

尺寸 等级 / 机型	CA6102		EQ6100		BJ492Q		桑塔纳(1.8L)	
	主轴颈	连杆轴颈	主轴颈	连杆轴颈	主轴颈	连杆轴颈	主轴颈	连杆轴颈
标准尺寸	$75^{0}_{-0.02}$	$62^{0}_{-0.02}$	$75^{0}_{-0.02}$	$62^{0}_{-0.02}$	$64^{0}_{-0.018}$	$58^{0}_{-0.018}$	$54.00^{-0.022}_{-0.042}$	$47.80^{-0.022}_{-0.042}$
-0.25	$74.75^{0}_{-0.02}$	$61.75^{0}_{-0.02}$	$74.75^{0}_{-0.02}$	$61.75^{0}_{-0.02}$	$63.75^{0}_{-0.018}$	$57.75^{0}_{-0.018}$	$53.75^{-0.022}_{-0.042}$	$47.55^{-0.022}_{-0.042}$
-0.50	$74.50^{0}_{-0.02}$	$61.50^{0}_{-0.02}$	$74.50^{0}_{-0.02}$	$61.50^{0}_{-0.02}$	$63.50^{0}_{-0.018}$	$57.50^{0}_{-0.018}$	$53.50^{-0.022}_{-0.042}$	$47.30^{-0.022}_{-0.042}$
-0.75	$74.25^{0}_{-0.02}$	$61.25^{0}_{-0.02}$	$74.25^{0}_{-0.02}$	$61.25^{0}_{-0.02}$	$63.25^{0}_{-0.018}$	$57.25^{0}_{-0.018}$	$53.25^{-0.022}_{-0.042}$	$47.05^{-0.022}_{-0.042}$
-1.00	$74.00^{0}_{-0.02}$	$61.00^{0}_{-0.02}$	$74.00^{0}_{-0.02}$	$61.00^{0}_{-0.02}$	$63.00^{0}_{-0.018}$	$57.00^{0}_{-0.018}$	—	—
-1.25	—	—	—	—	$62.75^{0}_{-0.018}$	$56.75^{0}_{-0.018}$	—	—
-1.50	—	—	—	—	$62.50^{0}_{-0.018}$	$56.50^{0}_{-0.018}$	—	—

2）曲轴主轴颈的磨削。

① 定位基准的选择。磨削曲轴轴颈时，定位基准选择是否恰当，对曲轴磨削质量的好坏影响较大。曲轴磨削的基准尽可能与制造时的加工定位基准一致，如制造基准被破坏，应加以修复或选择磨损小处为基准，这样才能使磨削后的曲轴轴线与制造时的轴线保持一致，提高加工精度。曲轴飞轮凸缘外圆表面、后端滚动轴承座孔、曲轴定时齿轮轴颈、起动爪螺孔等加工精度都比较高，与曲轴轴颈的摆差也较小，可以作为主轴颈磨削的定位基准。

② 砂轮的选择。磨削曲轴轴颈时，一般选用普通氧化铝，以陶瓷为黏结剂的砂轮。

③ 磨削规范。磨削规范的选择，要保证轴颈表面淬火层不退火，轴颈表面不产生裂纹，其规范见表 5-4。

④ 切削液。磨削时必须供给足够的切削液，切削液可采用质量分数为 2%~3% 的碳酸氢钠水溶液（质量），其中含有少量的肥皂水和防锈液。

⑤ 磨削。磨削量较大时，可分为粗磨和精磨。粗磨时采用"切入法"磨削，进给量较大，可以缩短磨削时间；精磨时采用"纵向进给法"磨削，可以磨去轴颈表面刀痕，如图 5-14 所示。在结束精磨时，应停止砂轮的横向进给，砂轮沿整个轴颈长度空走一两次，以减小表面粗糙度的值。

表 5-4　曲轴轴颈磨削规范

方法 / 参数	砂轮圆周速度 /(m·min⁻¹)	轴颈圆周速度 /(m·min⁻¹)	横向进给量 /mm	切入法横向进给量 /(mm·次⁻¹)	砂轮纵向速度 /(m·s⁻¹)
粗磨	25~30	12~15	0.010~0.015	0.02~0.05	
精磨	30~40	15~25	0.003~0.005		<15

3）连杆轴颈的磨削。

① 选择磨削方法。磨削方法有同心法和偏心法两种，如图 5-15 所示。

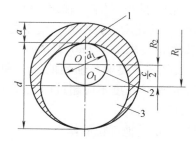

图 5-15　同心法与偏心法磨削比较

1—曲轴臂　2—连杆　3—曲轴主轴颈

R_1—不同心法磨削后曲轴臂半径

R_2—同心法磨削后曲轴臂半径

a—连杆轴颈靠近主轴颈侧多磨削的偏移量

d—不同心法磨削后连杆轴颈直径

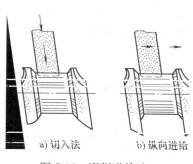

a) 切入法　　　b) 纵向进给

图 5-14　磨削进给法

同心法是磨削后与制造时的轴颈轴线保持同心，位置不变，可保持原来的压缩比不变，增大磨削尺寸的间隔，但磨削量大，曲轴的使用寿命较短。

偏心法也称不同心法，磨削时按磨损后的轴颈表面定位，这时连杆轴颈的轴线位置和曲柄半径均发生了变化，磨削后曲柄半径大于原曲柄半径，使活塞上移，压缩比增大，且各缸变化不均匀。用偏心法磨削可以减少轴颈的磨削量，增加曲轴的修理次数；但各缸变化不一样，压缩比不同，引起曲轴的不平衡。

由上述分析可知，偏心法磨削后，曲轴臂半径增大 $a/2$（图 5-15），压缩比也相应地增大了，这样不仅会引起发动机突爆，还会引起活塞撞击缸盖。偏心法多用于汽油机曲轴连杆轴颈的磨削，采用时尽量减少轴颈轴线的偏移量，力求各轴颈的偏磨量一样；柴油机对压缩比变化比较敏感，一般不用偏心法磨削曲轴。

② 装夹定位。一般以定时齿轮直径和飞轮凸缘外圆表面为定位基准面。当曲轴经过初步调整位于水平位置后，用 K 形规检查两个连杆轴颈的高度，偏差值不得超过 0.15mm，如图 5-16 所示。当一个连杆轴颈调整到与磨床主轴轴线重合后，再将 K 形规移至另一连杆轴颈上，轴颈应与 K 形规的两个平面靠合。若轴颈与 K 形规一面靠合，另一面有间隙 G，则表示曲轴有扭转。当 Ω 值未超过曲臂夹角允许的偏差值时，为了尽可能选用前面的修理尺寸，可微量转动曲轴，使轴颈在 K 形规两侧的间隙相等，即每边间隙为 $a/2$。这样调整后，该轴颈磨削量减小，而另一面轴颈磨削量增加，两轴颈磨削量趋于相等，延长了曲轴的使用寿命。

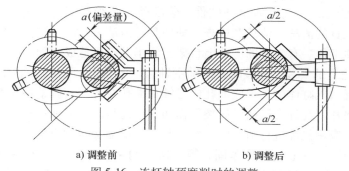

a) 调整前　　　　　　　　b) 调整后

图 5-16　连杆轴颈磨削时的调整

4）轴颈的技术要求。轴颈磨削后，用抛光工具在抛光夹上涂以抛光膏，夹在轴颈上以 40~60r/min 的速度进行抛光，或用抛光机进行抛光，目的是减小轴颈表面粗糙度的值，表面粗糙度的值要求小于 $Ra0.21\mu m$。

5）其他技术要求。轴颈的圆度和圆柱度误差不超过 0.015mm；直径偏差为 $-0.020~+0.015mm$；轴颈长度不应超过标准长度 0.3mm；圆角 $R1~R3mm$；轴颈上的油孔应有的倒角 $C1$，并去除毛刺。

（2）曲轴其他部位的修理

1）起动爪螺纹孔的修理。曲轴起动爪螺纹孔的螺纹损伤超过 2 牙，磨损松旷时，可用加大螺纹孔的方法修复，但应注意不能损伤螺纹孔倒角。

2）曲轴后端轴承承孔的修理。曲轴后端变速器第一轴轴承承孔与轴承配合的过盈为 0.021~0.028mm；若磨损松旷，或与曲轴轴线不重合，其径向圆跳动误差超过 0.06mm 时（在轴承承孔座内测量），应对轴承承孔镶套修复。保证变速器第一轴与曲轴轴线重合，避免变速器齿轮产生噪声，加速磨损，甚至造成变速器跳档。

3）曲轴后端凸缘的修理。曲轴后端安装飞轮的凸缘端面应与曲轴轴线垂直，在轴向边缘测量时，轴向圆跳动误差应不大于 0.06mm，若超过此标准，应予以修复或加垫片调整，以防止飞轮工作时偏摆。飞轮螺栓孔磨损变形应予以修复，螺栓与孔的配合间隙为 0~0.07mm，最大不得超过 0.10mm。

4）定位基准的修理。曲轴轴颈磨削的定位基准一般为定时齿轮轴颈和曲轴后端凸缘外表面。为保证其同心度，要求定时齿轮轴向圆跳动误差不大于 0.03mm；后端凸缘外表面径向圆跳动误差不大于 0.04mm，否则应进行修整校正。

5）定时齿轮的修理。定时齿轮不得有裂纹和击伤，与轴颈的配合应符合规定。定时齿轮上的键槽若有磨损、缺损应予以修复，修复加工后的键槽应符合原尺寸规定。

6）曲轴带轮的修理。曲轴带轮不得有破裂或轮槽宽度不均的现象，带轮轮毂孔与其轴颈的配合要符合规定。曲轴带轮油封的磨损超过 0.20mm 时，应予以修复。修复后的油封应与曲轴轴线同心，其径向圆跳动误差不应大于 0.05mm。安装带轮的轴颈对曲轴轴线的径向圆跳动误差不得大于 0.05mm。带轮槽对曲轴轴线的径向圆跳动误差不得大于 1mm。

5.1.6　发动机总成的装配

（1）准备工作　做好场地、所需工具、设备的清洁准备工作，将合格的发动机组装零部件摆放到位，并保持清洁。

（2）气缸体的装配　气缸体是基础件，装配前，必须对气缸体的表面，尤其是油道，配合安装面进行认真的清洗、清洁和检查。即使是已清洁装好的气缸体，整机装配前，也应再次重复进行此项工作。有条件的应装上台架，便于发动机总成装配。

（3）曲轴飞轮组的安装　安装时，曲轴主轴盖、主轴承（大瓦）、止推垫片按标记并注意方向和对应位置，气缸体的轴承座油孔应与轴瓦油孔对齐，有调整垫片按调试的位置安放调整垫片，调整垫片不允许有皱褶、破裂等损伤。轴瓦与曲轴主轴颈、曲轴油封、止推垫片等的滑动接触面，应用机油进行适当的润滑。紧固轴承盖螺栓时应采用多次、均匀、对称的方法紧固到规定力矩。一般分四次紧固，第一次大约紧固到规定力矩的 30%，第二次大约紧固到规定力矩的 60%，第三次大约紧固到规定力矩的 90%，第四次紧固到规定力矩。在第二次拧紧时，每拧紧一道轴承，转动几圈曲轴，以便了解轴承盖紧固情况。及时发现异常现象，全部拧紧后用手扳动飞轮或曲柄，应能转动、阻力均匀、无阻滞现象，使曲轴旋转的灵活性和轴向间隙达到规定的要求。

飞轮的安装根据结构的不同有需先安装曲轴飞轮组的，但现代汽车一般是先装配曲轴轴承，后装配曲轴油封，再装配飞轮和曲轴正时齿轮。装配油封时可在油封与支承座结合面上涂上汽车专用密封胶，以防油封漏油，而在与曲轴的密封部位涂上机油。

（4）活塞连杆组的安装　活塞、连杆、连杆轴瓦应按标记配对，检查安装方向并与气缸对号入座是否准确无误，然后进行装配。活塞连杆组的检查与安装步骤如下：

1）将气缸体侧置，用纱布将气缸筒擦拭干净。

2）将每缸对应的活塞连杆组件先不装活塞环从气缸的上部装入气缸中，并把连杆大头的轴承、连杆盖按规定拧紧力矩紧固安装在曲轴连杆轴颈上。

检查：活塞销与活塞销支承座端面与气缸之间的间隙，其值应符合维修手册规定的技术要求。一般约为塞尺定值的1‰，如果不均匀，多为气缸轴线偏移或连杆弯曲所致，应予校正。

摇转曲轴，使活塞分别处于气缸上、下止点和中间三个位置，用塞尺分别测量活塞头部在气缸前后两个方向与气缸壁的间隙，其间隙应符合技术要求。

3）当活塞在气缸中的位置准确无误后，再将各气缸对应活塞环分别套装在对应的活塞上。拆装活塞环必须使用专用工具。

4）装入气缸前，要把各道活塞环开口方向按规定摆放正确，将气缸、活塞外表面、活塞销孔、环槽和环涂上机油。拿起活塞连杆总成，对准缸号、前后记号和方位后，用专用工具将活塞环夹紧在活塞上，再将连杆穿入气缸内，用锤子木柄轻轻敲击活塞顶部，将活塞轻轻敲入气缸中，同时注意连杆大头与曲轴连杆轴颈是否对正，将对应的连杆轴承盖涂上机油，按正确的方位装好，并按规定力矩拧紧连杆螺栓和螺母，有锁紧装置的应按要求锁紧。

5）将各缸活塞连杆组装入气缸并与曲轴连杆轴颈的连接装配完成后，用锤子沿曲轴轴向轻轻敲打连杆盖，连杆大头应能有轻微移动。转动曲轴时，松紧应适度。各缸活塞在上止点时，活塞顶部至气缸体上平面的距离应均匀一致。

（5）气缸盖的安装

1）将气缸垫放在气缸体的上平面上，位置、标记对准。

2）将已组装好的气缸盖总成平稳、轻轻地对准位置放下，应避免放不准而反复移动缸盖使气缸垫的位置移动。

3）插入缸盖螺栓，按规定力矩和顺序分次均匀拧紧。

（6）正时机构的安装　以上置式正时配气机构为例，上置式正时配气机构根据气门间隙的调整方式（液压挺杆自动调节、垫片调节、螺钉调节）的不同，其安装和检验的工艺要求也各有不同，但满足正时及配气的基本要求是一致的。其安装的主要步骤及工艺要求如下：

1）在气缸盖装好后，检查清洁正时配气机构安装的所有零部件。

2）将第一缸活塞置于上止点。上置式正时配气机构的曲轴正时齿轮的正时标记与正时齿轮罩上固定的正时齿轮标记对准，第一缸活塞即处于上止点位置。第一缸活塞是否处于压缩上止点位置，则要根据观察凸轮轴的位置来判断。

3）将凸轮轴与正时齿轮装好，凸轮轴油封在发动机大修时应更换新件。

4）将凸轮轴正时齿轮的正时标记与缸盖或正时齿轮罩上的正时标记对准，并通过凸轮轴的形状进一步确认第一缸处于压缩上止点。

5）检查凸轮轴轴承盖的方位，在凸轮轴轴承滑动接触面上涂上机油，装上凸轮轴总成，紧固凸轮轴轴承盖螺栓时应采用多次、均匀、对称的方法紧固到规定力矩。同时检测凸轮轴的轴向间隙是否符合规定标准。

6）调整垫片式正时配气机构应检查进排气门间隙，并使之达到规定的标准间隙范围内。

7）装上正时V带或正时链条及导链板，调整正时V带张紧轮或正时链条导链板张紧器张紧到规定的程度。

8）检查所装配的正时配气机构的安装标记是否对准，若正时V带或正时链条张紧后标记有误，应重新调整。气门间隙螺钉调节正时配气机构，在正时配气传动机构装配完毕后，应调整进排气门间隙到规定范围。

9）装上气门室盖和正时齿轮盖。发动机大修时气门室盖密封垫应更换新件，并采用多次、均匀、对称的方法紧固到规定力矩。

（7）机油泵和油底壳的安装　安装机油泵时，应注意传动齿轮与凸轮轴上的驱动齿轮的啮合要准确，传动轴和油泵轴要保持良好的同心度。另外，凸轮轴上的油泵齿轮除驱动机油泵外，多数型号的发动机还要用它驱动分电器。安装机油泵时，存在分电器轴与凸轮轴和机油泵的联动关系。曲轴箱附件安装完毕后可安装油底壳，油底壳密封件应更换新件，并按规定力矩对称拧紧。

（8）进、排气歧管的安装　彻底清理进、排气歧管内部，检查其结合面的平面度，确认符合规定后，装上衬垫，再装上进、排气歧管。安装固定螺栓，然后由中间向两端逐次均匀地拧紧。

（9）冷却系的安装

1）安装气缸盖出水管、节温器和冷却液温度感应塞。

2）安装水泵。将衬垫涂以润滑脂，贴在气缸体前面的水泵安装结合面上，将水泵装上，拧紧固定螺钉。

3）安装带轮轮毂和带轮，并按规定力矩拧紧螺母，有自锁开口的应安装开口销。

（10）燃料供给系的安装

1）垫好汽油泵衬垫，安装汽油泵，拧紧固定螺钉，再连接输油管。

2）安装化油器或燃油喷射装置，连接各控制拉杆和输油管。

3）安装空气过滤器。

（11）润滑系其他装置的安装

1）安装加机油管和标尺。

2）安装机油滤清器(粗滤器、细滤器)、机油感应塞，连接管路、加注机油。

（12）其他辅助装置的安装　将风扇、曲轴箱通风管道、空调压缩机、交流发电机、起动机、动力转向油泵等依次安装到发动机机体上。

5.2　汽车接车验收

5.2.1　汽车及总成大修的送修标志

（1）汽车大修送修标志　客车以车厢为主，结合发动机总成；货车以发动机总成为主，结合车架总成或变速器和车桥两个总成符合大修条件。

（2）挂车大修送修标志　车架、前轴、后轴、货厢四个总成中，若车架和其他任一个总成需大修，则进行挂车大修。

半挂车与牵引车同时进行大修。

（3）总成大修送修标志

1）发动机总成送修标志。发动机满足下列条件之一应进行大修：

① 气缸磨损。圆柱度误差达到 0.175～0.250mm 或圆度误差已达到 0.050～0.063mm（以其中磨损量最大的一个气缸为准）。

② 最大功率或气缸压力较标准值降低 25% 以上。

③ 燃料和润滑油消耗量显著增加。

2）车架总成送修标志。车架断裂、锈蚀、弯曲、扭曲变形超过限度，大部分铆钉松动或铆钉孔磨损，必须拆卸其他总成后才能校正、修理或重铆，才能修复。

3）变速器（分动器）总成送修标志。壳体变形、破裂，轴承承孔磨损超过限度，变速齿轮与轴恶性磨损、损坏，需要彻底修复。

4）后桥（驱动桥、中桥）总成送修标志。壳体变形、破裂，半轴套管承孔磨损超过限度，减速器齿轮恶性磨损，需要校正或彻底修复。

5）前桥总成送修标志。前轴裂纹、变形，主销承孔磨损超过限度，需要校正或彻底修复。

6）客车车身总成送修标志。车厢骨架断裂、锈蚀、变形严重，蒙皮破损面积较大，需要彻底修复。

7）货车车身总成送修标志。驾驶室锈蚀、变形严重、破损，或货厢纵、横梁腐朽，底板、栏板破损面积较大，需要彻底修复。

5.2.2　汽车及总成大修的送修规定

送修的汽车应符合有关部门颁发的规定，符合送修汽车的装备规定，严格防止乱拆或任意更换零件和总成。

1）在车辆和总成送厂大修时，其承修、托修双方不仅应当面清点所有随车物件，填写交接清单，还应当面鉴定车况，签订相应的汽车维修合同。汽车维修合同一旦签订后合同双方必须严格执行。

2）汽车送修时，除肇事或特殊情况外，送修车辆必须是在行驶状态下送修，且装备齐全（包括备胎及随车工具等），不得拆换和短缺。

3）总成送修时，应在装合状态，附件、零件均不得拆换和缺少。

4）肇事汽车或因特殊原因不能行驶和短缺零部件的汽车，在签订合同时，作相应的约定说明。

5）车辆或总成在送修时应将汽车大修送修前的车况鉴定书以及有关的车辆技术档案或技术资料随同送厂交承修单位。

5.2.3　汽车大修进厂检验

1. 汽车大修进厂检验

进厂大修的汽车，可通过查阅汽车技术档案、听取驾驶员的反映，进行外部检视和路试，以确定其技术状况。

（1）汽车外部检视

1）检查车容。检视汽车的完整性，装备是否齐全，外部有无损伤或渗漏。

2）检查基础件。如气缸体、变速器机体、前桥、后桥、车架等有无明显裂纹和变形。

3）检查安全机构。如转向、传动、制动等机构是否有松旷、变形、缺损等现象。

4）检查轮胎有无不正常磨损，如有应查明原因。

（2）汽车行驶检验

1）发动机运行情况。察听有无异常响声，各级运转速度是否稳定，排气是否有异常现象，机油压力和冷却水温度是否正常。

2）汽车起步情况。离合器是否有打滑、发抖和分离不彻底现象。变速器是否有挂挡困难或发响现象。

3）汽车在行驶中的情况。制动性能是否良好，转向是否灵活，有无跑偏现象，变速器是否跳挡；车速高时，传动轴和后桥是否有不正常响声，各轴承及密封部位是否有渗漏或发热现象。

汽车通过以上检查后，经分析判断，确定修理项目。

2. 汽车大修进厂检验单

汽车大修进厂检验单是汽车大修进厂时由汽车维修检验员对送修汽车技术状况和装备齐全状况进行鉴定的记录，见表5-5。

表5-5　汽车大修进厂检验单

进厂日期		进厂编号	
厂牌车型		牌照号码	
发动机号码		车架号码	
送修单位		地　址	
送修人		联系电话	
用户报修及车况介绍	此车系驶入或拖入＿＿＿＿＿＿＿＿＿＿总行驶里程＿＿＿＿＿＿＿＿＿＿km 已进行过整车大修＿＿＿＿＿＿＿次　发动机大修＿＿＿＿＿＿＿次 进厂前主要问题＿＿＿＿＿＿＿＿＿＿＿＿＿＿＿＿＿＿＿＿＿＿＿ 此次要求＿＿＿＿＿＿＿＿＿＿＿＿＿＿＿＿＿＿＿＿＿＿＿＿＿＿		
检查发现主要问题及重点修理部位			

（续）

整车装备及附属设施（完整"√"，缺少"×"，损坏"△"）

	检验项目	状况	检验项目	状况	检验项目	状况
底盘部分	离合器		手动变速器		自动变速器	
	主减速器		差速器		轮边减速器	
	分动器		传动轴		转向器	
	转向操纵机构		转向传动机构		制动操纵机构	
	制动管路		制动器 ABS		制动总泵、分泵	
	驻车制动系		车桥		悬架	
	轮胎		车架及车身		内外蒙皮	
	转向助力系统		制动助力系统		底盘控制系统	
照明、信号及电气	前照灯		信号灯		扬声器	
	雨刮装置		空调		蓄电池	
	暖风电动机		仪表盘		防盗系统	
	电气线路		低压报警器		CAN-BUS 系统	
车内及附属设施	收（录）音机		点烟器		灭火器	
	CD 机		座椅		遮阳板	
	天线		电视、音响		安全反射标识	
	随车工具		备胎			
车外及附属设施	驾驶室		车身装饰		车厢	
	油漆涂层		门窗玻璃			
备注						

检验员（签字）：　　　　　　　年　　月　　日	送修人（签字）：　　　　　　　年　　月　　日

汽车整车大修进厂检验单应包括以下内容：进厂编号、牌照号、厂牌、车型、底盘号、发动机型号及号码等、托修单位、送修车辆状态、里程表记录、托修方报修项目（对送修车技术状况的陈述及要求）、车辆装备情况、车辆整车性能试验记录、检修日期、承修方处理意见、检验员签字、承、托、修双方代表签章等。

检验单中字迹应清晰、项目齐全、完整，填写真实、正确。

5.3　汽车修理过程检验

汽车修理过程中的检验是质量控制的重要环节，其内容多、技术要求高，主要包括发动机、底盘、电器及电子设备的检验。

5.3.1　发动机零部件检验

（1）零件检验与分类

1）零件的缺陷检验。

2）零件的磨损与变形检验。

（2）气缸体和气缸盖的检验

1）气缸体和气缸盖变形检验。

2）气缸体和气缸盖裂纹检验。

3）气缸盖燃烧室容积测量。

4）气缸的检验。

① 气缸的磨损检验。

② 气缸修理后的技术要求检验。

5）气缸体和气缸盖螺纹孔的检验。

（3）活塞连杆组的检验

1）活塞的检验。

① 活塞表面裂纹、划痕检验。

② 活塞环槽、销孔的磨损检验。

2）活塞环的检验。

① 活塞环弹力检验。

② 活塞环漏光度检验。

③ 活塞环端隙检验。

④ 活塞环侧隙检验。

⑤ 活塞环背隙检验。

3）连杆的检验。

① 连杆的探伤。

② 连杆弯曲、扭曲变形检验。

③ 连杆大小端轴承轴线位置误差的检验。

4）活塞连杆组装后的检验。

① 活塞裙部椭圆的检验。

② 活塞裙部轴线对连杆大端孔轴线垂直度的检验。

③ 活塞连杆组质量检验。

（4）曲轴及轴承的检验

1）曲轴常见的损伤及检验。

① 曲轴轴颈的磨损和检验。

② 曲轴的变形和检验。

2）曲轴修后检验。

① 曲轴飞轮凸缘的检验。

② 曲轴连杆轴颈回转半径的检验。

③ 曲轴的平衡检验。

3）曲轴轴承的检验。

① 轴承常见损伤和检验。

② 轴承的选配和技术要求。

4）飞轮的检验。

① 飞轮齿圈磨损检验。

② 飞轮与离合器接触工作面的磨损、擦伤检验。

（5）配气机构主要零件检验

1）气门组零件检验。

① 气门的损伤检验。

② 气门导管的磨损和检验。

③ 气门座的损伤检验。

④ 气门弹簧的检验。

2）气门传动组零件的检验。

① 凸轮轴的损伤变形检验。

② 气门挺柱的检验。

③ 链轮、链条和同步带的检验。

（6）冷却、润滑系主要零部件检验

1）冷却系主要零部件检验。

① 散热器的检验。

② 节温器的检验。

③ 水泵的检验。

2）润滑系主要零部件检验。

① 机油泵检验。

② 机油滤清器的装配检验。

（7）燃油供给系的检验

1）汽油机燃油系主要零部件检验。

① 电喷发动机供油系统检验。

② 化油器发动机供油系统检验。

2）柴油机供油系统主要零部件检验。

① 喷油泵的柱塞偶件磨损检验。

② 喷油泵的喷油试验。

5.3.2　底盘主要零部件检验

（1）离合器检验

1）离合器主要零部件检验。

2）离合器装配的检验。

（2）变速器检验

1）变速器主要零部件检验

① 变速器壳体上盖的检验。

② 变速器轴、齿轮、轴承的检验。

③ 同步器的检验。

④ 分动器的检验。

2）变速器装配后检验。

① 各轴跳动及轴向间隙检验。

② 各齿轮啮合间隙、端隙和啮合印痕的检验。

3）手动变速器的磨合与试验。

① 脱档或乱档检验。

② 操纵机构可靠性检验。

③ 响声、抖动、漏油和过热检验。

4）自动液力变速器的性能检验。

① 一般检查。

② 道路试验。

③ 失速检验。

④ 油压试验。

⑤ 延时试验。

（3）万向传动装置检验

1）主要零部件的检验。

① 传动轴管损伤、弯曲检验。

② 花键轴损伤和花键损伤检验。

③ 万向节的损伤、磨损检验。

④ 十字轴的损伤、磨损检验。

⑤ 中间支承及轴承的损伤、磨损检验。

2）装配后的检验。

① 轴向间隙检验。

② 等速性检验。

③ 传动轴总成动平衡检验。

（4）驱动桥检验

1）主要零部件检验。

2）驱动桥装配过程中检验。

3）驱动桥的磨合与试验。

（5）转向桥检验

1）主要零部件检验。

2）转向桥与转向桥系装配后检验。

3）转向动力装置的检验。

（6）制动系检验

1）主要零部件的检验。

① 制动鼓、盘的磨损变形检验。

② 制动蹄片的磨损变形检验。

③ 驻车制动盘的检验。

④ 制动传动装置的检验。

2）制动系的装配检验。

（7）车架的损伤检验

（8）车身及车身涂装检验

5.3.3　电器及电子设备的检验

（1）蓄电池的检验

（2）发电机的检验

（3）起动机的检验

（4）照明、信号设备的检验

（5）仪表、辅助设备的检验

（6）电子控制系统的检验

1）各种传感器的检验。

2）主要工作件的检验。

3）修复后的工作状态测试。

5.3.4　汽车大修过程检验单

汽车大修过程检验单是汽车在大修过程中，由汽车维修检验员对总成及零部件按其修理过程中工艺顺序所进行技术鉴定的记录。

表 5-6 和表 5-7 是部分工艺过程检验表。

表 5-6　汽车气缸（修前）检验表（一）

托修方：　　　　　　　　　　　　　　　　　　　　　　　　　　　　　　　派工号：

承修单位：　　车牌照号：　　　厂牌车型：　　　缸体号：　　　检验日期：　年　　月　　日

气缸	缸序 测量数据 项目			第 1 缸		第 2 缸		第 3 缸		第 4 缸		第 5 缸		第 6 缸	
				最大	最小	最大	最小	最大	最小	最大	最小	最大	最小	最大	最小
气缸（套） 内径原修 理尺寸	实际偏差	横截面	1												
			2												
			3												
			4												
	圆度														
	圆柱度														
	气缸表面状况														
	活塞裙部工作面 直径偏差														
	活塞与缸壁 间隙														
处理意见															

检验员

注：横截面相应位置：1—活塞上止点第一道环位置　2—活塞上止点裙部位置　3—活塞下止点最下一道环位置

　　　4—气缸下边缘无磨损位置

表 5-7 汽车气缸(修前)检验表(二)

托修方: 派工号:

承修单位: 车牌照号: 厂牌车型: 缸体号: 发动机号: 检验日期: 年 月 日

气缸 测量数据 项目 缸序				第1缸		第2缸		第3缸		第4缸		第5缸		第6缸	
				甲	乙	甲	乙	甲	乙	甲	乙	甲	乙	甲	乙
气缸(套)内径原修理尺寸	实际偏差	横截面	1												
			2												
			3												
	圆度														
	圆柱度														
	气缸轴线对曲轴轴线的垂直度														
	新配活塞组装后裙部工作面直径偏差														
	活塞与缸壁间隙														
检验结论															

检验员:

注:甲:与活塞销轴线垂直方向测量值 乙:活塞销轴线方向测量值

横截面相应位置:1—活塞上止点第一道环位置;2—活塞上止点裙部位置;3—活塞下止点最下一道环位置

5.4 汽车修理竣工检验

汽车修理总装后,应由质量检验员按照技术标准,对汽车修理质量进行全面检验,并消除检验中发现的缺陷,填写检验单。竣工检验可以在检测线上进行,也可进行路试检验。

汽车路试检验时应在平坦、干燥、清洁的高级或次高级路面,长度和宽度适应测试要求,纵向坡度≤1%的直线道路上往返进行,测试数据取平均值。

汽车路试检验工艺流程如图 5-17 所示。

5.4.1 汽车修理竣工的一般技术要求和检验

修理竣工的汽车在静态下,通过外部检视,检查汽车外部技术状态,其主要技术要求为:

1)驾驶室、客车厢应形状正确、曲面圆顺、转角处无折结、蒙皮完整、无松弛及机械损伤等缺陷。

2)喷漆颜色应协调均匀、光亮,漆层无裂纹、剥落、起泡、流痕、皱纹等缺陷;刷漆部位不应有明显的流痕和裂纹,不刷漆部位不应有漆痕;漆表面硬度应符合有关标准的规定。

3)驾驶室、客车厢、货厢、保险杠及翼子板应左右对称;离地高度差为:驾驶室、客车厢、保险杠、翼子板应小于等于 10mm,货厢应小于等于 20mm;保险杠、翼子板安装应端正、牢固,货厢边板、铰链应铰接牢固、启闭灵活,边板关闭后,缝隙应小于等于 5mm。检查时将汽车停放在平坦的路面上,用钢直尺进行测量。

4)各总成、零部件和附件应齐全、完好、有效,安装应符合原厂规定。

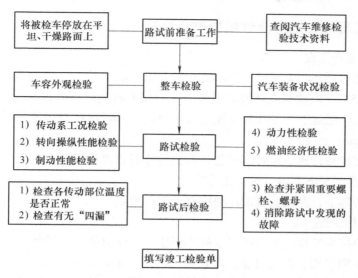

图 5-17 汽车路试检验工艺流程

5）门窗应启闭灵活、关闭严密、锁止可靠、缝隙均匀不松旷。门窗玻璃应采用安全玻璃，前风窗玻璃应采取夹层玻璃或部分区域钢化玻璃。

6）转向机构各连接部位不应有松旷现象，且锁止可靠。

7）离合器踏板、制动踏板自由行程和驻车拉杆有效行程应符合原厂规定；采用液压制动的汽车，制动踏板在规定压力下保持 1min，踏板不应有向下移动的现象。

8）轮胎气压应符合原厂规定；轿车或挂车轮胎胎冠上的花纹深度应大于等于 1.6mm，其他机动车转向轮应大于等于 3.2mm，其余轮胎胎冠花纹深度大于等于 1.6mm；轮胎胎面不得暴露出轮胎帘布层；胎面与胎壁上不得有长度超过 2.5cm、深度足以暴露出轮胎帘布层的破裂或割伤；同轴上装用的轮胎型号和花纹应相同；汽车转向轮不得装用翻新胎。

9）车轮圆跳动量。总质量小于等于 4.5t 的汽车应小于等于 5mm，其他汽车小于等于 8mm，可用直角尺或钢直尺测量。车轮动不平衡量应符合有关规定。

10）照明及各种信号装置应齐全、有效，符合 GB 4785—2007 中的有关规定；各种仪表应装备齐全、完好、有效；各种线路布置应合理，接头牢固，导线包扎固定可靠，不得有裸露、破损、老化现象，线束通过孔洞时应有防护套且距排气管距离应小于等于 3mm；各部导线及电器元件不得有漏电现象。

11）各种油嘴应安装正确、齐全、有效；润滑油（脂）规格质量及添加量应符合原车规定。

12）汽车左右轴距差应符合有关规定，用钢直尺进行测量。

13）汽车整备质量及各轴负荷分配不得大于原设计的 3%。

14）关键紧固件其拧紧力矩应符合原车规定，锁定可靠；一般紧固件应牢固可靠，不得有松动现象。

15）铆接件的结合面应紧贴，铆钉应充满钉孔，不松动，不得用螺栓代替，钉头不应有裂纹、歪斜和残缺现象。

16）焊缝应平整、光滑，不应有夹渣、裂纹等缺陷。

5.4.2 汽车修理竣工的主要性能要求和检验

（1）发动机运转工况

1）发动机起动顺利，无异响，发动机在正常工作温度下，5s以内能起动；柴油机在环境温度大于等于5℃，汽油机在环境温度大于等于-5℃时应起动顺利。

2）在正常工作温度下，发动机怠速运转应稳定，其转速应符合原设计规定，转速波动应小于等于50r/min。

3）发动机在各种转速下运转应平稳，改变转速时过渡应圆滑，突然加速或减速时不得有突爆声，在正常工况下不得过热，无异响。

4）在规定转速下，发动机机油压力应符合原厂规定。

（2）传动机构工况

1）离合器应接合平稳、分离彻底、操作轻便、工作可靠、无异响。

2）变速器换档轻便、准确可靠，无异响，正常工况下不得过热。

3）传动轴及中间轴承应工作正常，无松旷、异响；中间轴承不得过热。

4）差速器、主减速器应工作正常、无异响，正常工况下不得过热。

（3）转向操纵工况

1）用前束尺和前轮定位仪等测量汽车车轮前束、主销内倾、主销后倾、车轮外倾，这些参数应符合原设计规定。

2）用侧滑试验台测量转向轮侧滑量应小于5m/km。

3）用转向盘转动测量仪测量转向盘最大自由转角应符合GB 7258—2017中的要求。

4）按照GB/12540—2009中有关规定，测量汽车最小转弯直径应符合原设计要求。

5）机动车在平坦、硬实、干燥和清洁的道路上行驶不得跑偏，其转向盘不能有摆振、路感不灵或其他异常现象。

（4）汽车的动力性

1）用底盘测功机进行测量，汽车底盘输出功率、汽车的加速时间应符合有关规定要求。

2）用路试检测国产汽车带限速装置，以直接档空载行驶，从初速度20km/h加速到40km/h的时间应符合表5-8的规定；进口汽车的加速时间应符合原设计要求。

表5-8　加速时间的规定

发动机额定功率与汽车自重之比/(kW·t^{-1})	加速时间/s
7.35~11.03	<30
>11.03~14.71	<25
>14.71~18.39	<20
>18.39~36.77	<15
>36.77	<10

（5）汽车的经济性

1）用底盘测功仪、油耗计等进行测量，汽车等速百公里油耗应符合有关规定。

2）用路试检测国产汽车带限速装置，以直接档空载行驶，在经济车速下，每百公里燃油消耗量应不高于原设计规定值的85%，汽车走合期满后，每百公里燃油消耗量应不高于

原设计规定。进口汽车油耗应不高于原车规定。

（6）汽车的滑行性能

1）滑行距离

① 用底盘测功仪进行测量时，汽车在台架上的滑行距离应符合有关规定。

② 路试测量。用五轮仪按 GB/T 12536—2017《汽车滑行试验方法》中的规定测量，汽车空载以初速度 30 km/h，摘挡滑行应满足表 5-9 给出的要求（双轴驱动汽车取 f 为 0.8，单轴驱动汽车取 f 为 1）。

2）滑行阻力

在干燥平坦的沥青或混凝土路面上用拉力计测量滑行阻力，汽车的滑行阻力应不超过汽车整备质量的 1.5%。

（7）汽车的制动性能

1）路试检验。应符合 GB 7258—2017《机动车运行安全技术条件》中的有关规定。

2）台试检验。应符合 GB 7258—2017《机动车运行安全技术条件》中的有关规定。

表 5-9　滑行距离规定

汽车整备质量/t	滑行距离
≤4	160 f
>4~5	180 f
>5~8	220 f
>8~11	250 f
>11	270 f

（8）前照灯

1）机动车每个前照灯的远光光束发光强度应符合 GB 7258—2017《机动车运行安全技术条件》中的有关规定。

2）前照灯光束照射位置应符合 GB 7258—2017《机动车运行安全技术条件》中的有关规定。

（9）车速表

1）用检视方法检查车速表的波动情况，要求汽车稳定运行时，车速表指针不得有明显的上下摆动。

2）用车速表试验台测量车速表应符合 GB 7258—2017《机动车运行安全技术条件》中的有关规定。

（10）排放

1）汽油车怠速污染物排放，用废气分析仪按 GB/T18285—2018《汽油车污染物排放限值及测量方法（双怠速法及简易工况法）》中的有关规定测量，要求汽油机怠速污染排放应符合其中的有关规定。

2）柴油车自由加速污染物排放，用烟度计按 GB/T 3847—2018《柴油车污染物排放限值及测量方法（自由加速法及加载减速法）》中的有关规定测量，要求柴油车自由加速污染物排放应符合其中的有关规定。

（11）噪声　用声级计按 GB 1495—2002《汽车加速行驶车外噪声限值及测量方法》中有关规定测量，测量结果应符合 GB 7258—2017《汽车滑行试验方法》中的有关规定。

（12）密封性

1）防雨密封性。按 QC/T 476—2007《客车防雨密封性限值及试验方法》中的规定进行测量和检视，客车防雨密封性限值应符合其规定；货车的门窗及防雨设施应齐全、完好、有效，不得有漏水现象。

2）防尘密封性。货车防尘密封性装置应完好、有效，不应有明显进尘现象。

5.4.3 汽车修理竣工出厂规定

根据《汽车运输业车辆技术管理规定》的规定，汽车修理竣工出厂应符合下列规定：

1）送修车辆或总成修竣检验合格后，承修单位应签发出厂合格证，并将技术档案、修理技术资料和合格证移交送修单位。

2）车辆或总成修竣出厂时，不论送修时的装备（附件）状况如何，均应按照有关规定配备齐全。发动机应安装限速装置。

3）接车人员应根据合同规定，就车辆或总成的技术状况和装备情况等进行验收，如发现确有不符合竣工要求的情况时，承修单位应立即查明，及时处理。

4）送修单位必须严格执行车辆走合期的规定，在保证期内因修理质量发生故障或提前损坏时，承修单位应优先安排，及时排除，免费维修。

5.4.4 汽车维修技术档案

一、二类汽车维修企业对汽车大修、总成大修、二级维护的汽车必须建立汽车维修技术档案，汽车维修竣工出厂实行出厂合格证制度，维修质量不合格的汽车不准出厂。

汽车维修企业在汽车维修竣工出厂时必须按竣工出厂技术条件进行检测，并向托修方提供由质量检验员签发的汽车维修竣工出厂合格证。

汽车在维修时建立维修技术档案，实行出厂合格证制度，是汽车维修质量管理的重要工作，也是保证维修质量的重要措施。

根据 GB/T 15746—2011《汽车修理质量检查评定标准》的要求，汽车修理质量检查评定内容包括：修理质量和检验技术文件的完善程度，检验技术文件是修理质量检查评定的重要内容。

汽车大修基本检验技术文件是在汽车大修过程中，为保证汽车修理质量，汽车修理企业所填制的必要的修理检验单证（简称三单一证）。主要包括：汽车（或总成）大修进厂检验交接单、汽车（或总成）大修工艺过程检验单、汽车（或总成）大修竣工检验单、汽车（或总成）维修竣工出厂合格证。

1. 汽车（或总成）大修竣工检验单

汽车（或总成）大修竣工检验单是汽车大修竣工后，由汽车维修质量检验员对车辆的技术状况进行技术鉴定的记录，见表 5-10。

（1）汽车（或总成）大修竣工检验单的主要内容：

1）进厂编号、托修方、承修单位、牌照号、厂牌、车型、底盘号码、发动机型号及号码、汽车装备状况。

2）汽车改装改造状况、汽车修竣后技术状况、检验记录、检验结论。

3）检验员签章及日期等。

（2）填制要求

1）检验单中字迹应清晰，项目齐全、完整，填写真实、正确。

2）检验项目、要求、方法、名词术语和计量单位应符合国家、行业有关标准及相关汽车修理技术文件的有关规定。

表 5-10　汽车（或总成）大修竣工检验单

托修方　　　　　　　　　　　　　　　　　派工号：

承修单位　　修理级别　　车牌照号　　厂牌车型　　试验日期　　年　月　日

检查项目	技术状况							
发动机	有无异响					明显故障 （包括油、电路及气泵）		
各仪表	※急速机油压力	kPa	※最大充电电流	A	水温表	燃油表	※车速表	气压表
电气设备	灯光		喇叭		发电机及调节器	起动机		蓄电池
驾驶室、车厢、车架及附件				刮水器		倒车镜	※左右轴距差	mm
离合器	※自由行程			分离情况		结合情况	有无异响	
变速器	有无掉档			有无乱档		有无杆抖	有无异响	
传动轴	有无异响		变速时： 高速时：		十字轴、凸缘大螺母、中间支承 是否松旷			
前桥	直驶性能			※前束		左转向角度	右转向角度	
后桥	差速器有无异响				有无过热			
转向机构	※方向游隙	度	转向灵活否		方向机漏油否		拉杆球头及转向各臂 大螺母松旷否	
车轮制动	制动效能	右前	右后		右挂	有无跑偏、发热、咬死	减速度	m/s²
		左前	左后		左挂	制动距离 （km/h）	m	
驻车制动器	操纵杆行程			※制动效能		有无异响、发热		
滑行、动力经济性	※滑行性能			※加速性能		※燃油经济性		
环保性及其他	废气排放		车外噪声	dB		全车油漆	各部四漏	
检验结论	第一次	日期：	第二次		日期：		第三次	日期：

符号：√ 合格 × 不合格　必要时用文字说明　有※符号的为关键项目　　　　　　总检验员签章

检验结论栏内必须填写合格或不合格

2. 汽车维修竣工出厂合格证

汽车维修竣工出厂合格证是承修单位对汽车维修竣工，经过技术鉴定并符合相应标准后的汽车所开具的质量凭证。

（1）汽车维修竣工出厂合格证的主要内容 托修方、车牌照号、车型、发动机型号及号码、底盘号码、维修类别、维修合同号、进出厂日期、检验员签章、承修单位盖章、走合期规定、保质期规定等。

（2）填制要求

1）合格证中字迹应清晰、项目齐全、完整，填写真实、正确。

2）合格证中名词术语应符合国家及行业有关标准中的有关规定。

练习题

真 题 分 析

一、单项选择题

1. 用万用表测量起动机接柱和绝缘电刷之间的电阻为无穷大，则说明（　　）存在断路故障。

A. 电枢绕组 　　　B. 磁场绕组 　　　C. 吸拉线圈 　　　D. 保持线圈

【分析】

本题涉及的知识点是起动机的结构、检测方法及技术要求。起动机接柱和绝缘电刷之间一般串联了若干个磁场绕组，用万用表检测它们之间的电阻，若为无穷大，则说明了磁场绕组存在断路故障。

【答案】B

2. 制冷剂的检漏方法中，最简单易行的方法是（　　）。

A. 肥皂水检漏法 　　B. 卤素灯检漏法 　　C. 电子检漏仪检漏法 　　D、加压检漏法

【分析】

本题涉及的知识点是制冷剂的检漏。制冷剂检漏的方法很多，其中，肥皂水检漏法最简单易行，而电子检漏仪检漏法则最精确，考生要注意区分。

【答案】A

3. 用气缸压力表检测气缸压力时，用起动机带动曲轴转动大约（　　）s。

A. 1~2 　　　　B. 2~3 　　　　C. 1~3 　　　　D. 3~5

【分析】

本题涉及的知识点是气缸压力的检测。检测气缸压力时，有一定的前提条件，比如水温应达到正常值、曲轴转动的速度至少达到150r/min，此外，为使检测的结果更接近真实值，要求要达到不少于两次的压缩（或起动机带动曲轴转动3~5s）。

【答案】D

4. 调节器的检测方法可分为静态检测和（　　）。

A. 电阻检测 　　　B. 搭铁形式检测 　　C. 管压降检测 　　D. 动态检测

【分析】

本题涉及的知识点是发电机电压调节器的检测方法。电压调节器的检测分为静态检测法和动态检测法，静态检测法是指用万用表测量调节器各接柱之间的静态电阻；动态检测法是指检测调节器的动态调节电压。

【答案】D

5. 将机械式万用表的正测试棒(红色)接二极管引出极，负测试棒(黑色)接二极管的另一极。测其电阻大于10kΩ，则该二极管为(　　　　)。

A. 正极管　　　　　B. 负极管　　　　　C. 励磁二极管　　　　　D. 稳压二极管

【分析】

本题涉及的知识点是正、负二极管的判别方法。所谓正二极管是指二极管的中心引线为正，管壳(底)为负；所谓负二极管是指二极管的管壳(底)为正，中心引线为负。用万用表鉴别正负二极管时，要特别注意区分机械式(或指针式)与数字式万用表之间的区别：数字式万用表的红表笔代表正，黑表笔代表负，而机械式万用表则刚刚相反。

【答案】A

二、判断题

1. (　　) 调整轮毂轴承预紧度。将调整螺母旋到底，装上锁止垫，按规定力矩拧紧锁止螺母。

【分析】

本题涉及的知识点是车轮轮毂轴承预紧度的调整方法。车轮轴承预紧度的调整方法是将调整螺母旋到底，然后松 1/4~1/2 圈，装上锁止垫，最后按规定力矩拧紧锁止螺母。

【答案】×

2. (　　) 发动机总成大修送修标志以气缸磨损程度为依据。

【分析】

本题涉及的知识点是发动机总成大修的送修标志。发动机满足下列条件之一应进行大修：

1) 气缸磨损：圆柱度误差达到 0.175~0.250mm 或圆度误差已达到 0.050~0.063mm (以其中磨损量最大的一个气缸为准)。

2) 最大功率或气缸压力较标准降低 25% 以上；

3) 燃料和润滑油消耗量显著增加。

【答案】×

3. (　　) 内搭铁型调节器与外搭铁型调节器试验电路接法相同。

【分析】

本题涉及的知识点是内、外搭铁调节器的区别。内、外搭铁调节器在结构上有区别，内搭铁调节器与内搭铁发电机配合使用，外搭铁调节器与外搭铁发电机配合使用，因此，它们在试验电路的接法上也有区别。

【答案】×

 练习题

模拟试题训练

一、选择题

1. 气缸盖螺纹孔（不包括火花塞孔）螺纹损坏多于（　　）牙需修复。

A. 1　　　　　　B. 2　　　　　　C. 3　　　　　　D. 4

2. 新195和190型柴油机，通过减少喷油泵与机体之间的铜垫片使供油时间变（　　）。

A. 晚　　　　　B. 早　　　　　C. 先早后晚　　　D. 先晚后早

3. 新195和190型柴油机，通过增加喷油泵与机体之间的铜垫片使供油时间变（　　）。

A. 晚　　　　　B. 早　　　　　C. 先早后晚　　　D. 先晚后早

4. 用喷油器试验台对喷油器进行喷油压力检查时，各缸喷油压力应尽可能一致，一般相差不得超过（　　）MPa。

A. 0.15　　　　B. 0.25　　　　C. 0.10　　　　D. 0.05

5. 检查电控燃油喷射系统燃油压力时，应将油压表接在供油管和（　　）之间。

A. 燃油泵　　　B. 燃油滤清器　　　C. 燃油分配管　　　D. 喷油器

6. 输出轴变形的修复应采用（　　）。

A. 热压校正法　　　B. 冷压校正法　　　C. 高压校正法　　　D. 高温后校正法

7. 编制差速器壳的技术检验工艺卡首先应该是（　　）。

A. 裂纹的检验，差速器壳应无裂损

B. 差速器轴承与壳体及轴颈的配合的检验

C. 差速器壳承孔与半轴齿轮轴颈的配合间隙的检验

D. 差速器壳联接螺栓拧紧力矩的检验

8. 编制差速器壳的修理工艺卡中，下列属于技术检验工艺卡项目的是（　　）。

A. 左右差速器壳内外圆柱面的轴线及对接面的检验

B. 主动锥齿轮花键与凸缘键槽的测隙的检验

C. 主动圆柱齿轮轴承与轴颈的配合间隙的检验

D. 裂纹的检验，差速器壳应无裂损

9. 缸体出现裂纹时应该（　　）。

A. 更换新件　　　B. 修复　　　C. 继续使用　　　D. 以上均正确

10. 制动气室外壳出现（　　），可用敲击法修复。

A. 凸出　　　B. 凹陷　　　C. 裂纹　　　D. 以上均正确

11. 万向节出现转动卡滞现象，应（　　）。

A. 只需更换万向节　　B. 更换万向节总成　　C. 更换钢球　　　D. 更换球笼壳

12. 起动机进行空载试验时，若起动机装配过紧，则（　　）。

A. 电流高转速低　　　　　　　　B. 转速高电流低

C. 电流转速均高　　　　　　　　D. 电流转速均低

13. 起动机供电线路，重点检测线路各接点的（　　）情况。

A. 电流　　　　　B. 电压降　　　　　C. 电动势　　　　　D. 电阻

14. 检修空调用的歧管压力表总成一共有( )块压力表。

A. 1　　　　　B. 2　　　　　C. 3　　　　　D. 4

15. 发动机曲轴冷压校正后应进行( )。

A. 正火处理　　　B. 表面热处理　　　C. 时效处理　　　D. 淬火处理

16. 发动机曲轴弯曲常采用冷压校正法修复，校正后还应进行( )。

A. 时效处理　　　B. 淬火处理　　　C. 正火处理　　　D. 表面热处理

17. 发动机气门座裂纹最好的修理方法是( )。

A. 粘接法　　　　B. 磨削法　　　　C. 焊修法　　　　D. 堵漏法

18. 检验发动机气缸盖和气缸体裂纹，可以压缩空气。空气压力为( )kPa，保持5min，并且无泄漏。

A. 294～392　　　B. 192～294　　　C. 392～490　　　D. 353～441

19. 用气缸压力表测试气缸压力前，应使发动机运转至( )。

A. 怠速状态　　　B. 正常工作温度　　　C. 正常工作状况　　　D. 大负荷工况状态

20. 用气缸压力表测试气缸压力时，发动机应达到正常工作温度。其中水冷发动机水温应达到( )℃。

A. 50～60　　　B. 65～70　　　C. 75～85　　　D. 60～85

21. 发动机无外载测功仪测得的发动机功率为( )。

A. 额定功率　　　B. 总功率　　　C. 净功率　　　D. 机械损失功率

22. 在水杯中加热节温器对其进行检查，其打开温度约为( )℃。

A. 70　　　　　B. 50　　　　　C. 78　　　　　D. 87

23. 变速器输出轴修复工艺程序的第一步是( )。

A. 彻底清理输出轴内外表面

B. 根据全面检验的结论，确定修理内容及修复工艺

C. 输出轴轴承的修复和选配

D. 输出轴变形的修复

24. 安装3、4档拨叉轴的小止动块，拧紧输出轴螺母，再将换档叉轴置于( )位置。

A. 一档　　　　　B. 二档　　　　　C. 空挡　　　　　D. 倒档

25. 转向系大修技术检验规范包括( )。

A. 螺杆有损坏　　　B. 螺杆无损坏　　　C. 螺杆有损坏　　　D. 以上均正确

26. 用压缩空气吹入前离合器作用孔时，离合器发出"砰"的响声，则其工作性能( )。

A. 不佳　　　　　B. 损坏　　　　　C. 良好　　　　　D. 以上均正确

27. 万向节球毂花键磨损松旷时，应( )。

A. 更换内万向节球毂　　　　　　B. 更换球笼壳

C. 更换万向节总成　　　　　　　D. 更换外万向节球毂

28. 内、外万向节球毂、球笼壳及钢球严重磨损，应( )。

A. 更换内、外万向节球毂　　　　B. 更换球笼壳

C. 更换钢球　　　　　　　　　　D. 更换万向节总成

29. 下列属于驱动桥装配验收的项目有（　　）。

A. 检查转向盘的自由行程　　　　B. 调整前轮前束

C. 调整最大转向角　　　　　　　D. 装复车轮制动器

30. 利用双板侧滑试验台检测车轮的侧滑量应不大于（　　）m/km。

A. 3　　　　　　B. 5　　　　　　C. 7　　　　　　D. 10

31. 用万用表测量起动机换向器和铁心之间的电阻，应为（　　），否则说明电枢绕组存在搭铁故障。

A. 0Ω　　　　　B. 无穷大　　　　C. 100Ω　　　　D. 1000Ω

32. 起动系试验时时间（　　）。

A. 不宜过长　　　B. 不宜过短　　　C. 尽量长些　　　D. 无要求

33. 气缸盖火花塞孔螺纹损坏多于（　　）牙需修复。

A. 1　　　　　　B. 2　　　　　　C. 3　　　　　　D. 4

34. 对于受力不大、工作温度低于100℃的部位的气缸盖裂纹大部分可以采用（　　）修复。

A. 粘接法　　　　B. 磨削法　　　　C. 焊修法　　　　D. 堵漏法

35. 不分光红外线气体分析仪，对（　　）气体浓度进行连续测量。

A. HC　　　　　B. CO_2　　　　　C. NOx　　　　　D. NO_2

36. 转向器壳体上两蜗杆轴承孔公共轴线与两摇臂轴轴承公共轴线（　　）公差应符合规定。

A. 平行度　　　　B. 圆度　　　　　C. 垂直度　　　　D. 平面度

37. 下列（　　）项磨合时须拆卸汽油机的火花塞或柴油机的喷油器。

A. 冷磨合　　　　B. 热磨合　　　　C. 无负荷磨合　　D. 有负荷磨合

38. 差速器壳体修复工艺程序的第一步是（　　）。

A. 彻底清理差速器壳体内外表面（包括水垢）

B. 根据全面检验的结论，确定修理内容及修复工艺

C. 差速器轴承与壳体及轴颈的配合应符合原设计规定

D. 差速器壳联接螺栓拧紧力矩应符合原设计规定

39. 差速器壳体修复工艺程序的第二步是（　　）。

A. 彻底清理差速器壳体内外表面（包括水垢）

B. 根据全面检验的结论，确定修理内容及修复工艺

C. 差速器轴承与壳体及轴颈的配合应符合原设计划

D. 差速器壳联接螺栓拧紧力矩应符合原设计规定

40. 制动蹄摩擦衬片磨损极限为（　　）mm。

A. 2.5　　　　B. 5　　　　C. 3　　　　D. 1　　　　E. 无要求

41. 车轮动平衡检测时，当平衡机主轴带动车轮旋转时，若车轮质量不平衡，将引起（　　）振动。

A. 被安装车轮主轴的一端　　　　B. 被安装车轮主轴的另一端

C. 主轴　　　　　　　　　　　　D. 前轴

42. 用平板制动试验台检验，驾驶员应以（　　）km/h的速度将车辆对正平板台并驶向

平板。

    A. 5~10　　　　　　B. 10~15　　　　　　C. 10~20　　　　　　D. 20~25

43. 动态检测法可以检测出调节器的(　　)。

    A. 调节电流　　　B. 调节电压　　　C. 电阻　　　　　D. 电容

44. 起动系线路检测方法可分为(　　)，依次选择各个节点进行。

    A. 从后到前　　　B. 从前到后　　　C. 从中间向前向后 D. 以上都可以

45. 发动机曲轴冷压校正后进行时效热处理，其加热后保温时间是(　　)h。

    A. 0.5~1　　　　B. 1~2　　　　　　C. 2~3　　　　　　D. 2~4

46. 如果气缸盖裂纹发生在受力较大或温度较高的部位，则采用(　　)修复。

    A. 粘接法　　　　B. 磨削法　　　　C. 焊修法　　　　D. 堵漏法

47. 如果气缸体裂纹发生在受力较大或温度较高的部位，则采用(　　)修复。

    A. 粘接法　　　　B. 磨削法　　　　C. 焊修法　　　　D. 堵漏法

48. 对于铸铁或铝合金气缸体所出现的裂纹、砂眼最好用(　　)修复。

    A. 粘接法　　　　B. 磨削法　　　　C. 焊接法　　　　D. 堵漏法

49. 柴油发动机喷油器未调试前，应做好(　　)使用准备工作。

    A. 喷油泵试验台　　B. 喷油器试验台　　C. 喷油器清洗器　　D. 压力表

50. 用连杆检验仪检验连杆变形时，若三点规的 3 个测点都与检验平板接触，则连杆(　　)。

    A. 无变形　　　　B. 弯曲变形　　　C. 扭曲变形　　　D. 弯扭变形

51. 用连杆检验仪检验连杆变形时，如果一个下测点与平板接触，但上测点与平板的间隙不等于另一个下测点与平板间隙的 1/2，表明连杆发生(　　)。

    A. 无变形　　　　B. 弯曲变形　　　C. 扭曲变形　　　D. 弯扭变形

52. 转子绕组好坏的判断，可以通过测量发动机(　　)接柱间的电阻来确定。

    A. "F"与"E"　　B. "B"与"E"　　C. "B"与"F"　　D. "N"与"F"

53. 将机械式万用表的正测试棒(红色)接二极管引出极，负测试棒(黑色)接二极管的另一极。测其电阻大于 10kΩ，则该二极管为(　　)。

    A. 正极管　　　　B. 负极管　　　　C. 励磁二极管　　D. 稳压二极管

54. 检测调节器所用的电源应为(　　)。

    A. 12V 直流电源　　B. 12V 交流电源　　C. 可调直流电源　　D. 可调交流电源

55. 用油尺检查压缩机冷冻油油量，油面应在(　　)之间。

    A. 1~2 格　　　　B. 3~5 格　　　　C. 4~6 格　　　　D. 5~7 格

56. 连接空调管路时，应在接头和密封圈上涂上干净的(　　)。

    A. 煤油　　　　　B. 机油　　　　　C. 润滑油　　　　D. 冷冻油

57. 凸轮轴轴颈的圆柱度误差大于(　　)mm 时，应更换凸轮轴。

    A. 0.10　　　　　B. 0.05　　　　　C. 0.025　　　　　D. 0.015

58. 给起动机定子上每个磁场绕组通电，若某个磁极吸力较弱，说明该磁场绕组(　　)。

    A. 断路　　　　　B. 短路　　　　　C. 搭铁　　　　　D. 击穿

59. 加压检漏法是先向制冷剂装置内充入(　　)的高压气体，然后再找出泄漏点。

    A. 1~2kPa　　　　B. 1~2MPa　　　　C. 3~4 kPa　　　　D. 3~4 MPa

60. 凸轮轴轴向间隙的极限为（　　　）mm。

A. 0. 10　　　　　　B. 0. 15　　　　　　C. 0. 025　　　　　　D. 0. 015

61. 变速驱动桥装车的第一步应该（　　　）。

A. 在车下将变速驱动桥移至与发动机对齐。

B. 将变速驱动桥置于专用拆装千斤顶上，插好安全链条。

C. 将变速驱动桥移向发动机，并将变矩器的导向柱插入曲轴导向孔中，以多用途润滑脂润滑变矩器导向柱。

D. 插入 1~2 个变矩器壳体固定螺栓，以固定变速驱动桥位置。

62. 减振器装合后，各密封件应该（　　　）。

A. 良好　　　　　　B. 不漏　　　　　　C. 以上均不对　　　　　　D. 以上均正确

63. 对于配气相位的检查，以下说法正确的是（　　　）。

A. 应该在气门间隙调整前检查　　　　　　B. 应该在气门间隙调整后检查

C. 应该在气门间隙调整过程中检查　　　　　　D. 无具体要求

64. 发动机气缸可用（　　　）修复。

A. 电镀　　　　　　B. 喷涂　　　　　　C. 修理尺寸法　　　　　　D. 铰削法

65. 安装桑塔纳 2000 型轿车 AFE 型发动机正时同步带，应使凸轮轴同步带轮标记与（　　　）平面标记对齐。

A. 曲轴齿轮　　　　　　B. 气门室罩盖　　　　　　C. V 带轮盘　　　　　　D. 同步带张紧轮

66. 发动机气缸体裂纹修复方法中，变形量最小的是（　　　）。

A. 粘接法　　　　　　B. 磨削法　　　　　　C. 焊修法　　　　　　D. 堵漏法

67. 电器万能实验台上，用于调节发电机磁场电流的部件是（　　　）。

A. 可调电源　　　　　　B. 可调电阻　　　　　　C. 可调电容　　　　　　D. 可调电感

68. 一般情况下，机油消耗与燃油消耗比值为（　　　）为正常。

A. 0. 1% ~ 0. 5%　　　B. 0. 5% ~ 1%　　　C. 0. 25% ~ 0. 5%　　　D. 0. 5% ~ 2%

69. 用万用表直流电压档测闪光器电源接线柱的电压应为（　　　）。

A. 0V　　　　　　B. 6V　　　　　　C. 12V　　　　　　D. 18V

70. 不分光红外线气体分析仪，对（　　　）气体浓度进行连续测量。

A. O_2　　　　　　B. CO_2　　　　　　C. NOx　　　　　　D. CO

71. 安装发动机扭曲环时内圆切口应（　　　）。

A. 向上　　　　　　B. 向下　　　　　　C. 向内　　　　　　D. 向外

72. 安装发动机扭曲环时外圆切口应（　　　）。

A. 向上　　　　　　B. 向下　　　　　　C. 向内　　　　　　D. 向外

73. 安装好 AJR 型发动机凸轮轴后，发动机约（　　　）min 内不得起动。

A. 20　　　　　　B. 30　　　　　　C. 40　　　　　　D. 50

74. 活塞环磨损严重，应该（　　　）。

A. 更换新件　　　　　　B. 修复　　　　　　C. 继续使用　　　　　　D. 以上均正确

75. 手动变速器总成竣工验收首先应该（　　　）。

A. 进行无负荷和有负荷试验　　　　　　B. 加注清洁变速器油

C. 用普通声级计测定噪声　　　　　　D. 检视密封状况

76. 发动机曲轴冷压校正后，再进行时效热处理，其加热温度是(　　)℃。

A. 100～200　　　　B. 200～300　　　　C. 600～700　　　　D. 300～500

77. 当发动机曲轴圆度和圆柱度误差超过(　　)mm 时，应按规定的修理尺寸进行修磨。

A. 0.5　　　　　　B. 0.25　　　　　　C. 0.025　　　　　　D. 0.015

78. 气缸体翘曲变形多用(　　)进行检测。

A. 百分表和塞尺　　　　　　　　　B. 塞尺和钢直尺

C. 游标卡尺和钢直尺　　　　　　　D. 千分尺和塞尺

79. 使用发动机废气分析仪之前，应先接通电源，预热(　　)min 以上。

A. 20　　　　　　B. 30　　　　　　C. 40　　　　　　D. 60

80. 使用 FLUKE 98 型汽车示波器测试有分电器点火系统初级电压波形时，菜单应选择(　　)。

A. MENU→IGNITION→DWELL　　　　B. MENU→IGNITION→ADVANCE

C. MENU→IGNITION→SECONDARY　　D. MENU→IGNITION→PRIMARY

81. 发动机电子控制系统故障诊断目前常用的方法有(　　)和利用诊断仪器进行诊断。

A. 人工诊断　　　B. 读取故障码　　　C. 经验诊断　　　D. 自诊断

82. (　　)属于发动机电子控制系统利用仪器诊断最准确的方法。

A. 读取数据流　　B. 读取故障码　　　C. 经验诊断　　　D. 自诊断

83. 安装机油压力传感器时，应使"↑"记号朝(　　)，否则会降低机油压力表指示的准确性。

A. 下　　　　　　B. 前　　　　　　C. 后　　　　　　D. 上

84. 机油压力表必须与其配套设计的(　　)配套使用。

A. 稳压器　　　　B. 化油器　　　　C. 示波器　　　　D. 喷油器

85. (　　)是发动机电子控制系统正确诊断的步骤。

A. 静态模式读取和清除故障码—症状模拟—症状确认—动态故障码检查

B. 静态模式读取和清除故障码—症状模拟—动态故障码检查—症状确认

C. 症状模拟—静态模式读取和清除故障码—动态故障码检查—症状确认

D. 静态模式读取和清除故障码—症状确认—症状模拟—动态故障码检查

86. 用数字万用表的(　　)可检查点火线圈是否有故障。

A. 欧姆档　　　　B. 电压档　　　　C. 千欧档　　　　D. 兆欧档

87. 检测电控燃油发动机燃油泵工作电压时，蓄电池电压、(　　)、燃油滤清器和燃油泵继电器均为正常。

A. 点火线圈电压　　B. 发电机电压　　C. 燃油泵熔丝　　D. 油压调节器

88. 在喷油器试验台对喷油器进行密封性检查时，当喷油器压力上升至(　　)MPa 时停止压油。

A. 15　　　　　　B. 23　　　　　　C. 20.4　　　　　　D. 25

89. 发动机全浮式活塞销与活塞销座孔的配合，汽油机要求在常温下有(　　)mm 的过盈。

A. 0.025～0.075　　B. 0.0025～0.0075　　C. 0.05～0.08　　D. 0.005～0.008

90. 节温器损坏会使冷却水温（　　）。

A. 升高　　　　　B. 降低　　　　　C. 不变　　　　　D. 先升高后降低

91. 在水杯中加热节温器对其进行检查，其结束打开温度约为（　　）℃。

A. 90　　　　　　B. 100　　　　　　C. 120　　　　　　D. 130

92. 发动机冷磨合时，常用（　　）作为发动机润滑油。

A. 机油　　　　　B. 机械油　　　　　C. 汽油　　　　　D. 柴油

93. 发动机曲轴轴承座孔轴线与气缸轴线应用（　　）误差评价。

A. 平行度　　　　B. 垂直度　　　　　C. 同轴度　　　　　D. 位置度

94. 用百分表检测凸轮轴弯曲变形时，百分表的测头应抵在（　　）颈表面。

A. 第一　　　　　B. 最后　　　　　C. 中间　　　　　D. 任意

95. 汽车检测站主要用（　　）测量汽油车的排气污染物。

A. 分工况法　　　B. 等工况法　　　C. 双怠速法　　　D. 单怠速法

96. 变速器壳体上所有联接螺孔的螺纹损伤不得多于（　　）牙。

A. 1　　　　　　B. 2　　　　　　　C. 3　　　　　　　D. 4

97. 变速器壳上平面的翘曲变形，可在平板上用（　　）检查。

A. 内径千分尺　　B. 百分表　　　　C. 高度游标卡尺　D. 塞尺

98. 汽车驱动桥桥壳应无裂损，桥壳上各部位螺纹损伤不得多于（　　）牙。

A. 1　　　　　　B. 2　　　　　　　C. 3　　　　　　　D. 4

99. 手动变速器壳体上用的联接螺栓是（　　）。

A. M8×50　　　　B. M8×60　　　　C. M8×85　　　　D. M8×45

100. 变速器壳体上的螺栓紧固力矩为（　　）N·m。

A. 15　　　　　　B. 20　　　　　　C. 25　　　　　　D. 30

101. 某变速驱动桥内的变速器液的颜色为深褐色，有烧焦的气味。技师 A 说可能是由于前行星齿轮机构的太阳轮磨损引起的。技师 B 说可能是离合器摩擦片磨损引起的。（　　）。

A. 技师 A 说的对　　　　　　　　　B. 技师 B 说的对

C. 技师 A 和技师 B 说的都对　　　　D. 技师 A 和技师 B 说的都不对

102. 安装制动钳壳体时，用（　　）N·m 的力矩紧固定位螺栓。

A. 30　　　　　　B. 50　　　　　　C. 70　　　　　　D. 90

103. 安装盘式制动器后，停车状态用力将制动器踏板踩到底（　　），以便使制动摩擦片正确就位。

A. 一次　　　　　B. 两次　　　　　C. 三次　　　　　D. 数次

104. 车轮动平衡的检测时，被测车轮安装在（　　）。

A. 平衡机主轴的一端　　　　　　　B. 主轴中部

C. 自由端　　　　　　　　　　　　D. 前轴

105. 在动力转向系中，转向所需的能源来源于（　　）。

A. 驾驶员的体能　　B. 发动机动力　　C. A、B 均有　　　D. A、B 均没有

106. 下列关于液压制动系的检修说法错误的是（　　）。

A. 齿条表面涂转向器润滑脂，用相应的专用套管将各密封件装入转向器壳体中

B. 拉出制动蹄的时候，要注意哪一面朝外

C. 若制动蹄变形、产生裂纹或不均匀磨损，则应更换新品

D. 制动盘的最小允许厚度为 5.0mm

107. 盘式制动器制动蹄的检修第一步应该(　　　)。

A. 支起汽车前部，拆下需要检修一侧的车轮

B. 拧出制动液箱注液孔的塞子，用聚乙烯塑料盖住注液孔并塞上塞子，以便在拆软管时减少制动液泄漏

C. 抽出 2 个 R 形夹子，拔出制动蹄压板的止动销，拆下压板

D. 拉出制动蹄，并注意哪一面朝外

108. 制动气室外壳及盖出现凹陷，可(　　　)。

A. 换用新件　　　　B. 冷压校正　　　　C. 敲击法整形　　　D. 修理尺寸法进行修复

109. 变速器(　　　)螺母拧紧力矩为 10N·M。

A. 输入轴　　　　　B. 输出轴　　　　　C. 中间轴　　　　　D. 任意轴

110. 变速器输入轴螺母拧紧力矩为(　　　)N·M。

A. 10　　　　　　　B. 100　　　　　　　C. 200　　　　　　D. 50

111. 自动变速器中间轴端隙(　　　)，会出现轴向窜动，有噪声。

A. 过大　　　　　　B. 过小　　　　　　C. 合适　　　　　　D. 以上均正确

112. 钢板弹簧座的平面度误差不大于(　　　)mm。

A. 0.4　　　　　　 B. 0.6　　　　　　 C. 0.8　　　　　　D. 0.2

113. 变速器壳体上各衬套磨损严重，与轴颈的配合间隙超过(　　　)mm 时，应换用新衬套。

A. 0.10　　　　　　B. 0.20　　　　　　C. 0.30　　　　　　D. 0.60

114. 分动器各轴轴向间隙的调整方法为(　　　)。

A. 加减垫片　　　　B. 通过调整轴承盖与壳体的垫片厚度

C. 通过调整螺钉　　D. 通过调整螺母

115. 主减速器壳应无裂纹，壳体上各螺纹的损伤不得超过(　　　)牙。

A. 2　　　　　　　 B. 3　　　　　　　 C. 4　　　　　　　D. 5

116. 对于安装完毕的转向桥的转向节一般用(　　　)检查，看其是否转动灵活。

A. 手　　　　　　　B. 弹簧拉动　　　　C. 眼睛观察　　　　D. 扳手

117. 缸体有裂纹，应该(　　　)。

A. 更换新件　　　　B. 修复　　　　　　C. 继续使用　　　　D. 以上均正确

118. 试验起动系时，试验时间(　　　)。

A. 不宜过长　　　　B. 不宜过短　　　　C. 尽量长些　　　　D. 无要求

二、判断题

1. (　　　)发动机曲轴冷压校正后，再进行时效处理，其目的是防止裂纹产生。

2. (　　　)在进行发动机曲轴弯曲变形检验时，应将百分表测头垂直地触及其中间一道主轴颈上。

3. (　　　)发动机曲轴冷压校正后，再进行时效处理，其目的是消除内应力。

4. (　　　)当发动机曲轴的圆度和圆柱度误差超过 0.25mm 时，应按规定的修理尺寸进行修磨。

5. (　　) 对于受力不大、工作温度低于 100℃ 的部位的气缸盖裂纹大部分可以采用粘接法修复。

6. (　　) 如果气缸盖裂纹发生在受力较大或温度较高的部位，则采用粘接法修复。

7. (　　) 气缸体的裂纹，凡涉及漏水时，一般应予更换。

8. (　　) 如果用气缸压力表测得气缸压力过低，可向该缸火花塞或喷油器孔内注入适量机油再进行测量。

9. (　　) 不分光红外线气体分析仪既能检测汽油机废气，也能检测柴油机废气。

10. (　　) 接地耦合是指确认示波器显示的 0V 电压位置。

11. (　　) 安装气缸垫时，应使有 "OPEN TOP" 标记的一面朝向气缸盖。

12. (　　) 发动机缸体所有结合平面可以有明显的轻微凸出、凹陷、划痕。

13. (　　) 用连杆检验仪检验连杆变形时，若三点规的 3 个测点都与检验平板接触，则连杆发生弯曲变形。

14. (　　) 用连杆检验仪检验连杆变形时，若三点规的 3 个测点都与检验平板接触，则连杆未发生变形。

15. (　　) 用百分表检测曲轴弯曲变形时，百分表的测头应抵在中间主轴颈表面。

16. (　　) 差速器壳联接螺栓拧紧力矩应符合原设计规定。

17. (　　) 在做车轮动平衡检测时，其主轴振幅的大小，在一定转速下，只与车轮不平衡质量大小成反比。

18. (　　) 在做车轮动平衡检测时，其主轴振幅的大小，在一定转速下，只与车轮不平衡质量大小成正比。

19. (　　) 驱动桥的齿轮油可以随意加注。

20. (　　) 用负荷试验法检测蓄电池性能时，可用起动作负载。

21. (　　) 检测起动线路要求起动线路的连接应符合原车技术要求。

22. (　　) 柴油车烟度计使用前应先接通电源预热 30min 以上。

23. (　　) 壳体与行星齿轮、半轴齿轮垫片的接触面应光滑、无沟槽。

24. (　　) 差速器壳体修复工艺程序的第一步应该彻底清理差速器壳体内外表面。

25. (　　) 若变矩器为原车所配，则柔性板与变矩器的装配不用标记对齐。

26. (　　) 变速器壳体出现裂纹、各接合平面发生明显的翘曲变形或各轴承座孔磨损严重与轴承配合松旷时，应换用新件。

27. (　　) 分动器的清洗和换油方法与变速器的相同。

28. (　　) 半轴套管中间两轴颈径向圆跳动不得大于 0.05mm。变形超过规定时，可采用高温高压校正的方法修复。

29. (　　) 安装电磁离合器时，若空气间隙不合适，应根据需要增减垫片。

30. (　　) 凸轮轴轴颈磨损的圆柱度误差大于 0.025mm 时，应更换凸轮轴。

31. (　　) 弹簧管式机油压力表安装时必须保证管口的密封，以防漏油。

32. (　　) 曲轴轴颈表面不允许有横向裂纹。

33. (　　) 止推垫片应该涂润滑油。

34. (　　) 制动鼓内径随着使用时间的增长逐渐减小。

35. (　　) 变速器前、后壳体及后盖、侧盖间各密封衬垫拆卸后，必须换用新件。

36.（　　）手动变速器总成竣工验收时，进行无负荷和有负荷试验，第一轴转速为 1000～1400r/min。

37.（　　）轿车车身修复一般采用整形法，通过收缩整形、撑拉、垫撬复位、焊、铆、挖补、粘接、涂装等方法，从而达到恢复原有形状、尺寸、结构强度及外观质量的目的。

38.（　　）汽车进行滑行性能检测时，使车辆以 3～5km/h 的车速沿台板上的指示线平稳前行，在行进过程中不得转动转向盘。

39.（　　）弹簧秤可量起动机的最大转矩。

40.（　　）转向器装合后，应该进行检查。

41.（　　）起动机进行全制动试验时，若驱动齿轮不转而电枢轴有缓慢的转动，说明单向滑轮打滑。

42.（　　）新 195 和 190 型柴油机是通过增减喷油泵与机体之间的铜垫片来调整供油提前角的；减少垫片则供油时间变晚。

43.（　　）安装活塞销是先将活塞置于水中，加热到 60～80℃取出。

44.（　　）变速器壳体螺纹孔的损伤应不超过 2 牙。

45.（　　）轴承的钢球（柱）和滚道上不得有伤痕、剥落、破裂、严重黑斑或烧损变色等缺陷。

46.（　　）万向节总成损坏时不得拼凑使用及单件更换。

47.（　　）手动变速器总成竣工验收时，进行无负荷试验时间各档运行应大于 1min。

48.（　　）手动变速器总成竣工验收时，进行无负荷试验时间各档运行应大于 10min。

49.（　　）起动系线路电压降应不大于 0.2V。

50.（　　）变速器输出轴弯曲变形应采用冷压校正法校正。

51.（　　）检查油盘螺栓孔上表面是否平整。若不平整，应用锤轻击平整，以确保密封。

52.（　　）用游标卡尺测量膜片弹簧的深度和宽度。磨损深度大于 0.6mm，宽度大于 5mm 时，应予以更换。

53.（　　）发动机气缸套承孔内径修理尺寸的级差为 0.5mm，共三个级别。

54.（　　）变速器盖的变速叉端面对变速叉轴孔轴线的垂直度公差为 0.40mm。

55.（　　）空气压缩机缸体出现裂纹，可以利用焊修进行修复使用。

56.（　　）分动器里程表软轴的弯曲半径不得小于 100mm。

57.（　　）检查起动机换向器表面若有轻微烧蚀，应用"00"号砂纸打磨，严重时应车削。

58.（　　）检测压电式爆燃传感器应选用汽车万用表直流电压档。

59.（　　）用检视法检查，万向节轴端螺纹磨损超过 2 牙时，应采用堆焊修复，并重新车削螺纹。

60.（　　）万向节球毂花键磨损松旷时，应更换万向节球毂。

61.（　　）试验起动系线路时，应防止线路短路。

62.（　　）在对喷油器调试之前，应首先对试验台的密封性进行检查。

63.（　　）若助力器出现故障不能单独修理，应拆下伺服机构，或更换新助力器，或交给该车维修站修理。

64. （　　）安装完毕的转向桥的万向节一般用弹簧拉动检查，看其是否转动灵活。

65. （　　）汽缸盖最容易产生裂纹的部位是进、排气门口间的隔梁处。

66. （　　）汽缸盖与汽缸体可以同时用水压法检测裂纹。

67. （　　）气缸体螺纹孔螺纹损坏多于 1 牙时需修复。

68. （　　）用气缸压力表测试气缸压力时，每缸测量不少于两次，取最大值。

69. （　　）QFC-4 型微电脑发动机综合分析仪可判断柴油机气缸压力。

70. （　　）使用国产 EA-2000 型发动机综合分析仪时，系统对各适配器逐个自检，若连接正确显示为绿色。

71. （　　）使用国产 EA-2000 型发动机综合分析仪时，在开启仪器电源后应预热 15 min。

72. （　　）滤纸式烟度计只能检测柴油机废气。

73. （　　）触发电平是示波器显示时的起始电压值。

74. （　　）读取数据流是发动机电子控制系统利用仪器诊断最准确的方法。

75. （　　）机油压力表安装时必须保证接线柱绝缘良好，拆卸时不要敲打。

76. （　　）读取故障码是发动机电子控制系统利用仪器诊断最准确的方法。

77. （　　）新 195 和 190 型柴油机是通过增减喷油泵与机体之间的铜垫片来调整供油提前角的；增加垫片则供油时间变早。

78. （　　）在喷油器试验台对喷油器进行喷油压力检查时，各缸喷油压力应尽可能一致，一般相差不得超过 0.10MPa。

79. （　　）用交流试灯可以检查点火线圈是否有故障。

80. （　　）通常发动机凸轮轴只可修磨一次，应尽可能在凸轮轴磨床上修磨。

81. （　　）更换或修磨发动机凸轮轴时，更换的凸轮轴轴承不必进行铰削加工

82. （　　）飞轮壳后端面对曲轴主轴承孔轴线的径向圆跳动一般不大于 0.10mm。

83. （　　）装复机油泵后，用手转动机油泵齿轮，应转动自如，无卡阻现象。

84. （　　）蜡式节温器中的石蜡泄漏，发动机冷却系中只有小循环。

85. （　　）蜡式节温器中的石蜡泄漏会使冷却水温升高。

86. （　　）使用液压挺柱可不用调气门间隙。

87. （　　）进行气门间隙调整时，逐缸调整法比两次调整法精确。

88. （　　）气缸体和气缸盖焊修后应用水压法检查是否有渗漏，若有渗漏应再次补焊。

89. （　　）一般气缸盖的气门座圈孔、喷油器孔等处有裂纹，气缸盖不修复应报废。

90. （　　）对于大修发动机，要求一般磨合时间不少于 4h。

91. （　　）对于大修发动机，要求进行一般磨合就可以了。

92. （　　）检测凸轮轴轴颈磨损的工具是游标卡尺。

93. （　　）用百分表检测凸轮轴弯曲变形时，百分表的测头应抵在中间轴颈表面。

94. （　　）四冲程发动机完成一个工作循环进、排气门各开、闭两次。

95. （　　）变速器壳体螺纹孔的损伤不超过 3 牙。

96. （　　）对于企业不具备修复条件的，可委托其他专业维修厂予以修复。

97. （　　）差速器壳承孔与半轴齿轮轴颈的配合间隙为 0.05～0.25mm。

98. （　　）变速器壳体平面的平面度误差应不大于 0.35mm。

99.（　　）滚动轴承与轴承孔的配合间隙一般为 0~0.05mm，大修允许 0~0.075mm，使用极限为 0.10mm。

100.（　　）转向器中蜗杆轴承与壳体配合的最大间隙不得大于原计划规定的 0.02mm。

101.（　　）变速器壳体上的螺栓紧固力矩为 50N·m。

102.（　　）安装变速器输入轴的同时，要拉回 3、4 档的换档叉轴至 3、4 档拨叉能够装入滑动齿套为止，同时应位于倒档位置，并用弹性销固定好拨叉。

103.（　　）用扭力扳手转动输出轴，检查输出轴的转动扭矩，此时所测力矩是开始转动所需的力矩。

104.（　　）用扭力扳手转动输出轴，检查输出轴的转动扭矩，此时所测力矩不是开始转动所需的力矩。

105.（　　）将变速驱动桥阀体上的速度调压阀油管与变速驱动桥上相应的孔对正。用旋具轻击油管，使其插入该孔中。

106.（　　）变速器驱动桥内加注的体积是 5L 新鲜自动变速器油。

107.（　　）转向器中各 O 形密封圈装配时好的无须更换。

108.（　　）转向器齿轮、齿条应处于无间隙啮合，且齿轮转动灵活。

109.（　　）盘式制动器各部件装配完毕后，直接加注制动液即可。

110.（　　）安装制动钳壳体时，用 70N·m 的力矩紧固定位螺栓。

111.（　　）循环球式转向器中的转向螺母既是第一级传动副的主动件，又是第二级传动副的从动件。

112.（　　）任何情况下都不要拆下制动蹄导架，因为导架是制造厂调整好的。

113.（　　）用量缸表测量空气压缩机气缸的磨损情况，超过规定值时，应换用新件或用修理尺寸法进行修复。

114.（　　）变速器输入轴用组合式滚动轴承垫片调整，密封垫厚度可以自由选择。

115.（　　）变速器输出轴螺母的拧紧力矩为 100N·m。

116.（　　）转向指销可以单个更换。

117.（　　）正常工作的两片钢板弹簧之间的间隙等于 2mm。

118.（　　）止推垫片应该涂润滑脂。

119.（　　）中间轴过热是由于轴端间隙过大引起的。

120.（　　）中间轴轴向窜动是由于轴端间隙过小引起的。

121.（　　）离合器吹入压缩空气无响声，必工作性能优良。

122.（　　）离合器吹入压缩空气无响声，必有漏气之处。

123.（　　）制动鼓内径随着使用时间的增长逐渐增大。

124.（　　）制动垫片厚度接近于允许值，必须更换。

125.（　　）制动垫片厚度接近于允许值，可以继续使用。

126.（　　）制动踏板自由行程大于规定值，可以继续使用。

127.（　　）连杆出现弯曲变形，应该进行校正。

128.（　　）连杆出现弯曲变形，可以继续使用。

129.（　　）推杆明显弯曲，可以进行热压校正。

130.（　　）推杆明显弯曲，可以进行冷压校正。

131. ( )从动盘铆钉埋入深度不小于0.2mm,超过极限值时,应更换从动盘总成。

132. ( )汽车车身主要由若干冲压钣金件、型材、焊接组件或非金属材料成形件组合而成。

133. ( )制动性能台架检验的技术要求中,机动车制动完全释放时间对单车不得大于0.2s。

134. ( )在测量制动时,为了获得足够的附着力以避免车轮抱死,允许在车辆上增加足够的附加质量和施加相当于附加质量的作用力。

135. ( )驱动桥的通气塞一般位于桥壳的下部。

136. ( )汽车进行滑行性能检测时,使车辆以3~5km/h的车速沿台板上的指示线平稳前行,在行进过程中可以转动转向盘。

137. ( )经常行驶在拱度较大的路面上与轮胎异常磨损没有关系。

138. ( )当发动机曲轴圆度和圆柱度误差超过0.25mm时,应按规定的修理尺寸进行修磨。

139. ( )在发动机不起动的情况下,把点火开关旋转到"ON",打开刮水器。如果刮水器动得很慢,比平时慢很多,则说明蓄电池缺电。

140. ( )如果胎面呈现羽片状磨损,则为前束过大所致。

141. ( )严格遵守充气标准是防止轮胎早期磨损、达到最高使用寿命的基本条件。

142. ( )冷凝器风扇不转,会导致制冷系统高压侧压力变低。

143. ( )安装活塞销时,先将活塞置于水中加热到60~80℃取出。

第 6 章

汽车疑难故障诊断

理论鉴定要素细目表

考核内容		考核要点	重要程度
汽车疑难故障诊断	汽车发动机疑难故障诊断	发动机异响的故障诊断	★★★
		发动机过热的故障诊断	★★★
		发动机机油超耗的故障诊断	★★★
		发动机单缸不工作的故障诊断	★★★
		汽油发动机排放超标的故障诊断	★★★
		柴油发动机排气烟色不正常的故障诊断	★★
	汽车底盘疑难故障诊断	离合器异响的故障诊断	★★★
		手动变速器异响的故障诊断	★★★
		万向传动装置异响的故障诊断	★★★
		驱动桥异响的故障诊断	★
		制动跑偏的故障诊断	★★★
	汽车电器及汽车空调疑难故障诊断	汽车前照灯的故障诊断	★★★
		汽车转向灯的故障诊断	★★★
		汽车空调系统常见的故障及其分析方法	★
		汽车空调不制冷的故障诊断	★★★
		汽车空调制冷不足的故障诊断	★★★
		汽车空调间断制冷的故障诊断	★★★
		汽车空调系统噪声大的故障诊断	★★★

本章内容涉及汽车疑难故障诊断的专业技能，其主要内容包括汽车发动机疑难故障诊断、汽车底盘疑难故障诊断和汽车电器及汽车空调疑难故障诊断三个部分。在汽车维修高级工理论知识鉴定考核中，这部分内容是历次考核的重点，所占的分值比例最大，考生对这方面技能的掌握程度可以评价一个考生综合学习效果的好坏。考生在学习备考的过程中，要学会综合运用所学的知识，进行汽车疑难故障的分析、诊断与排除，切莫死记硬背，要学会找出汽车故障诊断与排除的规律。

 知识点阐述

6.1　汽车发动机疑难故障诊断

　　汽车发动机出现的故障种类很多，有发动机异响故障、发动机过热故障、发动机不能起动故障、发动机起动困难故障、发动机动力不足故障、发动机怠速不良故障、发动机加速不良故障等，其中发动机不能起动、起动困难、动力不足、怠速不良及加速不良的故障诊断，请参考第八章的相关内容。

6.1.1　发动机异响的故障诊断

　　发动机工作时会发出有节奏的、和谐的声音，当发动机工作时出现不和谐声响时，说明发动机某一部分出现了问题，应当立刻修理。因此，正确判断发动机异响发出的位置，及时维修，是减少损失的唯一途径。驾驶员在行车时，需要随时判断发动机的运行状态，发现异常后应立即解决。发动机可能出现异响的部位有进排气门间隙、气门弹簧、活塞与气缸壁、活塞与活塞环、连杆轴承和曲轴轴承、正时齿轮处、水泵带轮，此外，爆燃、发动机回火和排气管放炮等也能产生异响。发动机异响千差万别，要在工作中认真总结，细心体验才能准确判断。感觉，特别是使用者的直觉，是判断故障最重要的依据之一。表6-1是发动机异响的种类和关于异响声音的描述，供参考。

表6-1　发动机异响的种类及声响判断对照表

异响种类	声音特点	声音位置	负荷变化时声音变化情况	单缸断火（油）时声音变化情况	声音与发动机温度的关系	原因	解决方式
气门脚响	清脆的"嗒嗒"声	发动机顶部	随发动机转速变化，声音节奏地变化	声音变化不明显	无关	气门间隙过大	及时调整气门间隙
曲轴轴承响	较沉闷连续的金属敲击声	缸体下部接近油底壳处	随发动机转速增加，声音加大	声音无明显改变，相邻两缸同时断火（油）时，声音明显减小	无关	1. 曲轴轴承间隙大 2. 轴承螺栓松动	及时检修

（续）

异响种类	声音特点	声音位置	负荷变化时声音变化情况	单缸断火（油）时声音变化情况	声音与发动机温度的关系	原因	解决方式
连杆轴承响	较大清脆的金属敲击声	缸体中部	随发动机转速增加，声音加大	声音减弱或消失	声音变化不大	1. 连杆轴承间隙大 2. 轴承螺栓松动	及时检修
活塞敲缸响	清脆的金属敲击声	缸体中上部	急速时最明显	声音减弱或消失	温度升高，声音减弱或消失	活塞与气缸配合间隙过大	及时检修
活塞销响	尖锐的"嗒嗒"声	缸体中上部	急速或低速较明显	声音减弱或消失；恢复工作时，声音明显或连续两声响声	无关	1. 活塞销与销座的配合间隙过大 2. 连杆小头与活塞销的配合间隙过大	及时检修
正时齿轮响	间隙小发出"嗡嗡"声；间隙大，发出散乱的撞击声	发动机前部	发动机转速升高、声音随之加大	无关	无关	1. 正时齿轮磨损过大造成间隙过大 2. 正时齿轮装配不当	及时检修
水泵的V带轮响	"吭吭"的金属撞击声	发动机前部	发动机转速升高、声音明显加大	无关	无关	水泵的带轮打滑	及时检修
爆燃响	沉重的金属敲击声	发动机上部	发动机转速高、大负荷时更明显	无关	发动机温度升高，声音变大	1. 发动机冷却液温度过高 2. 燃烧室积炭 3. 汽油牌号过低	查明原因及时解决
点火早响	清脆的"嗒嗒"声	发动机上部	发动机转速高、大负荷时更明显	无关	发动机温度高时更明显	点火（喷油）提前角过大	调整点火正时（柴油机调整喷油正时）
点火晚响	急加速时回火，排气管有"突突"声	进气歧管或排气管部位	急加速时明显	无关	无关	点火（喷油）提前角过小	调整点火正时（柴油机调整喷油正时）

　　发动机故障很复杂，判断发动机故障技术要求高，应当非常细致、谨慎。判断发动机异响有以下方法：

　　1）用听诊器寻找异响部位。

　　2）根据以往经验、发动机部件产生声响的特点来判断异响的部位。

　　3）采用改变发动机转速、负荷，单缸断火（断油）等方法，结合发动机各机构工作原理和性能判断异响的部位。

　　前述判断发动机异响的方法以及发动机异响声音的描述，均需要在实践中去验证。即使同一故障部位发出的声响，不同的人听起来也不一样，因此要不断总结自己的经验才能做出正确的判断。

6.1.2 发动机过热的故障诊断

（1）故障现象

1）冷却液温度表显示冷却液的温度超过正常值，或冷却液出现沸腾现象。

2）发动机工作粗暴，功率下降，油耗上升，排放超标，造成机件损坏。

（2）故障原因 引起发动机过热的原因主要有：

1）发动机冷却液泄漏导致冷却液不足。

2）散热器散热能力下降。

3）百叶窗开度不够。

4）风扇传动带打滑。

5）风扇叶片变形损坏。

6）风扇不工作。

7）水泵损坏。

8）节温器损坏。

9）混合气过浓或过稀。

10）点火提前角过小。

11）发动机长时间大负荷工作。

（3）故障诊断 解决发动机过热可按以下步骤进行：

1）检查冷却液有无泄漏，找到泄漏部位后将其密封，然后补足冷却液。

2）检查百叶窗的开度是否充足，开度不足，应进行修理。

3）检查风扇传动带的张紧度，张紧度不足时，应进行调整，使其传动可靠。若是电子风扇，则应检查电子风扇的工作情况，并视情况检查风扇及其控制元件和控制电路。

4）检查节温器是否正常。通过触试散热器上下水管的温度来判断冷却液是否进行大循环，以诊断节温器是否正常，若散热器上下水管温差较大，说明节温器可能工作不正常，这时应拆检节温器。

5）检查水泵的性能。若水泵损坏或泵液能力不足，应视情况进行修理或更换。

6）检查散热器有无堵塞，若有堵塞，应清除堵塞部位。

如果上述部位不存在问题，同时发动机还伴有其他症状，应检查发动机供给系的可燃混合气是否过稀、过浓；点火系的点火提前角是否过小而引起发动机过热。若有以上问题，应及时调整。

6.1.3 发动机机油超耗的故障诊断

（1）故障现象 发动机正常工作情况下，机油消耗和燃油消耗的比值为0.5%～1%是正常的，如果该比值大于1%，则为机油消耗过多，说明发动机有故障。

（2）故障原因 造成发动机机油消耗量过多的原因主要有两个，一是发动机"烧机油"；二是发动机"漏机油"。

1）发动机"烧机油"的原因。

①　机油加注量过多导致"烧机油"。并不是发动机油底壳内的机油加注量越多越好，机油加注量过多一方面会导致机油的搅动加剧而引起机油温度偏高，另一方面飞溅到气缸壁面的机油量过多会导致活塞环的刮油负担加重，而同时由于气环的泵油作用致使泵入燃烧室的机油过多，导致机油过量烧损。

②　"拉缸"导致"烧机油"。如果发动机出现"拉缸"故障，气缸套与活塞受到机械刮伤，直接影响到气缸的密封，不仅会导致发动机燃烧室漏气量增加，功率下降，发动机敲缸，还会出现过量机油泵入燃烧室导致机油的过量烧损。

③　活塞与气缸壁间的间隙过大，将导致留存于气缸壁上的机油量增多，造成机油的过量烧损。

④　活塞环磨损严重，或其弹力不足。由于发动机长时间在高温、高速及超负荷下工作，活塞环严重磨损使泵油现象加重，活塞环弹力不足使得活塞环与气缸壁间的间隙过大，导致机油窜入燃烧室出现"烧机油"的现象。

⑤　活塞环抱死，或其开口转到同一处。活塞环边间隙过小，活塞环会因受热膨胀而紧紧卡在环槽中，使活塞环失去弹性，不起密封和刮油的作用。活塞环在安装时要求开口必须相互错开，如果是三道气环，则须相互错开 120°，而且避开活塞销孔方向。如果活塞环在安装时错口不符合规定，则在运动过程中就有可能出现几道活塞环对口，从而导致活塞环只有布油的功能而刮油功能失效造成"烧机油"。

⑥　活塞环装反。目前活塞第二道气环广泛采用扭曲环或锥形环，它们在安装时都有正反面之分，如果装错，则活塞环在环槽内上下窜动时会导致泵油加剧，机油泵入燃烧室造成"烧机油"。

⑦　活塞环的"三隙"过大。活塞环的"三隙"是指端隙、侧隙及背隙，如果"三隙"过大，则不能形成有效的密封面，活塞环的泵油作用加剧，造成"烧机油"。

⑧　气门导管磨损严重且气门导管油封损坏。气门导管磨损，气缸盖上的机油通过气门导管及气门杆间的间隙漏入燃烧室导致"烧机油"。若气门导管的油封损坏，气门杆与气门导管之间吸入过多的机油漏入燃烧室导致"烧机油"。

2）发动机"漏机油"的原因。发动机常见的漏油部位有前后曲轴油封处，发动机曲轴前、后端及凸轮轴后端油堵处。这些地方漏油主要是由于油封的质量问题或老化变硬，或者后主轴承盖的回油孔过小，回油受阻，以及由于不正确的安装造成的。同时曲轴箱通风装置堵塞也会造成曲轴箱通风不良而使油封漏油。

（3）故障诊断及排除　出现发动机机油消耗量过多就必须认真仔细地检查，按步骤去分析、判断与处理，分析故障的原因究竟是"烧机油"还是"漏机油"引起的，一般先排除"漏机油"的故障，再排除"烧机油"的故障。

1）"漏机油"的故障诊断及排除。

①　检查外部有无泄漏，特别是油底壳、曲轴前后端及凸轮轴后端油堵是否漏油。曲轴前端油封破裂损坏、老化或曲轴带轮与油封接触面磨损，会引起曲轴前端漏油。曲轴后端的油封破裂损坏或后主轴承盖的回油孔过小，回油受阻，会引起曲轴后端漏油。此时，应及时更换老化破裂的油封。

②　若发动机气缸盖罩、气门室盖、油底壳衬垫和发动机前后油封等多处有机油渗漏，应检查曲轴箱通风装置。清理曲轴箱通风管道，尤其是 PCV 阀处的积炭和结胶。因为曲轴

箱通风不畅，会引起曲轴箱内压力升高，出现机油渗漏现象。

③ 若机油滤清器盖和一些管道接头处经过紧固后仍漏油，应注意机油压力是否过高，并检查机油限压阀是否失灵。

2）"烧机油"的故障诊断与排除。

① 若排气管明显冒蓝烟则为"烧机油"造成的。当踏下加速踏板发动机高速运转时，若排气管大量排蓝烟，同时机油加注口也冒出大量烟雾，说明活塞、活塞环与缸壁磨损过大，活塞环的端隙、侧隙和背隙过大，活塞环开口转到同一处、粘环、活塞环装反、机油黏度过低等原因，使机油窜入燃烧室而造成"烧机油"。此时，应拆检活塞连杆组，更换活塞、活塞环。

② 发动机大负荷运转时，若排气管大量排蓝烟，机油加注口无烟雾冒出，这是飞溅到气门杆上的机油，沿气门杆与导管的间隙被吸入燃烧室的结果。此时，应及时更换气门杆油封或气门导管。

6.1.4　发动机单缸不工作的故障诊断

（1）故障现象

1）发动机运转不稳，抖动，动力下降，易熄火，有时有"回火"的现象。

2）排气管冒黑烟，并发出有节奏的"突突"声。

（2）故障原因

1）汽油发动机。

① 个别气缸高压分线脱落或受潮漏电。

② 个别火花塞潮湿、积炭过多或绝缘体损坏漏电。

③ 火花塞电极间隙过小或过大。

④ 分电器凸轮磨损不均或分电器轴（轴套）磨损松旷。

⑤ 分电器盖插座漏电或窜电，座孔锈污过多导致导电不良。

⑥ 气缸压力低，气门密封不严，活塞环磨损严重，气缸垫圈损坏。

2）柴油发动机。

① 高压油管接头松动、油管破裂漏油。

② 喷油器针阀与座磨损、喷油压力低或雾化不良漏油。

③ 喷油器密封垫密封不良或针阀堵塞、过热后卡滞。

④ 喷油泵出油阀关闭不严，柱塞拉伤、密封不严或柱塞弹簧折断。

⑤ 气缸压力低。

（3）故障诊断与排除

1）汽油发动机。

① 用单缸断火法找出工作的气缸，具体的方法是：用螺钉旋具逐缸将火花塞搭铁短路进行判断，若某缸短路后，发动机的振动加大，从排气管处能听到更明显的异常响声，说明此缸是工作的；若发动机无任何变化，说明此缸不工作，故障出自此缸。

② 检查不工作的气缸的高压分线，若脱落，应重新装上；若破损、受潮漏电，则应更换。

③ 若以上正常，将火花塞上高压分线取下，使端头离火花塞5~7mm，察看火花情况，

若无火花，说明故障在分电器，应检查分电器：若凸轮磨损不均、轴（轴套）磨损松旷或盖插座漏电、窜电，座孔锈污过多导电不良，应修理或更换。若有火花，拆下火花塞检查：若积炭过多，电极间隙不符合规定，应清洁、调整或更换；若绝缘体损坏漏电，应更换。

若以上检查正常，应检测气缸压力，若压力正常，则该缸机械部件有故障。

2）柴油发动机。

① 用单缸断油法找出工作的气缸，具体的方法是：发动机怠速时，用工具逐缸拧松喷油泵高压管接头，停止向气缸供油，若某缸停油后，发动机运转无任何变化，说明此缸不工作。

② 对不工作的气缸检查分高压管，若接头松动，应紧固；若油管破裂，应修理或更换。

③ 若以上正常，检查喷油器，若固定螺钉松动或密封垫损坏，应修理或更换。可拆下此缸喷油器分解、检查及调整。若调整不当，应重新调整；若磨损，应更换。经检查均良好，应继续检查喷油泵。若出油阀关闭不严，柱塞拉伤、密封不严或柱塞弹簧折断，应修理或更换。必要时检测气缸压力，当气缸压力降低至 400kPa 以下时，气缸将无法正常工作。

6.1.5 汽油发动机排放超标的故障诊断

汽油发动机排放超标主要指碳氢化合物（HC）和一氧化碳（CO）超标。因为这两种化合物对环境和人体危害最大，因此我国制定了明确的控制排放的规定。随着科学技术的不断发展和人们对环境提出更高的要求，尾气排放的要求越来越高。汽车尾气排放是否合乎标准，可使用尾气排放仪进行测量。

（1）故障的一般原因

1）空气滤清器不畅。

2）曲轴箱通风装置工作不良。

3）怠速装置故障，调整不当。

4）节气门故障。

5）混合气空燃比不正确。

6）燃烧室内不正常，如失火。

7）点火正时不正确，配气相位不对。

8）排气净化装置有故障。

（2）电控方面的原因

1）三元催化转化器不工作。

2）冷却液温度传感器有故障。

3）油压调节器有故障。

4）节气门位置传感器有故障。

5）空气流量计有故障。

6）ECU 插连接器有故障。

（3）故障的诊断与排除　通过尾气分析仪测量，如果是碳氢化合物超标，首先应该检查三元催化转化器是否工作不正常，若不正常应予修理或更换。

如果三元催化转化器工作正常，应考虑混合气空燃比是否正确，燃烧室内是否有失火现象。若混合气空燃比不正确，应检查燃油压力调节器是否泄漏，冷却液温度传感器是否损坏，节温器是否卡滞。如果单纯是碳氢化合物超标，说明混合气过稀，此时应主要检查火花塞接线是否不良，点火正时是否不正确，真空是否泄漏或是否机械故障而导致压缩比减小，若是则会使燃油在缸内不正常燃烧而持续断火，引起碳氢化合物排放升高。

如果单纯是 CO 排放超标，说明混合气偏浓。应主要检查燃油压力是否过高，冷却液温度传感器是否有故障。还要检查空气滤清器是否堵塞，曲轴箱通风系统是否受阻等。

6.1.6 柴油发动机排气烟色不正常的故障诊断

柴油发动机在工作温度正常的情况下，所排出的烟色应该是无色或淡灰色，所谓无色不是完全无色，不能像汽油机的排气那样无色，而是在无色中伴有淡淡的灰色，这是正常排气烟色。若排气管排出的烟色为黑色、蓝色或白色，则出现故障。

1. 柴油发动机排黑烟故障诊断

（1）故障现象

1）柴油机运转不均匀、无力，而且排黑烟。

2）柴油机在急速、加速运转时有异响，而且排黑烟。

（2）故障原因

1）柴油质量差。

2）空气滤清器或进气道阻塞。

3）调速器失效而供油量限制螺钉调整不当。

4）喷油泵有故障。

① 喷油提前角过大。

② 喷油泵供油量不均匀，调整齿圈松动或移位。

③ 喷油泵供油量过大。

④ 出油阀磨损，有污物垫起或咬住，出油阀的减压环磨损或出油阀弹簧折断。

⑤ 柱塞磨损。

5）喷油器有故障。

① 喷油器雾化不良、滴油。

② 喷油器喷射压力调整过低及喷油质量差。

③ 喷油器针阀密封不严或针阀被粘在开启的位置上。

（3）故障诊断与排除 应从易到难，从简到繁，从外到内，从日常保养、调整并结合知识与经验去分析：

1）检查选用符合规格的柴油。

2）柴油机低、高速都冒黑烟，可清洗、检查空气滤清器和进气道（取出空气滤清器芯，若柴油机异响消失或减弱，黑烟消除，说明空气滤清器堵塞）。

3）将调速器盖打开，检查调速器飞块及其连接处有无卡滞，调速弹簧有无折断、过软或失调等。

4）检查喷油泵紧固螺栓有无松动，检查调整喷油泵提前角（调小），若黑烟消失且发动机平稳无振抖，说明喷油提前角过大。

5）油门放在冒黑烟最大、工作最不稳定的位置，用逐缸断油法去检查，当旋松某气缸高压油管接头时，若排气管不冒黑烟，发动机运转无变化或变化很小，说明此缸喷油器有故障或喷油泵单缸供油量过大(先检查喷油器,确定良好后,再分解检查喷油泵)。

6) 检查调整喷油器(密封性、喷油压力、雾化质量和喷油角度)。

7) 若上述检查正常,发动机仍冒黑烟而且不能起动,则检查影响气缸压缩的零件(包括气门、活塞与活塞环、气缸垫、气缸是否磨损)。

2. 柴油发动机排蓝烟故障诊断

排气管冒蓝烟是由于机油窜入气缸燃烧,未燃烧的部分蒸发成蓝色气体随废气排出。

(1) 故障现象

1) 排气管冒蓝烟,机油加注口冒烟。

2) 每天检查机油,发现明显减小(机油消耗和燃油消耗的比值为 $0.5\% \sim 1\%$ 为正常,如果该比值大于 1%,则为机油消耗过多)。

(2) 故障原因

1) 机油过多和油压过高。

2) 油浴式空气滤清器油面过高或滤芯堵塞。

3) 气缸盖机油回油不畅。

4) 气门与导管损坏过大或气门油封磨损(机油下窜)。

5) 活塞环装错(环口相错开位置不符合标准,内切槽向上、外切槽向下的安装位置不符合要求)或磨损过大。

6) 气缸与活塞磨损间隙过大。

(3) 故障诊断与排除

1) 拔出油尺,检查机油是否过量或机油黏度是否过高。

2) 起动发动机,检查机油表压力指示是否过高。

3) 检查油浴式空气滤清器的油面与滤芯有无过多或堵塞。

4) 检查曲轴箱通气管道气口有无堵塞,防止油底壳机油从出气管被吸进气缸烧掉,若排气管冒蓝烟,机油加注口无冒烟现象,说明机油从通风管路被吸进燃烧室烧掉。

5) 起动发动机并使其高速运转,观察排烟情况。

① 若排蓝烟而且湿润,但机油加注口不冒烟,说明气门油封损坏或气门杆与导管磨损,间隙过大(下窜)。

② 若排气管和机油加注口同时冒蓝烟说明活塞环磨损、开口对齐或折断、活塞与气缸之间磨损间隙过大(上窜)。

3. 柴油发动机排白烟的故障诊断

(1) 故障现象 发动机动力不足,运转不均匀,排气管冒出大量白烟。

(2) 故障原因

1) 供油时间过迟。

2) 柴油中有水或因气缸垫烧穿,气缸破裂漏水等原因造成气缸进水。

3) 气缸温度过低或气缸压缩压力不足。

4) 喷油器喷雾质量不佳。

(3) 故障诊断与排除 柴油机排气冒白烟分为灰白烟和水汽白烟两种。

1) 首先检查发动机温度,若温度过低则应检查冷却强度调节装置,如节温器,百叶窗等工作是否正常。在冬季,柴油机冷起动后往往冒白烟,但当发动机温度正常后白烟能自行消失,则属于正常现象。

2)若发动机温度正常,排气管排水蒸气烟雾时,将手靠近排气口处,当白烟掠过,手面留有水珠,则应检查柴油中是否有水或是否缸垫烧穿、缸破裂漏水等。

3)发动机动力不足,排气管排灰白色烟雾,一般是供油时间过迟,应检查和调整供油时间。

4)检查喷油器的喷雾质量,首先采用单缸断油的方法,找出工作不良的气缸。拆下喷油器,在缸外仍连接到原来的高压油管上,起动柴油机运转,观察喷雾质量。若喷雾质量不佳,应对喷油器进行检查和调整,必要时更换喷油器。

5)若发动机刚起动时冒白烟,温度升高后冒黑烟,通常是气缸压力过低造成的。

(4)发动机起动困难,排气冒白烟　柴油机若在低温(特别是冬季)起动时排气管排出白烟,在温度升高后排烟正常,这是正常现象。若发动机起动困难,虽有起动迹象,但不能发动,或起动后易熄火,排气管冒出大量白烟,则有故障。故障原因一般有两种:一是气缸中进了水或柴油中有水,燃烧后排气管排出大量水汽白烟;二是因为混合气形成条件差,气缸内温度较低,燃油不能很好地形成混合气而没有燃烧便排出去,这种情况烟雾一般呈白色。

1)气缸内进水。如果排出白烟,用手接近排气管消声器出口处,发现手上留有水珠,说明有水进入燃烧室。首先拔出油尺,观察曲轴箱机油面是否升高,机油中是否有水(机油颜色发白说明机油被水乳化),并在起动发动机时观察散热器上部是否有气泡冒出。若机油中有水和散热器上部在起动发动机时有大量气泡冒出,应检查气缸垫有无烧穿漏水,气缸盖螺栓有无松动,气缸盖或气缸体有无破裂漏水等。否则,应检查柴油中是否有水,可将油箱及柴油滤清器放污塞打开,放出水和沉淀物。

2)燃油燃烧不良。发动机起动困难,排气管冒白烟,经诊断气缸内没有进水,应重点考虑燃油燃烧条件不足等原因。诊断步骤如下:

① 检查起动预热装置是否损坏。

② 检查进气通道是否堵塞。

③ 检查和调整喷油正时。

④ 检查喷油器喷油雾化是否不良。

⑤ 检查气缸压力是否过低。

⑥ 检查喷油泵供油是否过多或过少。

6.2　汽车底盘疑难故障诊断

汽车底盘的故障主要包括底盘异响故障、制动跑偏故障、制动拖滞故障、前轮摆振故障、轮胎异常磨损故障等,其中制动拖滞、前轮摆振和轮胎异常磨损的故障诊断,请参考第八章的相关内容。

6.2.1　离合器异响的故障诊断

汽车离合器异响的主要表现为:在使用离合器的过程中,即离合器踏板踏下或放松时发出不正常的响声。可在发动机怠速,汽车起步时进行诊断与排除。

1）当发动机怠速运转，放松离合器踏板时，离合器发出连续或间断的撞击声。

① 若踏板能用脚勾起，勾起后响声消失，说明踏板回位弹簧过软、脱落或折断，使分离轴不能退回原处，而刮碰分离杠杆(或膜片弹簧)，此时应更换回位弹簧。

② 若踏板位置能回到原位，则应拆下离合器底盖，检查分离轴承回位弹簧是否有效，分离轴承与分离杠杆(或膜片弹簧)间隙是否符合规定，不符合时应予以更换，调整。

2）当发动机怠速运转，踏下离合器踏板过程中发出响声。

① 轻轻下踏离合器踏板在自由行程，分离轴承与分离杠杆(或膜片弹簧)内端接触时，发出"沙沙"的响声，可以判断为分离轴承发响。首先润滑分离轴承，若润滑后仍有响声，则为轴承因缺油烧蚀损坏或轴承严重松旷，轴承滚珠破碎，卡住不能转动，应更换轴承。

② 继续下踏踏板，若听到一种"哗哗"的金属摩擦声，应拆下离合器底盖，观察分离轴承在转动时若有火花出现，表明分离轴承已烧结不能转动，并与分离杠杆(或膜片弹簧)内端滑磨，应更换轴承。

3）车辆起步，刚放松离合器踏板时发出响声。

① 离合器将要接合时听到尖锐声音，随即踏下踏板，响声消失，放松踏板又出现，这是从动盘钢片破碎或铆钉头外露刮碰压盘或飞轮所致，应检修。

② 离合器在接合或分离的瞬间，若离合器发出一种"咔""吭"的金属撞击声，且重车起步时更明显，为从动盘花键孔与其轴配合松旷所致，严重时应检修或更换。

6.2.2　手动变速器异响的故障诊断

（1）变速器产生异响的原因　异响是指变速器工作时发出不均匀的声音。由于变速器内部相对运转部件较多，所发出不均匀响声的原因比较复杂，在判断异响故障时，应根据响声特征、产生时机和部位进行判断。导致变速器异响的原因有以下三种：

1）齿轮发响。齿轮轮齿磨损变薄，间隙过大，运转时产生冲击发出响声。齿轮啮合不良产生的响声。齿面疲劳脱落或个别轮齿折断、齿轮与轴采用花键配合时间隙过大、轴弯曲或者轴两端轴承松旷引起齿轮啮合间隙改变、轴向调整垫片调整不良导致齿轮啮合不良所产生的响声。

2）轴承响。由于变速器内部轴承磨损产生异响，或者齿轮油太稀、油质太差导致异响。内部轴承内(外)圈与轴颈(孔)配合间隙异常，轴承滚珠有麻点或者轴承内外圈有烧蚀麻点导致异响。

3）其他原因发响。如变速器内部缺油或者齿轮油太稀，油质太差。变速器内部掉入异物或者内部固定螺栓松动导致的异响。

（2）变速器异响的故障诊断与排除

1）若变速器内部发出金属干摩擦声音，应检查变速器内部齿轮油的油面和油质问题。

2）若在行驶时，一旦挂入某档位声音变得更明显，此时应重点检查齿轮油油面和油质问题。

3）若空档时发响，踏下离合器踏板时，声音消失，一般为输入轴轴承发响或者常啮合齿轮发响，若挂入任何档位都有响声，一般为输出轴轴承发响。

4）若在行车时突然有响声发出，一般为齿轮轮齿断裂。

5）若变速器只有挂入某档时才发响，应当检查该档齿轮的啮合齿面，若更换应当更换成对新齿轮。

6）若换档时齿轮发响，多为离合器分离不彻底、同步器损坏、发动机转速较高或者导向衬套过紧所致。

6.2.3　万向传动装置异响的故障诊断

（1）故障现象　万向传动装置在汽车行驶过程中发出不同的响声。

（2）故障原因　万向传动装置发出异响的根本是万向传动装置的连接处磨损松旷，装配不当，或传动轴弯曲等造成动平衡破坏，当传递较大的转矩和受到剧烈的冲击时产生异响。具体原因主要是：

1）万向节套筒与万向节叉孔磨损松旷。

2）万向节叉凸缘盘连接螺栓松动。

3）传动轴伸缩节花键因磨损和冲击造成松旷。

4）传动轴弯曲。

5）传动轴上的平衡片掉落或套管凹陷。

6）传动轴套管与万向节叉或伸缩节花键轴焊接时位置歪斜或焊接后传动轴未进行动平衡。

7）伸缩节未按标记安装。

8）中间支承固定螺栓松动。

9）中间支承固定位置不正确，应按正确位置固定。

10）中间支承滚动轴承润滑不良，滚道表面有麻点、凹痕、退火变色等损伤。

11）中间支承橡胶圆环垫破损。

（3）故障诊断方法　在汽车起步或突然改变车速时，传动装置发出"吭"的一声；当汽车缓慢行驶时，传动装置发出"呱啦、呱啦"的响声，说明是万向节响。

汽车行驶中发出周期性的响声，速度越快时响声越大，严重时车身发生抖振，甚至握转向盘的手有麻木感，说明是传动轴弯曲引起的响声。

汽车行驶中产生一种连续"呜呜"的响声，车速越快响声越大，说明是中间支承响。

6.2.4　驱动桥异响的故障诊断

（1）故障现象　驱动桥在汽车不同的行驶工况下发出非正常响声。

（2）故障原因　造成驱动桥异响的根本原因是驱动桥的传动部件磨损松旷，调整不当或润滑不良，当承受较大的动载荷时，发出不正常的响声。具体原因主要有：

1）主减速器主、从动齿轮，行星齿轮和半轴齿轮等啮合间隙过大或过小。

2）半轴齿轮与半轴花键、差速器壳与十字轴、行星齿轮孔与十字轴配合松旷。

3）主、从动齿轮印痕不符合要求，应予调整。

4）主、从动齿轮，行星齿轮和半轴齿轮的齿面磨损严重，轮齿折断、变形或未成对更换，应予更换。

5）润滑油量不足、牌号不符、变质或有杂物，应更换正确的润滑油。

6）圆锥滚子轴承预紧度调整不当，应予调整。

7) 驱动桥壳体、主动齿轮紧固螺母或从动齿轮连接螺钉松动，应予紧固或更换等。

（3）故障诊断方法 汽车行驶工况不同，驱动桥的异响也不同。汽车行驶时驱动桥发出较大的响声，而当滑行或低速行驶时响声减弱，甚至消失；汽车行驶、滑行时驱动桥均发出较大的响声；汽车转弯行驶时驱动桥发出较大的响声，而直线行驶时响声明显减弱或消失；汽车起步或突然改变车速时驱动桥发出"吭"的一声。根据异响的规律，结合图6-1所示驱动桥异响常见故障原因的诊断流程找出故障。

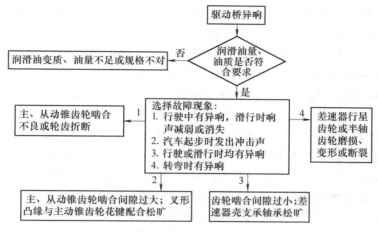

图6-1 驱动桥异响常见故障原因的诊断流程

6.2.5 制动跑偏的故障诊断

下面以液压制动系统的汽车制动跑偏为例介绍其故障诊断与排除的方法。

（1）故障现象

1) 汽车行驶制动时，行驶方向发生偏斜。

2) 紧急制动时，方向急转或车辆甩尾。

（2）故障原因

1) 左、右车轮轮胎气压、花纹或磨损程度不一致。

2) 左、右车轮轮毂轴承松紧不一致、个别轴承破损。

3) 左、右车轮的制动蹄摩擦片材料不一致或新旧程度不一致。

4) 左、右车轮制动蹄摩擦片与制动鼓的接触面积、位置不一样或制动间隙不等。

5) 左、右车轮制动轮缸的技术状况不一致，造成起作用时间、张力大小不等。

6) 左、右车轮制动鼓的厚度、直径、工作中的变形程度和工作面的表面粗糙度的值不一致。

7) 单边制动管路凹瘪、阻塞或漏油，单边制动管路或制动轮缸内有气阻。

8) 单边制动蹄与支承销配合过紧或锈蚀。

9) 一侧悬架弹簧折断或弹力过低。

10) 一侧减振器漏油或失效。

11) 前轮定位失准。

12) 转向传动机构松旷。

13) 车架、车桥在水平面内弯曲、车架两边的轴距不等。

14）感载比例阀故障。

（3）故障诊断与排除

1）若车辆正常行驶时也有跑偏现象，则首先做以下外观检查：检查左右车轮轮胎气压、花纹和磨损程度是否一致；检查个别减振器是否漏油或失效；检查悬架弹簧是否折断或弹力是否一致。

2）支起车轮，用手转动并轴向推拉车轮轮胎。若一侧车轮松旷或过紧，应重新调整轴承的预紧度；若转动车轮有卡滞或异响，应检查该轮轮毂轴承是否破损或毁坏。

3）对汽车进行路试。制动后，若汽车向一侧跑偏，则为另一侧的车轮制动不良。

① 对该车轮制动器进行放气，若无制动液喷出，说明该制动轮缸管路堵塞，应予以更换。若放出的制动液有空气，说明该制动管路中混入空气，应予以排放。观察该轮制动器间隙，若制动器间隙过大，说明制动蹄摩擦片磨损严重或制动自调装置失效，应更换。

② 若上述检查正常，应拆检该轮制动器。检查制动盘或制动鼓是否磨损或有沟槽，若磨损过大，应更换；若有严重沟槽，应车削或镗削；检查制动蹄摩擦片是否有油污或水湿及磨损过大，若摩擦片有油污或水湿，应查明原因并清理；若摩擦片磨损过大，应更换；检查制动轮缸或制动钳活塞，若有漏油或卡滞现象，应更换。

4）若制动时，出现忽左忽右跑偏现象，则应检查前轮定位是否符合要求，若前轮定位不正确，应调整；检查转向传动机构是否松旷，若松旷，应紧固、调整或更换。

5）若在制动时，车辆出现甩尾现象，则应检查感载比例阀是否有故障。

6.3 汽车电器及汽车空调疑难故障诊断

6.3.1 汽车前照灯的故障诊断

（1）断路故障检查

1）用试灯检查。将试灯的一端夹在发动机或车架上，接通开关，把试灯另一端依次与蓄电池到该灯之间连线上的各测试点相接触，若灯亮，再与下一个测试点接触，直至试灯不亮为止，则试灯在亮与不亮的两个测试点之间有断路故障，如图6-2所示。

2）用万用表直流电压档检查。用万用表直流电压档检查的方法与用试灯检查的方法基本相同。将万用表黑表笔搭铁，红表笔分别与各测试点相接触，检查其电源电压是否正常。

（2）短路故障检查　当接通照明开关时，熔丝立即烧坏，说明照明开关所接通的照明线路有短路故障，其短路部位通常在开关与灯之间。

1）用试灯检查。首先断开照明灯与照明开关的连线，将试灯一端与蓄电池正极相连接，另一端连接照明灯或照明开关的连线头，若试灯亮，说明有短路故障存在，此时逐个拆开从照明开关到照明灯之间导线上的各个接点；若试灯灭，则短路故障发生在灯灭时，故障出现在拆开的接线点与上一个拆开接线点之间的导线上，如图6-3所示。

2）用万用表电阻档检查。将万用表一支表笔搭铁，另一支表笔与试灯的导线接线点相连接，若万用表读数为零，说明有短路故障存在。

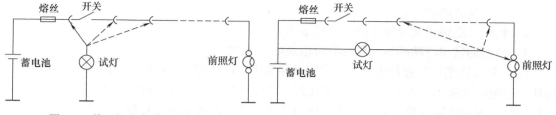

图 6-2 前照灯的断路故障检查　　　图 6-3 前照灯的短路故障检查

6.3.2 汽车转向灯的故障诊断

1. 转向灯全不亮

（1）故障原因

1）转向灯电路的熔丝烧断。

2）转向灯开关、闪光器、熔断器盒处线路连接不良，或部件之间的线路有断路或搭铁。

3）闪光器有故障。

4）转向开关内部接触不良。

5）所有转向灯均烧坏。

（2）故障诊断

1）检测闪光器电源接线端子"B"的对地电压。

2）将闪光器端子"B"与转向灯接线端子"L"直接相连，并接通转向开关，观察转向灯是否亮。

3）将转向灯开关的电源接线端子"B"分别与左、右转向灯接线端子"L""R"直接连接，观察转向灯是否闪亮。

2. 转向灯不闪亮

（1）故障原因

1）闪光器故障。

2）闪光器接线柱连接线路短路。

（2）故障诊断　断开闪光器的连接导线，检查连接端子"B""L"两线端之间是否通路。如果通路，检修线路；如果不通路，则拆修或更换闪光器。

3. 一侧转向灯不亮

（1）故障原因

1）一侧转向灯均烧坏。

2）转向灯开关故障。

3）一侧的转向灯线路有断路。

（2）故障诊断　首先检查不亮的转向灯，如果转向灯灯泡烧坏，则更换灯泡；如果转向灯正常，则需检查转向灯不亮一侧的线路；若线路未发现断路或接触不良，则需拆检或更换转向开关。

4. 闪光频率不当

（1）故障原因

1）闪光器故障。

2）转向灯电路连接导线或转向灯接触不良。

3）两侧的转向灯功率不一致或有灯泡烧坏。

（2）故障诊断　检查灯泡有无烧坏、左右侧转向灯灯泡的功率是否相同。如果有灯泡烧坏、灯泡的功率不符或两边的灯泡不相同，则需更换灯泡。如果灯泡检查无问题，则需检查转向灯电路的线路连接，观察是否有接触不良之处，若线路连接良好，则需更换闪光器。

6.3.3　汽车空调系统常见的故障及其分析方法

（1）汽车空调系统常见的故障　汽车空调与普通建筑空调不同，其工作条件较恶劣，经常经受着振动、风吹、日晒、灰尘、长期连续运转等严酷条件的考验，故其易发生故障。

轿车空调系统都由汽车发动机驱动，其发生的故障多种多样，除机械磨损外，保养不良和操作不当也会引起故障。

汽车空调制冷系统不正常的现象（故障）大致可分为四类：

1）系统不制冷。

2）制冷不足（冷气量不足）。

3）制冷系统间断工作。

4）系统噪声大。

（2）汽车空调制冷系统的故障分析方法　汽车空调制冷系统的故障分析方法可以总结为"看、听、摸、测"。

1）"看"空调。

①　"看"玻璃观察窗制冷剂流动的情况，均匀透明的液体为正常。

②　"看"低压回路的结霜情况，表面结霜为正常。

③　"看"制冷系统各个接头处的渗油情况，干燥无油渍为正常。

④　"看"压缩机磁力线圈的工作情况，能将压缩机吸合后转动且无异常响声为正常。

⑤　"看"蒸发器流水的情况，一般空调运行8min左右，水从蒸发器接水盘流出来为正常。

⑥　"看"冷凝器电子风扇运行是否正常。

2）"听"空调。

①　"听"压缩机运转时有无杂音、撞击声，有则为不正常。

②　"听"蒸发器鼓风机、冷凝器电子风扇、电动机等运转是否有杂音，有则为不正常。

3）"摸"空调。

①　"摸"制冷系统的高低压管，高压管很热、低压管较凉为正常。

②　冷凝器热为正常，且冷凝器从上到下有温差为正常。

③　干燥过滤器温热，且进口与出口无明显温差为正常。

④　膨胀阀前后有明显温差为正常。

⑤　车内送风口吹出的风有冰凉的感觉为正常。

4）"测"空调。通过"看""听""摸"这些过程，只能发现不正常现象，但要得出最后的结论，还要使用有关仪器、仪表来进行测试，在掌握第一手资料的基础上，对各种现象认真分析，找出故障所在，然后予以排除。

① 用检漏仪检漏。用检漏仪检查整个系统各接头处是否有泄漏。

② 用万用表检查。用万用表可以检查出空调的电路故障，判断出电路是断路还是短路。

③ 用温度计检查。用温度计可以判断出冷凝器、蒸发器、储液干燥器故障。蒸发器正常工作时，蒸发器表面温度在不结霜的情况下越低越好；冷凝器正常工作时，冷凝器入口管温度为 70℃，出口管温度为 50℃ 左右；储液干燥器正常情况下应为 50℃ 左右，若储液筒上下温度不一致，说明储液干燥器有堵塞。

④ 用压力表检查。将歧管压力表的高、低压表分别接在压缩机的排气、吸气口的维修阀上。在空气温度为 30~35℃，发动机转速为 2000r/min 时检查。鼓风机风速调至高档，温度调至最低档，其正常状况是：高压端压力为 1.421~1.470MPa，低压端压力为 0.147~0.196MPa；若不在此范围内，则说明系统有故障。

6.3.4　汽车空调不制冷的故障诊断

（1）故障现象

1）打开鼓风机开关及 A/C 开关，鼓风机正常工作，但压缩机不转动，系统不制冷。

2）打开鼓风机开关及 A/C 开关，压缩机转动，但鼓风机不转动，系统无冷风。

3）打开鼓风机开关及 A/C 开关，鼓风机与压缩机均正常，但不制冷。

（2）故障原因

1）风量正常，压缩机不工作。可能的原因是电磁离合器故障、压缩机 V 带过松或断裂、压缩机本身有故障等。

2）风量正常，压缩机工作，但不制冷。可能的原因是储液干燥器内过滤器堵塞，压缩机油封损坏，制冷剂软管破损或松动，压缩机吸、排气阀损坏，蒸发器泄漏，膨胀阀冰堵或脏堵等。

3）鼓风机无风量。可能的原因是熔丝烧断、鼓风机电动机损坏、鼓风机开关损坏、配线松脱或断落、鼓风机控制电阻器损坏等。

（3）故障诊断

1）风量正常，压缩机不工作。

① 检查压缩机 V 带有无断裂或太松。首先检查压缩机 V 带有无断裂，若有，应更换压缩机 V 带。其次检查压缩机 V 带的松紧程度，若过松，应调整至规定值。

② 检查电磁离合器有无故障。如图 6-4 所示，打开空调开关，用试灯检查电磁离合器电源，如果试灯亮，说明电磁离合器线圈可能烧坏，使电磁离合器无电流通过，造成压缩机不工作，这时应检查并视情况更换电磁离合器。

③ 检查压缩机本身有无故障。

2）风量正常，压缩机工作，但不制冷。

① 检查膨胀阀有无脏堵。膨胀阀和进气滤网易发生脏堵，应重点检查并视情况清洗或更换膨胀阀。

② 检查蒸发器或管路有无泄漏。蒸发器或管路泄漏，造成制冷剂完全泄漏，使制冷系统不能制冷。对有泄漏的部位应进行补漏或更换。

③ 检查储液干燥器有无堵塞或装反。储液干燥器

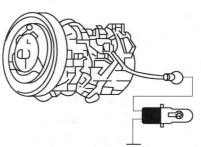

图 6-4　电磁离合器故障检查

堵塞或装反，使制冷剂不能流通，制冷系统不能工作。这时应清洗或重新安装储液干燥器。

④ 检查压缩机吸气、排气阀有无损坏。压缩机的吸气阀、排气阀损坏，使制冷剂不能被压缩，造成制冷系统不能制冷。这时应检修压缩机的进、排气阀。

3）鼓风机无风量。

① 检查熔丝有无烧断，若有，应更换熔丝。注意：不可用铁丝或电线代替熔丝，否则，有可能烧毁设备。

② 检查鼓风机控制线或搭铁线有无断开。检查各接线柱或搭铁是否松动、脱开，若有，应重新接好各松动、脱开的线束。

③ 检查鼓风机继电器有无损坏。鼓风机继电器线圈烧断、触头烧损，使继电器不能工作，从而导致鼓风机不能工作。

鼓风机继电器的检测方法（图6-5）：拆去空调

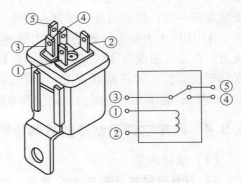

图6-5 鼓风机继电器

继电器插头，并让蓄电池向线端①和②供电，检查线端③和④之间是否出现断路。如果欧姆表上的读数为0，说明继电器正常；如果超过0，则需要更换继电器。

④ 检查鼓风机开关有无损坏。鼓风机开关接触不良，导致电流不能通过鼓风机，使鼓风机不能转动。

6.3.5 汽车空调制冷不足的故障诊断

（1）故障现象 打开鼓风机开关及A/C开关，用温度计在蒸发器送风口测量的温度大于5℃或车内温度高于正常的调节温度。

（2）故障原因

1）制冷剂不良。如制冷剂过少或过多、系统内有空气或水分、系统内有脏物。

2）压缩机不良。如压缩机损坏、压缩机V带过松、压缩机离合器打滑。

3）蒸发器不良。如蒸发器鼓风机转速不够、蒸发器片堵塞、空气过滤网堵塞。

4）冷凝器不良。如冷凝器片堵塞、散热风量小。

5）膨胀阀不良。如膨胀阀滤网堵塞、膨胀阀开度过大、膨胀阀感温包泄漏、膨胀阀感温包包扎不好。

6）其他原因。如温控器调整不当、蒸发器压力调节不当、空调新风风门未关严、送风管堵塞。

（3）故障诊断 汽车空调制冷不足的故障诊断流程如图6-6所示。

6.3.6 汽车空调间断制冷的故障诊断

（1）故障现象 打开鼓风机开关及A/C开关，供给冷气量间断不连续，时有时无。

（2）故障原因

1）电磁离合器工作不良。可能的原因是离合器打滑、离合器供电电压不足、离合器线圈电路接触不良等。

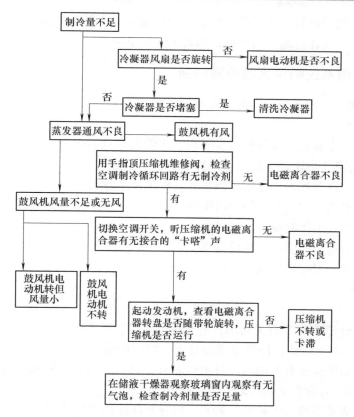

图 6-6 汽车空调制冷不足的故障诊断流程

2）电器组件不良。可能的原因是主继电器故障、鼓风机继电器故障、鼓风机变阻器故障、鼓风机接触不良、温控器故障等。

3）制冷管路不良。可能的原因是系统冰堵、膨胀阀失灵、系统中水分过多等。

（3）故障诊断

1）检查电磁离合器有无故障。首先检查电磁离合器的摩擦面是否沾有油污或磨损严重，并视情况清洗离合器摩擦面的油渍，或重新调整间隙。

其次检查电磁离合器的电路有无接触不良，并视情况将接头补焊或将搭铁拧紧。

最后检查电磁离合器的电压有无过低，若供电电压达不到规定值，压缩机不能正常工作，制冷效果变差。

2）检查电气元件有无故障。主要检查 A/C 继电器、鼓风机变阻器及恒温器有无故障，鼓风机的电动机有无接触不良的故障。

3）检查制冷管路有无故障。

① 检查制冷管路有无冰堵，若有，排除空调制冷系统中的水分。系统管路中含水量过大，工作一段时间后，膨胀阀结霜、冰堵，出风不冷，停机一会工作又正常，不久又出现上述故障。

② 检查膨胀阀有无失灵。检查并视情况更换感温包或更换膨胀阀。安装膨胀阀前，应注意：膨胀阀应竖直放置，不能斜装，更不可倒装，安装位置应尽可能靠近蒸发器；感温包安装位置要合适，感温包应牢固地装在清洁的吸气管直段上，感温包与吸气管路应有良好的

接触，并用隔热防潮胶包好；外平衡式膨胀阀的平衡管应装在蒸发器的出口处，但感温包必须装在平衡管前，且应保持适当的距离，两者不能互换位置。

6.3.7 汽车空调系统噪声大的故障诊断

（1）故障现象 空调系统运转时，发出异常响声。

（2）故障原因

1）外部噪声。主要是压缩机传动带噪声、压缩机本身的噪声、电磁离合器噪声、鼓风机噪声、护板敲击声、惰轮轴承发出"隆隆"声。

2）内部噪声。内部噪声产生的原因主要有以下几个方面：

① 系统内有水汽，引起膨胀阀发出噪声。

② 制冷剂过多，工作有噪声。

③ 高压侧压力过高，引起压缩机振动。

④ 制冷剂过少，引起膨胀阀发出噪声。

（3）故障诊断

1）外部噪声。

① 检查压缩机传动 V 带有无松动打滑或过度磨损。用手指按压 V 带中间，挠曲量应在 10~15mm，否则应进行调整。若 V 带磨损过大，则应更换。

② 电磁离合器摩擦板有无油污、自由间隙有无过大，电磁线圈插头有无松动、带轮的紧定螺钉有无松动，若存在上述故障，应排除。

③ 检查压缩机紧固件有无松动，若有，应拧紧压缩机安装紧固件。

④ 检查鼓风机叶片有无变形、破裂；鼓风机电动机有无过度磨损。若有，应维修或更换鼓风机或电动机。

⑤ 检查护板有无松动。若有，应紧固夹紧卡，消除软管与其他部件的摩擦或碰撞。

⑥ 检查惰轮轴承有无磨损严重。

2）内部噪声。

① 检查制冷剂量是否适当。若制冷剂过多，将引起压缩机负荷加大，导致高压管路发出振动声，压缩机发出捶击声，此时应排出过多的制冷剂，直至高压表压力正常；若制冷剂过少，蒸发器进口处将发出"嗞嗞"声，应检查制冷系统有无泄漏处，若有，应排除故障并重新补充制冷剂。

② 检查空调系统管路中有无过多水分，若有，应更换储液干燥器，抽真空，重新充注制冷剂。

 ## 练习题

真题分析

一、单项选择题

1. 汽油发动机的爆燃响声，柴油机的工作粗暴声属于（　　）异响。

A. 机械　　　　　B. 燃烧　　　　　C. 空气动力　　　　　D. 电磁

【分析】

本题涉及的知识点是发动机异响的种类。发动机异响主要有机械异响、燃烧异响、空气动力异响和电磁异响。机械异响主要是运动副配合间隙太大或配合面有损伤，运动中引起冲击和振动造成的，如活塞敲缸响、曲轴主轴承响等。燃烧异响主要是发动机不正常燃烧造成的，如发动机爆燃响、表面点火响。空气动力异响主要是发动机进排气口和运转中的风扇处，因气流振动而造成的。电磁异响主要是发电机、起动机和其他电磁元件内由于磁场的交替变化，引起机构中某些部件或某一部分空间容积产生振动而造成的。

【答案】B

2. 若发动机曲轴主轴承响，则其响声随发动机转速的提高而( )。

A. 减小　　　　B. 增大　　　　C. 先增大后减小　　　D. 先减小后增大

【分析】

本题涉及的知识点是发动机曲轴主轴承异响随发动机转速变化而变化的关系。发动机异响的种类很多，除了活塞敲缸响和活塞销响外，发动机其他所有的异响都随发动机转速的提高而增大，考生在复习备考的过程中，除了要掌握发动机各种声响随发动机转速变化的关系外，还要掌握各种声响的声音特点、声响部位及随发动机负荷及温度变化的关系。

【答案】B

3. 若汽油发动机单缸不工作，可用( )找出不工作的气缸。

A. 多缸断油法　　B. 单缸断油法　　C. 多缸断火法　　　D. 单缸断火法

【分析】

本题涉及的知识点是汽油发动机单缸不工作的判别方法。汽油发动机单缸不工作或动力不足，可将单缸断火后观察发动机运转的情况，若某缸断火后，发动机运转无任何变化或变化不大，则说明该缸不工作或工作不良。推之，柴油发动机则可采用单缸断油法判别。

【答案】D

4. 变速器工作时发出不均匀的碰击声，其原因可能是( )。

A. 分离轴承缺润滑油或损坏　　　B. 从动盘铆钉松动、钢片破裂或减振弹簧折断

C. 离合器盖与压盘连接松旷　　　D. 齿轮齿面金属剥落或个别轮齿折断

【分析】

本题涉及的知识点是变速器异响产生的原因。此题可用排除法选出正确的答案，A、B、C选项涉及的都是离合器方面的原因，所以都可以排除。

【答案】D

5. 发动机产生爆燃的原因是( )。

A. 压缩比过小　　　　　B. 辛烷值过低

C. 点火过迟　　　　　　D. 发动机温度过低

【分析】

本题涉及的知识点是发动机产生爆燃的原因。发动机爆燃的原因有以下几个：汽油的辛烷值过低(牌号过低)、压缩比过大、点火提前角过大、冷却液温度过高。

【答案】B

6. 轮胎的胎面,若发现胎面中部磨损严重,则为( )所致。

A. 轮胎气压过低
B. 各部松旷、变形、使用不当或轮胎质量不佳
C. 前轮外倾过小
D. 轮胎气压过高

【分析】

本题涉及的知识点是轮胎胎面中部磨损的原因。轮胎异常磨损的原因分析是汽车维修高级工常考的问题。轮胎的中部偏磨、两边胎肩偏磨的原因分析较简单,前者主要由胎压过高造成,后者主要由胎压过低造成,对于轮胎单侧偏磨、胎冠圆周方向呈波浪状或碟片状磨损及胎冠呈锯齿状磨损的原因分析则相对较难,考生应真正掌握,不能死记硬背。

【答案】 D

7. 用万用表检测照明灯线路某点,无电压显示。说明此点前方的线路( )。

A. 断路
B. 短路
C. 搭铁
D. 接触电阻较大

【分析】

本题涉及的知识点是照明灯线路的检测方法。汽车蓄电池电量充足且线路开关闭合的情况下,汽车照明灯前面的线路任意一点对地之间的电压应接近蓄电池的电压(因为汽车照明灯前面的线路及其元件的总电压降正常的情况下不会超过0.2V),否则说明前面的线路或元件有故障。若无电压显示,则说明前面有断路故障,若电压值比蓄电池的电压低很多,则说明前面线路或元件接触不良。

【答案】 A

8. 若左侧转向灯总功率大于右侧转向灯总功率,则( )。

A. 左侧闪光频率快
B. 右侧闪光频率快
C. 左右侧闪光频率相同
D. 会使闪光器损坏

【分析】

本题涉及的知识点是闪光器的结构及原理。以电热式闪光器为例,左侧转向灯的总功率大于右侧转向灯的总功率,说明经过左侧转向灯的总电流较大,则闪光器触点闭合的时间相对较长,左侧转向灯的闪光频率较慢,而右侧转向灯的闪光频率则相对较快。

【答案】 B

9. 蒸发器控制阀损坏或调节不当,会造成( )。

A. 冷气不足
B. 系统太冷
C. 系统噪声大
D. 操纵失灵

【分析】

本题涉及的知识点是蒸发器控制阀的作用。蒸发器控制阀的作用之一是控制制冷剂的流量,保证蒸发器的出口完全为气态制冷剂,若流量过大,出口含有液态制冷剂,可能进入压缩机产生液击;若流量过小,提前蒸发完毕,造成制冷不足。

【答案】 A

10. 恒温器调整的断开温度过低,会造成( )。

A. 冷气不足
B. 无冷气产生
C. 间断制冷
D. 系统太冷

【分析】

本题涉及的知识点是汽车空调恒温器的作用。汽车空调恒温器是汽车空调系统中控制温度的一种开关元件,它感受蒸发器表面的温度,从而控制压缩机的开与停,起到调节车内温

度及防止蒸发器结霜的作用。当车内温度上升到某一设定值时，温度开关触点闭合，电磁离合器接通，压缩机工作；当车内温度下降到某一设定值时，温度开关触点脱开，电磁离合器电流中断，压缩机停止工作。当恒温器调整的断开温度过低时，则会造成蒸发器表面的温度过低而结霜，造成空调间断制冷。

【答案】C

11.（　　）是汽油发动机热车起动困难的主要原因。

A. 混合气过稀　　　B. 混合气过浓　　　C. 油路不畅　　　　　D. 点火错乱

本题涉及的知识点是热车起动困难的原因。热车起动困难主要是混合气过浓造成的，而冷车起动困难则是混合气过稀造成的，考生在复习备考的过程中，要特别注意区分。

【答案】B

二、判断题

1.（　　）柴油机起动困难的根本原因是柴油没有进入气缸，维修时应从燃料输送方向查找故障原因。

【分析】

本题涉及的知识点是柴油机起动困难的原因。柴油机起动困难是指柴油机有起动的征兆（但听不到连续的爆发声），多次起动才能起动，说明柴油已经进入气缸并燃烧。所以题干的说法是错误的。

【答案】×

2.（　　）辛烷值过高易使发动机产生爆燃。

【分析】

本题涉及的知识点是汽油的性能指标。汽油的性能指标之一是抗爆性，即汽油抵抗爆燃的能力，抗爆性通常与辛烷值有关，汽油的辛烷值越高，抗爆性越高，因而题干的说法是错误的。

【答案】×

3.（　　）用万用表检测发电机各接线端子的电阻，若均符合规定，则说明该发电机不存在故障。

【分析】

本题涉及的知识点是发电机故障的判别方法。发电机故障主要包括机械故障和内部电路故障，用万用表检测发电机接线端子的电阻，若均符合规定，则只能说明发电机内部的电路无故障，而发电机的机械故障则无法通过万用表检测得到，如转子与定子摩擦产生的发电机异响故障、转子轴承磨损故障等。因而，题干的说法是错误的。

【答案】×

4.（　　）汽车行驶一定里程后，用手触摸制动鼓感觉发热，这种现象属于制动跑偏。

【分析】

本题涉及的知识点是制动跑偏和制动拖滞故障现象的区别。汽车行驶一定里程后，用手触摸制动鼓感觉发热，这种现象属于制动拖滞故障。制动跑偏的故障现象是汽车制动时，汽车不能按直线方向行驶，而是向左侧或右侧方向偏驶。因此，题干的说法是错误的。

【答案】×

 **练习题**

模拟试题训练

一、单项选择题

1. 电控发动机怠速不平稳原因有进气管真空泄漏和(　　)等。

A. 电动汽油泵不工作　　　　　　　B. 曲轴位置传感器失效

C. 点火正时失准　　　　　　　　　D. 爆燃传感器失效

2. 若发动机连杆轴承响，则响声会随发动机负荷增加而(　　)。

A. 减小　　　　B. 增大　　　　C. 先增大后减小　　　　D. 先减小后增大

3. 发动机活塞敲缸响发出的声音是(　　)声。

A. "当当"　　　B. "啪啪"　　　C. "嗒嗒"　　　D. "噗噗"

4. 若发动机活塞销响，则响声会随发动机负荷增加而(　　)。

A. 减小　　　　B. 增大　　　　C. 先增大后减小　　　　D. 先减小后增大

5. 发动机气门座圈异响比气门异响稍大并呈(　　)的"嚓嚓"声。

A. 没有规律的忽大忽小　　　　　　B. 有规律、大小一样

C. 无规律、大小一样　　　　　　　D. 有规律

6. 发动机正时齿轮异响的原因是(　　)。

A. 凸轮轴和曲轴两轴线不平行　　　B. 发动机进气不足

C. 点火正时失准　　　　　　　　　D. 点火线圈温度过高

7. 在起动柴油机时排气管不排烟，这时将喷油泵放气螺钉松开，扳动手油泵，观察喷油泵放气螺钉是否流油，若不流油或有气泡冒出，表明(　　)。

A. 低压油路有故障　　　　　　　　B. 高压油路有故障

C. 回油油路有故障　　　　　　　　D. 高、低压油路都有故障

8. 柴油机起动时排气管冒白烟，其故障原因是(　　)。

A. 燃油箱无油或存油不足　　　　　B. 柴油滤清器堵塞

C. 高压油管有空气　　　　　　　　D. 燃油中有水

9. (　　)是汽车发动机不能起动的主要原因。

A. 油路不过油　　　　　　　　　　B. 混合气过稀或过浓

C. 点火过迟　　　　　　　　　　　D. 点火过早

10. 对于任何发动机不能起动这类故障的诊断与排除，首先应检查的是(　　)。

A. 蓄电池电压　　　B. 电动燃油泵　　　C. 起动机　　　　D. 点火线圈

11. 柴油机动力不足，可在发动机运转中运用(　　)，观察发动机转速变化，找出故障缸。

A. 多缸断油法　　　B. 单缸断油法　　　C. 多缸断火法　　　D. 单缸断火法

12. 若汽油发动机两缸或多缸不工作，可用(　　)找出不工作的气缸。

A. 多缸断油法　　　B. 单缸断油法　　　C. 多缸断火法　　　D. 单缸断火法

13. 发动机机油超耗的原因是(　　)。

A. 机油黏度过大　　　　　　　　　　　B. 润滑油道堵塞

C. 润滑油漏损　　　　　　　　　　　　D. 机油压力表或传感器有故障

14. 若汽油机燃油消耗量过大，则检查(　　　)。

A. 油箱或管路是否漏油　　　　　　　　B. 空气滤清器是否堵塞

C. 燃油泵是否故障　　　　　　　　　　D. 进气管是否漏气

15. 若汽油机燃油消耗量过大，则检查(　　　)。

A. 进气管是否漏气　　　　　　　　　　B. 空气滤清器是否堵塞

C. 燃油阀是否故障　　　　　　　　　　D. 油压是否过大

16. 若发动机机油油耗超标，则检查(　　　)。

A. 机油黏度是否符合要求　　　　　　　B. 润滑油道是否堵塞

C. 气门与气门导管的间隙　　　　　　　D. 油底壳油量是否不足

17. 若发动机机油油耗超标，则检查(　　　)。

A. 油底壳油量是否不足　　　　　　　　B. 润滑油道是否堵塞

C. 机油黏度是否符合要求　　　　　　　D. 活塞、活塞环与气缸壁是否磨损

18. 发动机排放超标的原因有(　　　)。

A. 真空管漏气　　　B. 点火系有故障　　　C. 各缸缸压升高　　　　D. 润滑系有故障

19. 通过尾气分析仪测量，如果是 HC 超标，首先应该检查(　　　)是否工作正常，若不正常应予修理或更换。

A. 排气管　　　　　　B. 氧传感器　　　　C. 三元催化转化器　　　D. EGR 阀

20. 若发动机过热，且散热器上水管与下水管温度相差较大，可判断(　　　)不工作。

A. 水泵　　　　　　　B. 节温器　　　　　C. 风扇　　　　　　　　D. 散热器

21. 电控发动机工作不稳的原因是(　　　)。

A. 喷油器不工作　　　　　　　　　　　B. 线路接触不良

C. 点火正时失准　　　　　　　　　　　D. 曲轴位置传感器失效

22. 电控发动机消声器放炮首先应检查(　　　)。

A. 加速踏板联动拉索　　　　　　　　　B. 燃油压力

C. 喷油器　　　　　　　　　　　　　　D. 火花塞

23. 发动机(　　　)运转时，转速忽高忽低，可认为是发动机工作不稳。

A. 正常　　　　　　　　　　　　　　　B. 怠速

C. 高速　　　　　　　　　　　　　　　D. 正常、怠速、高速均正常

24. (　　　)运转时，产生加速敲缸，视为爆燃。

A. 底盘　　　　　　　　　　　　　　　B. 发动机

C. 电器　　　　　　　　　　　　　　　D. 底盘、发动机、电器均正确

25. (　　　)可能发生在 A/C 工作时。

A. 失速　　　　　　　　　　　　　　　B. 加速

C. 失速、加速均不对　　　　　　　　　D. 失速、加速均正确

26. 电控汽车驾驶性能不良，可能是(　　　)。

A. 混合气过浓　　　　　　　　　　　　B. 消声器失效

C. 爆燃　　　　　　　　　　　　　　　D. 混合气过浓、消声器失效、爆燃均正确

27. 发动机怠速运转，离合器在分离、接合或汽车起步等不同时刻出现异响，其原因可能是（　　　）。

　　A. 传动轴万向节叉等速排列破坏　　　　B. 万向节轴承壳压得过紧

　　C. 分离轴承缺少润滑油或损坏　　　　　D. 中间轴、第二轴弯曲

28. 变速器工作时发出不均匀的碰击声，其原因可能是（　　　）。

　　A. 分离轴承缺少润滑油或损坏

　　B. 从动盘铆钉松动、钢片破裂或减振弹簧折断

　　C. 常啮合齿轮磨损成梯形或轮齿损坏

　　D. 传动轴万向节叉等速排列破坏

29. 诊断与排除底盘异响需要下列哪些操作准备（　　　）。

　　A. 汽车故障排除工具及设备　　　　　B. 故障诊断仪

　　C. 一台无故障的汽车　　　　　　　　D. 解码仪

30. 在起步时，出现"咣当"一声响或响声较复杂，在缓坡上向后倒车时，出现"嘎巴、嘎巴"的断续声，一般是（　　　）原因。

　　A. 滚针折断、碎裂或丢失　　　　　　B. 轴承磨损松旷或缺油

　　C. 传动轴万向节叉等速排列破坏　　　D. 多为中间支承轴承内圈过盈配合松旷

31. 发动机运转，出现"嚓、嚓"的摩擦声时，应先检查（　　　）。

　　A. 飞轮　　　　　　　B. 离合器从动盘　　C. 踏板自由行程　　　　D. 离合器压盘

32. 变速器直接档工作无异响，其他档位均有异响，说明（　　　）。

　　A. 齿轮啮合不良或损坏　　　　　　　B. 第二轴后轴承松旷或损坏

　　C. 齿轮间隙过小　　　　　　　　　　D. 第二轴前轴承损坏

33. 在读取故障码前，首先应（　　　）。

　　A. 检查汽车蓄电池电压是否正常

　　B. 将点火开关置于 ON 位置

　　C. 按下超速档开关，使之置于 ON 位置

　　D. 根据自动变速器故障警告灯的闪亮规律读出故障码

34. （　　　）会使前轮外倾发生变化，造成轮胎单边磨损。

　　A. 纵横拉杆或转向机构松旷　　　　　B. 钢板弹簧 U 形螺栓松旷

　　C. 轮毂轴承松旷或转向节与主销松旷　D. 前钢板吊耳销和衬套磨损

35. 下列属于前轮摆振现象的是（　　　）。

　　A. 轮胎胎面磨损不均匀，胎冠两肩磨损，胎壁擦伤

　　B. 汽车行驶时，有时出现两前轮各自围绕主销进行角振动的现象

　　C. 胎冠由外侧向内侧呈锯齿状磨损，胎冠呈波浪状磨损，胎冠呈蝶边状磨损

　　D. 胎冠中部磨损，胎冠外侧或内侧单边磨损

36. 若发现轮胎胎面的中部磨损严重，则为（　　　）所致。

　　A. 轮胎气压过低　　B. 各部松旷、变形、使用不当或轮胎质量不佳

　　C. 前轮外倾过小　　D. 轮胎气压过高

37. 诊断前轮摆振的程序第二步应检查（　　　）。

　　A. 前桥与转向系各连接部位是否松旷　B. 前轮是否装用翻新轮胎

C. 前钢板弹簧 U 形螺栓　　　　　　　　D. 前轮的径向圆跳动量和轴向圆跳动量

38. 诊断前轮摆振的程序首先应检查(　　　)。

A. 前桥与转向系各连接部位是否松旷　B. 前轮的径向圆跳动量和轴向圆跳动量

C. 前轮是否装用翻新轮胎　　　　　　　D. 前钢板弹簧 U 形螺栓

39. 下列哪些原因不可能导致制动跑偏(　　　)。

A. 前轮左、右轮轮胎气压不一致

B. 前钢板弹簧左、右弹力不一致

C. 一侧前轮制动器间隙过小或轮毂轴承过紧

D. 转向性能良好

40. 下列属于制动拖滞现象的是(　　　)。

A. 汽车行驶时，有时出现两前轮各自围绕主销进行角振动的现象。

B. 轮胎胎面磨损不均匀，胎冠两肩磨损，胎壁擦伤，胎冠中部磨损

C. 驾驶人必须紧握转向盘才能保证直线行驶，若稍微放松转向盘，汽车便自动跑向一边

D. 踏下制动踏板感到高而硬，踏不下去。汽车起步困难，行驶无力。当松抬加速踏板踏下离合器踏板时，尚有制动感觉

41. 下列属于制动防抱死装置失效现象的是(　　　)。

A. 汽车行驶时，有时出现两前轮各自围绕主销进行角振动的现象

B. 防抱死控制系统的警告灯持续点亮，感觉防抱死控制系统工作不正常

C. 驾驶人必须紧握转向盘才能保证直线行驶，若稍微放松转向盘，汽车便自动跑向一边

D. 踏下制动踏板感到高而硬，踏不下去。汽车起步困难，行驶无力。当松抬加速踏板踏下离合器踏板时，尚有制动感觉

42. 在诊断与排除汽车制动故障的操作准备前应准备一辆(　　　)汽车。

A. 待排除的有传动系故障的　　　　　　B. 待排除的有制动系故障的

C. 待排除的有转向系故障的　　　　　　D. 待排除的有行驶系故障的

43. 汽车行驶一定里程后，用手触摸制动鼓均感觉发热，表明故障在(　　　)。

A. 制动踏板不能迅速复位　　　　　　　B. 制动主缸

C. 车轮制动器　　　　　　　　　　　　D. 踏板轴及连杆机构的润滑情况不好

44. 汽车行驶一定里程后，用手触摸制动鼓，若感觉个别制动鼓发热，则故障在(　　　)。

A. 制动踏板不能迅速复位　　　　　　　B. 制动主缸

C. 车轮制动器　　　　　　　　　　　　D. 踏板轴及连杆机构的润滑情况不好

45. 诊断、排除制动防抱死系统失效的第一步是(　　　)。

A. 通过警告灯读取故障码

B. 对系统进行直观检查

C. 确认故障情况和症状

D. 利用必要的工具和仪器对故障部位进行深入检查

46. 在诊断与排除制动防抱死故障灯报警故障时，连接 "STAR" 扫描仪和 ABS 自诊断插接器，接通 "STAR" 扫描仪上的电源开关，按下中间按钮，再将车上的点火开关转到

ON 位置，如果有故障码储存在电脑中，那么在(　　)s 内将在扫描仪的显示器显示出来。

A. 15　　　　　　　B. 30　　　　　　　C. 45　　　　　　　D. 60

47. 前照灯搭铁不实，会造成前照灯(　　)。

A. 不亮　　　　　B. 灯光暗淡　　　　C. 远近光不良　　　D. 一侧灯不亮

48. 汽车灯光系统出现故障，除与本系统元件损坏有关外，还可能与(　　)有关。

A. 充电系　　　　B. 起动系　　　　　C. 仪表报警系　　　D. 空调系统

49. 用万用表检查照明系统线路故障，应使用(　　)。

A. 电流档　　　　B. 电压档　　　　　C. 电容档　　　　　D 二极管档

50. 用万用表检测照明灯线路某点，若显示正常电压，说明该点前方的线路(　　)。

A. 断路　　　　　B. 短路　　　　　　C. 搭铁　　　　　　D. 良好

51. 若闪光器电源接柱上的电压为 0V，说明(　　)。

A. 供电线断路　　B. 转向开关损坏　　C. 闪光器损坏　　　D. 灯泡损坏

52. 若左转向灯搭铁不良，当转向开关拨至左转向时的现象是(　　)。

A. 左、右转向灯不亮　　　　　　　　B. 只有右转向灯亮

C. 只有左转向灯亮　　　　　　　　　D. 左右转向灯微亮

53. 蒸发器被灰尘异物堵住，会造成空调系统(　　)。

A. 无冷气产生　　B. 冷气量不足　　　C. 系统太冷　　　　D. 间断制冷

54. 压缩机电磁离合器线圈短路或烧毁，会造成(　　)。

A. 冷气不足　　　B. 间歇制冷　　　　C. 过热　　　　　　D. 不制冷

55. 空调系统鼓风机电动机松动或磨损会造成(　　)。

A. 系统噪声大　　B. 系统太冷　　　　C. 间断制冷　　　　D. 无冷气产生

56. 空调压缩机驱动带断裂，会造成(　　)。

A. 冷气不足　　　B. 系统太热　　　　C. 间断制冷　　　　D. 不制冷

57. 制冷系统高压侧压力过高，并且膨胀阀发出噪声，说明(　　)。

A. 系统中有空气　B. 系统中有水汽　　C. 制冷剂不足　　　D. 干燥罐堵塞

58. 冷却水管堵塞，会造成(　　)。

A. 不供暖　　　　B. 冷气不足　　　　C. 不制冷　　　　　D. 系统太冷

59. 打开空调开关时，鼓风机(　　)。

A. 不运转　　　　B. 低速运转　　　　C. 高速运转　　　　D. 不定时运转

60. 下列现象不会造成空调系统漏水的是(　　)。

A. 加热器管损坏　　　　　　　　　　B. 热水开关关不死

C. 冷凝器损坏　　　　　　　　　　　D. 软管老化

61. 用诊断仪器诊断和排除电控发动机怠速不稳时，若仪器上有故障码，则(　　)。

A. 检查故障码　　B. 检查点火正时　　C. 检查喷油器　　　D. 检查喷油压力

62. 下列属于发动机曲轴主轴承响的原因是(　　)。

A. 曲轴有裂纹　　B. 曲轴弯曲　　　　C. 气缸压力低　　　D. 气缸压力高

63. 发动机气门间隙过大，使气门脚发出异响，可用(　　)进行辅助判断。

A. 塞尺　　　　　B. 撬棍　　　　　　C. 扳手　　　　　　D. 卡尺

64. 汽油发动机点火过早异响的现象是(　　)。

A. 发动机温度变化时响声不变化

B. 单缸断火响声不减弱

C. 发动机温度越高、负荷越大，响声越强烈

D. 变化不明显

65. 柴油发动机不能起动的现象表现为：利用起动机起动时（　　　），排气管没有烟排出。

　A. 听不到爆发声　　　　　　　　　B. 可听到不连续的爆发声

　C. 发动机运转不均匀　　　　　　　D. 发动机运转无力

66. 柴油发动机起动困难，应从（　　　）、燃油雾化、压缩终了时的气缸压力温度等方面找原因。

　A. 喷油时刻　　　　B. 手油阀　　　　C. 燃油输送　　　　　D. 喷油阀驱动联轴器

67. 发动机加速发闷，转速不易提高的原因是（　　　）。

　A. 火花塞间隙不符合标准　　　　　B. 少数缸不工作

　C. 空气滤清器堵塞　　　　　　　　D. 排气系统阻塞

68. 柴油发动机燃油消耗超标的原因是（　　　）。

　A. 配气相位失准　　B. 气缸压力低　　C. 喷油器调整不当　　D. 机油变质

69. 一般情况下，机油消耗和燃油消耗的比值为 0.5%~1% 为正常，如果该比值大于（　　　），则为机油消耗过多。

　A. 1%　　　　　　　B. 0.5%　　　　　C. 0.25%　　　　　　D. 2%

70. 诊断发动机排放超标的仪器为（　　　）。

　A. 废气分析仪　　　　　　　　　　B. 汽车无负荷测功表

　C. 氧传感器　　　　　　　　　　　D. 三元催化转化器

71. 发动机过热的原因是（　　　）。

　A. 百叶窗卡死在全开位置　　　　　B. 节温器未装或失效

　C. 冷却液温度表或传感器有故障　　D. 喷油或点火时间过迟

72. 若电控发动机工作不稳定，且无故障码，则要检查的传感器有（　　　）。

　A. 节气门位置传感器　　　　　　　B. 曲轴位置传感器

　C. 进气压力传感器　　　　　　　　D. 氧传感器

73. 发动机怠速运转不好，可能（　　　）运转不良。

　A. 中速　　　　　　　　　　　　　B. 高速

　C. 低速　　　　　　　　　　　　　D. 中速、高速、低速均正确

74. 发动机不能起动，可能是（　　　）。

　A. EFI 主继电器电源失效

　B. EFI 主继电器电源正常

　C. EFI 主继电器电源失效、EFI 主继电器电源正常均对

　D. EFI 主继电器电源失效、EFI 主继电器电源正常均不对

75. 偶发（　　　），可以模拟故障征兆来判断故障部位。

　A. 故障　　　　　　　　　　　　　B. 征兆

　C. 模拟故障征兆　　　　　　　　　D. 故障、征兆、模拟故障征兆均不正确

76. 电控发动机故障诊断原则，包括（　　　）。

A. 先繁后简 　　　　　　　　　　　　B. 先简后繁

C. 先繁后简、先简后繁均不对 　　　　D. 先繁后简、先简后繁均正确

77. 汽车起步时，车身发抖并能听到"咔啦，咔啦"的撞击声，且在车速变化时响声更加明显。车辆在高速档轻踩加速踏板行驶时，响声增强，抖动更严重。这种现象属于（　　　）。

A. 万向传动装置异响 　　　　　　　　B. 手动变速器异响

C. 离合器异响 　　　　　　　　　　　D. 驱动桥异响

78. 离合器盖与压盘连接松旷会导致（　　　）。

A. 万向传动装置异响 　　　　　　　　B. 离合器异响

C. 手动变速器异响 　　　　　　　　　D. 驱动桥异响

79. 连续踏动离合器踏板，在即将分离或接合的瞬间有异响，则为（　　　）。

A. 压盘与离合器连接松旷 　　　　　　B. 轴承磨损严重

C. 摩擦片铆钉松动 　　　　　　　　　D. 中间传动轴后端螺母松动

80. 变速器在空档位置，发动机怠速运转，若听到"咯噔"声，踏下离合器踏板后响声消失，说明（　　　）。

A. 第一轴前轴承损坏 　　　　　　　　B. 常啮合齿轮啮合不良

C. 第二轴后轴承松旷或损坏 　　　　　D. 第一轴后轴承响

81. 在空档位置异响并不明显，但在汽车起步或换档的瞬间发出强烈的金属摩擦声，而在离合器完全接合后声响消失，说明（　　　）。

A. 第一轴前轴承损坏 　　　　　　　　B. 常啮合齿轮啮合不良

C. 第二轴后轴承松旷或损坏 　　　　　D. 第一轴后轴承响

82. 下列不属于轮胎异常磨损现象的是（　　　）。

A. 胎冠中部磨损 　　　　　　　　　　B. 胎冠外侧或内侧单边磨损

C. 胎冠由外侧向里侧呈锯齿状磨损 　　D. 轮胎爆胎

83. （　　　）会导致胎冠由内侧向外侧呈锯齿状磨损。

A. 前轮前束过小 　　　　　　　　　　B. 横直拉杆或转向机构松旷

C. 轮毂轴承松旷或转向节与主销松旷　 D. 前轮前束过大

84. 手左右抓住转向盘，沿转向轴轴线方向做上下拉压动作，如果感到有明显的松旷量，则故障为（　　　）。

A. 转向器内主从动部分啮合部位松旷或垂臂轴承松旷

B. 转向盘与转向轴之间松旷

C. 转向器主动部分轴承松旷

D. 转向器在车架上的固定不好

85. 下列不属于制动跑偏原因的是（　　　）。

A. 制动踏板损坏

B. 有一侧钢板弹簧错位或折断

C. 转向桥或车架变形，左右轴距相差过大

D. 两侧主销后倾角或车轮外倾角不等，前束不符合要求

86. 汽车行驶一定里程后，用手触摸制动鼓感觉发热，这种现象属于（　　　）。

A. 制动跑偏　　　B. 制动抱死　　　C. 制动拖滞　　　　D. 制动失效

87. 就一般防抱死制动系统而言，下列叙述正确的是(　　　)。

A. 紧急制动时，可避免车轮抱死而造成方向失控或不稳定现象

B. ABS故障时，制动系统将会完全丧失制动力

C. ABS故障时，转向盘的转向力量将会加重

D. 可提高行车舒适性

88. 若制动拖滞故障在制动主缸，应先检查(　　　)。

A. 制动踏板自由行程是否过小

B. 制动踏板复位弹簧弹力是否不足

C. 踏板轴及连杆机构的润滑情况是否良好

D. 回油情况

89. 前照灯近光灯丝损坏，会造成前照灯(　　　)。

A. 全不亮　　　　B. 一侧不亮　　　C. 无近光　　　　D. 无远光

90. 打开灯控开光，熔丝烧断，说明线路存在(　　　)故障。

A. 断路　　　　　B. 短路　　　　　C. 接触不良　　　D. 击穿

91. 用试灯测试照明灯线路某点，灯亮，说明此点前方的线路(　　　)。

A. 断路　　　　　B. 短路　　　　　C. 正常　　　　　D. 击穿

92. 用试灯测试照明灯线路某点，灯不亮，则说明故障点在(　　　)。

A. 该点　　　　　B. 该点前方　　　C. 该店后方　　　D. 不能正确

93. 空调压缩机油面太低，则系统出现(　　　)现象。

A. 冷气不足　　　B. 间断制冷　　　C. 不制冷　　　　D. 噪声大

94. 空调系统外面空气管道打开，会造成(　　　)。

A. 无冷气产生　　B. 系统太冷　　　C. 间断制冷　　　D. 冷气量不足

95. 空调压缩机排量减小会导致(　　　)。

A. 不制冷　　　　B. 间歇制冷　　　C. 供暖不足　　　D. 制冷量不足

96. 膨胀阀卡在开启最大的位置，会导致(　　　)。

A. 冷气不足　　　B. 系统太冷　　　C. 无冷气产生　　　D. 间断制冷

97. 制冷系统中有水汽，引起部位间断结冰，会造成(　　　)。

A. 无冷气产生　　B. 冷气不足　　　C. 间断制冷　　　D. 系统太冷

98. 打开鼓风机开关，只能在高速档位上运转，说明(　　　)。

A. 鼓风机开关损坏　　　　　　　B. 调速电阻损坏

C. 鼓风机损坏　　　　　　　　　D. 供电断路

99. 热水开关关不死会造成(　　　)。

A. 制冷剂泄漏　　　　　　　　　B. 冷却水泄漏

C. 冷冻油泄漏　　　　　　　　　D. 以上均有可能

100. 下列不会造成除霜热风不足的是(　　　)。

A. 除霜风门调整不当　　　　　　B. 出风口堵塞

C. 供暖不足　　　　　　　　　　D. 压缩机损坏

101. 主要是在发动机进气口、排气门和运转中的风扇处的响声属于(　　　)异响。

A. 机械　　　　　B. 燃烧　　　　　C. 空气动力　　　　　D. 电磁

102. 若发动机排放超标应检查（　　　）。

A. 排气管歧管　　　　　　　　　　B. 排气管

C. 三元催化转化器　　　　　　　　D. EGR 阀

103. 电控发动机加速无力，且无故障码，若检查进气管道真空正常，则下一步检查（　　　）。

A. 喷油器　　　　　B. 点火正时　　　　　C. 燃油压力　　　　　D. 可变电阻

104. 若电控发动机怠速不稳，首先应检查（　　　）。

A. 故障诊断系统　　B. 燃油压力　　　　　C. 喷油器　　　　　D. 火花塞

105. 空气流量计失效，可能（　　　）。

A. 发动机能正常起动

B. 发动机不能正常起动

C. 无影响

D. 发动机能正常起动、发动机不能正常起动、无影响均正确

106. （　　　）常用人工经验诊断方法。

A. EFI　　　　　　　　　　　　　B. 化油器式发动机

C. EFI、化油器式发动机均对　　　　D. EFI、化油器式发动机均不对

107. 若自动变速器控制系统工作正常，计算机内没有故障码，则故障警告灯以每秒（　　　）次的频率连续闪亮。

A. 1　　　　　　　B. 2　　　　　　　C. 3　　　　　　　D. 4

108. 前轮轮胎可出现胎冠两侧磨损、中部磨损、单边磨损、锯齿状磨损、波浪状磨损等。若呈现无规律磨损，则原因为（　　　）。

A. 轮胎气压过低

B. 各部松旷、变形、使用不当或轮胎质量不佳

C. 前轮外倾过小

D. 前束过小或为负前束

109. 下列不属于制动跑偏现象的是（　　　）。

A. 制动突然跑偏　　　　　　　　　B. 向右转向时制动跑偏

C. 有规律的单向跑偏　　　　　　　D. 无规律的忽左忽右跑偏

110. 踏下制动踏板感到高而硬，踏不下去。汽车起步困难，行驶无力。当松抬加速踏板踏下离合器踏板时，尚有制动感觉，这种现象属于（　　　）。

A. 制动拖滞　　　　B. 制动抱死　　　　　C. 制动跑偏　　　　　D. 制动失效

111. 制动蹄与制动蹄轴锈蚀，使制动蹄转动复位困难会导致（　　　）。

A. 制动失效　　　　B. 制动跑偏　　　　　C. 制动抱死　　　　　D. 制动拖滞

112. 排除制动防抱死装置失效故障后应该（　　　）。

A. 检验驻车制动是否完全释放　　　B. 清除故障码

C. 进行路试　　　　　　　　　　　D. 检查制动液液面是否在规定的范围内

113. 造成前照灯光暗淡的主要原因是线路（　　　）。

A. 断路　　　　　　B. 短路　　　　　　C. 接触不良　　　　　D. 电压过高

114. 若闪光器频率失常，则会导致（　　　）。

A. 左转向灯闪光频率不正常　　　　B. 右转向灯闪光频率不正常

C. 左右转向灯闪光频率均不正常　　D. 转向灯不亮

115. 鼓风机不转会造成(　　)。

A. 不制冷　　　　B. 冷气量不足　　　C. 系统太冷　　　D. 噪声大

116. 观察制冷系统玻璃处有气泡及雾状情况，低压表读数过低，膨胀阀发出噪声，说明(　　)。

A. 制冷剂不足　　　B. 制冷剂过量　　　C. 压缩机损坏　　　D. 膨胀阀损坏

117. 下列属于发动机连杆轴承响的原因的是(　　)。

A. 气缸压力高　　　　　　　　　B. 曲轴将要折断

C. 连杆轴承合金烧毁或脱落　　　D. 曲轴弯曲变形

118. 若发动机活塞敲缸异响，低温响声大，高温响声小，则为(　　)。

A. 活塞与气缸壁间隙过大　　　　B. 活塞质量差

C. 连杆弯曲变形　　　　　　　　D. 机油压力低

119. 在发动机不起动的情况下，把点火开关旋转到"ON"，打开刮水器。如果刮水器动得很慢，比平时慢很多，则说明(　　)。

A. 蓄电池缺电　　　　　　　　　B. 发动机损坏

C. 点火正时失准　　　　　　　　D. 点火线圈温度过高

120. 如果是发动机完全不能起动，并且毫无着火迹象，一般是燃油没有喷射引起的，需要检查(　　)。

A. 转速信号系统　　B. 火花塞　　　　C. 起动机　　　　D. 点火线圈

121. 若电控发动机加速无力，首先应检查(　　)。

A. 加速踏板联动拉索　　　　　　B. 故障诊断系统

C. 喷油器　　　　　　　　　　　D. 火花塞

122. 电控发动机消声器"放炮"的故障现象是(　　)。

A. 发动机怠速不平稳，且易熄火　　B. 加速时发动机消声器有"放炮"声

C. 发动机工作时好时坏　　　　　　D. 燃油消耗量过大

123. 汽车行驶中，声响杂乱无规则，时而出现金属撞击声，说明(　　)。

A. 中间支承轴承内圈过盈配合松旷

B. 中间轴承支承架固定螺栓松动

C. 万向节轴承壳压紧过甚，转动不灵活

D. 传动轴万向节叉等速排列破坏

124. 下列不属于前轮摆振故障产生的原因的是(　　)。

A. 前钢板弹簧 U 形螺栓松动或钢板销与衬套配合松动

B. 后轮动不平衡

C. 前轮轴承间隙过大，轮毂轴承磨损松旷

D. 直拉杆臂与转向节臂的连接松旷

125. 下列不属于前轮摆振故障产生的原因的是(　　)。

A. 经常行驶在拱度较大的路面上

B. 方向机内主从动部分齿轮啮合间隙或轴承间隙过大

C. 方向机垂臂与垂臂轴配合松旷

D. 纵横拉杆球关节配合松旷

126. 制动时驾驶人必须紧握转向盘才能保证直线行驶，若稍微放松转向盘，汽车便自行跑向一边。这种现象属于（　　）。

A. 制动拖滞　　　B. 制动抱死　　　C. 制动跑偏　　　D. 制动失效

127. 在故障诊断和排除制动防抱死系统（ABS）失效故障时（　　）。

A. 应按照一定的步骤进行　　　　　　B. 应按先主后次的步骤进行

C. 怎么样都可以　　　　　　　　　　D. 没有先后顺序

128. 一般 ABS 自诊断插接器在（　　）。

A. 计算机旁边　　B. 转向盘左侧　　C. 转向盘右侧　　D. 转向盘下侧

129. 充电系统电压调整过高，对照明灯的影响有（　　）。

A. 灯光暗淡　　　B. 灯泡烧毁　　　C. 熔丝烧毁　　　D. 闪光频率增加

130. 冷凝器周围空气不够会造成（　　）。

A. 无冷气产生　　B. 冷气不足　　　C. 系统太冷　　　D. 间断制冷

131. 起动汽油机时，无着火征兆，检查油路，故障是（　　）。

A. 混合气浓　　　B. 混合气稀　　　C. 不来油　　　　D. 来油不畅

132. 电控发动机运转不稳的故障原因有（　　）。

A. 进气压力传感器失效　　　　　　　B. 曲轴位置传感器失效

C. 凸轮轴位置传感器失效　　　　　　D. 氧传感器失效

133. 发动机怠速运转不好，可能（　　）。

A. 怠速过高　　　　　　　　　　　　B. 怠速过低

C. 怠速过高、怠速过低均对　　　　　D. 怠速过高、怠速过低均不对

134. 行驶中变换加速踏板位置和车速时，若出现"咔嗒、咔嗒"的撞击声，（　　）。

A. 一般是滚针折断、碎裂或丢失　　　B. 多半是轴承磨损松旷或缺油

C. 说明传动轴万向节叉等速排列破坏　D. 多为中间支承轴承内圈过盈配合松旷

135. 空调压缩机离合器线圈松脱或接触不良，会造成制冷系统（　　）。

A. 冷气不足　　　B. 系统太冷　　　C. 无冷气产生　　　D. 间断制冷

136. 制冷系统工作时发出噪声，高低压表读数过高，说明（　　）。

A. 制冷剂不足　　　　　　　　　　　B. 制冷剂过量

C. 压缩机损坏　　　　　　　　　　　D. 膨胀阀损坏

137. 若发动机气门响，其响声会随发动机转速增高而增高，温度变化和单缸断火时响声（　　）。

A. 减弱　　　　　　B. 不减弱　　　　C. 消失　　　　　D. 变化不明显

138. 检查完汽车蓄电池电压正常后要读取故障码，读取故障码时第一步应该（　　）。

A. 按下超速档开关，使之置于 ON 位置

B. 打开点火开关，将它置于 ON 位置，但不要起动发动机

C. 打开位于发动机附近的汽车故障检测插座罩盖，依照罩盖内所注明的各插孔的名称，用一根导线将 TE1 和 E1 两插孔相连接。

D. 根据自动变速器故障警告灯的闪亮规律读出故障码

139. 打开右转向时，右转向灯闪光频率加快，原因是(　　)。

A. 左侧转向灯个别损坏　　　　　　B. 右侧转向灯个别损坏

C. 右侧转向灯功率较大　　　　　　D. 闪光器内部故障

140. 发动机活塞销异响的原因是(　　)。

A. 活塞销与活塞上的销座孔配合松旷　　B. 连杆弯曲、扭曲变形

C. 连杆轴承盖的联接螺纹松动　　　　D. 活塞销质量差

141. 电控发动机怠速不稳的原因是(　　)。

A. 节气门位置传感器失效　　　　　B. 曲轴位置传感器失效

C. 点火正时失准　　　　　　　　　D. 氧传感器失准

142. 发动机怠速运转时，踏下踏板少许，若此时发响，则为(　　)。

A. 分离套筒缺油或损坏　　　　　　B. 分离轴承缺油或损坏

C. 踏板自由行程过小　　　　　　　D. 踏板自由行程过大

143. (　　)是造成在用车轮胎早期耗损的主要原因。

A. 前轮定位不准确　　　　　　　　B. 前梁或车架弯扭变形

C. 轮毂轴承松旷或转向节与主销松旷　D. 气压不足

144. 转向灯单边亮度失常的故障原因通常是(　　)。

A. 供电线短路　　　　　　　　　　B. 转向灯搭铁不良

C. 转向灯开关损坏　　　　　　　　D. 闪光器损坏

145. 加热器芯内部堵塞，会导致(　　)。

A. 暖气不足　　　B. 冷气不足　　　C. 不制冷　　　　　D. 过热

146. 电控发动机诊断的基本方法有(　　)。

A. 水淋法　　　　　　　　　　　　B. 随车故障自诊断

C. 振动法　　　　　　　　　　　　D. 加热法

147. 制动主缸皮碗发胀，复位弹簧过软，致使皮碗堵住旁通孔不能回油会导致(　　)。

A. 制动跑偏　　　B. 制动抱死　　　C. 制动拖滞　　　D. 制动失效

148. 防抱死控制系统工作不正常，现象是(　　)。

A. 制动拖滞　　　B. 制动跑偏　　　C. 制动抱死　　　D. 制动防抱死装置失效

149. 用万用表检测照明灯某线路两端，电阻为0，说明此线路(　　)。

A. 断路　　　　　B. 搭铁　　　　　C. 良好　　　　　D. 接触不良

150. 用万用表检测照明灯某线路两端，电阻为无穷大，说明此线路(　　)。

A. 断路　　　　　B. 搭铁　　　　　C. 良好　　　　　D. 接触不良

151. 下列哪一项不是发动机活塞敲缸异响的原因(　　)。

A. 活塞与气缸壁间隙过大　　　　　B. 活塞裙部磨损过大或气缸严重失圆

C. 轴承和轴颈磨损严重　　　　　　D. 连杆弯曲、扭曲变形

152. 柴油机动力不足，这种故障往往伴随着(　　)。

A. 气缸敲击声　　B. 气门敲击声　　C. 排气烟色不正常　　D. 排气烟色正常

153. 下列故障不是由于压缩机工作不良造成的是(　　)。

A. 失去制冷作用　　　　　　　　　B. 冷气量不足

C. 系统太冷　　　　　　　　　　　D. 系统噪声大

154. 发动机磨损或调整不当引起的异响属于(   )异响。

A. 机械   B. 燃烧   C. 空气动力   D. 电磁

155. 发动机活塞销异响是一种(   )的响声。

A. 无节奏   B. 浑浊有节奏   C. 钝哑无节奏   D. 有节奏的"嗒嗒"

156. 电控发动机加速无力故障原因是(   )。

A. 燃油压力调节器失效   B. 曲轴位置传感器失效

C. 凸轮轴位置传感器失效   D. 氧传感器不稳

157. 电控发动机加速不良的原因有进气管真空渗漏、喷油器工作不稳定或(   )。

A. 电动汽油泵不工作   B. 曲轴位置传感器失效

C. 燃油滤清器脏污   D. 爆燃传感器失效

158. 发动机曲轴轴承异响发出的声音是(   )。

A. "当当"   B. "啪啪"   C. "嗒嗒"   D. "噗噗"

159. 汽油机点火过早发出异响的原因有(   )。

A. 凸轮轴和曲轴两中心线不平行   B. 发动机温度过高

C. 发动机进气不足   D. 点火线圈温度过高

160. 无机械提前式点火系次级电压过高，其故障原因是(   )。

A. 火花塞间隙过大或电极烧坏   B. 火花塞脏污

C. 火花塞间隙过小   D. 分电器盖上有积炭

161. (   )是汽油发动机冷车起动困难的主要原因。

A. 混合气过稀   B. 混合气过浓   C. 油路不畅   D. 点火错乱

162. 当起动车辆时没听到起动的声音，说明(   )。

A. 蓄电池电压低   B. 发电机损坏

C. 起动机不工作   D. 点火线圈温度过高

163. 柴油机不能起动首先应从(   )方面查找原因。

A. 空气供给   B. 燃料输送   C. 燃料雾化   D. 喷油时刻

164. 柴油机燃油油耗超标的原因是(   )。

A. 配气相位失准   B. 进气不畅   C. 气缸压力低   D. 机油变质

165. 柴油机燃油油耗超标的原因是(   )。

A. 发动机超速、超负荷工作   B. 配气相位失准

C. 气缸压力低   D. 机油变质

166. 柴油机燃油油耗超标的原因是(   )。

A. 配气相位失准   B. 气缸压力低

C. 喷油器调整不当   D. 机油变质

167. 燃料消耗量的台架检验方法是汽车在(   )上来模拟道路试验。

A. 发动机综合检测仪   B. 底盘测功机

C. 气缸漏气量检测仪   D. 汽车无负荷测功表

168. 柴油机排放的主要有害物质有(   )。

A. 炭烟   B. CO_2 C. CO D. N_2

169. 汽油机排放的主要有害物质有(   )。

A. 炭烟　　　　　　　B. CO_2　　　　　　C. CO　　　　　　　　D. N_2

170. 发动机过热的原因是（　　）。

A. 冷却液不足　　　　　　　　　　B. 节温器未装或失效

C. 冷却液温度表或传感器有故障　　D. 百叶窗卡死在全开位置

171. 电控发动机不能起动或不着车的原因是（　　）。

A. 点火正时失准　　　　　　　　　B. 线路接触不良

C. 喷油器漏油　　　　　　　　　　D. 进气管真空渗漏

172. 电控发动机故障征兆模拟试验法包括（　　）。

A. 专用诊断仪器诊断　　　　　　　B. 随车故障自诊断

C. 简单仪表诊断　　　　　　　　　D. 加热法

173. 电控发动机故障的诊断原则是（　　）。

A. 先内后外　　　　B. 先外后内　　　　C. 先繁后简　　　　D. 先上后下

174. 电控发动机怠速不稳的故障现象是（　　）。

A. 发动机怠速不平稳，且易熄火　　B. 发动机转速忽高忽低

C. 发动机工作时好时坏　　　　　　D. 燃油消耗量过大

175. 电控发动机运转不稳故障现象是（　　）。

A. 发动机怠速不平稳，且易熄火　　B. 加速时发动机消声器有"放炮"声

C. 发动机工作时好时坏　　　　　　D. 燃油消耗量过大

176. 电控发动机加速无力故障现象是（　　）。

A. 发动机怠速不平稳，且易熄火　　B. 加速时发动机消声器有"放炮"声

C. 发动机工作时好时坏　　　　　　D. 车辆行驶中加速无力，燃油消耗量过大

177. 电控发动机消声器"放炮"故障的原因是（　　）。

A. 进气压力传感器失效　　　　　　B. 曲轴位置传感器失效

C. 凸轮轴位置传感器失效　　　　　D. 氧传感器不稳

178. 发动机不能起动，可能的原因有（　　）。

A. 发动机转不动　　　　　　　　　B. 无初始燃烧

C. 发电机故障　　　　　　　　　　D. 发动机转不动、无初始燃烧、发电机故障均正确

179. 电控发动机继电器电源断，可以引起（　　）。

A. 发动机能正常起动

B. 发动机不能正常起动

C. 无影响

D. 发动机能正常起动、发动机不能正常起动、无影响均正确

180. 电控汽车驾驶性能不良，可能是（　　）。

A. 消声器"放炮"

B. 消声器失效

C. 消声器"放炮"、消声器失效均不正确

D. 消声器"放炮"、消声器失效均正确

181. 电控汽车驾驶性能不良，可能是（　　）。

A. 回火　　　　　　　　　　　　　B. 混合气过浓

C. 回火、混合气过浓均正确　　　　　D. 回火、混合气过浓均不正确

182. 电控发动机常用的诊断方法是(　　)。

A. 专用仪器诊断

B. 空气压缩机通气检验

C. 水压检查

D. 专用仪器诊断、空气压缩机通气检验、水压检查均正确

183. 电控发动机常用的诊断方法有(　　)。

A. 人工经验诊断

B. 空气压缩机检验

C. 水压检查

D. 人工经验诊断、空气压缩机检验、水压检查均正确

184. 电控发动机故障诊断原则，包括(　　)。

A. 先生后熟　　　　　　　　　　　　B. 先熟后生

C. 先生后熟、先熟后生都不对　　　　D. 先熟后生、先生后熟均对

185. 汽车起步时，车身发抖并能听到"咔嗒、咔嗒"的撞击声，且在车速变化时响声更加明显。车辆在高速档轻踩加速踏板行驶时，响声增强，抖动更严重。其原因可能是(　　)。

A. 传动轴花键齿与叉管花键槽磨损松旷

B. 变速器输入轴轴承磨损严重

C. 离合器盖与压盘连接松旷

D. 齿轮齿面金属剥落或个别轮齿折断

186. 发动机怠速运转，离合器在分离、接合或汽车起步等不同时刻出现异响，这种现象是(　　)。

A. 万向传动装置异响　　　　　　　　B. 离合器异响

C. 手动变速器异响　　　　　　　　　D. 驱动桥异响

187. 变速器处于空档时有异响，踩下离合器踏板时异响消失，这种现象属于(　　)。

A. 万向传动装置异响　　　　　　　　B. 离合器异响

C. 手动变速器异响　　　　　　　　　D. 驱动桥异响

188. 诊断与排除底盘异响需要下列哪些操作准备(　　)。

A. 一台无故障的汽车　　　　　　　　B. 一台有故障的汽车

C. 故障诊断仪　　　　　　　　　　　D. 解码仪

189. 下列现象不属于轮胎异常磨损的是(　　)。

A. 轮胎胎面磨损不均匀　　　　　　　B. 胎冠两肩磨损

C. 胎壁擦伤　　　　　　　　　　　　D. 轮胎气压偏低

190. 汽车行驶时，有时出现两前轮各自围绕主销进行角振动的现象，这种现象属于(　　)。

A. 前轮摆振　　　　B. 制动跑偏　　　　C. 前轮异常磨损　　　　D. 前轮脱节

191. 排除前轮摆振故障的第一步应该(　　)。

A. 查看前轮是否装用翻新轮胎　　　　B. 前桥与转向系各连接部位是否松旷

C. 轻轻地左右转动转向盘　　　　　　D. 检查转向器在车架上的固定情况

192. 制动踏板自由行程过小或无自由行程会导致(　　)。

A. 制动拖滞　　　B. 制动抱死　　　C. 制动跑偏　　　D. 制动失效

193. 防抱死控制系统的警告灯持续点亮，这种现象是(　　)。

A. 制动跑偏　　　　　　　　　B. 制动防抱死装置失效

C. 制动抱死　　　　　　　　　D. 制动拖滞

194. 出现制动跑偏故障，如果轮胎气压一致，用手触摸跑偏一边的制动鼓和轮毂轴承过热，应(　　)。

A. 检查钢板弹簧是否折断或弹力不足　　B. 调整制动间隙或轮毂轴承

C. 检查前束是否符合要求　　　　　　　D. 检查左右轴距是否相等

195. 诊断和排除制动跑偏首先应该(　　)。

A. 检查钢板弹簧是否折断或弹力不足

B. 调整制动间隙或轮毂轴承

C. 检查前轮左、右轮轮胎气压是否一致，按规定充气

D. 前束是否符合要求

196. 下列故障现象，不属于前照灯的是(　　)。

A. 灯光暗淡　　　B. 远近光不良　　　C. 一侧灯不亮　　　D. 闪光频率失常

197. 用试灯判断照明系统线路断路故障，试灯一端搭铁，另一端接(　　)。

A. 搭铁　　　B. 电池正极　　　C. 灯泡供电线各点　　　D. 灯泡搭铁线各点

198. 连接闪光器上的两个接柱，转向灯亮起说明(　　)。

A. 供电线断路　　　B. 转向开关损坏　　　C. 闪光器损坏　　　D. 灯泡损坏

199. 鼓风机的电动机运转不顺畅造成空调系统(　　)。

A. 无冷气产生　　　B. 冷气量不足　　　C. 系统太冷　　　D. 间断制冷

200. 蒸发器风扇转速太慢，会造成(　　)。

A. 冷气不足　　　B. 间歇制冷　　　C. 过热　　　D. 不制冷

201. 压缩机零件磨损或安装托架松动，会造成(　　)。

A. 无冷气产生　　　B. 系统太冷　　　C. 间断制冷　　　D. 系统噪声大

202. 压缩机离合器接合后带轮不转，会造成(　　)。

A. 无冷气产生　　　B. 冷气不足　　　C. 系统太冷　　　D. 间断制冷

203. 空调系统出风道空气不足，会造成(　　)。

A. 冷气不足　　　B. 无冷气产生　　　C. 系统太冷　　　D. 间断制冷

204. 发动机节温器失效，会造成(　　)。

A. 冷气不足　　　B. 暖气不足　　　C. 不制冷　　　D. 过热

205. 打开鼓风机开关，鼓风机不运转，可能线路上存在(　　)。

A. 断路　　　B. 短路　　　C. 搭铁　　　D. 击穿

206. 下列原因中会导致空调系统漏水的是(　　)。

A. 冷凝器接头不牢　　　　　　B. 蒸发器接头不牢

C. 压缩机接头不牢　　　　　　D. 加热器接头不牢

207. 除霜风门调整不当会造成(　　)。

A. 脚部吹风不足　　　　　　　B. 面部吹风不足

C. 除霜热风不足　　　　　　　D. 侧出风口无吹风

208. 压缩机驱动带断裂，会造成（　　　）。

A. 冷气不足　　　　B. 系统太冷　　　　C. 间断制冷　　　　D. 不制冷

209. 检修空调所使用的压力表歧管总成一共有（　　　）块压力表。

A. 1　　　　　　　　B. 2　　　　　　　　C. 3　　　　　　　　D. 4

二、判断题

1. （　　　）柴油机起动困难，应从喷油时刻、燃油雾化、压缩终了时的气缸压力温度等方面找原因。

2. （　　　）喷油器调整不当既会引起怠速冒烟，也会引起发动机燃油消耗过大。

3. （　　　）汽车起步时，车身发抖并能听到"咔嗒""咔嗒"的撞击声，且在车速变化时响声更加明显。车辆在高速档轻踩加速踏板行驶时，响声增强，抖动更严重。其原因可能是万向传动装置故障。

4. （　　　）转向节衬套与主销配合松旷或转向节与前梁拳形部位沿主销轴线方向配合松旷不会导致前轮摆振故障。

5. （　　　）有制动跑偏故障的汽车即使驾驶人紧握转向盘才能保证直线行驶，制动也可能会跑偏。

6. （　　　）制动蹄与制动蹄轴锈蚀，使制动蹄转动复位困难可导致制动拖滞。

7. （　　　）用试灯法检测照明灯搭铁点，拆解导线时灯灭，说明搭铁点发生在拆开接点之间的导线上。

8. （　　　）手动空调系统的故障现象有：制冷异常、噪声大、鼓风机不转和操纵失灵等。

9. （　　　）有熄火征兆或者着火后又逐渐熄灭，一般是汽油机电路出现故障。

10. （　　　）柴油机不能起动首先应从空气供给方面查找原因。

11. （　　　）柴油机动力不足，可在发动机运转中运用单缸断火法，观察发动机转速变化，找出故障缸。

12. （　　　）发动机怠速过高的原因是喷油器渗漏。

13. （　　　）不论电控发动机是否在运转，只要在点火开关接触时，决不可断开正在工作的12V的电器装置。

14. （　　　）电控发动机运转不稳的原因有曲轴位置传感器失效。

15. （　　　）电控发动机消声器放炮的原因有节气门位置传感器失效。

16. （　　　）制动蹄摩擦片与制动鼓间隙过小，制动蹄复位弹簧过软、折断可导致制动跑偏。

17. （　　　）打开灯控开关，熔丝立即烧断，说明该照明电路中出现了断路故障。

18. （　　　）柴油机运转均匀，无高速且排烟过少，其故障原因是油路中有空气。

19. （　　　）柴油机起动困难，应从手油泵、燃油输送和压缩终了时的气缸压力温度等方面找原因。

20. （　　　）对于任何发动机不能起动这类故障的诊断，首先应检测的是电动燃油泵。

21. （　　　）燃油系统压力不稳定，可能造成发动机工作不稳。

22. （　　　）汽车行驶时，声响随车速增大而增大，若声响浑浊、沉闷而连续，说明传动轴万向节叉等速排列破坏。

23. （　　　）在任何档位、任何车速下均有"嗞、嗞"声，且伴有过热现象；说明齿轮啮合间隙过小。

24. （　　）传动系各部件松动会导致前轮摆振故障。

25. （　　）汽车在不平的道路上行驶时发生前轮摆头，这是不平道路对前梁产生冲击而使前轮绕主销角振动造成的。

26. （　　）转向桥或车架变形，左右轴距相差过大，正时齿轮故障与制动跑偏现象没有关系。

27. （　　）防抱死控制系统的警告灯持续点亮或感觉防抱死控制系统工作不正常，说明制动拖滞故障。

28. （　　）用手触摸制动鼓和轮毂轴承，若发现过热，肯定是制动跑偏故障。

29. （　　）试灯法只能测试出照明灯的断路故障，不能测试短路故障。

30. （　　）闪光器损坏后会导致转向灯全不亮。

31. （　　）压缩机皮带轮转动，而压缩机轴不转，说明电磁离合器损坏。

32. （　　）汽车突然熄火时，尝试再次起动，若不成功，检查电路系统。

33. （　　）发动机磨损或调整不当引起的异响属于机械异响。

34. （　　）气门脚间隙太大会引起气门座圈异响。

35. （　　）燃油质量不好，不会造成发动机怠速运转不好。

36. （　　）制冷剂管道破裂，系统将失去制冷作用。

37. （　　）间歇制冷会导致输出冷气，时有时无。

38. （　　）进气管真空渗漏和点火正时失准能引起电控发动机怠速不稳。

39. （　　）若发动机曲轴主轴承响，则其响声随发动机转速的提高而减小。

40. （　　）如果发动机每次起动都超过 30s 或连续踏起动杆在 10 次以上才能起动，均属起动困难。

41. （　　）传动轴万向节叉等速排列破坏，会导致发动机怠速运转，离合器在分离、结合或汽车起步等不同时刻出现异响。

42. （　　）踏下离合器踏板，响声在离合器前面，则是变速器内有故障。

43. （　　）在读取故障码之前，应先检查汽车蓄电池电压是否正常，以防止蓄电池电压过低而导致电脑故障、自诊断电路工作不正常。

44. （　　）发动机活塞敲缸异响发出的声音是清晰而明显的"嗒嗒"声。

45. （　　）一般情况下，机油消耗与燃油消耗比值为 0.5%～1% 为正常，如果该比值大于 2%，则为机油消耗过多。

46. （　　）用底盘测功机检测汽车等速百公里燃料消耗量时，环境湿度应为 0%～40%。

47. （　　）电控系统接触不良，不能导致发动机工作不稳。

48. （　　）诊断与排除底盘异响所用的汽车一般是有故障的汽车。

49. （　　）轮胎胎面磨损不均匀，胎冠两肩磨损，胎壁擦伤，胎冠中部磨损，胎冠外侧或内侧单边磨损都属于轮胎正常摩擦。

50. （　　）提高转向系刚度不可能提高抵抗前轮摆头的能力。

51. （　　）读取故障码既可以用解码器直接读取，也可以通过警告灯读取。

52. （　　）排除制动防抱死系统失效故障后警告灯仍然持续点亮，说明系统故障码未被清除。

53. (　　) 转向开关损坏后，转向灯必然全都不会亮。

54. (　　) 若左转向灯搭铁不良，则右转向灯也会不正常。

55. (　　) 制冷剂系统中有气泡产生，说明制冷剂不足。

56. (　　) 试验电路接通后，当电源电压调至调节器电压值时，小灯泡熄灭说明调节器良好。

57. (　　) 分离轴承缺少润滑油或损坏，会导致发动机怠速运转，离合器在分离、结合或汽车起步等不同时刻出现异响。

58. (　　) 在诊断与排除汽车制动故障的操作准备前应准备一辆待排除的有转向系故障的汽车。

59. (　　) 汽车行驶一定里程后，用手触摸制动鼓均感觉发热，表明故障在车轮制动器。

60. (　　) 加热器漏水，会导致加热器产生异味。

61. (　　) 若发动机单缸不工作，可用单缸断火法找出不工作的气缸。

62. (　　) 发动机过热有可能是水套内水垢过多。

63. (　　) 汽车加速无力的故障原因是离合器打滑。

64. (　　) 从动盘铆钉松动、钢片破裂或减振弹簧折断会导致变速器工作时发出不均匀的碰击声。

65. (　　) 高速摆振指汽车在高速行驶时或在某一较高车速时出现行驶不稳摆头。

66. (　　) 左右轴距不相等，转向桥或车架变形可能导致制动跑偏。

67. (　　) 加热器芯表面气流受阻，会导致供暖暖气不足。

68. (　　) 汽油机热车起动困难主要是混合气过浓造成的。

69. (　　) 如果冷车时尾气不合格，而热车时合格说明三元催化转换器没故障。

70. (　　) 电控系统接触不良，可以导致发动机工作不稳。

71. (　　) 诊断与排除底盘异响一般用故障诊断仪进行。

72. (　　) 前轮左、右轮轮胎气压不一致，前钢板弹簧左、右弹力不一致可能导致制动跑偏。

73. (　　) 无分电器点火系统发生故障，如果故障指示灯点亮，应用解码器等仪器进行故障自诊断。

74. (　　) 踏下制动踏板感到高而硬，踏不下去，汽车起步困难，行驶无力，当松抬加速踏板踏下离合器时，尚有制动感觉，这种现象属于制动拖滞。

75. (　　) 导致汽车灯光系统出现故障的主要原因有导线松动、接触不良、短路、断路等。

76. (　　) 蒸发器被灰尘等异物堵住，不会影响制冷系统工作。

77. (　　) 制冷系统有空气，高压侧压力要比正常值低。

78. (　　) 制冷剂不足是泄漏所致，将制冷剂补足即可。

79. (　　) 发动机常见的异响主要有机械异响和燃烧异响。

80. (　　) 进气管真空渗漏、喷油器工作不稳定能引起电控发动机加速不良。

81. (　　) 若发动机曲轴主轴承响，则其响声随发动机转速的提高而增大。

82. (　　) 若发动机连杆轴承响，则其响声会随发动机负荷增加而减小。

83. （　　　）若发动机连杆轴承响，则其响声会随发动机负荷增加而增大。

84. （　　　）若发动机活塞敲缸异响，低温响声大，高温响声小，则为活塞与气缸壁间隙过大。

85. （　　　）活塞销与活塞上的销座孔配合松旷会引起发动机活塞销响。

86. （　　　）若发动机活塞销响，响声会随发动机负荷增加而减小。

87. （　　　）气门脚响和气门座圈异响统称为气门响。

88. （　　　）汽油机点火过早发出异响的原因是点火线圈温度过高。

89. （　　　）发动机爆燃易引起汽油机点火敲击声。

90. （　　　）柴油机起动时排气管冒黑烟，其故障原因是燃油中有水。

91. （　　　）柴油发动机动力不足，排气冒黑烟，其故障原因是供油过多。

92. （　　　）若发动机两缸或多缸不工作，可用单缸断火法找出不工作的气缸。

93. （　　　）柴油发动机超速、超负荷工作会引起燃油消耗过大。

94. （　　　）发动机机油油耗超标的原因是润滑油漏损。

95. （　　　）若汽油机燃料消耗量过大，可检查真空管路是否密封不良。

96. （　　　）若发动机机油油耗超标，则检查润滑油道是否堵塞。

97. （　　　）若发动机机油油耗超标，则检查活塞、活塞环与气缸壁是否磨损。

98. （　　　）柴油机排放的三大有害气体是：CO、HC、NO_x。

99. （　　　）如果单纯是 CO 排放超标，则说明混合气偏浓。

100. （　　　）若冷却系中有空气，会造成气阻，使冷却水循环不良，促使发动机温度过高。

101. （　　　）点火过迟易使发动机产生爆燃。

102. （　　　）电控发动机加速无力，且无故障码，若检查进气管道真空正常则下一步检查燃油压力。

103. （　　　）桑塔纳起动线路上，点火开关直接控制起动机无起动继电器。

104. （　　　）电控发动机人工经验检验法主要包括：看、问、听和试。

105. （　　　）电控发动机怠速不稳的原因有曲轴位置传感器失效。

106. （　　　）电控发动机怠速不稳的故障现象是发动机转速忽高忽低。

107. （　　　）电控发动机运转不稳的故障现象是加速时发动机消声器有"放炮"声。

108. （　　　）电控发动机加速无力的故障现象是发动机工作时好时坏。

109. （　　　）电控发动机消声器放炮的故障现象是发动机怠速不平稳，且易熄火。

110. （　　　）燃油系统压力不稳定，不可能造成发动机工作不稳。

111. （　　　）喷油器堵塞，不会造成爆燃。

112. （　　　）喷油器堵塞，会造成爆燃。

113. （　　　）空气流量计失效，不可能发动机不能起动。

114. （　　　）空气流量计失效，可能发动机不能起动。

115. （　　　）怠速太低，影响发动机正常工作。

116. （　　　）怠速太低，不影响发动机正常工作。

117. （　　　）发动机失速，可能发生在 A/C 工作时。

118. （　　　）发动机失速，不可能发生在 A/C 工作时。

119. （   ）燃油质量不好，会造成发动机怠速运转不好。

120. （   ）加速发抖不会造成电控汽车驾驶性能不良。

121. （   ）加速发抖会造成电控汽车驾驶性能不良。

122. （   ）万用表为电控发动机常用诊断的通用仪表。

123. （   ）电控发动机故障征兆模拟试验法包括水压法。

124. （   ）电控发动机故障征兆模拟试验法包括水淋法。

125. （   ）电控发动机故障诊断原则不包括先简后繁。

126. （   ）电控发动机故障诊断原则包括先简后繁。

127. （   ）汽车起步时，车身发抖并能听到"咔啦、咔啦"的撞击声，且在车速变化时响声更加明显。车辆在高速档用小油门行驶时，响声增强，抖动更严重，其原因可能是离合器故障。

128. （   ）变速器壳体变形会导致变速器工作时发出不均匀的碰击声。

129. （   ）起步或行驶中，始终有明显的"咔啦"异响；并伴有振抖，说明中间轴承支承架固定螺栓松动。

130. （   ）连续踏动离合器踏板，在即将分离或结合的瞬间有异响，则为摩擦片铆钉松动、外露。

131. （   ）高速行驶时，有明显声响，突然加速时，响声很清晰，多为滑动齿轮花键配合松旷。

132. （   ）读出故障码的方法是打开点火开关，将它置于"ON"位置，并且起动发动机。

133. （   ）轮胎胎面磨损不均匀，胎冠两肩磨损，胎壁擦伤，胎冠中部磨损，胎冠外侧或内侧单边磨损都属于轮胎异常磨损。

134. （   ）低速摆振指时速在40km/h以下，即感到方向不稳、摆头。

135. （   ）查看胎面，如发现胎面外侧磨损严重，内侧磨损较轻，磨损痕迹从内向外横过胎面，则为前束过大或前梁在水平面内弯曲造成。

136. （   ）为保持轮胎缓和路面冲击的能力，充气标准可略低于最高气压。

137. （   ）钢板弹簧座平面磨损厚度不得多于2mm，定位孔磨损量不得大于1mm，超限可堆焊修复。

138. （   ）防抱死控制系统的警告灯持续点亮说明制动防抱死装置失效。

139. （   ）读取故障码，只能用解码器直接读取，不可以通过警告灯读取故障码。

140. （   ）在诊断与排除汽车制动故障的操作准备前应准备一辆待排除的有制动系故障的汽车。

141. （   ）排除自动防抱死系统失效故障后警告灯仍然持续点亮，说明系统中仍有故障。

142. （   ）在诊断、排除制动防抱死故障灯报警故障时，先连接"STAR"扫描仪和ABS自诊断连接器，然后接通扫描仪的电源，证明扫描仪内部运行正常。

143. （   ）在诊断、排除制动防抱死故障灯报警故障时，先不要连接"STAR"扫描仪和ABS自诊断连接器，而是先接通扫描仪的电源，证明扫描仪内部运行正常。

144. （   ）前照灯一侧不亮，说明即为该侧灯泡损坏，与线路无关。

145. (　　)转向灯闪光频率不正常，说明该系统有故障。

146. (　　)充电系统电压调整过低会使灯泡烧毁。

147. (　　)汽车灯光系统的故障，可利用万用表法和试灯法进行诊断。

148. (　　)用试灯检测照明灯线路断路，断路处在试灯亮处和不亮处之间。

149. (　　)转向灯单边亮度失常的主要原因是供电线路之间发生短路。

150. (　　)转向开关接线松动会导致转向灯亮度变低，并且闪光频率减慢。

151. (　　)闪光器损坏会造成转向灯闪光频率不正常。

152. (　　)鼓风机损坏，只影响采暖，而不影响制冷。

153. (　　)制冷剂过量会使高压管振动且压缩机产生敲击声。

154. (　　)压缩机 V 带松动或过度磨损会造成系统噪声大。

155. (　　)高压辅助阀关闭，引起压缩机颤动，高压表读数过高。

156. (　　)制冷系统有空气，高压侧压力要比正常值低。

157. (　　)制冷系统有空气会造成系统间歇制冷。

158. (　　)制冷剂充注过量，应排放过剩的制冷剂，直到压力表读数降至标准值且气泡消失。

159. (　　)热水开关处于暖的位置时，将冷却水道打开。

160. (　　)调速电阻损坏后，鼓风机开关在任何位置，电动机都不转。

161. (　　)鼓风机被卡住不能运转，会导致保险被烧毁。

162. (　　)空调系统出现漏水，应急时更换软管，接牢接头。

163. (　　)热气漏风不会影响风窗玻璃的除霜效果。

164. (　　)除霜调整风门不当，会造成除霜热风不足。

165. (　　)制冷系统有水汽，高压侧压力会过高，故障自诊断电路工作不正常。

第二篇　实操技能考核指导

实操技能考核复习提要

一、高级汽车维修工(三级)实操技能考核复习的基本依据

高级汽车维修工(三级)实操技能考核复习的基本依据是高级汽车维修工操作技能考核试题,即第七章、第八章理论鉴定要素细目表中"考核要点"涉及的试题。

二、高级汽车维修工(三级)实操技能考核复习的基本内容

高级汽车维修工(三级)实操技能考核复习的基本内容主要包括汽车大修和汽车故障诊断与排除两部分。

汽车大修部分实操技能考核的主要内容包括汽车发动机、汽车底盘、汽车电器及汽车空调中主要总成部件的拆装、检测、调整及修理方法。

汽车故障诊断与排除实操技能考核的主要内容包括汽车发动机及汽车底盘中典型故障的现象、故障原因分析及故障诊断与排除方法。

三、高级汽车维修工(三级)实操技能考核试卷的结构

高级汽车维修工实操技能考核试卷由以下三部分组成:

1. 高级汽车维修工操作技能考核准备通知单

通知单内容包括:材料准备、设备准备、仪器仪表、工量具和考场准备,供鉴定所和应试者作准备用。

2. 高级汽车维修工操作技能考核试卷

试卷主要包括以下几个内容:

1)试题名称。

2)试题所占的权重。

3)考核时间和形式。

4)具体考核要求。

5)否定项说明。

高级汽车维修工实操技能考核设2个考核项目,汽车大修和汽车故障诊断与排除各设一个考核项目,都采取百分制,但所占的权重不同,其中,汽车大修考核项目分值所占的权重

为55%，而汽车故障诊断与排除考核项目分值所占的权重为45%。

3. 高级汽车维修工实操技能考核评分标准和记录表

内容是试题各项目的评分标准和记录表，供考评员使用。

汽车大修技能鉴定

理论鉴定要素细目表

考核内容		考核要点	重要程度
汽车大修技能鉴定	汽车发动机大修	用气缸漏气率表检测发动机密封状况并分析原因	★★★
		气缸盖的检测	★★★
		配气机构的检修	★★★
		曲轴及其轴承的检修	★★★
		齿轮式机油泵的检修	★★★
		转子式机油泵的检修	★★★
		离心水泵的故障和修理	★★★
		发动机点火提前角的检测与调整	★★★
		喷油器的调校	★★★
		气缸体的检测	★★★
		活塞连杆组的检验与装配	★★★
		发动机竣工验收	★★★
		发动机尾气排放检测	★★★
		电控发动机传感器检测	★★★
	汽车底盘大修	手动变速器传动机构的装配与调整	★★★
		自动变速器驱动桥总成的装配与调整	★★★
		自动变速器油泵的拆装与检验	★★★
		自动变速器离合器的检验与装配	★★★
		自动变速器制动器的装配	★★★
		动力转向器的装配与调整	★★★
		鼓式车轮制动器的检修	★★★
		空气压缩机的检测	★★★

（续）

考核内容		考核要点	重要程度
汽车大修技能鉴定	汽车底盘大修	膜片弹簧式离合器的检测	★★★
		前轴的检测	★★★
		驻车制动器的调整	★★★
		汽车电控系统元器件的检测	★★★
		同步器的装配与检验	★★★
		盘式车轮制动器的检测	★★★
		硅整流交流发电机的检修	★★★
		内外搭铁型晶体管电压调节器检测	★★★
	汽车电器及汽车空调大修	起动机检修	★★★
		起动系线路检测	★★★
		空调压缩机的检测	★★★
		制冷剂的泄漏检查	★★★
		汽车空调制冷系的压力检测	★★★
		刮水器开关电路检测	★★★

鉴定要求分析

　　本章内容涉及汽车大修的专业技能，其主要内容包括汽车发动机、底盘和汽车电器及汽车空调的大修，在考核中，主要考核考生对汽车部分总成部件的拆装、检测、调整和修理方法的掌握程度，其中重点考核的是学生对汽车总成部件拆装、检测及调整方法的掌握程度。要有效地掌握这方面的内容，应特别注意方法，对汽车主要总成及部件的检验及修理方法，要学会寻找规律、触类旁通，不能死记硬背。学生在复习备考的过程中，最好能结合职业技能鉴定国家题库——汽车维修工高级操作技能考核评分记录表的相关考核内容及要求进行有针对性的复习。

 知识点阐述

7.1　汽车发动机大修

7.1.1　用气缸漏气率表检测发动机密封状况并分析原因

　　气缸漏气率分析是在活塞处于压缩上止点时，采用对燃烧室加入压缩空气的方式来检查气缸相对漏气率的方法。它可以更确切地判断气缸漏气的部位以及漏气量的大小。

(1) 气缸漏气率的检测方法　图7-1所示为气缸漏气率检测原理示意图。压缩空气经空气管1、调压阀2、减压阀4、量孔B和软管8,通过火花塞孔进入被测气缸。

1) 检测前的准备。检测前仪器应先做好调整,用调压阀2调节进气压力,使其相当于气缸的压缩压力(汽油发动机为0.7MPa~0.9MPa),用气压表3来观察,调节减压阀4使出气阀7全闭时(相当于气缸全密封)气压表6的指针指示"0"位置,出气阀全开时,压缩空气从量孔A全部流出,气压表6指针指示"100"位置。

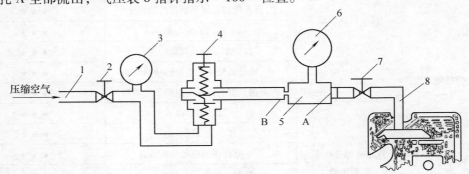

图7-1　气缸漏气率检测原理示意图

1—空气管　2—调压阀　3、6—气压表　4—减压阀　5—三通管
7—出气阀　8—软管　A、B—量孔

2) 检测方法。调整仪器后,拆除全部气缸火花塞,将被测气缸的活塞调整至压缩行程上止点,将软管8的锥形塞头拧到火花塞孔座上,全开出气阀7,用气压表6读取气缸漏气率。此时从量孔A漏出的气体数量,取决于气缸的密封程度,反映了气缸活塞组的磨损情况和故障。

(2) 气缸漏气率检测结果的分析　气缸漏气率为0~10%表示气缸密封性良好;气缸漏气率为10%~20%表示气缸密封性一般;气缸漏气率为20%~30%表示气缸密封性差;气缸漏气率为30%以上表示气缸的密封性有问题。

各气缸读数应比较一致且都小于20%,当漏气率大于20%时,则表明系统存在漏气故障。可以在进气管、排气管、曲轴箱通风口处听是否有漏气声来判断具体漏气的位置。从进气管处漏气,说明进气门泄漏;从排气管处漏气,说明排气门泄漏;从曲轴箱通风口处漏气,说明活塞、活塞环及气缸密封不严;散热器内起气泡,说明气缸衬垫漏气或缸体缸盖有裂纹。若相邻两气缸漏气率均高,说明气缸衬垫漏气。可将活塞移至压缩起始时的下止点处,此时测量出的漏气率与压缩上止点处的漏气率差值大小说明活塞、活塞环口气缸的漏气率大小。因为上止点外气缸磨损最大,下止点处基本没有气缸磨损,故压缩行程上、下止点漏气率之差,表征了气缸磨损量的大小,这样的测量方式排除了进、排气门泄漏的影响。

7.1.2　气缸盖的检测

(1) 气缸盖裂纹的检测　气缸盖裂纹的检测采取的是水压试验法,其具体的步骤如下:

1) 将气缸盖、气缸体和气缸垫按要求装合在一起。

2) 将水压机水管接在气缸体进水口处,并将其他水口封住。

3) 用水压机将水压入水套,压力在0.3~0.5MPa时,保持5min,若气缸盖表面、燃烧

室等部位无水珠出现，表明无裂纹。

若在受力和受热不大的部位出现裂纹，可采用环氧树脂黏结法修复；受力较大的部位出现裂纹时，应采用焊接法修复；也可直接更换气缸盖。

注意：气缸盖上裂纹的检测也可以采用染色渗透法，包括检查进、排气管与各个接触安装平面等是否有裂纹。

（2）气缸盖变形的检测　气缸盖的变形主要表现为翘曲。其变形程度可通过检测气缸盖下平面(气缸体与气缸盖的结合面)和侧平面(气缸盖与进、排气歧管的结合面)的平面度误差获得。

1）气缸盖变形检测前的准备工作。在检测前，应彻底清洁气缸盖，主要包括以下几个方面：

① 使用垫片铲刀，将气缸体结合面的所有垫片材料清除。

② 使用钢丝刷，清除燃烧室所有积炭。

③ 使用软毛刷和溶剂，彻底清洁气缸盖。

注意：在清洁时，不要损伤气缸体结合面。

2）气缸盖变形的检测方法。

① 将所测气缸盖倒放在检测平台上。

② 如图 7-2 所示，将钢直尺或刀口形直尺沿两条对角线和纵轴线贴靠在气缸盖下平面。

③ 如图 7-3 所示，在钢直尺或刀口形直尺与缸盖下平面间的缝隙处，插入塞尺。塞尺所测数值即为气缸盖的变形量。

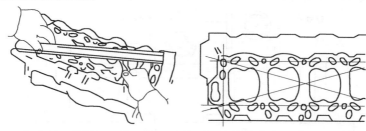

图 7-2　用钢直尺或刀口形直尺检查气缸盖的下平面

④ 气缸盖下平面的平面度误差，在整个平面上不大于 0.05mm。局部不平可用刮研法或磨削法修复，当修复量大于 1mm 时，应更换气缸盖。

气缸盖侧平面(气缸盖与进、排气歧管的结合面)的平面度误差的检测方法与气缸盖下平面的类似。

（3）气缸盖厚度的检测

1）将待测气缸盖平放在检测平台上。

2）用游标高度尺测量气缸盖的厚度。

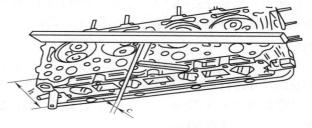

图 7-3　气缸盖变形量的检测

3）若气缸盖厚度仍在规定范围内，可对气缸盖进行修磨；若厚度过小应更换。

（4）燃烧室容积的检测

1）安装气缸盖上的全部火花塞，并将待测气缸盖倒放在检测平台上，使其保持水平。

2）用量杯向燃烧室注入80%（体积分数）的煤油和20%（体积分数）的机油的混合液。

3）加入量约为燃烧室容积的95%时，停止加注。用中间带有圆孔的玻璃板盖在燃烧室平面上。

4）再用注射器或滴管注入混合油，直至液面与玻璃板相接触。

5）总注入量即为燃烧室容积。若活塞顶部有凹坑，还应测量凹坑的容积。

6）技术要求：

① 气缸盖经加工修整后燃烧室容积的减小不得小于公称容积的5%。

② 同一台发动机各燃烧室容积相差不应大于平均值的4%。

③ EQ6100发动机各缸燃烧室容积差不大于4mL。

不符合技术要求时，容积过大的燃烧室，应进行点焊。容积过小的燃烧室，应进行铣削，注意应在缸壁厚的地方进行修整。

7.1.3　配气机构的检修

（1）气门的检修

1）气门弯曲度的检修。将气门平放在平板上相距100mm的两个V形架上，用百分表测量气门杆身和工作面，如图7-4所示。将一个百分表的测头垂直抵压在气门杆的中部，然后转动气门杆一圈，百分表所指示的最大值与最小值之差的一半，即为气门杆的弯曲度，一般规定气门杆的弯曲度误差不能大于0.03mm，否则应进行校正或更换。

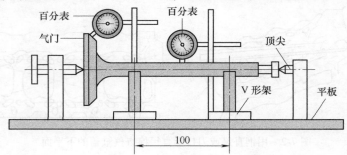

图7-4　气门杆弯曲及气门锥面的检测

将另一个百分表的测头垂直抵压在气门的工作锥面上，然后转动气门杆一圈，百分表所指示的最大值与最小值之差，即为气门工作锥面的径向圆跳动。一般规定气门工作锥面的径向圆跳动误差不能大于0.05mm，否则应对气门工作锥面进行修磨或更换。

2）气门杆磨损的检修。用外径千分尺测量气门杆磨损部位的尺寸，与杆尾部尚未磨损部位的尺寸进行对比，得出磨损量和圆柱度误差，如图7-5所示。若杆磨损量大于0.04mm、圆柱度误差大于0.02mm，应更换新气门。气门杆尾端面磨损不平后，可用砂轮修复，但磨削总量应不大于0.50mm。

3）气门工作面的检修。用游标卡尺测量气门顶部边缘厚度尺寸应不小于1mm，如图7-6所示。工作面有磨损起槽、有明显的点蚀、变宽、烧蚀出现斑点时，应光磨或更换新气门。

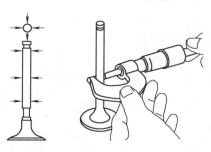

图 7-5 气门杆磨损的检测

图 7-6 气门顶部边缘厚度的检测

（2）气门座的检修

1）气门座的修磨。擦净气门座并检查工作面，气门座工作面磨损变宽超过 2mm，工作面烧蚀出现斑点、凹陷时，应进行铰削或修磨。桑塔纳、捷达轿车发动机气门座修理标准如图 7-7 所示。图中进气门座 $a = \phi 37.2mm$，排气门座 $a = \phi 32.4mm$；b 为最大允许修磨尺寸；c 的值均约为 2.4mm；30°和 45°分别为上修正角和气门工作面角度。

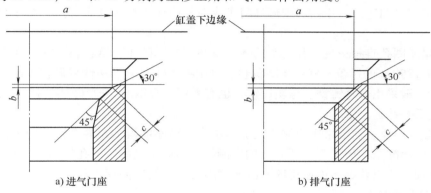

a) 进气门座   b) 排气门座

图 7-7 桑塔纳、捷达轿车发动机气门座修理标准

气门座口有三个表面，分别与气缸体（或气缸盖）平面成 30°、45°、60°角。45°角斜面是工作面，而 30°及 60°斜面的作用是调节 45°工作斜面的宽度及气门斜面的接触位置。为了保证气门座各斜面与气门导管的同轴度，铰削（或磨削）气门斜面时，以气门导管为定位基准。因此，必须先修理或更换气门导管。通常使用气门座铰刀进行气门座铰削，如图 7-8 所示。先初铰，将烧蚀、斑点等缺陷铰去。然后用新气门或光磨过的气门进行试配，要求接触面应在气门斜面的中下部，宽度为 1.20 ~ 1.60mm。如果接触面偏上，应用 30°铰刀铰削，使接触面下移；如果接触面偏下，可用 60°铰刀铰削，使接触面上移。最后用细刃铰刀精铰或在铰刀上垫细砂布铰磨，以降低接触面表面粗糙度值。桑塔纳、捷达发动机气门座接触面角度为

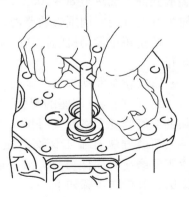

图 7-8 铰销气门座

45°，其宽度进气门为 2.00mm，排气门为 2.40mm。因为排气门工作温度高，要增加导热性。

气门座除可用工具手工铰削外，还可用光磨机进行修磨。光磨机修磨气门速度快、质量好，特别是修磨硬度高的气门座效果更好，但砂轮消耗较大，需经常修整。磨削前应先将气

门导管孔及气门座圈擦净，以导管为基准，选择适合于导管孔径的定心杆插入导管孔，插入后定心杆不准有摇摆或偏斜现象，然后按上述角度和要求进行修磨。

2）气门座的镶配。气门座圈经多次修理，工作面逐渐下陷，会影响气门与气门座的正常配合。如果气门座工作面低于气门座圈原平面 1.5mm，应更换气门座圈。气门座修磨前，应确定其最大允许修磨尺寸，若超过该尺寸，就不能保证液压挺杆正常工作，也就没有修理的必要。

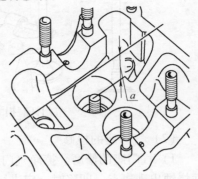

图 7-9　测量气门杆尾部与气缸盖上边缘间的距离

确定最大允许修磨尺寸的方法：如图 7-9 所示，插入气门，并紧压在气门座上，测量气门杆尾部与气缸盖上边缘间的距离 a，由所测得的距离 a 减去进、排气门长度的最小尺寸，即求得最大允许修磨尺寸。最小尺寸：进气门为 33.80mm，排气门为 34.1mm。

更换气门座的步骤如下：

① 拆下旧气门座。可用铰刀削薄气门座或在气门座内侧焊几个焊点，敲击焊点，拆下气门座。

② 测量座圈孔直径，按直径大小选择新座圈。为了防止松落，新座圈与座圈孔之间应有 0.075~0.125mm 的过盈；气门座圈材料应采用在工作温度下塑性变形较小而硬度较高的合金材料，一般采用合金铸铁、球墨铸铁，也有采用合金钢的。通常座圈的硬度比气门工作面的硬度稍低一些。

③ 镶配气门座。通常采用冷缩法或加热法将气门座圈镶入座圈孔内。冷缩法是将气门座圈在液氮中冷冻至 -195℃ 后，压入气门座圈孔。热胀法是将座圈孔加温到 100℃ 左右，然后将座圈涂油，垫以软金属迅速将座圈压入座圈孔。气门座圈镶入后，应将高出气缸体（气缸盖）平面的部分修平。

富康发动机气门座圈在镶配操作时，选择一个与座圈孔尺寸对应的气门座，然后将气缸盖放到油中加热至 80~100℃，从油中取出气缸盖，将涂有机油的气门座迅速压入座圈孔中。镶配好的气门座周围必须严密、牢固、可靠。

捷达轿车发动机的排气门座座圈孔有个缩口，修整时不要碰伤座圈孔缩口圆角，改变其半径。

富康轿车发动机气门座尺寸如图 7-10 所示。

3）气门与气门座的配合研磨。为了使气门和气门座更好地配合，提高其密封性，新更换的或经修复合格的气门和气门座应进行研磨。

研磨方法有手工研磨和机动研磨两种，手工研磨比较简便可靠，故一般都使用手工研磨，其操作步骤如下。

① 清洁气门、气门座和气门导管，并在气门上按气缸和气门顺序标出记号，以免错乱。

② 在气门工作面上均匀地涂上一层薄薄的粗研磨砂，粗研磨砂用量不宜过多，以免流入气门导管内。在气门杆上涂少许机油。

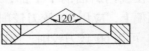

标准尺寸：$38.01^{+0.137}_{+0.112}$ mm　　标准尺寸：$31.01^{+0.137}_{+0.112}$ mm

修理尺寸：$38.31^{+0.137}_{+0.122}$ mm　　修理尺寸：$31.31^{+0.137}_{+0.122}$ mm

　　　　　 $38.51^{+0.137}_{+0.122}$ mm　　　　　　　 $31.51^{+0.137}_{+0.122}$ mm

a) 进气门座　　　　　　　　b) 排气门座

图 7-10　富康轿车发动机气门座尺寸

③ 在气门杆部套上一根细软弹簧，便于气门的上下运动，将气门放入气门座及气门导管内，进行手工研磨。

④ 研磨时，使用橡皮捻子吸住气门头部，使气门在气门导管内做上下往复、旋转运动与气门座进行研磨。研磨时应用力均匀，提起气门的同时转动气门，以变换气门与气门座的相对位置，保证研磨均匀。不要提起气门用力在气门座上撞击敲打，否则会将气门工作面磨宽或磨出凹形的槽痕。

⑤ 当气门工作面与气门座工作面研磨出一条整齐而无斑痕、麻点的完整的接触环带时，将粗研磨砂洗去，换上细研磨砂继续研磨，直到工作面上出现一条整齐的灰色无光泽的环带时，再将细研磨砂洗去，涂上机油，再研磨几分钟即可。

⑥ 气门经手工研磨后，气门工作面上的接触带宽度一般要求为：进气门 1.20~1.50mm，排气门 1.50~2.0mm。

⑦ 气门与气门座密封性的检测。气门工作面与气门座工作面经过研磨后，其密封状况常用以下方法进行检验。

a）画线法。用软铅笔在气门工作斜面上均匀地画上若干道线条，一般是每隔 4mm 画一条线。然后与相匹配的气门座接触，略微压紧并将气门转动 45°~90°，取出气门进行检测。若铅笔画的线条被均匀切断，则说明密封性良好，如图 7-11 所示。若有的线条未断，则说明密封不严，需要重新研磨。

b）涂红丹检查法。检查前将气门及气门座清洗干净，在气门工作面上涂抹一层红丹；然后与相配气门座接触，将气门上下拍击数次（或略压紧并将气门转动 90°）；若红丹布满气门座工作面一周而无间断，又十分整齐即表示密封良好。

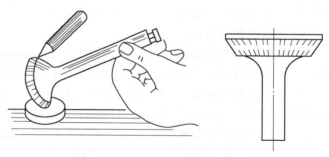

图 7-11 画线法检测气门与气门座的密封性

c）仪器检查法。用带有气压表的专用仪器检查气门的密封性，如图 7-12 所示。检查时，先将空气容筒紧密地罩在被检查的气门上，然后抓放橡皮球，向空气容筒内充入空气并使其压力达到 60~70kPa，如果在 30s 内气压表的读数不下降，则说明气门的密封性良好。

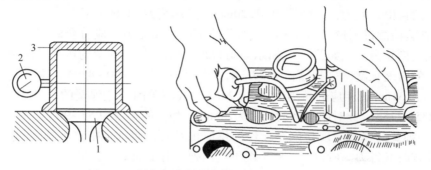

图 7-12 用气门密封检验仪器检验气门的密封性
1—气门 2—橡皮球 3—空气容筒

（3）气门导管的检修　气门导管长期使用后，外圆因受振动而松旷移动，影响气门机构的正常工作，内圆因与气门杆相对摩擦而有磨损，使它们之间的配合间隙增大，致使气门头部偏摆，产生偏磨，影响气门接触面的密封性，使机油下窜，造成发动机的功率下降。

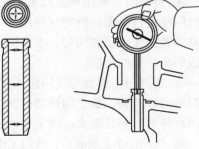

气门导管的最大磨损是在最高端和最低端部位，呈喇叭口形状。检查时用专用的内径百分表测量导管的直径，如图7-13所示。

气门杆和导管孔的磨损状况也可以用"导管摆差"来衡量。测量时首先将气门插入气缸盖上的导管孔内，让气门高出气缸盖底平面10mm，再把气门推向和推离百分表，百分表两次读数之差的一半即为导管与气门杆的间隙。若超过规定值，应进行更换。

图7-13　气门导管直径的测量

BJ492Q发动机气门杆与导管的配合间隙：进气门为0.05～0.079mm，使用极限为0.18mm；排气门为0.075～0.117mm，使用极限为0.20mm。

（4）气门弹簧的检修　气门弹簧经过长期使用后，由于受力压缩产生塑性变形，弹簧产生弹性疲劳而缩短自由长度，致使弹簧弹力不足，簧身歪斜以致变形和折断，影响配气的正确性和气门关闭的严密性。气门弹簧的歪斜变形或折断，不仅影响发动机的正常运转，在顶置式气门装置中，还会发生气门掉入气缸，造成机件损坏的事故。

1）气门弹簧的检查。

① 检查气门弹簧的表面是否光洁，不允许有裂纹、夹层、夹杂、折叠、凹陷、擦痕、锈蚀等缺陷，也不允许修整上述缺陷后使用。

② 弹簧支承圈必须弯成闭合圈，两端面应磨平，使端面与弹簧中心线互相垂直；弹簧各圈同心度误差不超过0.50mm。

③ 气门弹簧的弯曲和扭曲变形，可通过在平板上以直角尺检查其垂直度测量，一般垂直度误差在1.60～2.00mm，如图7-14所示。

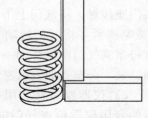

图7-14　气门弹簧弯扭变形的检测

④ 用游标卡尺检测气门弹簧在自由状态下的长度应符合标准的规定，其检测方法如图7-15所示。达不到规定的，应更换新弹簧。一般自由长度的缩短不得超过3mm，弹力的减小不得超过原规定的1/10。BJ492Q发动机气门弹簧的自由长度为：主弹簧为61.20mm，副弹簧为44.60mm。

⑤ 用弹簧检测仪测量气门弹簧在压力负荷下的弹簧张力，应符合标准的规定，达不到规定的，应更换新弹簧，如图7-16所示。BJ492Q发动机气门弹簧的压缩长度及相应的压力为：主弹簧的压缩长度（气门开启）为37mm，相应的压力为400～430N；副弹簧的压缩长度（气门开启）为31mm，相应的压力为235～245N。气门关闭时主弹簧的长度为46mm，相应的压力为235～275N；此时副弹簧的长度为40mm，相应的压力为65～90N。

2）气门弹簧的修理。现在汽车配件的供应很及时，而且价格也不高，和修理比起来，更换新件即省时又省力。所以，一般情况下气门弹簧有了缺陷，应更换新的气门弹簧。如果是气门弹簧的弹力有所减小，可以在气门弹簧的上端加适当厚度的垫片，来增强弹簧的弹力。但要注意，一般垫片的厚度不应超过3mm。

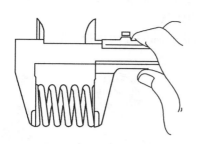

图 7-15 气门弹簧自由长度的检测

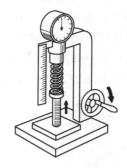

图 7-16 气门弹簧弹力的检测

（5）凸轮轴的检修 凸轮轴的损伤形式有：凸轮工作表面磨损、擦伤和点蚀，支承轴颈磨损，凸轮轴弯曲变形及有裂纹等。检测前，先将凸轮轴用汽油清洗干净后吹干。

1）裂纹的检修。可用磁力探伤仪进行检测，出现裂纹时应更换新件。

2）凸轮工作表面损伤的检修。将标准凸轮轮廓线制成的样板置于凸轮尖顶轮廓外，若产生缝隙超过规定值，则为磨损，也可用外径千分尺测量凸轮全高，如图 7-17 所示。若小于规定值，则为磨损。若凸轮表面损伤为擦伤和疲劳剥落，应更换凸轮轴。若为磨损，根据凸轮升程高度减小值而定，若减小值在 0.5mm 以内，直接磨削修复；若超过此值，先堆焊，然后按标准尺寸加工。

3）凸轮轴弯曲变形的检修。凸轮轴的弯曲变形可用百分表进行检验，如图 7-18 所示。以两端轴颈为支点用 V 形架将凸轮轴支承在平台上，将百分表的测头抵靠在凸轮轴的中间轴颈上（凸轴支承轴颈为偶数时，对中间两道轴颈进行测量），缓慢转动凸轮轴一周，百分表所指示的最大值与最小值之差（即径向圆跳动误差）应不大于 0.10mm，否则应对其进行压力校正，校正后的径向圆跳动误差应不大于 0.03mm。

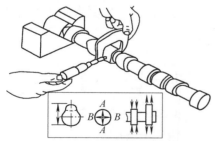

图 7-17 检查凸轮和轴颈的磨损量

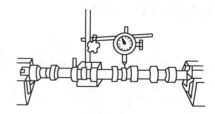

图 7-18 检查凸轮轴的弯曲变形

4）凸轮轴轴颈磨损的检修。凸轮轴轴颈的磨损程度通常用外径千分尺进行测量，测量方法与曲轴主轴颈及连杆轴颈的测量方法相同。当其圆度及圆柱度误差超过规定值时（BJ492Q 发动机应不大于 0.015mm 及 0.03mm），应更换新的凸轮轴和轴瓦，以恢复配合性质。

5）凸轮轴轴承的选配。磨损造成凸轮轴轴承与轴颈的配合间隙超过使用极限（载货汽车为 0.20mm，轿车为 0.15mm），或在修理过程中对凸轮轴轴颈按修理尺寸进行修磨后，均应更换新轴承。选配新轴承时，应保证轴承与承孔的过盈量符合要求，一般为 0.05～0.13mm，并通过铰削、刮削或拉削等方法使其与轴颈的配合达到要求。如果采用铰削或刮削修配轴承内孔，选配轴承时应使其内孔能够勉强套装到轴颈上，以保证其合适的加工余量。

（6）摇臂及摇臂轴的检修 摇臂及摇臂轴安装在气缸盖顶置气门的结构上，摇臂作为一个换向杆件，传递并改变凸轮的上下运动，以启闭气门。

1）检查摇臂与摇臂轴的配合情况。将摇臂沿摇臂轴的径向推拉，如图7-19所示。测量摇臂与摇臂轴的配合间隙，如图7-20所示。

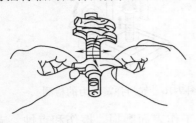

图7-19 检查摇臂与摇臂轴的配合情况

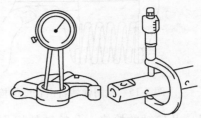

图7-20 测量摇臂与摇臂轴的配合间隙

2）检查摇臂与摇臂轴有无裂纹与损伤现象。

3）检查摇臂与凸轮接触面的磨损情况。若接触面有严重磨损，应进行修磨，必要时更换新的摇臂。

（7）挺杆的检修 挺杆与导孔的配合间隙为0.02～0.07mm，使用极限为0.10mm，磨损超差，可更换新挺杆以改善配合关系，也可用电镀或刷镀的方法修理挺杆外径，其检测方法如图7-21所示。

液压挺杆除检修配合间隙外，还应检验液压挺杆油缸的密封性能，不符合要求则更换挺杆。

液压挺杆油缸密封性能要求，常温时，将200N的力作用于油缸上，下滑2mm后，再下滑1mm所耗时间应大于7s，不符合要求应更换新件。

液压挺杆的漏降测试如图7-22所示，挺杆进油口朝上，置于润滑油中，反复按压移动油缸，排出油缸中的空气，吸入润滑油。然后置于漏降试验台上，按要求测出漏降下滑时间。下滑时间越长，密封性能越好。

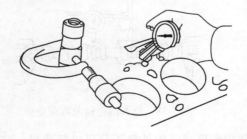

图7-21 检测挺杆与导孔的配合间隙

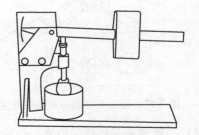

图7-22 液压挺杆的漏降测试

（8）正时传动机构的检修 配气机构的传动方式主要有齿轮传动、链传动和同步带传动三种，正时传动机构的正确安装和工作的好坏，直接影响发动机的使用性能。

一般下置凸轮轴的正时传动机构，多用正时齿轮传动。而链条或同步带的传动形式，则主要应用于上置凸轮轴的正时传动机构，并设有张紧装置。零件的损坏形式主要是磨损，修理以换件为主。

1）张紧器的检修。张紧器用于调整正时带（链）伸缩张力的大小。当张紧器产生异常的

声音或不平稳以及摇晃时，说明张紧器已损坏，应予以更换。

2）正时同步带和带轮的检修。正时同步带是一种软质的传动带，视检时若发现同步带橡胶老化开裂、芯线外露、齿形部位胶质明显磨损，则需更换。如果正时同步带被水浸湿或被机油泡胀等，也要更换。

① 在安装状态，用弹簧秤和钢直尺测量同步带的挠度。要求在100N力的作用下，同步带的挠度不超过14mm。

② 带轮和同步带磨损的检测，零件卸下后通过测量同步带的伸展度和带轮直径，检测同步带和带轮的磨损状态。

3）曲轴正时齿轮和凸轮轴正时齿轮的检修。正时齿轮需检查啮合间隙和磨损及其他损伤。当啮合间隙超限，轮齿呈阶梯形磨损，存在裂纹和轮齿断裂时，均应更换齿轮。正时齿轮的啮合间隙，金属齿轮为0.03~0.30mm，使用极限0.40mm；胶木齿轮为0~0.50mm。

① 正时齿轮经长期使用而磨损，啮合间隙增大或两齿轮中心距稍远，则在怠速时有轻微的"嘎啦、嘎啦"的声响。中速时声响突出，高速时声响杂乱，严重时则需要更换齿轮，并调整其啮合间隙。

② 若两齿轮齿形规格不合，两齿轮中心距太近，或两轴不平行，齿轮啮合较紧，则发出一种连续不断的啸叫声，若响声轻微而均匀，经使用可逐渐磨合而消失；若齿轮啮合过紧则易咬伤损坏。

③ 若齿轮啮合不当而偏磨，曲轴轴颈与凸轮轴轴颈不在同一平行线上，齿轮中心不正，导致两齿轮啮合不均匀，则出现有节奏、有间隔的"哐、哐"的声响，齿轮转速增高时，声响也增大。

④ 若凸轮轴螺栓（母）松动，凸轮轴轴向间隙不合适，则在高速运转时出现连续不断的"嘎、嘎"的声响，同时正时齿轮室盖处有振动。

⑤ 若齿轮轮齿不一致，有粗有细，一个齿轮的齿顶咬着另一个齿轮的齿根，则两齿轮相啮合时出现一种无节奏的"嘎啦、嘎啦"的碰击声响。

⑥ 若齿轮轮齿碰伤或损坏掉落，或个别轮齿不合规格，则怠速时可听到"嗒啦、嗒啦"的声响，强"嗒"之后，随后是一个弱"啦"，中速以上则变为较连贯的"嗒、嗒"的声响。轮齿掉落时则是有节奏的"吭哧、吭哧"的声响。

（9）气门间隙的作用与调整

1）气门间隙的作用。气门间隙是指气门杆尾端与摇臂（顶置气门装置）或气门杆尾端与气门挺柱（侧置气门装置）之间的间隙，如图7-23所示。

发动机工作时，气门杆由于热胀冷缩而影响气门的开度，所以，在气门杆尾端与挺柱或摇臂之间，必须预留间隙。而正常的间隙，有时也会因配气机构机件的磨损而发生变化。若间隙过大，则会使气门升距减小，引起充气不足，排气不畅，而且会带来不正常的敲击声。若间隙过小，则会使气门工作时关闭不严密，造成漏气

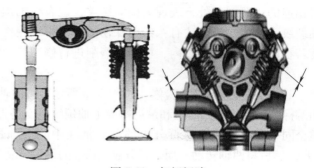

图7-23　气门间隙

和气门与气门座的工作面烧蚀。因此，在检查调整时应认真细致地按照各机型规定的气门间隙数据准确调整。

2）气门间隙的检查和调整。气门间隙的检查和调整应在气门完全关闭，而且气门挺柱落在最低位置时进行。通常气缸压缩行程终了时，可同时调整进、排气门的间隙，如图7-24所示。

图7-24　气门间隙的检查与调整

对四缸发动机及六缸发动机，有两种调整方法，即逐缸调整法和两次调整法。BJ492Q发动机气门间隙的标准值为：进气门间隙为0.20mm（热态）和0.15mm（冷态），排气门间隙为0.25mm（热态）和0.20mm（冷态）。

① 逐缸调整法。逐缸调整法就是一个缸一个缸的调整，根据气缸的点火次序，逐缸地在压缩行程终了，活塞到达上止点时，调整这一气缸的进、排气门间隙。这种方法质量有保证，其调整步骤如下：

a）旋松锁止螺母，用厚度符合规定间隙的塞尺，插入气门杆尾端与摇臂之间，来回拉动塞尺，旋转调整螺钉，当感到有轻微阻力时，说明此时的间隙值较为合适。

b）气门间隙经调整合适后，将锁止螺母可靠地紧固。

c）进行复查，若间隙有变化，必须重新进行调整。

② 两次调整法。以四缸发动机为例，根据发动机的工作循环、点火次序、曲轴配角及气门实际开闭角度进行推算，在第一缸或第四缸压缩终了时，除调整该缸的两个气门外，还可调整其他缸的某一个气门。这样，一台四缸发动机的气门，只需摇转两次曲轴，就可全部调整完毕，比逐缸调整要简便快捷。

7.1.4　曲轴及其轴承的检修

（1）曲轴的检修

1）曲轴检修前的准备工作。将待检修的曲轴上的油污、杂质等用金属清洗液彻底清洗干净，然后用压缩空气吹净曲轴的内、外表面及油道。

2）曲轴的检修过程。

① 曲轴裂纹的检修。曲轴的裂纹一般出现在应力集中处，如主轴颈或连杆轴颈与曲柄臂相连的过渡圆角处，表现为横向裂纹，也有在轴颈中的油孔附近出现轴向延伸的裂纹。曲轴裂纹常用的检查方法有：磁力探伤法、超声波探伤法及浸油敲击法等。对轴向裂纹，其深度若在轴颈修理尺寸以内，可通过磨削进行修理，否则应予以报废。

② 曲轴变形的检修。

a）曲轴弯曲变形的检修。如图7-25所示，将曲轴的两端用V形架支承在检测平板上，并用游标高度尺检测第一道和最后一道主轴颈的高度是否一致，若不一致，应用调整垫片将其调整至同一高度；然后将百分表的测头抵在中间主轴颈表面并预压0.5～1mm后将大表针调"0"，然后将曲轴转动一周，百分表上指针的最大与最小读数之差，即为中间主轴颈对两端主轴颈的径向圆跳动误差（通常也用指针的最大与最小读数差值的一半作为同轴度误差或弯曲度值）。

丰田轿车发动机曲轴的同轴度（弯曲度）误差一般不大于 0.03mm，否则应进行冷压校正修复或更换曲轴。曲轴冷压校正通常在压力机上进行。如图 7-26 所示，将曲轴放在压力机工作平板的 V 形架上，在压力机的压杆与曲轴轴颈之间垫上铜皮，防止压伤曲轴轴颈工作表面。对于钢制曲轴，压弯量应为曲轴弯曲量的 10~15 倍，并保持 1.5~2min 后再释放。弯曲变形较大时，需多次反复进行，直到符合要求。曲轴校正需进行时效处理，即将曲轴放置 10~15 天，再重新检校；或将冷压后的曲轴加热至 300~500℃，保持 1~1.5h。对于球墨铸铁曲轴，压校变形量不得大于变形量的 10 倍。

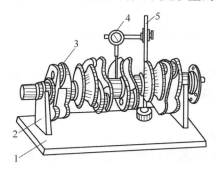

图 7-25　曲轴弯曲变形的检测
1—平板　2—V 型架　3—曲轴
4—百分表　5—百分表架

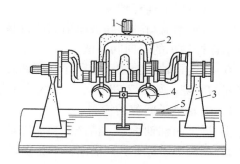

图 7-26　曲轴弯曲变形的校正
1—压力机　2—压杆　3—V 形架
4—百分表　5—平板

b）曲轴扭转变形的检修。将曲轴两端的主轴颈放在检测平板的 V 形架上，使曲轴上相同曲拐位置的连杆轴颈转至水平。用百分表或游标高度卡尺测出相对应的两个连杆轴颈的高度差 Δh，利用下式近似计算曲轴变形的扭转角 θ：

$$\theta = 57\Delta h / R$$

式中　R——曲柄半径（mm）。

由于曲轴的扭转变形量一般很小，可在修磨曲轴轴颈时予以修正。

c）曲轴轴颈磨损的检修。检测曲轴轴颈磨损量，测量主轴颈及连杆轴颈的圆度和圆柱度，判定是否需要修磨及修磨的尺寸。检测方法如下：用外径千分尺先在油孔两侧测量，然后旋转 90° 再测量，同一截面最大直径与最小直径之差的一半为圆度误差；轴颈各部位测得的最大与最小直径之差的一半为圆柱度误差。

曲轴轴颈的圆度、圆柱度误差大于 0.020mm 时，应按修理尺寸进行修磨。曲轴轴颈的修磨在专用曲轴磨床上进行。除恢复轴颈尺寸及几何形状、精度外，还要保证轴颈的同轴度、平行度、曲轴过渡圆半径及各连杆轴颈间的夹角等。

（2）曲轴轴承的检修

1）轴承的外观检查。检查曲轴主轴承和连杆轴承是否有严重的磨损、烧伤、刮伤或疲劳剥落等现象。对于曲轴止推垫片，若发现摩擦面出现拉伤、变色、翻边等现象，应更换。

2）轴承的选配。

① 根据轴颈的修理尺寸，选用与曲轴轴颈同一级修理尺寸的轴承。

② 轴承厚度应符合规定。新轴承装入座孔内，上、下两片的两端均应高于结合面 0.05mm，保证轴承与座孔贴合紧密，提高散热效果。

③ 定位凸点完整。轴承背面光滑无斑点，表面粗糙度值应不大于 $Ra1.25\mu m$。

④ 把新选用的轴承放入轴承座后，要求轴承的曲率半径大于轴承孔的曲率半径，以保证轴承装入轴承座后，与轴承座紧密贴合。

3）连杆轴承间隙的检测。

① 拆下连杆轴承盖，清洗轴承和连杆轴颈处。

② 如图 7-27a 所示，将塑料塞尺沿轴向放置在连杆轴颈或轴承上。

③ 装上连杆轴承盖，以规定的力矩拧紧，此时不得转动曲轴。

④ 重新拆下连杆轴承盖。

⑤ 将轴承盖与轴颈间被压扁的塑料塞尺取出，将其压扁的宽度与印制刻度相比较，就可得出连杆轴承的径向间隙值。

⑥ 将连杆轴承盖按正常顺序装配到曲轴上，用磁座百分表测量连杆轴承盖的侧面与曲柄之间的间隙，如图 7-28 所示。最大应不超过使用极限，否则应更换连杆总成。

4）曲轴轴承间隙的检测。

① 拆下曲轴轴承盖，清洗并擦净轴承和曲轴主轴颈。

② 如图 7-27b 所示，根据轴承宽度，沿轴向在曲轴轴颈与轴承之间放上等长的塑料塞尺（方法同前）。

③ 安装轴承盖，以规定的力矩拧紧，此时不得转动曲轴。

④ 拆下轴承盖，将轴承盖与轴颈间被压扁的塑料塞尺取出，将其压扁的宽度与印制的刻度相比较，就可得出曲轴轴承的径向间隙值。

⑤ 如图 7-29 所示，将主轴承盖按规定装合紧固，把百分表装在缸体上，用撬棍别住曲轴，使其不能转动，测量曲轴的轴向间隙，最大应不超过规定值。若超过规定值，则应更换曲轴止推垫片。

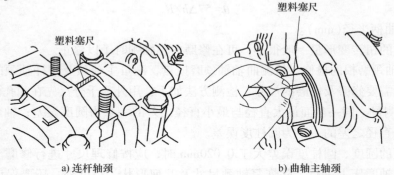

图 7-27　塑料塞尺的放置

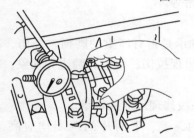

图 7-28　连杆轴承轴向间隙的检测

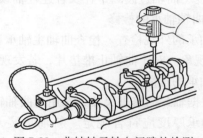

图 7-29　曲轴轴承轴向间隙的检测

7.1.5　齿轮式机油泵的检修

东风 EQ6100-1 型汽车发动机采用了齿轮式机油泵，如图 7-30 所示。上部的出油口与上曲轴箱的油道及粗滤器的进油口相通，油泵下部的管接头 10 用油管与机油细滤器相连，油泵侧面的进油口通过进油管与固定式机油集滤器相连。

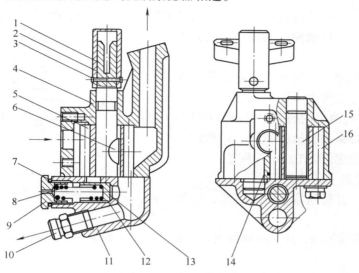

图 7-30　东风 EQ6100-1 型发动机的齿轮式机油泵

1—主动轴　2—联轴套　3—半圆头铆钉　4—油泵壳体　5—主动齿轮　6—半圆键
7—调整垫片　8—限压阀弹簧　9—螺塞　10—管接头　11—油泵盖　12—径向环槽
13—柱塞阀　14—钢丝挡圈　15—从动轴　16—从动齿轮

（1）齿轮式机油泵的结构及工作原理　如图 7-30 所示主动轴 1 和从动轴 15 装在油泵壳体 4 内。主动轴上端通过切槽与分电器传动轴连接；主动轴下端用半圆键 6 及钢丝挡圈 14 固装着主动齿轮 5。在分电器传动轴上固装着传动齿轮，而传动齿轮与凸轮轴上的斜齿轮相啮合，用来驱动机油泵。从动轴 15 压装在壳体上，在从动轴上松套着从动齿轮 16。

为保证产生需要的油压，齿轮与泵盖，以及齿轮与泵体内壁之间的间隙必须很小。所以泵盖与壳体间的密封垫做得很薄。密封垫用来调整泵盖与主、从动齿轮的间隙并防止漏油。机油泵盖上所装的限压阀，用来把主油道的油压控制在正常范围内（0.15～0.6MPa）。当油压超出上述范围，通过改变调整垫片 7 的厚度，来改变限压阀弹簧 8 的预紧力，从而控制主油道内机油的压力。另外，在限压阀的柱塞端头，开有一个径向环槽 12，用来储存进入配合表面的磨屑和杂质，以保证柱塞的运动灵活。

齿轮式机油泵的工作原理如图 7-31 所示。机油泵壳体上加工有进油口和出油口。在油泵壳体内装有一个

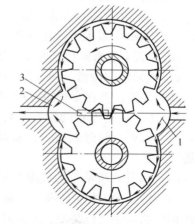

图 7-31　齿轮式机油泵的工作原理图

1—进油腔　2—出油腔　3—卸压槽

主动齿轮和一个从动齿轮。齿轮与壳体内壁之间留有很小的间隙。发动机工作时，齿轮按图中所示箭头方向旋转，进油腔1的容积由于齿轮脱离啮合而增大，使腔内产生一定的真空度，机油便经进油口被吸入。齿轮旋转时把齿间所存的机油带到出油腔2内。由于出油腔一侧轮齿进入啮合，使出油腔容积减小、油压升高，机油便经出油口被送到发动机油道中。

泵盖上的卸压槽3，是为了消除轮齿进入啮合时而在齿轮间产生的推力。

（2）齿轮式机油泵的拆解　东风EQ6100-1型发动机齿轮式机油泵的拆解图如图7-32所示。

1）拆下泵盖固定螺钉，取下泵盖。

2）取下从动轴上的从动齿轮。

3）用锉刀锉去联轴器上的铆钉头，将铆钉冲出，取下联轴器。

4）轻敲主动轴外端，从泵腔侧取出主动轴、主动齿轮和钢丝挡圈，再从主动轴上取下主动齿轮。

5）拧下泵盖上的限压阀螺塞，取出限压阀柱塞和弹簧。

6）用汽油将上述零件清洗干净。

（3）齿轮式机油泵零件的检修

1）泵体及泵盖的检修。

① 直观检验泵体与泵盖。

② 用钢直尺和塞尺检查泵体和泵盖结合面的平面度，如图7-33所示，若平面度误差超过0.10mm，应进行磨削或研磨修复。

③ 检查机油泵主动轴与孔的配合间隙，其值一般为0.03~0.08mm，最大不得超过0.15mm，否则应对轴孔进行镶套修复或换用新件。

④ 泵盖上装有限压阀时，检查弹簧弹力及限压阀的密封是否良好。

2）油泵轴的检修。用百分表检查机油泵轴的弯曲变形，其直线度误差在全长超过0.03mm时应进行校正。

3）主、从动齿轮的检修。目测主、从动齿轮表面有无烧蚀、斑点、疲劳剥落、异常磨损和过度磨损，若有，应更换。

（4）齿轮式机油泵的装配与实验

1）装配。机油泵各零件维修以后，清洗干净，按与拆卸相反的顺序进行装配，装配时应注意以下几点：

① 检查主、从动齿轮与泵盖之间的端面间隙，如图7-34所示。所测值加上机油泵盖垫片厚度即为齿轮与泵盖

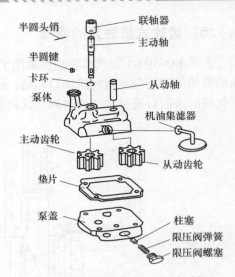

图7-32　东风EQ6100-1型发动机
齿轮式机油泵的拆解图

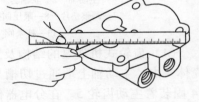

图7-33　检查泵体和泵盖
结合面的平面度

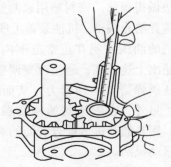

图7-34　齿轮式机油泵齿轮
端面间隙的检查

间端面间隙，应为 0.06～0.10mm，若超过规定值范围，可通过增加或减少泵盖下垫片的方法进行调整。

② 检查主动轴轴向间隙，使主动轴齿轮紧靠齿轮室底部，用合适的塞尺在联轴器调整垫片处测量，其轴向间隙应为 0.03～0.08mm。装配时注意此间隙应略小于齿轮端面与泵盖的间隙，以免造成刮伤。

③ 检查齿轮与泵体的间隙，即齿顶间隙，如图 7-35 所示。间隙应为 0.082～0.185mm。

④ 检查主、从动齿轮啮合间隙，如图 7-36 所示。用塞尺在齿轮圆周上互成 120°分三等分点测量，啮合间隙一般为 0.05～0.25mm，若间隙过大，应成对更换齿轮。测量时各测量点齿轮啮合间隙相差不得大于 0.10mm。

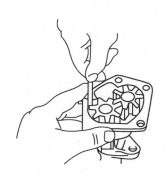 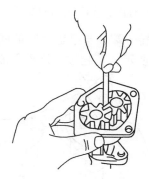

图 7-35　检查齿轮与泵体的间隙　　　　图 7-36　检查主、从动齿轮啮合间隙

2）试验。机油泵装复后，经试验合格才能装车使用。试验方法一般有以下两种：

① 经验试验法。用手转动主动轴，应转动灵活，无卡滞现象；将机油泵注满干净的机油，堵住出油口，用手转动主动轴，应有明显的压力感，并有机油压出。

② 在试验台上试验。若不符合要求，应重新调整限压阀。

7.1.6　转子式机油泵的检修

转子式机油泵主要由内、外转子，机油泵体及机油泵盖等零件组成。其内部的结构及工作原理如图 7-37 所示，内转子固定在机油泵的主动轴上，外转子自由地安装在泵体内，并与内转子啮合转动。内、外转子之间有一定的偏心距。转子式机油泵的优点是结构紧凑，供油量大，供油均匀，噪声小，吸油真空度较高。

（1）检查内、外转子的齿顶间隙　用一塞尺测量内、外转子的齿顶间隙，如图 7-38 所示。如果间隙超过允许值，则应同时或分别更换内转子和外转子。

（2）检查外转子与泵体间的配合间隙　用塞尺测量外转子与泵体间的配合间隙，如图 7-39 所示。若间隙超过允许值，应更换机油泵总成。

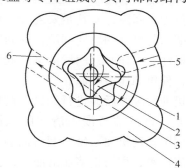

图 7-37　转子式机油泵的
内部结构及工作原理
1—主动轴　2—内转子　3—外转子
4—油泵壳体　5—进油孔　6—出油孔

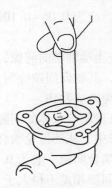

图 7-38　检查内、外转子的齿顶间隙　　　　图 7-39　检查外转子与泵体间的配合间隙

（3）检查转子端面与泵盖之间的间隙　用塞尺和钢直尺测量转子端面与泵盖之间的间隙，如图 7-40 所示。若超过允许极限值，应更换机油泵总成。

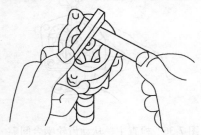

标记

图 7-40　检查转子端面与泵盖之间的间隙　　　图 7-41　安装内、外转子

（4）检查转子轴与轴孔的配合间隙　分别测量机油泵转子轴直径和泵壳上的轴孔内径，并计算其配合间隙。若配合间隙超过允许值，应更换机油泵总成。

（5）转子式机油泵的装配与调试　安装内、外转子时，一定要在泵内加上清洁的机油；安装转子时，将其有标记的一侧朝向泵体，否则会造成油泵不泵油，如图 7-41 所示。机油泵装配时，应边安装边复查各部位配合间隙，尤其是要复查机油泵转子端面与泵盖的轴向间隙，此间隙过大，机油泵工作时，润滑油会从此间隙漏出，使供油压力降低。

机油泵装配后应进行调试。简便的方法是：将进油口浸入清洁的润滑油内，用手转动机油泵轴，润滑油会从出

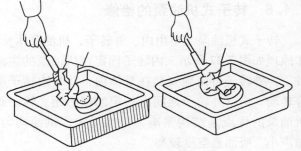

图 7-42　机油泵的简便检验方法

油口流出来，用拇指堵住出油口，会有压力感，且泵轴转动困难，如图 7-42 所示。若条件允许，最好在试验台上对机油泵的泵油量和泵油压力进行测试。

7.1.7　离心水泵的故障和修理

水泵是发动机冷却系统的重要部件，它的作用是泵送冷却液，使冷却液在发动机的冷却

水道内快速流动，以带走发动机工作时产生的热量，保持发动机正常的工作温度。

根据驱动方式的不同，水泵一般分为机械水泵和电动水泵。目前大多数发动机采用机械水泵，在一些新开发的技术含量较高的发动机上已经使用了电动水泵。

机械水泵由发动机曲轴通过传动带驱动，它的转速和发动机的转速成正比。机械水泵有优点也有缺点，当发动机在高速大负荷工况下工作时，发动机产生的热量多，水泵的高转速使冷却液的循环流量增大，这样正好能够提高发动机的冷却能力；当发动机在低速大负荷工况下工作时，如牵引其他车辆或开空调时，发动机的转速低导致水泵的转速也低，这样就降低了发动机的冷却能力。

电动水泵由发动机控制单元通过电流控制，它不受当时发动机转速的影响，可以根据发动机的实际冷却需要灵活工作。由于电动水泵消耗的发动机功率非常小，因此采用电动水泵后，发动机的燃油消耗量有所降低。

下面以最为常见的机械水泵为例进行介绍，汽车发动机使用的水泵是离心式水泵，图7-43所示为捷达轿车水泵纵剖视图。这种水泵由壳体、叶轮、轴承、轴、水封以及传动带轮等组成。

在发动机的故障中，水泵的故障占有一定的比例，如冷却液温度过高是发动机的常见故障，而有相当一部分冷却液温度过高是由水泵的故障引起的。一般来说，发动机的水泵在汽车使用了10万公里左右时就进入了故障高发期，为了保证维修质量，很多水泵在损坏后只能采取整体更换的维修方式，只有少部分商用汽车发动机的水泵可以采取单独更换轴承或水封等部件的维修方式。

越来越多的水泵使用凸轮轴正时同步带作为传动带，正时同步带的外面大都有塑料护板，因

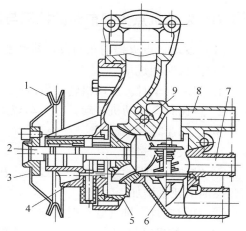

图 7-43 捷达轿车水泵纵剖视图
1—水泵带轮 2—水泵轴 3—水泵轴凸缘 4—水封
5—水泵壳体 6—节温器 7—暖气回水进水口
8—小循环水泵进水口 9—水泵叶轮

此在对车辆的日常保养时很难发现水泵的故障隐患，对水泵进行检修时也比较麻烦。水泵的常见故障有叶轮损坏、水泵漏水以及轴承抱死。

（1）叶轮损坏　叶轮损坏的常见形式有叶轮开裂、叶轮从泵轴上松脱或叶轮腐蚀，叶轮腐蚀一般不会造成发动机故障。叶轮开裂或叶轮从泵轴上松脱后，冷却液循环速度变慢，容易引起发动机温度过高。损坏的叶轮在旋转时还可能撞击水泵壳体，造成壳体碎裂。

叶轮损坏的原因通常是发动机出现了非正常高温的情况，有些是因为水泵叶轮的质量问题。检查叶轮是否损坏时，大多数水泵只能拆下后才能看到叶轮的状况，有些发动机在拆下节温器后可以用手触摸到水泵叶轮。

（2）水泵漏水　水泵漏水的常见部位有水封漏水和水泵与缸体的结合面漏水。

水封损坏后，冷却液一般会从泵轴处泄漏。有些水泵在泵轴处设有溢水孔，其作用是确定水封是否漏水和排出水泵漏出的水。当水封损坏后，冷却液会从溢水孔流出，如果溢水孔

被堵死，泄漏的冷却液就会进入水泵轴承内，导致轴承的损坏。

水泵与缸体的结合面漏水的常见原因是水泵的橡胶密封圈损坏，或水泵壳体与缸体结合面之间的密封垫损坏。防冻液具有一定的颜色并在受热时散发出特殊的气味，因此可以通过发动机工作时能否闻到防冻液的气味或观察水泵附近是否有防冻液的痕迹来判断水泵是否泄漏。

（3）轴承抱死　轴承抱死的情况比较少，但是一旦出现轴承抱死的情况，有些利用正时带驱动水泵的发动机就会出现严重的后果，轻则正时同步带损坏，重则发动机气门会被活塞顶弯。水泵轴承大多是免维护轴承，在发生抱死之前会出现异响或因为轴承偏磨导致水泵漏水，因此在日常检查或例行保养时对水泵进行检查非常重要，建议在更换正时同步带等相关部件时也应对水泵进行检查。需要注意的是，当水泵附近出现异响时，有时会将传动带打滑的声音误认为是水泵的声音。

7.1.8　发动机点火提前角的检测与调整

（1）发动机点火提前角对发动机性能的影响

1）点火时间过早。

① 起动汽车时，发动机转动发沉（起动困难），有顿挫感。

② 急速时，发动机抖动，有灭车现象。

③ 急加速时有敲缸声。

2）点火时间过晚。

① 发动机发闷、无力、甚至过热，在突然加大节气门开度时，发动机转速不能随之增高，燃油消耗量增加。

② 急加速时，排气管有时放炮。

（2）电控发动机点火提前角的检测方法　点火提前角是从火花塞发出电火花，到该缸活塞运行到压缩上止点时曲轴转过的角度。因此，检测点火提前角就是要确定一缸活塞开始点火的信号和一缸处于压缩上止点的信号，两信号的夹角就是点火提前角。

1）闪光法检测点火提前角。

① 使用仪器。闪光正时检测仪（点火正时枪）常用的有两种：一种为无电位计式，如图7-44所示，需从发动机上读取点火提前角的值；另一种为有电位计式，如图7-45所示，可直接从点火正时枪上读取点火提前角的值。

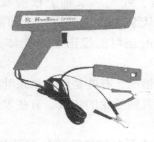
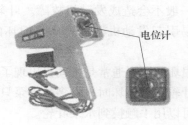

图 7-44　点火正时枪（无电位计）　　　　图 7-45　点火正时枪（有电位计）

② 点火正时枪的基本原理。一缸的跳火信号触发闪光灯的闪亮，即点火正时枪闪光灯

的闪亮和一缸火花塞的跳火是同步的。

③ 点火提前角的检测方法。

仪器准备：将点火正时枪的电源线接到蓄电池的正负极柱上，再将传感器夹在一缸高压线上（有电位计时，电位计归零）。

发动机准备：清洁正时标记，最好用粉笔或油漆将标记涂白；发动机运转到正常工作温度。

使用无电位计的点火正时枪：闪光灯对准发动机一缸压缩终了上止点标记，可以看到运转中的发动机在闪光灯的照耀下，其正时活动标记（飞轮或曲轴传动带盘上）还未到达固定标记（发动机机体上），即一缸的活塞还未到达压缩终了上止点，此时通过发动机机体上的正时刻度读取活动标记和固定标记的夹角，即为点火提前角，如图 7-46所示。

使用有电位计的点火正时枪：闪光灯对准发动机一缸压缩终了上止点的固定标记，可以看到运转中的发动机在闪光灯的照耀下，其正时活动标记（飞轮或曲轴传动带盘上）还未到达固定标记（发动机机体上），即一缸的活塞还未到达压缩终了上止点，调整电位计（电位计的作用：使得闪光灯的闪亮时间滞后于一缸跳火开始的时

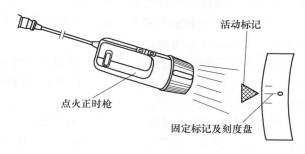

图 7-46　检测点火提前角

间），调整到当活动标记与固定标记对齐时闪光灯闪亮，则此时点火正时枪的电位计刻度即为点火提前角。

2）采用通用或专用解码仪检测点火提前角。

采用通用或专用解码仪进行检测，检测时首先将解码仪通过合适的接头与车身诊断座连接并开机，起动汽车并使发动机热车，解码仪用菜单选择车辆信息，用读取数据流功能就可以看到怠速状态下的点火提前角。

（3）电控发动机点火提前角的调整方法　电控汽油喷射发动机是由电子控制单元（ECU）控制点火系统，其点火提前角包括初始点火提前角、基本点火提前角和修正点火提前角三部分。电控汽油喷射发动机的点火提前角一般是不可调的，但需要检测，目的是当发现点火提前角不符合要求时，进一步确定微处理器或传感器是否存在故障。

7.1.9　喷油器的调校

（1）喷油器的清洗与检查

1）先松开调压螺母，旋出调压螺钉。

2）将喷油器倒夹在机用虎钳中，松出喷油器紧帽。

3）拆开其余零件并放在清洁的柴油或汽油中清洗，喷油器头部积炭可以用钢丝刷除去，当针阀咬住时，用钢丝钳衬垫软布夹住针阀尾端稍加转动用力拉出，针阀锥面污物沿钢丝刷表面清除，并用相应大小的钻头或钢丝疏通喷油孔及油路。

4）将喷油器偶件放在柴油中来回拉动针阀清洗，使针阀能自由滑动为止（喷油器偶件

经选配研磨成对,并经液压密封试验,不允许单件调换)。

(2)喷油器应进行修理或更换的情况

1)与针阀体接合的喷油器端面有较小损伤时,可拔出两只定位销,在研磨平台上研磨,注意拔出定位销时不要碰伤端面。

2)喷油器调压弹簧表面擦伤,出现麻点或永久变形应更换。

3)喷油器紧帽内肩及孔壁积炭应彻底清除。

4)喷油器偶件颈部磨损,严重漏油的应更换。

5)喷孔磨损、增大等缺陷,影响喷雾质量的应更换。

6)针阀和针阀体密封座面磨损不太严重时,可用氧化铝研磨膏互研修复,互研时,不要用力过重,在密封面研出一条均匀的不太宽的密封带即可。

7)柴油发动机气缸内燃气回窜或细小杂质侵入喷油器中,造成针阀变黑或卡死,经清洗、互研后视情况严重程度复用或更换。

(3)喷油器的试验和调整 喷油器的试验应在专用的试验台上进行,试验台由手油泵、压力表、油箱和油管组成。

1)喷油开启压力的调整。用螺钉旋具旋进或旋出喷油器的调节螺钉以调整弹簧的压紧力,达到各型喷油器规定的喷油开启压力,旋进调节螺钉,喷油开启压力增加,反之则降低,调整后紧固调压螺母。

2)喷油器密封性试验。喷油器装在试验器上,均匀而缓慢地用手柄压油,同时拧入调整螺钉,直到在23~25MPa压力下喷油,压力从20MPa降至10MPa的时间应为9~20s。

3)喷油器喷雾试验。以每秒1~2次的速度压动手油泵进行喷雾试验,应符合下列要求:

① 喷出燃油应成喷雾状,分布细而匀,不应有明显的飞溅油粒、连续的油珠或局部浓稀等不均匀现象。

② 喷油开始和终了应明显,并且有特殊清脆的声音。

③ 喷孔口不许有滴油现象,但允许有湿润。

④ 雾束方向的锥度为15°~20°。

7.1.10 气缸体的检测

(1)气缸体裂纹的检测 气缸体裂纹的检测采取水压试验法,其具体的步骤如下:

1)将气缸盖、气缸体和气缸垫按要求装合在一起。

2)将水压机水管接在气缸体进水口处,并将其他水口封住。

3)用水压机将水压入水套,压力在0.3~0.5MPa时,保持5min,若气缸体表面、气缸内圆柱面等部位无水珠出现,表明无裂纹。

若在受力和受热不大的部位出现裂纹,可采用环氧树脂黏结法修复;受力较大的部位出现裂纹时,应采用焊接法修复;也可直接更换气缸体。

(2)气缸体变形的检测

1)气缸体变形检测前的准备工作。在检测前,气缸体应彻底清洁,主要包括以下几个方面:

① 使用垫片铲刀,清除气缸体与气缸盖结合面所有的垫片材料。

② 使用软毛刷和溶剂，彻底清洁气缸与气缸盖结合面。

注意：在清洁时，不要损伤气缸体与气缸盖的结合面。

2）气缸体变形的检测方法。

气缸体的变形主要表现为翘曲。其变形程度可通过检测气缸上平面的平面度误差获得，如图 7-47 所示。

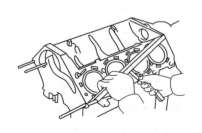
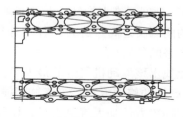

图 7-47　气缸体变形的检测

① 将钢直尺或刀口形直尺沿两条对角线和纵轴线贴靠在气缸体上平面上。

② 在钢直尺或刀口形直尺与气缸体上平面间的缝隙处插入塞尺。塞尺所测数值即为气缸体的变形量。

③ 气缸体上平面的平面度误差应不大于规定值。局部不平可用刮研法或磨削法修复，当修复量大于规定值时，应更换气缸体。

3）气缸体磨损的检测。

① 测量部位。选用适当量程的内径百分表，按图 7-48 所示的部位和要求进行测量。在气缸体上部距气缸上平面 10mm 处、气缸中部，以及气缸下部距缸套下部 10mm 处，各取三点，按①、②两个方向分别测量气缸的直径。

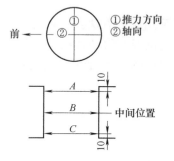
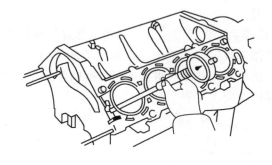

图 7-48　气缸直径测量部位示意图

② 磨损程度衡量指标。一般车型的磨损程度用圆度、圆柱度误差两个指标衡量。轿车采用标准尺寸与气缸最大尺寸的差值来衡量。

③ 测量气缸的方法。

a）气缸圆度的测量。选择合适的测杆，并使其压缩 1~2mm，以留出测量余量。将测杆伸入气缸中，微微摆动，使测杆与气缸轴线垂直，量缸表指示最小读数，即为正确的气缸直径。用量缸表在 A 部位①方向（垂直于曲轴方向）测量，旋转表盘，使"0"刻度对准大表针；然后，将测杆在此横截面上旋转 90°，此时表针所指刻度与"0"位刻度之差的一半，即为该气缸的圆度误差。

b）气缸圆柱度的测量。用量缸表在 A 部位①方向测量，并找出正确的直径位置。旋转表盘，使"0"刻度对准大指针。然后，依次测出其他五个数值，取六个数值中最大差值的一半作为该气缸的圆柱度误差。

c）气缸磨损尺寸的测量。一般发动机的最大磨损尺寸出现在前后两缸的上部，应重点测量这两缸。测量时，用量缸表在 A 部位①方向测量，并找出正确气缸直径的位置。旋转表盘，使"0"刻度对准大指针，并注意观察小指针所处位置。取出量缸表，将测杆放置于外径千分尺的两测头之间。旋转外径千分尺的活动测头，使量缸表的大指针指向"0"，且小指针处于原来的位置（在气缸中所指示的位置）。此时，外径千分尺的尺寸即为气缸的磨损尺寸。按此找出该发动机气缸的最大磨损尺寸。

4）气缸磨损的修理方法。当气缸磨损后，其圆度或圆柱度误差超过允许的限度时，通过磨削或镗削加工方法加大气缸直径，恢复气缸正确的几何形状和配合要求，这种方法称为修理尺寸法。气缸的修理尺寸通常分为六级，它是在气缸标准直径的基础上，每加大 0.25mm 为一级，逐级递增到 1.5mm。当气缸直径超过最大修理尺寸时，可对气缸进行圆整加工，用过盈配合的方式镶上新的气缸套，然后按原厂标准尺寸镗缸或磨缸，达到气缸标准技术要求，这种方法称为镶套修复法。

7.1.11　活塞连杆组的检验与装配

活塞连杆组的组成如图 7-49 所示。

（1）活塞的检验　活塞在使用中常见的损伤主要包括活塞裙部磨损、活塞环槽磨损和活塞销座孔磨损等。所以，活塞的检验主要是裙部直径、活塞环槽高度和活塞销座孔尺寸的测量。

1）活塞裂损的检查。活塞的裂损通常使用目测的方法检查，若发现活塞有裂纹、破碎、凹陷、刮伤、疤痕、毛刺及尖角等，则不能再使用；成品不得有裂纹、蜂窝孔、夹渣及疏松等情况。

2）活塞裙部直径的检测。活塞裙部直径的检测可采用两种方法：一种方法是用千分尺测量活塞裙部规定的测量位置，如图 7-50 所示。将在此位置测得的数据与气缸磨损最大部位的测量值相减，并用所得差值与配缸间隙值相比较，即可确定该活塞可否使用，活塞的检验技术标准及要求见表 7-1。

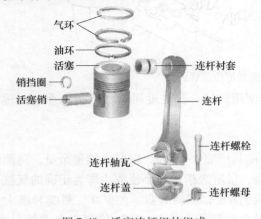

图 7-49　活塞连杆组的组成

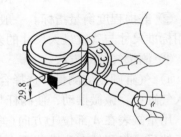

图 7-50　测量活塞裙部的直径

表 7-1 活塞的检验技术标准及要求

发动机型号	活塞的修理尺寸/mm				活塞直径测量位置距活塞裙下边缘的距离/mm	活塞与气缸的配合间隙/mm
	标准尺寸	第一次修理尺寸	第二次修理尺寸	第三次修理尺寸		
奥迪 100　1.8L	80.98	81.23	81.48	—	10	0.03
捷达 EA8272V	80.98	81.23	81.48	—	10	0.03
桑塔纳 JV	80.98	81.23	81.48	81.98	15	0.03

另一种方法是通过测量配缸间隙来确定活塞可否使用。将活塞倒置于相关的气缸中，销座孔平行于曲轴方向，在活塞受侧向力最大的一面，用塞尺（宽 13mm，长 200mm）垂直插入气缸壁与活塞裙部之间（与活塞一起放入）。以 30N 的力能拉动（感觉有轻微阻力时）即为合适。

3）活塞环槽间隙的测量。

如图 7-51 所示，安装气环的环槽，将标准气环装入其内，用塞尺测量其侧隙，即可确定其是否符合要求。如果测得的值大于规定的极限值，则表明环槽磨损过多。油环槽和销座孔可用千分尺直接测量。对于因磨损过多而超过装配间隙极限值的活塞，应更换，选用新活塞。

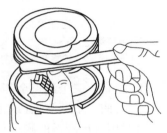

图 7-51　活塞环槽间隙的测量

4）活塞环"三隙"的测量。

① 端隙。检测端隙时，将活塞环置入气缸套内，并用倒置活塞的顶部将环推入气缸内相应上止点位置，然后用塞尺测量。

② 侧隙。将活塞环放入相应的环槽内，用塞尺进行测量。当侧隙过小时，车削加宽活塞环槽修整侧隙。

③ 背隙。将环落入环槽底，再用深度游标卡尺测出环外圆柱面沉入环岸的数值，该数值一般为 0~0.35mm。

（2）连杆的检验　连杆在工作中，由于受力较大，会发生杆身弯曲、扭转（曲）或弯扭并存的现象，使大小端孔偏磨成椭圆形和锥形，造成连杆螺栓、螺母的损伤等。

杆身的变形，往往是发动机超负荷和突爆等原因造成的，不仅降低了本身的强度，还将使活塞组与气缸的配合失常，带来不正常的纵向磨损，活塞组与气缸间漏气和窜油。因此，必须对连杆进行检查。

1）连杆弯扭变形的检验。连杆的弯扭变形可采用连杆校验仪或通用量具进行检测。连杆校验仪的结构如图 7-52 所示。连杆校验仪上有支持连杆大头孔的心轴，心轴与平板相垂直。进行连杆的弯曲检验时，首先卸去轴瓦，将连杆盖与连杆装合，按钮力要求拧紧、检查内孔圆度、圆柱度误差，误差值不得大于 0.0025mm；然后再将连杆大头装在检验器的横轴上，并使心轴的定心块向外扩张，将连杆固定在检验器上。测量工具是一个带有 V 形架的量规。量规上的三个测点共面且与 V 形架垂直，下面两点间的距离为 100mm，上测点与两下测点连线的垂直距离也是 100mm。

若连杆衬套与活塞销间隙合适，则将活塞销插入连杆小头衬套内，骑上"三点规"，若衬套由于磨损而过松，则将衬套拆除，改用测量心轴直接装入连杆小头孔再测量。仔细观察三个测点接触点与精磨平面的接触情况，用塞尺测量其间隙，记录其数据；将连杆翻面再检测一次，记录其数据，如图7-53所示。根据两次记录，进行弯曲度和扭转度的计算，取其平均值作为检验结果。连杆在直线度检验仪上检验时，三个测点的情况是：

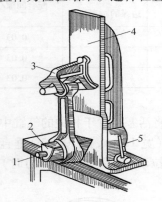

图7-52　连杆校验仪
1—调整螺钉　2—心轴　3—量规
4—平板　5—锁紧支承轴扳杠

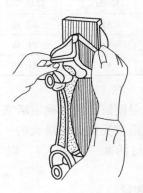
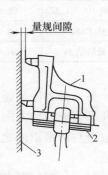

图7-53　检查连杆的弯曲量
1—量规　2—活塞销　3—校验仪平面

①　正直。三个测点全部与平板接触。

②　弯曲。下两测点（或上一测点）与平板接触。而上一测点（或下两测点）不与平板接触。这时用塞尺测得的测点与平板间的间隙值，即为连杆在100mm长度上的弯曲度值，其值不得大于0.05mm。

③　扭转。上一测点、下两测点中的一测点接触平板，而另一测点不接触平板。这时该测点与平板间隙为连杆在100mm长度上的扭转度数值，其值不得大于0.05mm。

④　弯扭并存。下两测点中的一个测点接触平板或仅上一测点接触平板，而下两测点与平板的间隙不一致（其接触间隙的大小，可用不同的塞尺测得）。

连杆弯扭变形的检查也可采用通用量具，其检查方法如下：

在连杆大头和小头内装入标准心轴，放在平板上的V形架上，用百分表测量，如图7-54a所示，通过测定活塞销两端的高度差，即可计算出连杆的弯曲值；另如图7-54b所示，也可通过测量活塞两端的高度差、从而计算出连杆的扭转值。

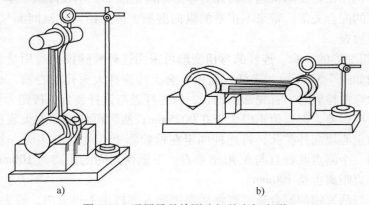

a)　　　　　　　b)
图7-54　通用量具检测连杆的弯扭变形

2）连杆其他损伤的检验。连杆的杆身与小端的过渡区应无裂纹。表面无碰伤，必要时采用磁力探伤检验连杆的裂纹。若有裂纹，应立即更换。另外，如果连杆下盖损坏或断裂，也要同时更换连杆组件。

连杆大端侧面与曲柄之间，一般应有 0.10~0.35mm 的间隙，当间隙超过 0.50mm 时，可堆焊连杆大端侧面后修理平整。

连杆杆身与下盖的结合面应平整。检验时，使两平面分别与平板平面贴合，其接触面应贴合良好，若有轻微缝隙，不得超过 0.026mm。连杆轴承承孔的圆柱度误差大于 0.025mm 时，应进行修理或更换连杆。

连杆螺栓应无裂纹，螺纹部分完整，无滑牙和拉长等现象。选用新的连杆螺栓时，其结构参数及材质应符合规定，禁止用直径相同的普通螺栓代替。连杆螺栓的自锁螺母不许重复使用。

（3）活塞连杆组的装配

1）安装活塞销。将活塞放入水中加热至 80~100℃后，取出活塞迅速擦净座孔，用拇指力量将涂有润滑油的活塞销推入活塞的一端销孔内，随即在连杆小头的衬套内涂上一层润滑油，将小头伸入活塞内，继续用拇指力量将活塞销推入连杆衬套，直至活塞的另一端销孔边缘，使活塞销端面与活塞销卡环槽的端面平齐为止（严禁用手锤打入）。再装卡环，卡环嵌入环槽的深度应不小于环径的 2/3；卡环在环槽中与活塞销两端有间隙，以为活塞销热胀留余地。

2）安装活塞环。先装油环，再装第一道气环，第一道气环为镀铬的，必须装入第一道环槽，装配时内圆切槽的朝上，外圆切槽的朝下，切勿装反。环的开口在槽内的位置应是在圆周上以 120°均匀错开，同时让第一道环的开口避开活塞销座及侧向力较大的方向。检查环在环槽内是否转动灵活并加润滑油。

3）将活塞连杆组装入汽缸。将气缸壁、连杆轴颈等部位涂以润滑油，然后观察活塞、连杆、连杆盖上的标记是否一致，再用活塞环夹夹紧活塞环，用手锤木柄轻敲活塞顶，将活塞推入汽缸（六缸发动机按 1、6、2、5、3、4 缸分三次；四缸发动机按 1、4、2、3 缸分两次），另一人在曲轴箱方向用手接住连杆大头并套入连杆轴颈。

4）盖上连杆盖。注意连杆盖的记号和方向，有调整垫片时，不要放斜，不可漏装，对好穿孔，带上开口销保险。

5）检验。全部装复后，转动曲轴时，应松紧适宜。检查飞轮上 1、6 缸上止点记号是否正确。

7.1.12　发动机竣工验收

发动机大修后，经过冷磨合、热磨合，试验检测合格后，即可进行竣工验收。发动机验收，必须按汽车修理技术标准中的有关规定执行。发动机修竣后各项技术要求应符合 GB/T 15746—2011《汽车修理质量检查评定方法》、GB/T 3799.1—2005《商用汽车发动机大修竣工出厂技术条件　第 1 部分：汽油发动机》和 GB/T 3799.2—2005《商用汽车发动机大修竣工出厂技术条件　第 2 部分：柴油发动机》的各项规定，其基本要求为：

1）发动机装备齐全、有效，装配符合有关规定。

2）进气歧管的真空度在发动机怠速运转时应符合原设计规定，其波动范围 6 缸汽油机不超过 3kPa，4 缸汽油机一般不超过 5kPa。

3）发动机气缸压缩压力应符合原设计值，各缸压力差：汽油机不超过各缸平均压力的5%，柴油机不超过8%。

4）发动机应有良好的起动性能，在发动机正常工作温度下5s内能起动。

5）发动机运转良好，各种转速过渡平稳，怠速转速应符合原设计规定。在突然加速或减速时不得有突爆声，不得断火、回火、放炮。

6）发动机工作无异响，水温正常，机油压力符合原厂规定。

7）发动机动力性能良好，最大功率和最大转矩不低于原厂标定的发动机最大功率和最大转矩的90%。

8）发动机最低燃油消耗率应不大于原设计标定值的105%。

9）发动机排放值应符合国家有关标准的规定。

10）发动机机油压力、油温和水温应符合原设计要求。

11）发动机润滑油规格、数量应符合原设计规定。

12）发动机应无漏油、漏水、漏气、漏电现象。

13）柴油机停机装置必须灵活有效。

14）发动机应按规定加装限速片或限速装置。

发动机验收合格后，应按规定填写总成大修合格证，作为质量保修凭证。

7.1.13　发动机尾气排放检测

（1）汽车排放概述　环境保护问题是当前各国所关注的重大社会问题之一。随着汽车保有量的不断增加，汽车所造成的环境污染，已越来越引起人们的关注。汽车所产生的有害气体主要来自发动机燃烧后所排放的废气、曲轴箱的废气和汽油蒸发形成的废气。各国的废气排放标准越来越严格，各汽车制造厂为能顺利达到汽车废气检验标准，研究开发出控制废气排放的各种方法，应用在汽车上的主要有三元催化转换（TWC）系统、废气再循环（EGR）控制系统、燃油蒸汽排放（EVAP）控制系统、曲轴箱强制通风（PCV）系统、二次空气喷射系统等。

1）汽车排污及来源。

① 从排气管排出的废气，主要成分是CO（一氧化碳）、HC（碳氢化合物）、NO_x（氮氧化合物），还有SO_2（二氧化硫）、铅化合物、炭烟等。

② 窜气，即从活塞与气缸之间的间隙漏出，再自曲轴箱经排气管排出的燃烧气体，其主要成分是HC。

③ 从油箱、化油器浮子室以及油泵接头等处蒸发出的汽油蒸汽，成分是HC。

2）有害排放物的危害。

① CO。无色无臭无味的气体，是燃油不完全燃烧的产物。人吸入后，血液吸收和运送氧的能力降低，导致头晕头痛等症状。

② NO_x。主要是NO和NO_2，产生于燃烧室中高温富氧的环境中。空气中NO_x的浓度过高时可刺激口腔和鼻黏膜、眼角膜等；浓度超过一定值后，几分钟即可使人出现肺气肿而死亡。

③ HC。包括未燃和未完全燃烧的燃油和润滑油蒸气。HC对人眼及呼吸系统均有刺激作用，对农作物也有害。

④ 微粒。主要指柴油机排气中的炭烟，它们往往粘附有SO_2等物质，对人和动物的呼吸道极为有害。

⑤ 铅化物。在使用加有四乙铅的汽油时，废气中还含有粉末状的铅化物。若吸到人体内，会影响造血功能，对消化系统和神经系统也有刺激。

3）解决排气污染的途径。

① 研制无污染或低污染动力源

② 对现有发动机的排污进行净化

a）机内净化。改善可燃混合气的品质和燃烧状况，抑制有害气体的产生，使排气中的有害气体成分减少。

b）机外净化。用设置在发动机外部的附加装置使排出的废气净化后再排入大气。

（2）汽车尾气排放检测方法 机动车尾气检测的主要对象是尾气中的一氧化碳、碳氢化合物、氮氧化合物等主要污染物的浓度和单位排放值。根据机动车的使用年限不同，机动车分为新车和在用车两类，这两类车的尾气检测方法也不同。无负荷法主要有怠速、高怠速法和双怠速法，这三种方法对机动车在空载时发动机怠速运转状态下的尾气排放特征进行检测，由于怠速法测得的数值稳定，设备简单，在我国车管所和监测站等部门得到普遍应用，但这种方法没有真实反映出机动车的实际工作状况，而且发动机在怠速状态下运行时，催化器的工作效率低，凭测得的碳氢化合物数值难以判断催化器的转换效率。

为了克服上述缺点，许多检测机构采用了双怠速法检测尾气排放。双怠速法是在机动车空档无负荷的情况下，发动机加速至额定转速的 70% 保持 30s，然后保持高怠速 15s 后怠速采样 30s。双怠速法是目前我国各地区的车管所等部门检测尾气排放应用最普遍的方法。技术成熟、操作方便。但是这种方法的缺点也是显而易见的，由于其检测原理的限制，无法测定高排放的碳氢化合物值。

工况法依托底盘测试机，模拟发动机的负荷工作状态，再对其尾气进行检测。工况法有三种，分别是稳态工况法、简易瞬态工况法和瞬态工况法。稳态工况法主要是指加速模拟工况法，它是根据车的排放性能和交通状况等因素，利用底盘测试机，检测机动车在 25km/h 和 40km/h 两个工况的尾气排放数据，测定结果是不同工况下的排放浓度。瞬态工况法分别对瞬时运行、停止和起动等状态进行测试。由于瞬时工况法建立在真实的工况基础上，该方法具有与新车认证检测的相关性好，错判，误判率低等优点，但瞬态工况法的技术与设备复杂，为了推广瞬态工况法，我国目前推荐了简易瞬态工况法，该方法的技术门槛低。

目前全国各地的新建尾气排放监测站多采用简易瞬态工况法，与瞬态工况法相比，检测时间大大缩短，而且可以不必采用瞬态工况法那样复杂的技术和昂贵的设备，应用推广的阻力大大减小。

（3）汽车废气分析仪使用操作

1）仪器准备。

① 安装取样管。检查各连接处，确认连接可靠，无泄漏。

② 确认前置过滤器、粉尘过滤器及二次过滤器里分别装入洁净的滤芯。

③ 连接电源线、油温测量探头和转速测量钳。

④ 仪器预热，预热时间为 600s。

⑤ 用密封套堵住探头，然后按 K 键，检漏时间为 10s。

⑥ 自动调零。

2）车辆准备。

① 进气系统应装有空气滤清器，排气系统应装有排气消声器，并不得有泄漏。

② 应保证取样探头插入排气管的深度不小于 300mm。

③ 发动机冷却水和润滑油的温度应达到规定值。

3）双怠速排放测量。

① HC 残留物检查及发动机预热。

a）进入"双怠速标准测量"子菜单后，仪器首先开始 HC 残留物检查。

b）HC 残留物检查结束时，设置发动机额定转速标准值（精确到 100r/min），然后按下 K 键确认。

c）按下 K 键后，进入发动机预热阶段，如果发动机润滑油温度达不到 80℃，加速到 0.7 倍额定转速设定值。

d）保持设定转速 30s，预热完成，进入排放测量阶段。

② 测量高怠速下的排放。

a）发动机预热结束时，进入高怠速排放测量阶段，减速并保持 0.5 倍额定转速，插入取样探头，插入深度为 400mm。

b）取样 45s，前 15s 为预备阶段，后 30s 为实际取样阶段。

c）取样结束，高怠速排放测量完毕。

③ 测量怠速下的排放

a）减速至怠速，并保持怠速，开始取样（45s）

b）取样结束，怠速下的排放测量完毕。

c）记录测量数据，并进行结果分析。

4）怠速排放测量。

① 预热结束后，减速至怠速。

② 插入取样探头，深度 400mm，同时使发动机继续保持怠速。

③ 插好取样探头后，仪器开始对排气取样。取样时间 45s，前 15s 是预备阶段，后 30s 为实际取样阶段。

5）记录测量数据，并进行结果分析。

7.1.14 电控发动机传感器检测

电控发动机常用传感器名称及其作用和工作原理（检测）见表 7-2。

表 7-2 电控发动机常用传感器名称及其作用和工作原理（检测）

名　称	作　用	原　理　图	工作原理（检测）
进气温度传感器	检测进气温度，作为燃油喷射和点火正时的修正信号	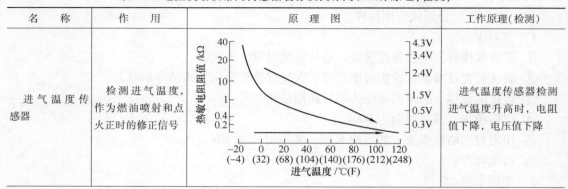	进气温度传感器检测进气温度升高时，电阻值下降，电压值下降

（续）

名　　称	作　　用	原　理　图	工作原理（检测）
冷却液温度传感器	检测发动机冷却水温度，作为燃油喷射和点火正时的修正信号	ECM 1000Ω THW R1 5V E2 E1 电压信号 2000Ω E2 R2 ECT	发动机水温传感器内部结构为一个热敏电阻，发动机水温升高时，电阻值下降，电压值下降
节气门位置传感器	检测节气门开度及变化的速率	节气门控制马达 减速齿轮 节气门位置传感器	当节气门开庆发生变化时，磁铁随之转动，从而改变了与霍尔元件之间的相对位置，霍尔元件中的磁通量发生变化，所产生的霍尔电压也随之变化，IC电路将霍尔电压放大后即可作为节气门开度信号传给ECU
曲轴位置传感器	检测发动机转速，作为燃油喷射和点火的主控制信号	屏蔽线 NE+ NE− ECU 传感器信号线圈	电磁式曲轴位置传感器属于无源传感器，不需要工作电源；曲轴位置传感器通过电磁感应产生交流信号电压
氧传感器	检测排气管中氧气含量，修正喷油量	多孔性铂电极 二氧化锆 O_2O_2 O_2 O_2 O_2 排气管	混合气最佳，且空燃比为14.7∶1时，氧传感器产生的信号电压为0.45V。混合气浓时，氧传感器产生的信号电压大于0.45V，发动机减少喷油。混合气稀时，氧传感器产生的信号电压小于0.45V，发动机增加喷油
凸轮轴位置传感器	检查凸轮轴位置和转角，确定1缸压缩行程上止点位置，控制点火和喷油顺序	霍尔元件及集成电路 工作电源 5V或12V 信号线 搭铁线	凸轮轴位置传感器检测1缸压缩行程上止点，输出判缸信号；霍尔式传感器属于有源传感器

7.2 汽车底盘大修

7.2.1 手动变速器传动机构的装配与调整

手动变速器按轴数的不同,分为二轴和三轴式变速器两种,下面以桑塔纳2000系列轿车五档手动变速器(二轴式)为例介绍变速器传动机构的装配与调整方法。

桑塔纳2000系列轿车五档手动变速器传动机构主要由输入轴总成和输出轴总成组成,输入轴总成和输出轴总成的分解图分别如图7-55、图7-56所示。

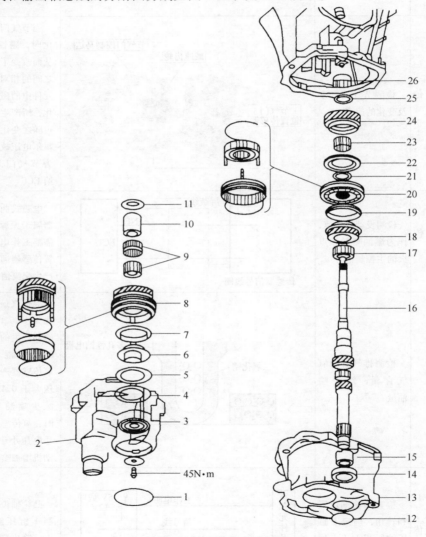

图 7-55 输入轴总成分解图

1—后轴承的罩盖 2—变速器后盖 3—输入轴后轴承 4—锁环 5—挡油器 6—五档同步器套管
7—五档同步环 8—五档同步器和齿轮 9—五档齿轮滚针轴承 10—五档齿轮滚针轴承内圈
11—固定垫圈 12、21—锁环 13—轴承支座 14—中间轴承 15—中间轴承内圈 16—输入轴
17—三档齿轮滚针轴承 18—三档齿轮 19—三档同步环 20—三档和四档同步器 22—四档同步环
23—四档齿轮滚针轴承 24—四档齿轮 25—有齿的挡圈 26—输入轴滚针轴承

（1）变速器输入轴总成的组装 组装三档齿轮和轴承，压入三、四档齿毂齿套，齿毂内花键的倒角朝向三档齿轮的方向。

（2）变速器输出轴总成的组装

1）压入四档齿轮，齿轮的凸肩应朝向轴承。

2）四档齿轮的挡圈与挡圈槽的间隙应尽量小些，可通过选择厚度合适的挡圈来达到。

3）将三档齿轮通过加热板加热至 120℃后压入，凸肩朝向四档齿轮。

4）同步器的组装。一档同步器有三个位置缺齿，这种同步器只能用于一档，更换时，也可以使用不缺齿的。组装一、二档同步器时，齿毂上有槽的一面朝向一档，即朝向齿套拨叉环这一侧。

5）将一、二档同步器总成压入到轴上，齿毂有槽的一面朝向一档齿轮（即朝后）。然后再装入一档齿轮中的滚针轴承，套上一档齿轮后，最后压入双列滚锥轴承。

（3）变速器传动机构的装配

1）压入输出轴总成。压入输出轴总成时，要将变速杆与第一、二档换档拨叉和输出轴总成一起装入后壳体，然后再压入后轴承。压入时，请注意第一、二档变速杆的活动间隙，必要时，轻轻敲击以免卡住。

2）安装一、二档拨块，压入弹性销，安装倒档齿轮，压入轴。

3）安装输入轴时，要拉回二、四档拨叉直至能够装入滑动齿套为止，同时应位于空档位置，并用弹性销固定好拨叉。

4）放好新的密封环，将输入轴和输出轴及后壳体一起与壳体用 M8×45 的螺栓来联接。紧固力矩为 25N·m。

5）使用支撑桥将输入轴支承住。

6）压入输入轴的向心轴承或组合式轴承。向心轴承保持架密封面对着后壳体，而组合式轴承的滚柱对着后壳体。

7）安装上三、四档拨叉轴上的小止动块，拧紧输出轴螺母力矩为 100N·m。将换档叉轴

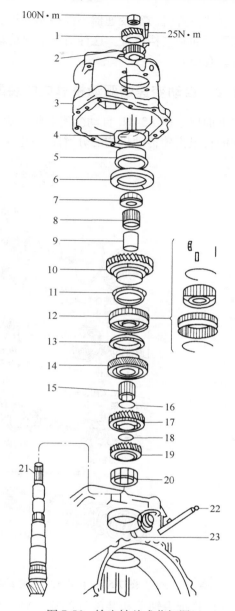

图 7-56 输出轴总成分解图

1—五档齿轮 2—输出轴外后轴承 3—轴承支座
4—调整垫片 5—后轴承外圈 6—轴承保持架
7—输出轴内后轴承 8—一档齿轮滚针轴承
9—一档齿轮滚针轴承内圈 10—一档齿轮
11—一档同步环 12—一档和二档同步器
13—二档同步环 14—二档齿轮 15—二档齿轮滚针轴承
16—挡圈（厚度应用测量薄板用的样板测定，
可使用的厚度为 1.5mm 和 1.6mm） 17—三档齿轮
（凸缘应转向四档齿轮） 18—挡圈
19—四档齿轮（凸缘应转向主动锥齿轮）
20—输出轴前轴承 21—输出轴
22—圆柱销 23—输出轴前轴承外圈

置于空档位置(注意:变速器不能拉出太远,否则同步器内的止动块可能弹出来。变速杆可能不能再压回到空档位置。这种情况下须重新拆卸变速器,将3个锁块压到同步器齿套内并推入滑动套筒)。

7.2.2 自动变速器驱动桥总成的装配与调整

下面以丰田 A341E 自动变速器驱动桥为例介绍其装配和调整方法,丰田 A341E 自动变速器的行星齿轮传动机构的分解图如图 7-57 所示。

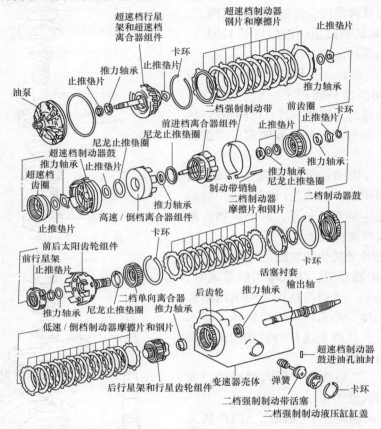

图 7-57 丰田 A341E 自动变速器的行星齿轮传动机构的分解图

1)将推力轴承和装配好的输出轴、后行星架和低速/倒档制动器装在变速器壳体上,如图 7-58 所示。

2)装入二档制动器时注意将制动鼓上的进油孔朝向自动变速器的下方(即阀体一侧)。安装卡环时,注意使卡环有倒角的一面朝上,如图 7-58b 所示。

3)用塞尺测量低速/倒档制动器的自由间隙,如图 7-59a 所示。其标准要符合原厂要求,若间隙不符合标准,应取出低速/倒档制动器,更换不同厚度的挡圈,予以调整。

4)装入二档制动器活塞衬套、止推垫片和低速档单向超越离合器时,要注意安装方向。

5)将二档制动器的钢片和摩擦片装入变速器壳体,装入卡环。用塞尺测量二档制动器自由间隙,并与标准值进行比较,若不符合标准,应通过更换不同厚度的挡圈,予以调整。

6)装入前后太阳齿轮组件、前行星架和行星齿轮组件及推力轴承。

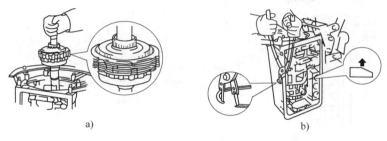

图 7-58　安装后行星架、低速/倒档制动器

7）将自动变速器立起，用木块垫住输出轴，如图 7-59b 所示，安装前行星架上的卡环及止推垫片。

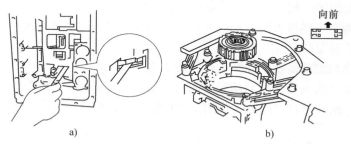

图 7-59　安装低速档单向超越离合器

8）安装二档强制制动带及制动带销轴。

9）将已装配好的高速/倒档离合器组件、前进档离合器组件及前齿圈组装在一起，并注意安装好各组之间的推力轴承及止推垫片。

10）令自动变速器前部朝下，将组装在一起的高速/倒档离合器组件、前进档离合器组件及前齿圈装入变速器，如图 7-60a 所示。将高速倒档离合器鼓上的卡槽插入前后太阳齿轮驱动鼓上的卡槽内。

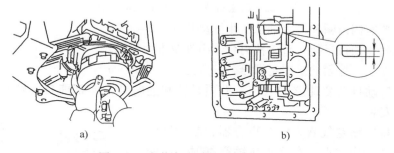

图 7-60　安装高速/倒档离合器等组件

11）用塞尺测量高速/倒档离合器鼓与前后太阳齿轮驱动鼓卡槽之间的轴向间隙，如图 7-60b 所示，其值应为 0.98~1.18mm。若不符，说明安装不当，应拆检并重新安装。

12）安装二档强制制动带活塞及液压缸缸盖。

13）在二档强制制动带活塞推杆上做一记号，如图 7-61a 所示，将压缩空气吹入二档强制制动带液压缸进油孔，使活塞推杆伸出，然后用塞尺测量推杆的移动量，如图 7-61b 所示，该值即为二档强制制动带自由间隙。将测量结果与标准值比较，若不符合标准，则应更换不同长度的活塞推杆予以调整。

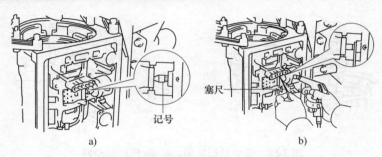

图 7-61 二档强制制动带自由间隙的检查

14）安装推力轴承、止推垫片和超速档制动器鼓。注意使超速挡制动器鼓上的进油孔和固定螺栓孔朝向阀体一侧。拧紧制动器鼓固定螺栓，装上卡环。

15）测量自动变速器输出轴的轴向间隙，其值应为 1.23～2.49mm。若不符，说明安装不当，应拆检后重新安装。

16）安装超速档制动器钢片和摩擦片，装上卡环。

17）将压缩空气吹入超速档制动器进油孔，如图 7-62a 所示。检查超速档制动器工作状况，并测量超速挡制动器自由间隙，如图 7-62b 所示。如不符合标准，应通过更换不同厚度的挡圈予以调整。

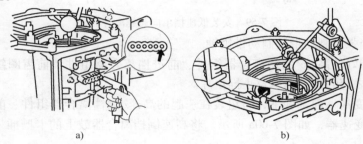

图 7-62 超速档制动器工作状况的检查

18）装入超速档齿圈和推力轴承、止推垫片。

19）装入超速档行星架、直接档离合器组件及推力轴承。

20）安装油泵，拧紧油泵固定螺栓，拧紧力矩为 21N·m。

21）用手转动自动变速器输入轴，沿顺时针和逆时针方向都能自由转动。若有异常，应拆卸后重新安装。

22）再次将压缩空气吹入各个离合器、制动器的进油孔，检查其工作状况。在吹入压缩空气时，应能听到离合器或制动器活塞移动的声音。若有异常，应重新拆检并找出故障原因。

23）安装各个蓄压器活塞及其弹簧，如图 7-63 所示。

24）装入壳体油道上的单向阀。

25）将阀体总成装入自动变速器，按 10N·m 的力矩拧紧各个固定螺栓。

26）安装节气门拉索，将节气门拉索与节气门阀连接。

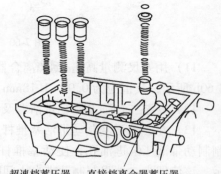

超速档蓄压器　直接档离合器蓄压器

图 7-63 安装各个蓄压器活塞及其弹簧

27）接上各个电磁阀的线束插头。

28）安装进油粗滤器。

29）安装油底壳。

30）将车速传感器感应转子装在输出轴上。

31）安装自动变速器前端壳。固定螺栓的拧紧力矩为 34~57N·m。

32）安装自动变速器外壳上的其他部件，如车速传感器、输入轴转速传感器、档位开关、加油管等。

7.2.3　自动变速器油泵的拆装与检验

（1）油泵的拆解

1）拆下油泵后端轴颈上的密封环。

2）按照对称交叉的顺序依次松开油泵的螺栓，打开油泵。

3）用油漆在小齿轮和内齿轮上标一记号，取出小齿轮及内齿轮。

4）拆下油泵前端盖上的油封。

（2）油泵的组装　用干净的煤油清洗油泵的所有零件，并用压缩空气吹干，再在清洁的零件上涂少许自动变速器用传动液，按下列步骤组装：

1）在油泵前端盖上装入新的油封。

2）更换所有的 O 形密封圈，并在新的 O 形密封圈上涂传动液。

3）按与拆解时相反的顺序组装油泵各零件。

4）按照对称交叉的顺序，依次拧紧油泵盖紧固螺栓，拧紧力矩为 10N·m。

图 7-64　油泵性能的检查

5）在油泵后端轴颈上的密封环槽内涂上润滑脂，安装新的密封环。

6）检查油泵的运转性，将组装后的油泵插入液力变矩器中，如图 7-64 所示，转动油泵，油泵齿轮转动应平顺，无异常。

（3）自动变速器油泵的检验

油泵各部分间隙的检查。如图 7-65 所示，用塞尺分别测量油泵内齿圆与油泵壳体的间隙、小齿轮及内齿轮的齿顶与月牙板之间的间隙、小齿轮端面与泵壳平面的端隙，油泵各部分间隙标准值见表 7-3。若不符合标准，应更换齿轮、泵壳或油泵总成。

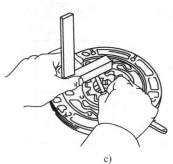

a)　　　　　　　　　　　b)　　　　　　　　　　　c)

图 7-65　油泵各部分间隙的测量

表7-3 油泵各部分间隙标准值

油泵检测位置	标准值/mm
主动齿轮有月牙凸台间隙	0.1~0.3
从动齿轮与月牙凸台间隙	0.05~0.1
从动齿轮外缘与泵体	0.25
端面间隙	0.02~0.05

(4) 油泵零件的检验 检查油泵小齿轮、内齿轮、油泵端面有无肉眼可见的磨损痕迹,若有,应更换新件。

7.2.4 自动变速器离合器的检验与装配

(1) 离合器的检验

1) 检验离合器的摩擦片,若有烧焦、表面粉末冶金层脱落或翘曲变形,应更换。许多自动变速器的摩擦片表面上印有符号,若这些符号已被磨去,说明摩擦片已磨损至极限,应更换。也可以测量摩擦片的厚度,若小于极限厚度,则应更换。

2) 检查钢片,若有磨损或翘曲变形,应更换。

3) 检查挡圈的摩擦面,若有磨损,应更换。

4) 检查离合器和制动器的活塞,其表面应无损伤或拉毛,否则应更换新件。

5) 检查离合器活塞上的单向阀,其球阀应能在阀座内活动自如。用压缩空气或煤油检查单向阀的密封性,如图7-66所示,从液压缸一侧向单向阀内吹气,以检查其密封性,若有异常,应更换活塞。

6) 检查离合器鼓,其液压缸内表面应无损伤或拉毛,与钢片配合的花键槽应无磨损,若有异常,应更换新件。

7) 测量活塞回位弹簧的自由长度,并与表7-4给出的值比较。若弹簧自由长度过小或有变形,应更换新弹簧。

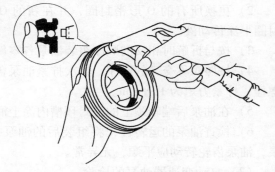

图7-66 离合器活塞单向阀密封性的检查

8) 更换所有离合器液压缸活塞上的O形密封圈及轴颈上的密封环。新的密封圈或密封环应涂上少许传动液后装入。

表7-4 A341E和A342E自动变速器的离合器检修标准

离合器的名称	代号	弹簧自由长度标准/mm	自由间隙/mm
超速离合器	C_0	15.8	1.45~1.70
前进离合器	C_1	—	0.7~1.00
高速倒档离合器	C_2	24.35	1.37~1.60

(2) 离合器的装配 在装配离合器之前,应将所有零件清洗干净,不能被脏物堵住。

按照与拆解相反的顺序装配各个离合器和制动器，在装配时应注意以下几点：

1）装配前应在所有配合件表面上涂少许传动液。

2）更换摩擦片时，应将新的摩擦片放在干净的传动液中浸泡 30min 后安装。

3）安装回位弹簧座圈的卡环时，应确认卡环已落在弹簧座圈上的凸爪内，保证安装到位，如图 7-67a 所示。

4）摩擦片和钢片原则上没有方向性，正反面都可安装。在安装挡圈时，有台阶的一面应朝上，让平整的一面与摩擦片接触，如图 7-67b 所示。有碟形环的离合器应将碟形环放置在下面第一片的位置上，使之与活塞接触，并使碟形环的凹面向上，如图 7-67c 所示。

5）每个离合器在装配后，都应检查活塞的工作是否正常。可按照拆解时的方法，向油道内吹入压缩空气，检查活塞能否向上移动，将钢片和摩擦片压紧，如图 7-68a 所示。若吹入压缩空气后活塞不能移动，应检查漏气的部位，拆解修复后再重新安装。

6）用塞尺测量离合器的自由间隙，如图 7-68b 所示，也可按图 7-68c 所示的方法，用千分表测量离合器的自由间隙。若自由间隙不符合标准（表 7-4），可采用更换不同厚度挡圈不符合的方法来调整。

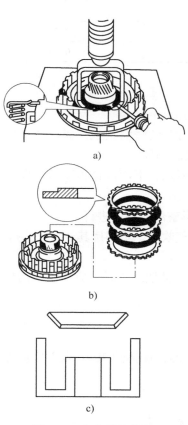

图 7-67　离合器的装配

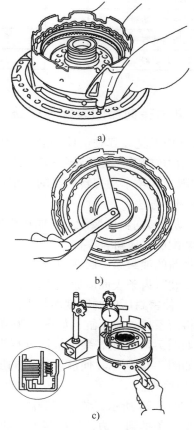

图 7-68　离合器装配后的检查

7.2.5　自动变速器制动器的装配

在装配制动器之前，应将所有零件用清洁的煤油清洗干净，油道、单向阀孔等处要用压缩空气吹净，不能被脏物堵住。

按照与拆解过程相反的次序装配制动器。在装配时应注意以下几点：

1）装配前应在所有配合零件表面上涂少许传动液。

2）更换摩擦片时，应将新的摩擦片放在干净的传动液中浸泡30min后安装。

3）安装回位弹簧座圈的卡环时，安装要到位，应确认卡环已落在弹簧座上的凸爪内。

4）每个制动器装配后，都应检查活塞的工作是否正常。可按照拆解时的方法，向油道内吹入压缩空气，检查活塞能否移动，将钢片和摩擦片压紧。对于带式制动器，则看制动鼓是否能把制动带包紧。若吹入压缩空气后活塞不能移动，应检查漏气的部位，拆解修复后再重新安装。

5）用塞尺测量制动器的自由间隙，若自由间隙不符合标准（表7-5），可采用更换不同厚度挡圈的方法来进行调整。

表7-5 A341E和A342E自动变速器的制动器检修标准

制动器的名称	代号	弹簧自由长度标准/mm	自由间隙/mm
超速制动器	B_0	17.23	1.75~2.05
二档强制制动器	B_1	24.35	2.0~3.0
二档制动器	B_2	19.64	0.63~1.98
倒档制动器	B_3	12.9	0.70~1.22

7.2.6 动力转向器的装配与调整

动力转向系是以驾驶员体力和发动机动力为动力源的转向系统，通常是采用机械转向器、转向动力缸和转向控制阀三者合成一体的整体式转向器。

丰田凯美瑞轿车动力转向器的分解图如图7-69所示，下面以这种动力转向器为例介绍其装配与调整方法。

（1）动力转向器的装配 转向机构的装配可按拆解的逆顺序进行。

1）装配前，应将各零件清洗干净，并用压缩空气吹干，不得用其他织物擦拭。

2）将新的油封涂一层转向液压油，然后安装齿条。

3）安装时齿条表面应涂上润滑脂，安装啮合间隙补偿装置时，应使压块的槽孔对准中间顶盖，并使密封压座的厚度面朝上。

4）将齿条插入液压缸，如图7-70所示。

5）如图7-71所示，装上液压缸端头挡块及卡环。

6）如图7-72所示，使液压缸内的压力为53.3kPa，保持约30s，真空度应无变化。否则，应重新修理。

7）如图7-73所示，装上控制阀。

8）将齿条推到一边，然后装上新的控制阀的锁紧螺母。

9）装上齿条导承和弹簧，调整预紧力矩。一边拧紧导承弹簧盖，一边用扭力计测量控制阀轴转动力矩，转向螺杆轴承预紧力矩为0.8~1.4N·m。

10）装上齿条端头、防尘罩、横拉杆端头及油管。

11）安装时的注意事项：

① 安装各密封圈、油封时要小心，以防损坏，造成泄漏。

② 连接油管时要小心，否则会令油管变形及损坏螺纹。

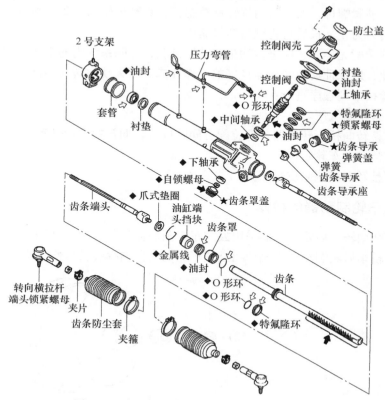

图 7-69　丰田凯美瑞轿车动力转向器的分解图

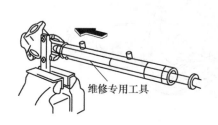

图 7-70　齿条插入液压缸

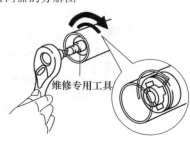

图 7-71　液压缸端头挡块及卡环的装配

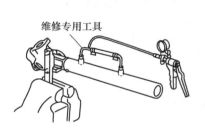

图 7-72　对液压缸真空度的检测

图 7-73　装配控制阀

（2）动力转向器的调整与试验　动力转向器装配后，调整齿轮齿条啮合间隙，确保无间隙啮合。调整时，转向器处于转动总圈数的1/2(或车轮处于直线行驶方向)，先松开补偿装置调整螺钉的锁紧螺母，然后向内旋转调整螺钉，直至齿轮与齿条的啮合间隙完全消除且转动转向盘不费力为止。最后再将锁紧螺母紧固。

动力转向器装配完毕后，应进行油量和油压试验，排除系统内的空气，调整转向液压泵皮带紧度等作业，以保证动力转向器良好的工作性能。若无动力转向器试验台，可进行就车试验，就车试验按下列程序进行：

1）检查调整轮胎气压。

2）检查调整转向桥、转向器各部位配合间隙以及转向盘的自由转动量。

3）检查调整转向车轮定位。

4）检查调整转向液压泵皮带张力。

7.2.7　鼓式车轮制动器的检修

桑塔纳2000型轿车后轮制动器采用鼓式车轮制动器，其分解图如图7-74所示。下面以桑塔纳2000型轿车后轮制动器为例介绍鼓式车轮制动器的拆装及检修方法。

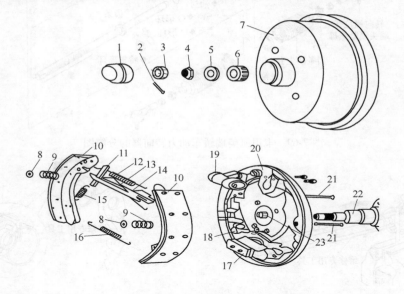

图7-74　桑塔纳2000型轿车后轮制动器分解图

1—轮毂盖　2—开口销　3—开槽垫圈　4—调整螺母　5—止推垫圈　6—轴承　7—制动鼓
8—弹簧座　9—弹簧　10—制动蹄　11—楔形件　12—回位弹簧　13—上回位弹簧　14—压力杆
15—用于楔形件回位弹簧　16—下回位弹簧　17—固定板　18—螺栓(拧紧力矩60N·m)
19—后制动轮缸　20—制动底板　21—定位销　22—后桥车轮支承短轴　23—观察孔橡胶塞

（1）鼓式车轮制动器的拆装。

1）制动鼓和制动蹄的拆卸。

① 拧松车轮螺栓螺母(拧紧力矩110N·m)，取下车轮。

② 用专用工具卸下轮毂盖，如图7-75所示。

③ 取下开口销，旋下后车轮轴承上的六角螺母，取出止推垫圈。

④ 用螺钉旋具通过制动鼓螺孔向上拨动楔形块，如图7-76所示，使制动蹄与制动鼓放松。

⑤ 用鲤鱼钳拆下压簧座圈。用手从下面的支架上提起制动蹄，取出下回位弹簧。

⑥ 取下制动杆上的驻车制动拉索。用鲤鱼钳取下楔形件的回位弹簧和上回位弹簧。

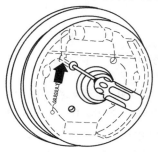
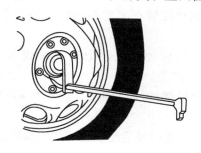

图7-75 卸下轮毂盖　　　　　图7-76 拨动楔形块

⑦ 把带压力杆的制动蹄卡紧在机用台虎钳上，拆下定位弹簧(图7-77)，取下制动蹄，如图7-78所示。

⑧ 若有必要，拆下制动轮缸并解体，如图7-79所示。

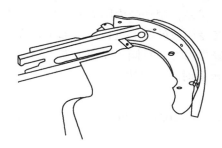
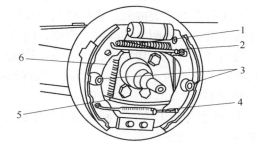

图7-77 拆卸制动蹄定位弹簧　　　　　图7-78 取下制动蹄

1—上回位弹簧　2—压力杆　3—弹簧及座圈
4—下回位弹簧　5—驻车制动拉索　6—楔形件回位弹簧

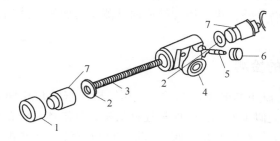

图7-79 制动轮缸的解体

1、6—防尘罩　2—皮圈(安装时涂上制动液)　3—弹簧　4—车轮制动器轮缸外壳
5—放气阀　7—活塞(安装时涂上制动液)

2) 制动鼓和制动蹄的安装。

① 装上回位弹簧，将制动蹄装在压力杆上。

② 装上楔形件，凸块朝向制动器底板。

③ 将带有传动臂的制动蹄装在压力杆上,如图7-80所示。

④ 装入上回位弹簧,在传动臂上套上驻车制动拉索。

⑤ 把制动蹄装在车轮制动轮缸的活塞外槽上。

⑥ 装入回位弹簧,并把制动蹄提起,装到下面的支座上。

⑦ 装楔形件的回位弹簧。装压簧和弹簧座圈。

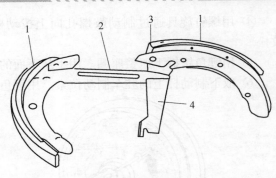

图7-80 将制动蹄装在压力杆上
1—制动蹄 2—压力杆 3—销轴 4—制动杆

⑧ 装上制动鼓及后轮轴承,然后调整轮毂轴承的间隙。

⑨ 用力踩一下制动踏板,使后车轮制动蹄片正确就位,摩擦片与制动鼓的间隙得到自动调整。

(2)鼓式车轮制动器检修

1)制动鼓的检修。

①观察并敲击检查,制动鼓应无裂纹,否则换用新件。

②用弓形内径规或百分表检测制动鼓的磨损和圆度误差,制动鼓内圆面的圆度误差不得大于规定值,且无明显的沟槽,否则,应将制动鼓放在专用镗鼓机上进行镗削加工,镗削后制动鼓内径不得大于规定值,也不得超过允许的最大修理尺寸,且同一轿车上左、右制动鼓的内径尺寸之差应小于1mm。当制动鼓内径超过使用极限时,应换用新件。

2)制动蹄及摩擦片的检修。

① 观察并敲击检查,制动蹄及其摩擦片应无裂纹,制动蹄按样板检查,若弯曲扭曲或变形较小,可冷压校正。

② 用游标卡尺深度尺测量摩擦片铆钉头距摩擦片表面的距离,其值一般应不小于0.50mm,否则,换用新衬片或制动蹄总成。

③ 若摩擦片油污较轻,衬片只有少量磨损,可用汽油清洗油污,清洗后必须加温烘干,然后用锉刀和粗砂布修磨平整,再与制动鼓表面试测贴合面积,达到技术标准时,允许继续使用。

7.2.8 空气压缩机的检测

图7-81所示为东风EQ1090E型汽车的空气压缩机,东风EQ1090E型汽车的空气压缩机是单缸风冷的,其结构类似于发动机的曲柄连杆机构,气缸体是铸铁的,带有散热肋片,气缸盖上有由弹簧压闭的进气阀9和出气阀3,进气口与空气滤清器相连,排气口经气管通向湿储气筒。在进气阀9的上方设置了利用调压阀控制的卸荷装置。

(1)拆卸与分解

1)拆下出气阀接头。

2)拧下传动带松紧度调整螺栓。

3)拆下空气压缩机固定螺栓,取下传动带和空气压缩机。

4)拆下空气滤清器并分解。

5）拆下缸盖螺栓，取下缸盖总成并分解。

6）拆下底盖，取下活塞连杆组。

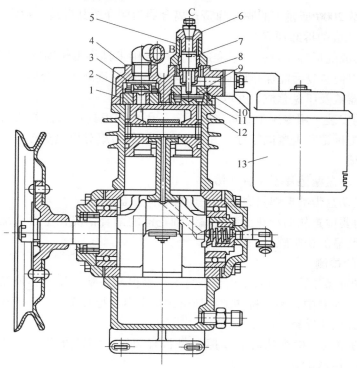

图 7-81　东风 EQ1090E 型汽车的空气压缩机

1—出气阀座　2—出气阀导向座　3—出气阀　4—气缸盖　5—卸荷装置壳体　6—定位塞
7—卸荷柱塞　8—柱塞弹簧　9—进气阀　10—进气阀座　11—进气阀弹簧　12—进气阀导向座
13—进气滤清器　A—进气口（图中未示出）　B—排气口　C—调压阀控制压力输入口

（2）检修

1）缸盖与缸体等结合面的平面度误差应不超过 0.05mm。

2）连杆衬套与活塞销配合间隙超过 0.10mm 时，应更换衬套。连杆有弯曲、扭转变形及裂纹，活塞环磨损严重或折断时，应更换新件。

3）进、排气阀门损坏，复位弹簧弹力减弱或折断，阀板出现磨痕时，应更换新件。

4）各密封垫、油封经拆检后应更换。

5）空气滤清器芯应清洗或更换。

（3）装配　装配前，将各零件清洗干净，各摩擦表面涂抹润滑油。

1）装配缸盖总成。

2）装入活塞连杆组。安装时，注意活塞环开口应错开 180°，并以 15~20N·m 的力矩拧紧缸盖螺栓。

3）组装空气滤清器，并安装到空气压缩机上。

4）安装空气压缩机，装上传动带，调整传动带松紧度（用大拇指以 40N 压力垂直下压传动带中部,传动带应下降 10~15mm），锁止调整螺栓。

5）装上出气管接头。

7.2.9 膜片弹簧式离合器的检测

下面以桑塔纳2000型轿车的膜片弹簧式离合器为例介绍其拆装、检修程序。

（1）离合器总成的拆卸和安装

1）离合器总成的拆卸。首先拆下变速器。用专用工具将飞轮固定，在离合器盖与飞轮间画装配标记，以便装复后能保持原有的平衡状态，然后逐渐将离合器压盘的固定螺栓对角拧松，取下离合器盖及压盘总成，并取下离合器从动盘。

2）离合器的安装。用专用工具将飞轮固定。用专用工具将离合器从动盘定位于飞轮和压盘中心。按装配标记装上紧固螺栓，并用25N·m的力矩对角逐渐拧紧。

安装注意事项：

① 离合器从动盘摩擦片不能有油污。

② 安装时从动盘带减振弹簧突出的一面应朝向压盘。

③ 在安装前要检查从动盘花键毂与输入轴花键的配合情况，正常情况下运动自由，但不卡滞，不能有明显的松旷感觉。

（2）离合器的检测

1）检测前的准备工作。为防止离合器打滑，确保其正常工作，必须保持从动盘摩擦片的清洁。在使用和保养中，不得将油类物质落到从动盘摩擦片上，万一不慎沾上油污，应用汽油清洗干净，并用压缩空气吹干。

2）从动盘的检查。检查从动盘摩擦片是否有裂纹、铆钉外露、减振器弹簧断裂等情况，若有，则应更换从动盘。

再检查从动盘的轴向圆跳动。在距从动盘外边缘2.5mm处测量，离合器从动盘最大轴向圆跳动为0.4mm，测量方法如图7-82所示。如果不符合要求，可用扳钳校正或更换从动盘。

最后检查从动盘摩擦片的磨损程度。摩擦片的磨损程度可用游标卡尺进行测量，如图7-83所示。铆钉头埋入深度应不小于0.20mm。如果检查结果超过要求，则应更换从动盘。

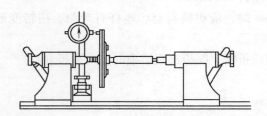

图7-82 从动盘轴向圆跳动的检查

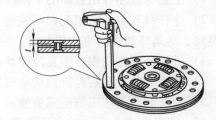

图7-83 摩擦片磨损的检查

3）压盘和离合器盖的检测。压盘损伤主要是翘曲、破裂或过度磨损等。

先检查压盘表面粗糙度。压盘表面不应有明显的沟槽，沟槽深度应小于0.3mm。轻微的磨损可用油石修平。再检查压盘平面度。检查方法如图7-84所示，用钢直尺压在压盘上，然后用塞尺测量。离合器压盘平面度误差不应超过0.2mm。

压盘平面度误差或表面粗糙度的值超过要求时可用平面磨床磨平或车床车平，但磨、车的厚度应小于2mm，否则应更换压盘。

离合器盖与飞轮结合面的平面度应小于0.5mm，若有翘曲、裂纹、螺纹磨损等应更换离合器盖。

4）膜片弹簧的检查。先检查膜片弹簧的磨损程度。如图7-85所示，用游标卡尺测量膜片弹簧与分离轴承接触部位磨损的深度和宽度，深度应小于0.6mm，宽度应小于5mm，否则应更换。

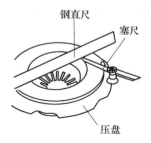

图7-84 压盘平面度的检查

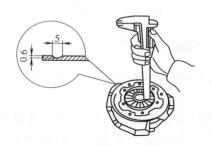

图7-85 膜片弹簧磨损的检查

再检查膜片弹簧的变形。如图7-86所示，用专用工具盖住弹簧分离指内端（小端），然后用塞尺测量弹簧分离指内端与专用工具之间的间隙。弹簧分离指内端应在同一平面内，间隙不应超过0.5mm。否则用维修工具将变形过大的弹簧分离指翘起以进行调整。

5）分离轴承的检查。如图7-87所示，用手固定分离轴承内圈，转动外圈，同时沿轴向施加压力，若有阻滞或有明显间隙感时，应更换分离轴承。分离轴承通常是一次性加注润滑脂。维护时切勿随意拆卸清洗。若有脏物，可用干净抹布擦净表面。

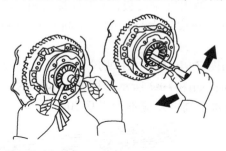

图7-86 膜片弹簧变形的检查

图7-87 分离轴承的检查

6）飞轮的检查。首先进行观察，检查齿圈轮齿是否磨损或打齿，检查飞轮端面是否有烧蚀、沟槽、翘曲和裂纹等，如果有则应修理或更换飞轮。

其次检查飞轮上的轴承。如图7-88所示，用手转动轴承，沿轴向加力，如果有阻滞或有明显间隙感，则应更换轴承。

最后检查飞轮的轴向圆跳动。如图7-89所示，将百分表安装在发动机机体上，百分表测头抵在飞轮的最外圈，转动飞轮，测量飞轮的轴向圆跳动，其值应小于0.1mm。如果轴向圆跳动超过标准值，应修磨或更换飞轮。

飞轮每次拆卸后，应更换联接螺栓。将飞轮安装到曲轴上时，应按对角线逐次以规定的力矩拧紧。

图 7-88　飞轮上轴承的检查

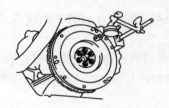

图 7-89　飞轮轴向圆跳动的检查

7.2.10　前轴的检测

下面以 CA1091 汽车为例介绍前轴的检测方法。前轴的结构如图 7-90 所示，其主要检测项目如下：

（1）前轴裂纹的检测　前轴的裂纹多发生在钢板弹簧座内侧 250mm 处断面凸缘两侧和主销孔至钢板弹簧座之间。进行外观检查时，将前轴清洗干净后，在放装有柴油或煤油溶液的大容器内 0.3～0.5h 后擦干净，在前轴的表面涂有石墨粉，用木槌轻敲前轴，观察有无油迹出现，若有则说明此处出现了裂纹。

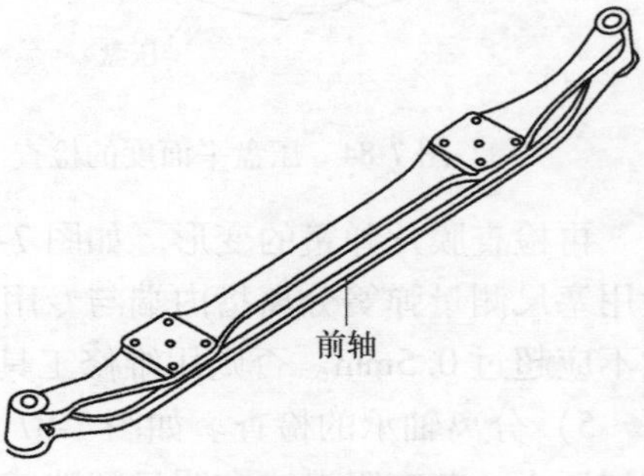

前轴不得有任何性质的裂纹，当前轴检测时发现裂纹不大而且深度不大于断面的 1/4 时，可采用焊条电弧焊修复。焊修时，应正确选择焊接规范，采用直流反板法(工件接负极)焊接，焊缝突出基体的高度不超过 2mm，当前轴经检测发现裂纹较大且深度大于断面的 1/4 或发生横向裂纹时，应予报废。

图 7-90　前轴的结构

（2）钢板弹簧座的平面度误差检测　如图 7-91 所示，用塞尺和钢直尺配合检测各钢板弹簧座的平面度误差，其值应不大于 0.4mm；如图 7-92 所示，用塞尺和长钢直尺配合检测两钢板弹簧座，它们应在同一水平面内，其水平高度差应不大于 0.80mm。

图 7-91　钢板弹簧座平面度误差的检测

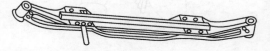

图 7-92　两钢板弹簧座水平高度差的检测

（3）前轴弯、扭变形的检测　检测前首先检查作为定位基准的两个主销孔和钢板弹簧座平面是否有失圆或平面不平的现象，若有，应先修好再作为定位基准。前轴弯扭变形主要通过下列两种方法检测：

1）采用拉线法检测　如图 7-93 所示，在主销孔上平面中心拉一细线，用钢板尺测量两钢板座与拉线之间的距离，若不相等，说明前轴上下弯曲变形。为确定方向可用新前轴测量比较，哪一端的高度与新前轴的高度不一致，说明哪一端发生了弯曲。再观察拉线是否通过两钢板座中心以判断前轴两端有无在水平面上发生扭转，拉线通过中心端无扭转，没通过中心线的发生扭转。

用拉线法检验前轴时，拉线到两钢板弹簧座的距离应符合原厂要求，拉线偏离钢板弹簧座中心的误差应不大于 4mm。

2）采用试棒和直角尺配合检测　如图7-94所示，首先将试棒插入主销孔，然后在两钢板弹簧座上各放一标准垫块。在垫块上放一直角尺，检验时使直角尺边缘尽量贴靠试棒，从直角尺与试棒的贴靠情况可判断出前轴的变形情况。若上端有间隙，说明前轴向下弯曲，反之为前轴向上弯曲。此项检验，两端分别进行。

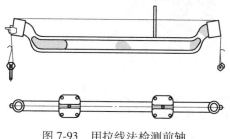

图7-93　用拉线法检测前轴

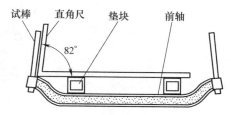

图7-94　用试棒和直角尺检测前轴

（4）前轴其他部位损伤的检测

1）检测前轴主销孔的磨损情况。前轴主销孔的内侧经常受到主销挤压，产生喇叭口或形状变为椭圆形（即上下口最大，中部小），前轴主销孔与主销的配合间隙大于原厂要求时，需对其进行修理。当前轴主销孔磨损与主销配合间隙超过规定值（0.03～0.05mm），但孔径磨损尚未达到最后一级修理尺寸时，可采用修理尺寸法将孔扩大后换用加大尺寸的主销。

2）前轴拳形部位上、下端面磨损的检测。当前轴主销承孔处上、下平面磨损不大时，应锉平后在装配时加装调整垫片，以保证万向节与前轴主销孔上端面的间隙符合要求。CA1091型货车在此处的间隙应不大于0.25mm。当前轴主销承孔上、下平面处磨损较大时，可在钻床上用带导向尾的锪钻将上端面修平，为保证修理质量，在镗削修理主销孔时，在一次装夹中同时修整主销承孔下端面，主销端面磨损修理后，要求其厚度减小量不超过2mm，必要时，端面应堆焊后再加工至标准尺寸。

7.2.11　驻车制动器的调整

（1）驻车制动装置的结构　驻车制动装置包括驻车制动器和驻车驱动机构两部分。驻车制动器按其作用部位的不同分为两种类型，一种是制动传动轴的中央制动器，另一种是与行车制动器共用的车轮制动器，目前，多采用作用于后轮的驻车机构。驻车驱动机构因其对可靠性的要求较高，一般都采用机械式的驱动机构，中央制动器和车轮制动器的驻车驱动机构有所不同，而不管是哪一种驻车类型，制动器都有鼓式和盘式之分。

图7-95所示为东风EQ1090E汽车采用的鼓式中央制动器的驻车制动装置；图7-96所示为解放CA1091型汽车采用的盘式中央制动器的驻车制动装置。

（2）东风EQ1090E型汽车驻车制动器的调整

1）东风EQ1090E型汽车驻车制动器制动性能的检查。完全放松驻车制动杆时，制动器蹄鼓间隙为0.2～0.4mm。向后拉驻车制动杆时，应有两"响"的自由行程，从第三"响"时应开始产生制动，第五"响"时汽车应能在规定的坡道上停住，若不符合要求，应进行调整。

2）东风EQ1090E型汽车驻车制动器的调整。

① 驻车制动器间隙调整完毕后，将驻车制动杆放松到最前面的位置。

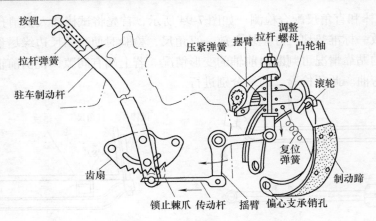

图 7-95　东风 EQ1090E 型汽车驻车制动装置

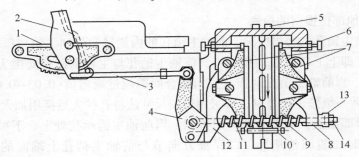

图 7-96　解放 CA1091 型汽车驻车制动装置

1—棘齿板　2—驻车制动杆　3—传动杆　4—拉杆臂　5—制动盘　6—调整螺钉　7—制动蹄

8、12—制动蹄臂　9、10—弹簧　11—制动蹄臂拉杆　13—调整螺母　14—锁紧螺母

② 拧松调整螺母上的锁紧螺母。

③ 拧紧调整螺母，自由行程减小；反之，则增大。

④ 若仍觉自由行程过大，可调整摇臂与凸轮轴的相对位置。

a）将驻车制动杆向前放松至极限位置。

b）拆下夹紧螺栓，将摇臂从凸轮轴上取下。

c）将摇臂沿逆时针方向错开一个或数个齿后，再将摇臂装于凸轮轴上，并将夹紧螺栓紧固。

d）重新调整拉杆上的调整螺母，直到有合适的驻车制动杆行程为止。

e）最后紧固锁紧螺母。

（3）解放 CA1091 型汽车驻车制动器的调整

1）解放 CA1091 型汽车驻车制动器制动性能的检查。

① 驻车制动调整后在行驶过程中不允许摩擦片与制动盘（鼓）有摩擦或咬住的现象。

② 空车停在坡度为 0.2 的坡道上，拉起驻车制动杆，然后放手，可使车辆停住不动。这时驻车制动杆行程相当于全行程的 2/3，拉动 3~5 齿时便起制动作用。

③ 也可使车辆停在平坦、干燥的路面上，当发动机保持中速运转时拉紧驻车制动杆，换入二档，缓慢起步，发动机应被迫熄火。

若不符合技术要求，应对驻车制动器进行调整。

2）解放 CA1091 型汽车驻车制动器的调整。

① 如图 7-96 所示，拧紧制动蹄上端的调整螺钉 6，使制动蹄 7 与制动盘 5 接触。

② 脱开传动杆 3 与拉杆臂 4，用调整螺母 13 调整间隙值，用调整螺钉 6 调整蹄两端间隙的均匀性，使蹄片与制动盘间隙均为 0.40mm。

③ 将驻车制动杆 2 推至完全放松制动的位置，调整传动杆 3 的长度，使其销孔与拉杆臂 4 的销孔重合，穿上销子。

（4）桑塔纳 LX 型轿车驻车制动器的调整

桑塔纳 LX 型轿车两后轮兼作驻车制动器，其形式为蹄鼓式驻车制动器，驻车驱动机构为机械式拉索机构，如图 7-97 所示，其具体的调整步骤为：

1）松开驻车制动手柄，用力踩一下制动踏板，使后轮制动器具有正确的蹄鼓间隙。

2）将驻车制动手柄拉紧 2 齿。

3）旋转调整螺母，直至用手不能转动后轮为止，则调整完毕。

4）调整后以 200N 的力拉紧驻车制动杆时，制动杆应处于齿扇的 2 齿位置，当汽车停在坡度为 0.2 的坡道上时，汽车停放安全可靠，不得滑移，当放松制动杆后，两后轮能转动自如，无卡滞现象，则调整合适。

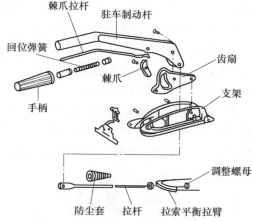

图 7-97　桑塔纳 LX 型轿车驻车制动驱动机构

7.2.12　同步器的装配与检验

（1）同步器的装配　装配同步器时，花键毂的细槽应与接合套拨叉槽的相应位置配合，花键毂上有三个凹口，接合套上有三个凹陷内齿，安装时要使对应位置吻合，才能顺利安装三片滑块，最后装上弹簧圈。

（2）同步器的检验

1）齿环上齿的检查。齿环上齿的损坏主要有两种情况，一是沿轴线方向磨薄；二是齿尖角度发生改变或磨成凸形（两侧倒角均为 45°）。如果发生第二种情况，应予更换。

2）检查锁环内锥面是否变形，有变形的位置会出现磨损不均现象。锁环内锥面的磨损情况检查：如图 7-98 所示，将锁环套在接合齿的齿端锥面上，转动同步环，检查制动效果，同时用塞尺测量同步环与齿轮花键端之间的间隙，其值应为 1.0mm 左右，否则应更换。

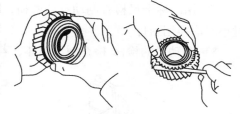

图 7-98　同步器的检验

3）用塞尺测量换档拨叉与接合套的轴向间隙（注意：应沿接合套的整个圆周测量），最大间隙为 1.0mm。

7.2.13　盘式车轮制动器的检测

现以桑塔纳 LX 型轿车前轮盘式制动器为例介绍其检测方法，桑塔纳 LX 型轿车前轮制动器的结构如7-99所示。

（1）盘式车轮制动器的拆解

1）首先用扳手松开车轮螺栓、螺母，取下车轮。卸下定位弹簧及定位螺栓（图7-100），拆下制动钳体（图7-101）。

2）用绳或铁丝吊于车身上用压具将活塞压回。这里要注意：将活塞压回活塞缸内之前，必须先抽出储液罐中的制动液，防止制动液外溢。

3）在制动盘两侧，从制动钳支架上取下两片制动摩擦片。如果更换新摩擦片，可将新摩擦片装在制动钳支架上，最后拆下制动盘。

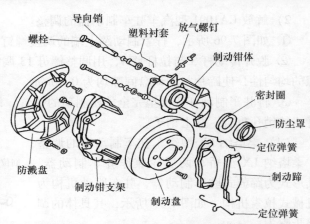

图7-99 桑塔纳LX型轿车前轮制动器的结构

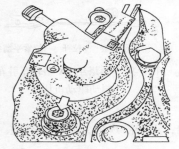

图7-100 拆卸制动钳定位螺栓

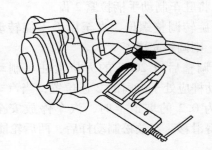

图7-101 拆下制动钳体

（2）盘式车轮制动器的检修

1）摩擦片的检修。如图7-102a所示，用钢直尺检查摩擦片厚度，小于7mm（包括底板）时，必须更换摩擦片，且左、右轮必须成套更换（四片摩擦片、四片弹簧片）。

2）制动盘的检修

① 如图7-102c所示，用百分表检测制动盘的轴向圆跳动误差，其值大于0.06mm，观察制动盘表面有明显的磨损台阶及拉伤沟槽时，可进行加工修复。

② 用游标卡尺检查制动盘的磨损，磨损极限厚度为8mm，如图7-102b所示，剩余厚度过小时应换用新件。

3）制动钳的检修 检查制动钳体，若发现有漏油之处，应换用新的活塞密封圈。

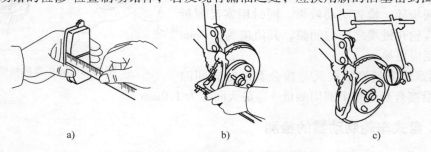

a)   b)   c)

图7-102 盘式车轮制动器的检修

（3）盘式车轮制动器的装复　先装上制动盘，并放好制动摩擦片，摩擦片表面不得有任何油污，再装复制动钳体，按规定扭矩拧紧定位螺栓及螺母，并安装上、下定位弹簧，最后安装车轮等部件。装复完毕后，应用力踩下制动踏板数次，使制动器自动将间隙调整到正确位置。

7.2.14　硅整流交流发电机的检修

（1）硅整流交流发电机的拆解　硅整流交流发电机的拆解步骤如下（以丰田系列 40A 型硅整流交流发电机为例）：

1）拆下带轮。

2）拧下"B"端子上的固定螺母并取下绝缘套管。

3）拆下后端盖罩。

4）拧下电刷架和 IC 调节器的固定螺钉，取下电刷架和 IC 调节器（注意：电刷要轻取）。

5）将与整流器相连接的三相绕组引线及中性点引线的螺钉用螺钉旋具拧下，取下整流器。

6）拆卸整流器端座。

7）从驱动端盖里取出转子，用棉纱沾适量清洗剂擦洗转子绕组、定子绕组、电刷及其他机件。

硅整流交流发电机的分解图如图 7-103 所示。

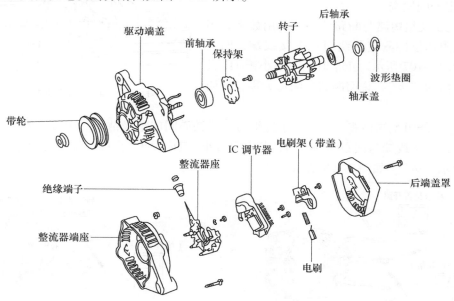

图 7-103　硅整流交流发电机的分解图

（2）硅整流交流发电机的解体检测

1）转子的检查。

① 转子绕组短路与断路的检查。用数字万用表的低电阻档检测两滑环之间的电阻，应符合技术标准。若阻值为无穷大，则说明断路；若阻值过小，则说明短路。一般阻值约为 3.5~6Ω，如图 7-104 所示。

② 转子绕组绝缘检查。检查转子绕组与铁心(或转子轴)之间的绝缘情况。用万用表导通档检测两滑环与铁心(或转子轴)之间的导通情况。若为零且表发出响声,说明有搭铁故障,正常应为无穷大,如图7-105所示。

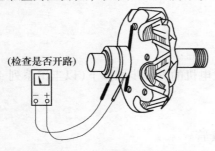
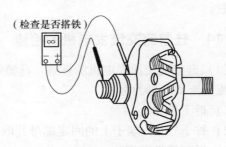

图7-104 转子绕组断路及短路检查　　　　图7-105 转子绕组绝缘检查

③ 滑环的检查。滑环表面应平整光滑,无明显烧损,否则用00号砂布打磨。两滑环间隙处应无积污。滑环圆度误差不超过0.025mm,厚度不小于1.5mm。

④ 转子轴检查。用百分表检查轴的弯曲,如图7-106所示,弯曲度不超过0.05mm(径向圆跳动误差不超过0.1mm),否则应予以校正。爪形磁极在转子轴上应固定牢靠,间距相等。

2) 定子的检查。

① 定子绕组短路与断路的检查。用数字万用表的低电阻档位检测定子绕组三个接线端,两两相测,如图7-107所示。正常时,阻值小于1Ω且相等。阻值为"∞",说明断路;阻值为零,说明短路。

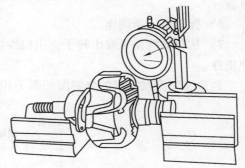

图7-106 转子轴弯曲度的检查

② 定子绕组绝缘检查。检查定子绕组与定子铁心间的绝缘情况。用数字万用表导通档检测定子绕组接线端与铁心间的电阻,若电阻过小(表内发出响声),说明有绝缘不良故障。正常应指示"∞"。如图7-108所示。

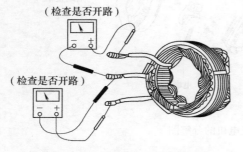
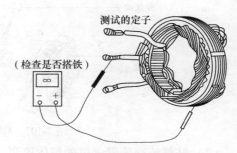

图7-107 定子绕组断路及短路检查　　　　图7-108 定子绕组绝缘检查

3) 整流器的检查(主要是整流二极管)。

① 检测正极管。用数字万用表的导通档位,黑表笔接整流器端子"B",红表笔分别接整流器各接线柱,万用表均应导通,否则说明该二极管断路,应更换整流器总成;调换两表

笔进行测试，此时万用表均应不导通，否则说明二极管短路，也应更换整流器总成。

② 检测负极管。用数字万用表的导通档位，红表笔接整流器的端子"E"，黑表笔分别接整流器各接线柱，万用表均应导通，否则说明该二极管断路，应更换整流器总成；调换两表笔进行测试，此时万用表均应不导通，否则说明二极管短路，也应更换整流器总成。

③ 在不分解发电机的情况下检测二极管。用万用表的导通档位，黑表笔接发电机电枢"B"接线柱，红表笔接发电机端盖。若阻值在 $40 \sim 50\Omega$ 之间，说明无故障；若阻值在 10Ω 左右，说明有失效的二极管，须拆检；若阻值为 0，说明有不同极性的二极管击穿。

④ 电刷组件的检查。电刷表面不得有油污，且应在电刷架中活动自如，电刷磨损不得超过标准长度的 1/2（标准长度为 10.5mm）；当电刷从电刷架中露出 2mm 时，电刷弹簧力一般为 2~3N；电刷架应无烧损，破裂或变形。

（3）硅整流交流发电机的装复　按与拆解相反的顺序装复，装复后，转动发电机带轮，转子转动平顺，无摩擦及碰击声。

7.2.15　内外搭铁型晶体管电压调节器检测

晶体管电压调节器的搭铁形式和性能可以用试灯和可调直流电源配合检测，可调直流电源与调节器之间的电路连接如图 7-109 所示。

（1）晶体管调节器搭铁形式检测

1）将可调直流电源电压调到 12V（28V 调节器调到 24V）。

2）用试灯一端接调节器"F"接线柱，另一端接调节器的"+"或"-"接线柱，当试灯的一端接"+"接线柱时亮，而接"-"接线柱时不亮，则为外搭铁的晶体管调节器；当试灯的一端接"-"接线柱时亮，而接"+"接线柱时不亮，则为内搭铁的晶体管调节器。

（2）晶体管调节器性能好坏的判别方法

1）若试灯一端接"+"或"-"接线柱时均不亮，则说明调节器内部有断路故障。

2）逐步调高直流电压，使其达到 12.5~14.5V 的 0.5V 时，试灯逐渐熄灭；逐渐降低直流电压，当电压降到 12.5~14.5V 的 0.5V 时，试灯又重新亮起，则说明调节器良好。

3）按以上步骤调高电压时，若超过规定 12.5~14.5V 的 0.5V 以上，试灯始终不灭，则说明调节器内部有短路故障。

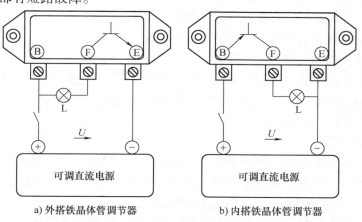

a) 外搭铁晶体管调节器　　　　b) 内搭铁晶体管调节器

图 7-109　晶体管调节器检测电路

7.3 汽车电器及汽车空调大修

7.3.1 起动机检修

（1）起动机的拆解 起动机的分解图（以丰田系列常规式起动机为例说明）如图7-110所示。拆解步骤为：

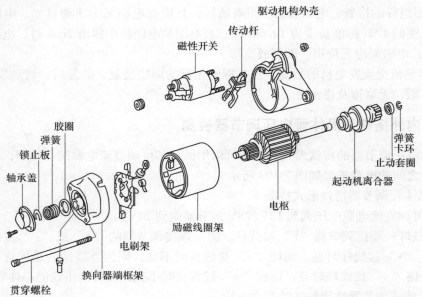

图7-110 起动机分解图

1）在电磁开关处断开引线。

2）拧出将电磁开关固定在驱动机构外壳上的两个螺母，将电磁开关取下。

3）拧出后轴承盖的两个螺钉，将轴承盖取下。

4）用螺钉旋具将锁止板撬开，取出弹簧和胶圈。

5）拧出两个贯穿螺栓，将换向器端框架拆下。

6）用铁丝钩将四个电刷取出，同时电刷架也拆下。

7）将励磁线圈架和电枢等一并取下。

8）将螺钉旋具轻轻敲入前端止动圈套，撬出弹簧卡环，从电枢轴上拆下止动圈套和单向离合器。拆解后，清洗擦拭各零件。金属零件用煤油或汽油清洗，绝缘零件用浸了汽油的布擦拭。

（2）起动机各主要零件的检修

1）转子总成的检修。

①电枢轴。用游标卡尺检测轴颈外径与衬套内径，配合间隙应为 $0.035 \sim 0.077 \text{mm}$，极限值不超过 0.15mm，间隙过大应更换衬套并重新铰配。电枢轴的弯曲度可用百分表检测，其径向圆跳动应不大于 0.15mm，否则应予以校正。

②换向器。检查换向器表面有无烧蚀和失圆现象。轻微烧蚀用00号砂布打磨，严重时应车削，换向器与电枢轴的同轴度误差不大于 0.03mm，否则应在车床上修整。换向器直径

不小于标准值 1.10mm，换向片高出云母片 0.40~0.80mm。

③ 电枢。

a）电枢线圈搭铁的检查。用万用表检查时，其表针分别搭在换向器和铁心（或电枢轴）上，阻值应为无穷大，若阻值为零，则为搭铁，如图 7-111 所示。

b）电枢线圈短路的检查。把电枢放在万能试验台检验器上，接通电源，将锯片放在检验器上并转动电枢。锯片不振动表明电枢线圈无短路，否则为电枢线圈短路，应予以修理或更换，如图 7-112 所示。

c）电枢线圈短路的检查。检查电枢线圈的导线是否甩出或脱焊。用万用表两表针依次与相邻换向器接触，其读数应一致，否则说明电枢线圈短路。

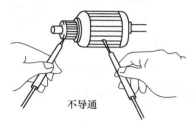

图 7-111　电枢线圈搭铁的检查

图 7-112　电枢线圈短路的检查

2）定子绕组的检验。

① 励磁线圈搭铁的检查。用万用表的两表针分别接励磁线圈接线柱和外壳，若阻值为无穷大，则正常；若阻值为零，则为搭铁故障，如图 7-113 所示。

② 用 12V 蓄电池检查定子绕组短、断路。蓄电池正极接起动机接线柱，负极接正电刷，将螺钉旋具放在每个磁极上迅速检查磁极对螺钉旋具的吸力，吸力应相同。磁极吸力弱的为匝间短路，各磁极均无吸力为断路。将万用表置于导通档，测接线柱与正电刷的导通情况。若不导通，则为断路，如图 7-114 所示。

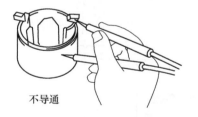

图 7-113　励磁线圈搭铁的检查

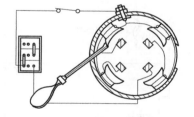

图 7-114　励磁线圈短、断路的检查

3）电刷总成的检修。

① 电刷高度的检查。电刷磨损后的高度不应小于电刷原高度的一半，一般不小于 10mm，电刷在架内活动自如，无卡滞，电刷与换向器的接触面不低于总面积的 80%。

② 电刷架的检查。用万用表的导通档位测两绝缘电刷架与电刷架座盖，阻值应为无穷大，否则说明绝缘体损坏；相同方法测两搭铁电刷架与电刷架座盖，阻值应为零，否则说明电刷架松动，搭铁不良。

③ 电刷弹簧的检查。用弹簧秤检查弹簧的弹力，其值应为 11.76~14.7N，过小应更换。

④ 单向离合器的检查。沿顺时针转动驱动齿轮，应自由转动；逆时针转动时应该被锁住。

4）电磁开关的检查（用万用表的低电阻档位测量）。将两表针分别接于励磁线圈接线柱和电磁开关外壳，若有电阻，说明保持线圈良好；若电阻为零，则为短路；若电阻无穷大，则为断路，如图7-115所示。

① 两表针分别接于励磁线圈接线柱和起动机接线柱，如图7-116所示。若有电阻，说明吸拉线圈良好；若电阻为零，则为短路；若电阻无穷大，则为断路。

② 用手将接触盘铁心压住，将电磁开关上的电源接线柱与起动机接线柱连通，测量两接线柱间的电阻应为零，否则为接触不良。

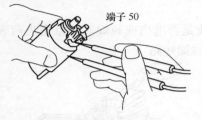
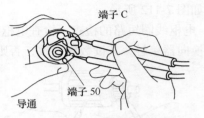

图7-115　保持线圈的检查　　　　图7-116　吸拉线圈的检查

（3）起动机的装复　按与拆解时相反的顺序装复起动机各零件。装复后应转动灵活，电枢轴的轴向间隙应为0.05～1.00mm。

7.3.2　起动系线路检测

（1）起动系线路连接（以带起动继电器的起动回路为例说明）

带起动继电器的起动回路如图7-117所示。

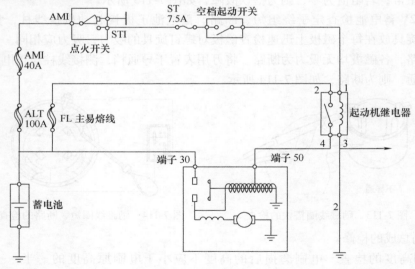

图7-117　带起动继电器的起动回路

1）控制回路。

① 起动机继电器线圈回路。蓄电池"+"→点火开关ST→空档起动开关N→起动机继电器线圈1号、3号接脚→搭铁→蓄电池"-"。

② 起动机继电器触点回路。蓄电池"+"→FL主易熔线→起动机继电器触点2号和4号接脚→端子50（由此分两路，一路到保持线圈→搭铁；另一路到吸拉线圈→起动绕组→通过电动机搭铁→蓄电池"-"）。

2）主回路。蓄电池 "+" →起动机电源主接柱（通过端子 30）→电磁开关触盘→直流电动机磁极绕组→直流电动机电枢绕组→搭铁→蓄电池 "–"。

（2）起动系线路分析

1）控制回路的分析。

① 打开点火开关进行起动时，电源为蓄电池，经点火开关的起动档（ST）、起动开关 N（为了安全起动，必须将档位置于 N 位置才能发车），将电源送入起动机继电器线圈，起动机继电器触点在线圈磁场的作用下闭合。

② 电源经起动机继电器触点和端子 50 进入电磁开关的保持线圈和吸拉线圈。此时电磁开关在两组线圈的作用下，使触盘将起动机两主接线柱接通，同时驱动齿轮被推出与飞轮相啮合（注意：在两主接线柱接通之前，由于吸拉线圈是通过磁极绕组和电枢绕组搭铁的，所以会使起动机缓慢旋转，以便驱动齿轮与飞轮顺利啮合）。

2）主回路的分析。由于起动机两主接线柱被触盘接通，起动大电流通过蓄电池以及端子 30 送入磁极绕组和定子绕组，起动机迅速转动并带动发动机起动。

3）起动机的回位。发动机起动后迅速放开点火开关，在回位弹簧的作用下，点火开关将起动机继电器线圈的电源切断，同时端子 50 由于起动机继电器触点的断开而停止向保持线圈和吸拉线圈供电，但由于两主接线柱还处于接通的位置，使保持线圈和吸拉线圈的电流流向相反，产生的磁场相互抵消。此时，触盘在回位弹簧的作用下将两主接线柱分离，起动机停止工作。

（3）起动系线路的检测　检测时使用万用表，采用逐点搭铁检测法可确定断路部位，采用依次拆断检测法可确定短路搭铁部位。检测程序可从前向后，也可从后向前，或从中向两边依次选择各个节点进行。主要分两个线路的检测：一是起动控制线路，主要检测线路的通断情况；二是起动机供电线路，重点检测线路各节点的电压情况，各节点连接处的电压不得大于 0.2V。

7.3.3　空调压缩机的检测

（1）空调压缩机的拆解

1）放卸系统制冷剂后，从压缩机吸、排气口卸下软管，并将软管和吸、排气口密封；拆下离合器电磁线圈的接线；从发动机上卸下压缩机。

2）用 "3/4" 的套筒扳手和一个呆扳手，卸下压缩机主轴上的六角螺母；拆卸离合器驱动盘（压板）。

3）拆下键和垫片（垫片是用来调整驱动盘和摩擦板之间间隙的大小的，在安装时用它调整到规定的技术标准）。

4）利用卡簧钳，取下密封座卡簧，卸下离合器线圈密封座。

5）卸下压缩机维修阀座。

6）拆下后盖螺栓，取下前后盖。

7）依次取下前后缸垫、O 形密封圈、限程压板、高压弹簧片、阀板、低压弹簧片。

8）取出内部的活塞、轴承、斜板等。

（2）空调压缩机的检修

1）电磁离合器的检修。

① 电磁离合器间隙的检测及调整。驱动盘和摩擦板端面不能含有油污和其他杂质，用

塞尺检查两端面间隙,其值应在 0.5~1.0mm 之间,不合要求时需通过调整垫片的厚度来达到要求。

② 用万用表检查离合器电磁线圈有无短路、断路,若有,需更换。用万用表测量电磁离合器线圈阻值,阻值应符合原厂家的技术标准。

2)其他零件的检修。

① 各密封件均应完好,无变形、裂纹或断裂等现象,否则要更换。

② 各活塞、轴承、斜板等没有变形破裂,气缸体无拉花现象,阀板、阀片无变形、破裂,否则需更换。

(3)空调压缩机的装配　空调压缩机的装配应遵循"先拆后装,后拆先装"的原则,对拆解后的压缩机重新装复,有以下注意事项:

1)有"R"的阀板装在后端,有"F"的阀板装在前端。

2)安装活塞时勿漏装轴承。

3)安装时各零件必须清洁、干净,并在各配合面涂上冷冻机油润滑。

(4)注意事项

1)检修完的压缩机应达到原有的状态。

2)更换配件时应注意是否匹配。

7.3.4　制冷剂的泄漏检查

制冷剂泄漏是汽车空调系统最常见的故障之一,制冷剂泄漏严重时将会导致空调制冷系统不制冷或制冷不足。汽车空调系统工作环境比较恶劣,其制冷系统一直随汽车工作在振动的工况之下工作,极易造成部件、管道损坏和接头松动,使制冷剂发生泄漏。因此,拆装或检修汽车制冷系管道、更换零件之后需要在检修拆装的部位进行制冷剂的泄漏检查。由于制冷剂无色、无味,所以对制冷剂的检漏存在一定的困难,检漏方法有多种,有时需要借助一些仪器设备。

(1)检漏仪器

1)卤素检漏灯。汽车空调使用的制冷剂多含有氟、氯卤素元素,所以遇到火焰时会发生分解,分解出的氟、氯元素与铜化合生成卤素铜的化合物,使火焰呈现出特有的绿紫色。人们利用这个原理制成了卤素检漏灯。

卤素检漏灯按使用燃料的不同可分为酒精、乙炔、丙烷以及石油气卤素检漏灯等。

图 7-118 所示为丙烷气体卤素检漏灯结构图,使用时在气瓶内充入丙烷气体,打开调节手轮,在点火孔处点着检漏灯,旋动调节手轮,使火焰伸出反应铜环约 6mm 左右,保持检漏灯直立,待铜环烧红后,手拿

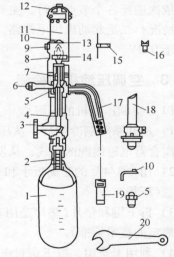

图 7-118　卤素检漏灯结构图

1—储气筒　2—丙烷气喷嘴　3—调节手轮
4—检漏灯主体　5—喷嘴　6—燃烧筒支架
7—火焰分隔器　8—点火机　9—反应板螺钉
10—反应板　11—燃烧筒　12—燃烧筒盖
13—火焰长度(上限)　14—火焰长度(下限)
15—喷嘴清洁器　16—扳手盖
17—吸入管　18—栓盖　19—滤清器　20—扳手

吸入管使其端头对准各检测部位仔细检查，从火焰颜色的变化就可以判断出漏气量的多少，漏气量与火焰颜色的关系见表7-6。需要说明的是，卤素检漏灯使用的燃料不同，检漏时火焰颜色也有所不同，一般，制冷剂泄漏量越大，火焰颜色越深。

警告：必须在通风良好的地方使用卤素检漏灯检漏。且不要吸入来自火焰的蒸汽，以防吸入有毒气体。

表 7-6 漏气量与火焰颜色的关系

漏气量	火焰颜色	漏气量	火焰颜色
无漏气	橙红色	漏气量较多	浅蓝色
微量漏气	浅绿色	漏气量很多	紫色

2）电子检漏仪。图7-119所示为5650型电子检漏仪。电子检漏仪是根据卤素原子在一定的电场中发生电离而产生电流的原理制成的。电子卤素检漏仪的工作原理如图7-120所示。

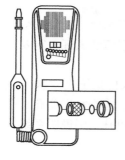
a) 电子检漏仪外形

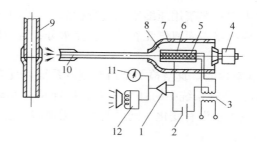
b) 电子检漏仪结构

图 7-119 5650 型电子检漏仪

1—放大器 2—电源 3—变压器 4—风扇
5—阳极 6—阴极 7—外壳 8—电热器 9—管道
10—吸气口 11—电流表 12—音频振荡器

电子检漏仪的使用十分简单，使用时只需将电源开关打开，经短时预热后将探头伸入需要检测的部位即可，通过声音或仪表指针便可方便地判断出泄漏量的多少。电子检漏仪与卤素检漏灯相比，检测灵敏度大大提高，它可检测出年泄漏量5g的泄漏部位，并且使用方便、安全，但价格相对较高。

电子检漏仪分为三种：R12检漏仪、R134a检漏仪和可检测R12和R134a的两用电子检漏仪。常用电子检漏仪有手握式和箱式两种。图7-120所示为电子检漏仪的工作原理图。

（2）检漏方法 空调系统常用的检漏方法有外观检漏、压力检漏和真空检漏。

1）外观检漏。通过观察或用手直接

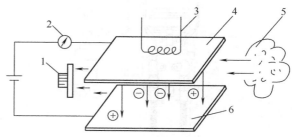

图 7-120 电子检漏仪的工作原理图

1—吸气微型风扇 2—电流表 3—加热器
4—阳极 5—气态制冷剂 6—阴极

触摸来检查制冷系统各接头是否有油泄漏出来，对于比较小的泄漏，可通过检漏仪或肥皂液来检查。

2）压力检漏。压力检漏是指将少量制冷剂或一定压力的氮气加入制冷系统中，再用观察、肥皂泡沫、卤素检漏灯或电子检漏仪进行检漏的一种方法。这种方法常用于空调制冷系统中的制冷剂全部漏光时的检漏。压力检漏有充氮气检漏（图7-121）和充制冷剂检漏。

充氮气检漏的具体步骤为：

① 正确连接歧管压力表，在空调系统没有制冷剂的情况下，先把歧管压力表的高压软管接到空调系统高压维修阀上，把压力表的低压软管接到低压维修阀上，然后把中间管接到氮气瓶上。

② 将氮气瓶打开，然后打开歧管压力表高低压手动维修阀，向系统内充注干燥氮气，当其压力达到1.2~1.5MPa时，关闭歧管压力表高低压手动维修阀。

③ 将肥皂液涂抹在容易漏气的管路接头处或焊接处，仔细观察有无气泡，若有泄漏则漏气处有气泡涌出，漏气大的地方有微小声音，并出现大量气泡，漏气量小的地方，则间断出现小泡。

注意事项：严禁用压缩空气进行检漏，因压缩空气中含有水分，水分随空气进入系统会对系统造成冰堵。而氮气无腐蚀性，无水分，且价格便宜，但瓶装氮气一定要用减压表才能充注。

3）真空检漏。真空检漏是指对制冷系统抽真空以后，保持系统真空状态一段时间（至少60min），观察系统中的真空压力表指针是否移动（即指针是否发生变化）的一种检漏方法。若真空指示没有变化，则说明系统无泄漏，若真空指示回升，则说明系统有泄漏，如图7-122所示。

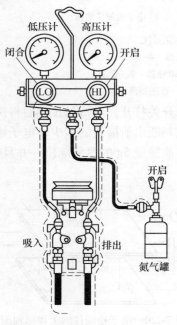

图7-121 充氮气检漏法

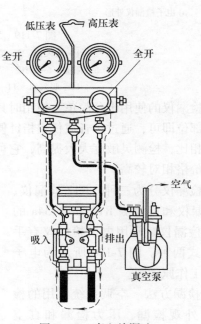

图7-122 真空检漏法

真空检漏的具体步骤为：

① 先把歧管压力表高压软管接到空调系统高压维修阀上，再把低压软管接到低压维修阀上，把中间管接到抽真空机上。

② 打开歧管压力表高压手动维修阀与低压手动维修阀，起动真空泵，并观察低压表上的真空表部分，直到将压力抽空至 -100~-80kPa 左右。

③ 关闭歧管压力表上的手动高低压阀，关闭真空泵电源开关，观察真空表压力是否回升。若回升则表示空调系统泄漏，此时应进行检漏和修补，若压力表指针不动，则再打开真空泵，连续抽空 15~30min，使其压力表指针稳定。

④ 抽真空完毕后，先关闭歧管压力表高低压手动维修阀，再关闭抽真空机。

注意事项：在抽真空过程中，若发现压力表一直不动或指针一直不降到要求的真空度，说明系统有泄漏，应检修。

7.3.5　汽车空调制冷系的压力检测

（1）歧管压力表　歧管压力表是维修空调系统普遍采用的工具，如图 7-123 所示，它由高低压力指示表、高低压阀门开关手轮、接红色软管通高压侧的管接头 4、接绿色软管用于抽真空和加注制冷剂的管接头 5、接蓝色软管通低压侧的管接头 6 组成。

（2）制冷系统压力检测

1）将歧管压力表正确连接到制冷系统相应的检修阀上，如果是手动阀，应使阀处于中位。

2）关闭歧管压力表上的两个手动阀。

3）用手松开歧管压力表上的高低压注入软管的联接螺母，让系统内侧的制冷剂将高低压注入软管内的空气排出，然后再将联接螺母拧紧。

4）起动发动机并使发动机转速保持在 1000~1500r/min，然后打开空调 A/C 开关和鼓风机开关，设置到空调最大制冷状态，鼓风机高速运转，温度调节在最冷。

5）关闭车门、车窗和舱盖，发动机预热。

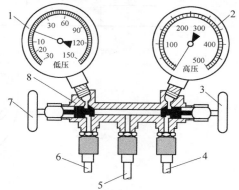

图 7-123　歧管压力表
1—低压表（蓝色）　2—高压表（红色）
3—高压手动阀（HI）　4—高压侧软管（红色）
5—维修用软管（绿色）　6—低压侧软管（蓝色）
7—低压手动阀（LO）　8—表座

6）把温度计插进中间出风口并观察空气温度，在外界温度为 27℃ 时，运行 5min 后出风口温度应接近 7℃。

7）观察高低压侧压力，压缩机的吸气压力应为 20kPa~24kPa，排气压力应为 1103kPa~1633kPa。应注意，外界高温高湿将造成高温高压的工作条件。

7.3.6　刮水器开关电路检测

用数字万用表 200 电阻档，拨动刮水器主开关的各档位，按下表 7-7 给出的插头端子，检测它们之间的导通状态。若检测的电阻均为 0，则主开关总成的工作性能良好；若电阻较大或不通，则主开关要更换。检测结果见表 7-8。刮水器开关的线束插头如图 7-124 所示。

表 7-7　刮水器开关各档的电路连通情况表

线路编码	53	53a	53b	53e	31	H	T	J
插座端子	1	8	7	2	6	4	3	5
高速		○——	○					
低速	○——	○						
OFF	○————————		○				
间歇	○——	○					○	
洗涤	○	○————————————————		○————	○——	○		○

表 7-8　刮水器开关各档触点的导通情况检测表

档位	检测端子	检测方法	标准值电阻/Ω	实测情况	结果分析
低速	1~8	数字万用表 200 电阻档	0	电阻较大或不通	更换
各档				0	合格

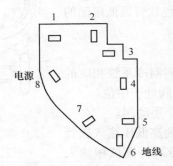

图 7-124　刮水器开关的线束插头

第 **8** 章

汽车故障诊断与排除技能鉴定

理论鉴定要素细目表

考核内容		考核要点	重要程度
汽车故障诊断与排除技能鉴定	汽车发动机故障诊断与排除	诊断与排除发动机起动困难故障	★★★
		诊断与排除发动机不能起动故障	★★★
		诊断与排除发动机动力不足故障	★★★
		诊断与排除电控发动机怠速不良故障	★★★
		诊断与排除电控发动机加速不良故障	★★★
		诊断与排除汽车起动系统故障	★★★
		诊断与排除发动机充电系统故障	★★★
	汽车底盘故障诊断与排除	诊断与排除自动变速器故障警告灯故障	★★★
		诊断与排除前轮异常磨损故障	★★★
		诊断与排除前轮摆振故障	★★★
		诊断与排除制动拖滞故障	★★★
		诊断与排除制动防抱死失效故障	★★★
		诊断与排除制动防抱死故障灯故障	★★★
		液压助力转向轿车转向系故障检测	★★★
	新能源汽车技术	纯电动汽车预充电管理的作用与绘制预充电结构图	★★
		并联式油电混合动力汽车的动力传输原理	★★
		电动汽车电机控制器的组成和运作原理	★★
		电动汽车动力系统的组成及主要部件的作用	★★

本章内容涉及汽车故障诊断与排除的专业技能，其主要内容包括汽车发动机及底盘常见故障的诊断与排除方法，在考核中，主要考核考生对汽车发动机及底盘常见故障的故障现象、故障原因及故障诊断与排除的一般流程的掌握程度，其中重点考核的是考生对汽车常见故障的故障现象和故障原因的掌握程度，而对汽车故障的诊断与排除则要求能了解其诊断与排除的基本流程。考生在复习备考的过程中，最好能结合职业技能鉴定国家题库——汽车维修工高级操作技能考核评分记录表的相关考核内容及要求进行有针对性的复习，这样可以做到事半功倍。

 知识点阐述

8.1　汽车发动机故障诊断与排除

8.1.1　诊断与排除发动机起动困难故障

发动机难起动故障主要有以下四种情况：第一种是有时容易起动、有时难起动；第二种是冷车、热车都难起动；第三种是冷车难起动；第四种是热车难起动。

（1）故障的一般原因

1）来油不畅（燃油泵粗滤器堵塞、汽油滤清器堵塞；燃油泵单向阀关闭不严等）。

2）混合气过稀或过浓。

3）进气及真空系统漏气。

4）插接件、接线头松动或连接不实。

5）燃油压力低或保持压力不正常。

6）喷油器工作不良（积炭、胶质堵塞等）。

7）气门关闭不严。

8）机械故障，如正时带轮联结键磨损。

9）点火线圈、火花塞工作不良或高压线有破损之处。

（2）电控方面的原因

1）有时容易起动，有时难起动。主要原因是各元件（计算机控制继电器或相关的传感器）有松动或线头有连接不良的现象。如与起动相关传感器的插头脱落、松旷或虚接都会引起起动困难。

2）冷车、热车都难起动。

① 电源继电器、燃油泵继电器有故障。

② 节气门电位计磨损严重，信号不准确。

③ EGR 电磁阀的线路接触不良。

④ ECU 收不到正确的上止点位置的信号(如曲轴位置传感器信号盘上有脏物)。

⑤ ECU 本身有故障。

3) 冷车难起动。

① 喷油器有故障(如堵塞,喷油量少等)。

② 冷却液温度传感器有故障(如插头插脚严重生锈,阻值大,传递信号错误,塑料头损坏,信号电压过低,插脚扭曲变形,接触不良,传感器触头插错,插在制动液液面报警开关插座上等)。

③ 怠速步进电动机有故障(如头部锥形阀及阀座有油污,堵塞怠速进气道从而影响进气)。

④ 油压调节器有故障(密封圈损坏)。

⑤ 空气流量计有故障(热膜上黏附粉尘,造成进气质量信号失准)。

4) 热车难起动。

a) 冷却液温度传感器有故障(如损坏、连线脱落或导线有剥落现象,信号突变而发出错误信号)。

b) 活性炭罐电磁阀卡滞。

c) 点火模块发热(如连线破损)。

d) 空气流量计胶管密封不好(如锈蚀损坏)。

(3) 故障的排除方法　对于电控发动机起动困难故障的排除,可按照常规检查与专项检查的方法进行诊断,或者利用发动机正常工作三要素(高压火花、油管压力和气缸压力)诊断法来检查。一般来说,发动机起动困难,起动以后发动机若能正常运转,说明机械部分没有大的故障。

在排除发动机起动困难故障时,可按照以上所述的原因逐一查找。一般情况下,发动机起动困难多与油路及电控方面的原因有关,与点火系(火花塞故障、点火线圈故障)的关系相对较小。

检查电控电路时,可用电压表和电阻表来检查。检查线路连接,检查空气流量计、冷却液温度传感器、ECU 的电源电路(如主继电器、熔丝等),检查喷射信号电路(如 ECU、连接线路、喷油器)有无虚接和烧蚀情况。

在排除冷起动困难故障时,应重点检查冷却液温度传感器的原因。发动机冷起动时,由 ECU 根据冷却液温度传感器提供的信号,来加大各缸的喷油量。若出现冷起动困难,首先应检查冷却液温度传感器的阻值是否正常,以及信号能否被计算机 ECU 接收到。

在排除热车起动困难故障时,重点应该寻找冷却液温度传感器的原因。有些 ECU 检测到冷却液温度传感器信号异常时,除了发出故障信息外,还可以用一个固定信号(如 80℃冷却液温度条件信号值)代替冷却液温度传感器信号,发动机此刻则是热车起动容易,而冷车起动困难。

排除热车起动困难故障时,还应注意活性炭罐电磁阀的工作情况。若电磁阀内部有卡滞现象,使阀芯断电时不能正常回位,则活性炭罐内部所吸附的燃油蒸气就会源源不断地送入进气歧管被燃烧,造成混合气过浓,使发动机热车起动困难。

活性炭罐电磁阀可用以下方法检查:将其两端的软管都拔掉,用嘴吹阀的一端以检查其导通情况。当活性炭罐电磁阀未被触发就导通时,会使燃油蒸气一直对混合气进行加浓。当混合气被加浓超过一定程度时，就会发生热车起动困难的故障。

在排除电控发动机起动困难故障时，还应注意混合气浓度问题。混合气太稀，进气管有回火声，混合气太浓，排气管冒黑烟。混合气浓度与进气温度传感器、空气流量计、燃油压力和曲轴箱通风系统有关，排除故障时注意检查这些部件。

8.1.2　诊断与排除发动机不能起动故障

发动机不能起动的现象主要有以下几种：起动机带不动发动机转动，或能带动，但转动缓慢；起动机能带动发动机正常转动，但不能起动，且无着车征兆；有着车征兆，但发动机不能起动。

造成发动机不能起动的原因很多，有起动系、点火系、汽油喷射系统及发动机机械故障等。其中因起动系故障而造成的发动机不能起动的故障不在电控系统检查范围内。发动机机械故障应在排除汽油喷射系统和电子点火系统的故障之后再进行进一步的检查。

（1）发动机不能起动，且无着车征兆

1）故障现象。接通起动开关时，起动机能带动发动机正常转动，但发动机不能起动，且无着车征兆。

2）故障原因。

① 油箱中无燃油。

② 起动时节气门全开。

③ 电动燃油泵不工作。

④ 喷油器不工作。

⑤ 燃油压力过低。

⑥ 点火系统故障。

⑦ 发动机气缸压缩机压力过低。

3）故障诊断与排除。电子控制燃油喷射式发动机具有很好的起动性能。汽车燃油喷射系统的一般故障通常不会导致发动机不能起动。如果出现了不能起动且无着车征兆的故障，其原因一定是发动机的点火系统、燃油系统或控制系统三者之中的一个或一个以上的系统完全丧失了功能。因此，不能起动的故障诊断和与排除应重点集中在上述三个系统中。

① 对于不能起动的故障，应先检查油箱存油情况。打开点火开关，若汽油表指针不动或油量警告灯亮，则说明箱内无油，应加满油后再起动。

② 应采取正确的起动操作方法。通常电子控制燃油喷射式发动机的起动控制系统要求在起动时不踩加速踏板。如果在起动时将加速踏板完全踩下或反复踩加速踏板以求增加供油量，往往会使控制系统的溢油消除功能起作用，从而导致喷油器不喷油，造成不能起动。

③ 检查点火系统。导致发动机不能起动的最常见原因是点火系不能点火。因此，在进行进一步的检查之前，应先排除点火系的故障。在检查电子控制燃油喷射式发动机的电子点火系统有无高压火花时应采用正确的方法，不可沿用检查传统触点式点火系统高压火花的做法，以防损坏点火系统中的电子元件。

检查方法：从分电器上拔下高压总线，让高压总线末端距离缸体5~6mm，或从缸体上拔下高压分线，将一个火花塞接在高压线上；将火花塞接地，接通起动开关，用起动机带动发动机转动，同时观察高压总线末端或火花塞电极处有无强烈的蓝色高压火花，如图8-1

所示。

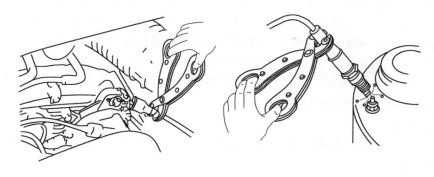

a) 检查点火线圈高压总线火花　　　　b) 检查各缸高压分线火花

图 8-1　高压火花的检查

如果没有高压火花或火花很弱，说明点火系统有故障。在查找故障部位之前，可先进行发动机故障自诊断，检查有无故障码。现代电控燃油喷射式发动机的故障自诊断系统通常能检测出点火系统中的曲轴位置传感器（点火信号发生器）及点火器的故障。若有故障码，则可按显示的故障码查找故障部位；若无故障码，则应分别检查点火系统中的高压线、分电器盖、高压线圈、点火器、分电器、曲轴位置传感器及点火系统。点火系统最容易损坏的零件是点火器，应重点检查。

④ 检查电动燃油泵是否工作正常。电动燃油泵不工作也是造成发动机不能起动的最常见的原因之一。用一根导线将电动燃油泵的两个检测插孔短接，然后打开点火开关，此时应能从油箱口处听到燃油泵运转的声音；或用手捏住进油管时能感觉到进油管的油压脉动；或拆下油压调节器上的回油管，应有汽油流出。

如果电动燃油泵不工作，应检查熔断器、继电器及电动燃油泵控制电路等。如果电路正常，则说明电动燃油泵有故障，应更换。

如果在检查中电动燃油泵能工作，可试一下在这种状态下发动机能否起动。若可以起动，说明是电动燃油泵控制电路有故障，使燃油泵在发动机起动时不工作。对此，应检查电动燃油泵控制电路。

⑤ 检查喷油器是否喷油。如果点火系统和电动燃油泵工作均正常，则应进一步检查喷油控制系统。在起动发动机时，检查各喷油器有无工作的声音。如果喷油器不工作，可用一个大阻抗的试灯接在喷油器的线束插头上。如果在起动发动机时试灯能闪亮，说明喷油器控制系统工作正常，喷油器有故障，应更换。

如果试灯不闪亮，说明喷油器控制系统或控制线路有故障。对此，应检查喷油器电源熔断器有无烧断，喷油器降压电阻有无烧断，喷油器与电源之间的接线是否良好，喷油器与计算机之间的接线是否良好，计算机的电源继电器与计算机之间的接线是否良好。如果外部电路均正常，则可能是计算机内部有故障，可用计算机故障检测仪或采用测量计算机各接脚电压的方法来检测计算机有无故障；也可将一个好的计算机换上试一下，若能起动，可确定为计算机故障。对此，应更换。

⑥ 检查燃油系统油压。燃油系统油压过低会造成喷油量太少，也会导致发动机不能起动。在电动燃油泵运转时检查燃油系统油压。在发动机运转的状态下正常燃油压力应为0.3MPa 左右。如果燃油压力过低，可用钳子包上软布，将油压调节器的回油管夹住，阻断

回油通路。此时，若燃油压力迅速上升，说明是油压调节器漏油。造成油压过低，应更换油压调节器；若燃油压力上升缓慢或基本不上升，则说明油路堵塞或电动燃油泵有故障。对此，应先拆检汽油滤清器。若有堵塞，应更换；若滤清器良好，则应更换电动燃油泵。

⑦ 检查气缸压缩压力。若上述检查均为正常，则应进一步检查发动机气缸压缩压力。若气缸压缩压力低于 0.8MPa，则说明发动机机械部分有故障，应进一步拆检发动机本体。

（2）有着车征兆，但发动机不能起动

1）故障现象。

起动发动机时，起动机能带动发动机正常转动，有轻微着车征兆，但不能起动。

2）故障原因。

① 进气管有漏气。

② 点火提前角不正确。

③ 高压火花太弱。

④ 燃油压力太低。

⑤ 水温传感器有故障。

⑥ 空气滤清器堵塞。

⑦ 空气流量计有故障。

⑧ 喷油器漏油。

⑨ 喷油控制系统有故障。

⑩ 气缸压力太低。

3）故障诊断与排除。有着车征兆而不能起动，说明点火系统、燃油喷射系统和控制系统虽然工作失常，但并没有完全丧失功能。这种不能起动的原因不外乎是高压火花太弱或点火正时不正确、混合气太稀、混合气太浓、气缸压力太低等。一般先检查点火系统，然后再检查进气系统、燃油系统、控制系统，最后检查发动机气缸压力。

① 相应的故障原因。必须指出的是，所显示出的故障码不一定都与发动机有关系，有些故障码是发动机在以往的运行过程中偶发性故障所留下的，有些故障码所表示的故障则不会影响发动机的起动性能。会影响起动性能的部件有：曲轴位置传感器、水温传感器、空气流量计等。

② 检查高压火花。除了检查分电器电压总线上的高压火花是否正常外，还要进一步检查各缸高压分线上的高压火花是否正常。若总线火花太弱，应更换高压线圈；若总线火花正常而分线火花较弱或断火，说明分电器盖或分火头漏电，应更换。

③ 检查空气滤清器。如果滤芯过脏堵塞，可拆掉滤芯后再起动发动机。若能正常起动，则应更换滤芯。

④ 检查进气系统有无漏气。采用空气流量计测量进气量的燃油喷射系统，只要在空气流量计之后的进气管道有漏气就会影响进气量计量的准确性，从而使混合气变稀。严重的漏气会导致发动机不能起动。检查中应仔细查看空气流量计之后的进气软管有无破裂，各处接头卡箍有无松脱，谐振腔有无破裂，曲轴箱通风软管是否接好。

此外，燃油蒸发回收系统和废气再循环系统在起动及怠速运转中是不工作的。若因某种原因而使它们在起动时就进入工作状态，也会影响起动性能。将燃油蒸发回收软管或排气再循环管道堵塞住，再起动发动机。若在这种状态下发动机能正常起动，说明该系统有故障，应认真检查。

⑤　检查火花塞。火花塞间隙太大也会影响起动性能。火花塞正常间隙一般为 0.8mm，有些高能量的电子点火系统火花塞间隙较大，可达 1.2mm。若火花塞间隙太大，应按车型维修手册所示标准值进行调整。

⑥　如果火花塞表面只有少量潮湿的汽油，说明喷油器喷油量太少。对此，应先检查起动时电动燃油泵有无工作。可用一根导线将电动燃油泵的两个检测插孔短接，再起动发动机。如果能起动，则说明电动燃油泵在起动时不工作，应检查控制电路。如果电动燃油泵有工作而不能起动，应进一步检查燃油压力，如果燃油压力太低，应检查燃油滤清器、油压调节器及燃油泵有无故障。

⑦　如果火花塞表面有大量潮湿汽油，说明气缸中已出现"呛油"现象，这也会造成发动机不能起动。对此，可拆下所有火花塞，将其烤干，再让气缸中的汽油全部挥发掉，然后装上火花塞重新起动。如果仍会出现"呛油"现象，应拆卸喷油器，检查喷油器有无漏油。

⑧　喷油量太大或太小也可能是空气流量计或水温传感器故障所致。如果出现这种情况，应对照车型维修手册中的有关数据测量这两个传感器。

⑨　调整点火正时。如果将点火提前角调大或调小后就能起动，则说明点火正时不正确。对此，应将点火正时调整准确。

⑩　检查气缸压缩机是否正常。若压力低于 0.8MPa，则说明气缸压力过低，应拆检发动机。

8.1.3　诊断与排除发动机动力不足故障

汽车电控发动机动力不足就是指它的动力性差。发动机动力不足是汽车发动机常见的一种故障，它产生的原因很多，涉及面也很广。

（1）发动机动力不足故障

1）故障现象。发动机无负荷运转时基本正常，但带负荷运转时加速缓慢，上坡无力，加速踏板踩到底时仍感到动力不足，转速提不高，达不到最高车速。

2）故障原因。

①　节气门调整不当，不能全开。

②　空气滤清器堵塞。

③　燃油压力过低。

④　气缸缺火。

⑤　点火不正时或高压火花弱。

⑥　空气流量计或进气歧管真空度传感器、冷却液温度传感器、节气门位置传感器故障。

⑦　喷油器堵塞或雾化不良。

⑧　气缸压缩压力过低或配气正时失准。

⑨　排气受阻，在发动机加载时，进气歧管真空度明显偏低。

3）故障检查的一般步骤。

①　进行故障自诊断，检查有无故障码出现。影响动力性的传感器和执行器有：冷却液温度传感器、空气流量计或进气管绝对压力传感器、节气门位置传感器、点火器、喷油器等。按所显示的故障码或数据流分析故障，查找故障原因。

② 将加速踏板踩到底，检查节气门能否全开。若不能全开，应调整节气门拉索或踏板。

③ 检查空气滤清器有无堵塞。若有堵塞，应清洁或更换。

④ 用点火正时灯检查点火正时。在热车后的怠速运转中检查点火提前角，其值应为 $10°\sim15°$ 或符合原厂规定，加速时点火提前角应能自动提前至 $20°\sim30°$。若怠速时点火提前角不正确，应调整初始点火提前角；如果加速时点火提前角不正确，应检查点火提前控制线路及曲轴位置传感器、点火器等。

⑤ 检查有无明显缺缸。可做单缸断火、断油试验。

⑥ 检查所有火花塞、高压线、点火线圈。若有异常，应更换。可用点火示波器观察点火波形后确认。

⑦ 检查燃油压力。若压力过低，应进一步检查电动燃油泵、油压调节器、燃油滤清器等。

⑧ 拆卸喷油器，检查喷油量是否正常。若喷油量不正常或喷油雾化不良，应清洗或更换喷油器。

⑨ 检查冷却液温度传感器、氧传感器、爆燃传感器信号。

⑩ 检查废气再循环装置工作是否正常。

⑪ 检查配气相位、气门间隙是否正确。

⑫ 检查进气增压装置、可变配气正时及气门升程装置的工作情况。

⑬ 检查排气是否畅通、三元催化转化器是否堵塞。用真空表与排气背压表检查，或拆检。

⑭ 测量气缸压缩压力、检查气门积炭、拆检发动机等。若气缸压力过低、气门弹簧过软、配气凸轮磨损等都可导致动力下降。

（2）故障诊断、排除的相关要点

1）发动机动力不足的本质原因分析。燃油发动机动力性能不佳主要原因有以下几个方面：

① 空燃比不合适或供给量不足。

② 点火性能不良。

③ 对于电控燃油喷射式发动机，电控系统失常。

④ 发动机调整或装配不当，或发动机本身机械状态不良。

对燃油发动机，若混合气的燃油比不当，混合气过稀或过浓，均会影响发动机的动力性能。若混合气过浓，排气管必冒黑烟；若混合气过稀，则会造成燃烧缓慢，严重时会导致进气管回火放炮。但若空燃比失调不太严重，则上述症状不十分明显。可燃混合气供给量不足也不是靠直觉可以察觉的。

造成空燃比不合适或混合气供给量不足的主要原因是燃油供给不足或空气供给受阻，所以应检查油路及空气滤清器。

点火性能不良主要是指高压火花弱、缺火、高速大负荷时断火、点火不正时等。

发动机调整或装配不当，或发动机本身机械状态不佳，主要是机械磨损或装配调整不正确从而致使进、排气性能不佳，气缸压力下降等，如正时带错齿、凸轮磨损、气门间隙不正确、气门积炭严重、气门弹簧过软导致高速运转时气门飘浮、缸套与活塞环磨损等。

电控系统失常是指电控系统的传感器、执行器或 ECU 出现某些问题导致喷油控制、点火提前角控制、进气控制、增压控制、可变配气相位及气门升程控制、可变排气控制等出现问题。

2）燃油供给情况的检查。

① 检查燃油泵是否工作。燃油泵若不工作应检查回路，如点火开关、燃油泵继电器以及回路是否有断路及接触不良。

② 检查油路燃油压力。将系统油压泄掉，以免接装燃油压力测试表时造成燃油飞溅引起火灾。为此可切断燃油泵继电器，使燃油泵停止转动，然后起动发动机，泄掉系统油压；也可慢慢松开油压测试口，用抹布堵住接头，使油压慢慢泄掉。将燃油压力表接入燃油压力测试口中，然后拔下燃油压力调节器上的真空软管。

全面检查无误后，起动发动机，观察燃油压力表的读数。发动机怠速运转时，系统油压一般应为 0.27MPa，也有的高达 0.40 MPa。接上油压调节器上的真空软管，在燃油压力调节器起调压作用的情况下，系统压力应下降约 0.05MPa。

如果安装真空软管与不安装真空软管无压力变化或变化不大，则应检查真空软管是否漏气、堵塞。如果燃油压力低，可夹住燃油压力调节器的回油管。如果压力上升，则应检查或更换燃油压力调节器。如果系统油压仍低，则应检查燃油滤清器是否堵塞，油管是否不畅。如果压力仍低，则应检查燃油泵泵油能力。

3）汽车三元催化转化器的检查。三元催化转化器位于汽车下部正中央，用螺栓固定在排气歧管的后部管上。三元催化转化器为一整体式结构，在其排气管中央的栅格网表面涂有催化剂。三元催化转化器的作用是将废气中的 HC、CO 和 NOx 等有害的气体转化成 CO_2、N_2 和水蒸气。

当理论空燃比为 14.7∶1，废气温度在 400~800℃时三元催化转化器能最有效地减少废气中 HC、CO 和 NOx 的含量。

当发动机出现诸如熄火等故障时，可能导致废气温度超过 1400℃，从而使三元催化转化器基质熔化，烧坏三元催化转化器。应避免使用含铅燃油，因为废气中的铅会覆盖在催化剂表面，阻止催化反应的进行，废气中的残留燃油也有可能毒害催化剂。

① 目测检查。检查三元催化转化器的外观，若发现外壳被压扁、锈蚀或出现凹痕、则应更换。

② 从汽车上拆除三元催化转化器时，用电筒照其排气口处，看是否被积炭或铅污染物堵塞。

③ 轻轻摇动三元催化转化器，观察内部元件有无松动的迹象。如果发生元件堵塞、熔化或其他形式的损坏，都应更换三元催化转化器。

④ 功能测试。

a）以 2500r/min 的转速运转发动机约 2min，将三元催化转化器加热至工作温度。

b）在三元催化转化器的废气入口处和出口处分别接一支表面温度探头，测量温度。

c）出口处温度至少应比进口处温度高 38℃。

d）如果温差低于规定值，则应更换三元催化转化器。

e）用排气背压表在氧传感器安装孔或一氧化碳（CO）测试管处检测排气压力。在氧传感器（或一氧化碳测试管）处安装排气压力表。在正常工作温度下发动机怠速时，压力表读数不应超过8.6kPa(有些车会超过这一数值,此处仅供参考)。把发动机转速调至2000r/min,压力表的读数不应超过20.7kPa。如果在两种转速中的任何一种情况下背压超出规定值,表明排气系统受阻。检查排气系统有无压扁的管路,系统是否发生热变形或内部消声器是否出现故障。如果没有找到排气系统背压过高的明显原因,那么可能是三元催化转化器受阻。完成检测后,在重新安装前用防粘剂涂敷氧传感器的螺纹。

4)可变排气消声系统。一般排气消声器的容积是废气量的15~20倍,排气损失为5%~10%。排气量大的发动机与安装涡轮增压器的发动机都需要容积很大的排气消声器,排气阻力与进气量的平方成正比,尤其在高负荷、高转速时背压大,排气阻力更大。

为了减小低速时的排气噪声和高速时的排气阻力,保证功率输出,在排气管道上装有电动机驱动的空气阀,并由ECU控制,这种装置称为可变排气控制系统。它可以根据发动机的转速和进气量改变排气通道,使通道中的空气阀打开或关闭,从而控制排气。当发动机转速在3400r/min以上,且大负荷工作时空气阀打开以减小阻力,保证发动机大功率输出,当发动机负荷降低时,空气阀逐渐关闭以减小噪声。

ECU控制可变气门的开闭在20世纪80年代就出现了,现在也有只利用排气压力来控制的可变排气消声器。在高速时,若可变排气控制系统工作失灵,会导致高速时发动机动力下降。

8.1.4 诊断与排除电控发动机怠速不良故障

怠速不良是电控燃油喷射式发动机最常见的故障之一,它有多种表现形式,包括怠速不稳、怠速熄火、冷车怠速不良、热车怠速不良等。造成怠速不良的原因很多,且常由几种原因综合引起。该故障牵涉面很广,维修困难。在诊断与排除故障过程中,要根据故障的具体表现来分析故障原因。下面介绍几种不同形式的怠速不良的故障诊断与排除方法。

（1）怠速不稳,易熄火

1)故障现象。发动机起动正常,但不论冷车或热车,怠速均不稳定,怠速转速过低,易熄火。

2)故障原因。

① 进气系统或真空系统漏气。

② 空气滤清器堵塞。

③ 怠速控制阀或附加空气阀工作不良。

④ 空气流量计有故障。

⑤ EGR阀卡住常开,不能关闭。

⑥ 怠速调整不当。

⑦ 油路压力过低。

⑧ 喷油器雾化不良、漏油或堵塞。

⑨ 火花塞不良。

⑩ 高压线漏点或断路。

⑪ 点火正时失准。

⑫ 气缸压缩压力过低。

3)故障诊断与排除。

① 先进行故障自诊断，检查有无故障码出现。若有，则按所显示的故障码查找故障原因。要特别注意会影响怠速工作的传感器、执行器（如冷却液温度传感器、节气门位置传感器、怠速控制阀等）有无故障。

② 检查进气系统各管接头、各真空软管、废气再循环系统和燃油蒸汽回收系统有无漏气。

③ 检查怠速控制阀的工作是否正常。对于脉冲电磁阀式怠速控制阀，可在发动机运转过程中拔下怠速控制阀接线插头。如果发动机转速无变化，说明怠速控制阀或控制电路有故障，应检修电路或更换怠速控制阀。

④ 怠速时逐个拔下各缸高压线，检查发动机转速的下降量是否相等。如果在拔下某缸高压线时，发动机转速基本不变，说明该缸工作不良或不工作，应检查该缸火花塞或喷油器有无故障、喷油器控制电路有无短路。

⑤ 检查高压火花。若火花太弱，则应检查点火系统。

⑥ 拆检各缸火花塞，检查电极有无磨损过大或积炭，火花塞电极间隙是否正常。

⑦ 检查各缸高压线，若高压线外表有漏点或击穿的痕迹，或用万用表测量高压线，其电阻大于 25kΩ，说明高压线损坏，应更换。

⑧ 检查燃油压力。怠速时燃油压力应为 0.25MPa 左右。若燃油压力太低，则应检查油压调节器、电动燃油泵、燃油滤清器。

⑨ 按规定的程序，调整发动机怠速，检查空气流量计。

⑩ 仔细听各缸喷油器在怠速时的工作声音。如果各缸喷油器工作声音不均匀，说明各缸喷油器喷油不均匀，应拆检、清洗或更换喷油器。

⑪ 检查气缸压缩压力，若压力低于 0.8MPa，则应拆检发动机。

⑫ 检查、调整气门间隙。

若上述检查均正常，可拆检、清洗各缸喷油器。若发现某个喷油器雾化不良或有漏油现象，经清洗后仍不能恢复正常，则应更换该喷油器。最后检查发动机计算机。

（2）冷车怠速不稳、易熄火

1）故障现象。发动机冷车运转时怠速不稳或过低，易熄火，热车后怠速恢复正常。

2）故障原因。

① 喷油器雾化不良或堵塞。

② 怠速控制阀故障。

③ 水温传感器故障。

3）故障诊断与排除。

① 进气故障自诊断，检查有无故障码。若有，可按显示的故障码查找故障原因。

② 检查怠速控制阀。发动机熄火后拔下怠速控制阀线束插头，待发动机起动后再插上。如果发动机转速无变化，说明怠速控制阀不工作，应检查控制电路或拆检怠速控制阀。

③ 测量水温传感器。若有短路、断路或电阻值不符合标准的情况，应更换水温传感器。如果没有被测车型的水温传感器检测标准数据，也可以拔下水温传感器线束插头，用一个 4kΩ～8kΩ 的电阻代替水温传感器。如果发动机怠速恢复正常，说明水温传感器已损坏，应更换。

④ 拆检、清洗各缸喷油器、检查清洗后的喷油器工作情况，若有雾化不良、漏油或喷

油量不符合标准的现象，应更换。

（3）热车怠速不稳或熄火

1）故障现象。发动机冷车运转时怠速正常，热车后怠速不稳，怠速转速过低或熄火。

2）故障原因。

① 怠速调整过低。

② 水温传感器有故障。

③ 怠速控制阀有故障。

④ 火花塞工作不良。

⑤ 喷油器工作不良。

3）故障诊断与排除。

① 进气故障自诊断，检查有无故障码，若有故障码，则按所显示的故障码查找故障原因。

② 检查发动机的初始怠速转速，若过低，应按规定的程序予以调整。

③ 检查水温传感器，如果拔下水温传感器线束插头后，怠速不稳现象消除，则说明水温传感器有故障，应予以更换。或者测量水温传感器的电阻，若不符合标准值，应更换水温传感器。

④ 检查怠速控制阀有无工作。拔下怠速控制阀线束插头，若发动机转速无变化，则说明怠速控制阀工作不良，应检查控制电路并更换怠速控制阀。

⑤ 拆下各缸火花塞，检查火花塞电极是否良好，有无磨损过大或积炭，视情况更换或调整火花塞电极间隙。

⑥ 拆下各缸喷油器，用试验台检查。若各缸喷油器雾化不良或喷油量不均匀，特别是怠速工况喷油量不均匀，应清洗或更换喷油器。

（4）热车怠速过高

1）故障现象。发动机冷车时能以正常快怠速运转，但热车后仍保持快速，导致怠速转速过高。

2）故障原因。

① 节气门卡滞、关闭不严。

② 怠速调整不当。

③ 怠速控制阀故障。

④ 水温传感器故障。

⑤ 空调开关、动力转向器压力开关有故障。

⑥ 曲轴箱强制通风阀故障。

3）故障诊断与排除。

① 检查怠速时节气门是否全闭，节气门拉索有无卡滞。用手将节气门摇臂朝关闭的方向扳动。如果发动机怠速能下降至正常转速，说明节气门卡滞，关闭不严。若是节气门拉索卡滞，应更换新拉索；若为节气门轴卡滞，应拆卸、清洗节气门体。

② 按规定程序重新调整怠速。若调整无效，则应进行进一步的检查。

③ 进气故障自诊断。若有故障码，则按所显示的故障码查找故障原因。

④ 检查水温传感器。若拔掉水温传感器线束插头后，发动机怠速转速恢复正常，说明

水温传感器有故障,向计算机发送过低的水温信号(注意:在拔掉水温传感器插头后,发动机故障警告灯会亮起,此时计算机的失效保护功能起作用,自动将水温设定为80℃,在重新插上水温传感器线束插头后,计算机内仍会留下表示水温传感器故障的代码,对此,应在发动机熄火后拆下蓄电池负极搭铁线,持续约30s时间,以消除计算机中的故障码)。

⑤ 检查怠速控制阀。发动机熄火后拔下怠速控制阀线束插头,待起动后再插上。如果发动机转速随之变化,说明怠速控制阀工作正常;否则,应检查控制线路或更换怠速控制阀。

⑥ 在打开空调开关后或转动转向盘时,如果发动机转速没有变化,说明怠速自动控制系统有故障,应检查空调开关、动力转向器压力开关及怠速自动控制线路。

⑦ 用钳子包上软布将曲轴强制通风阀软管夹紧。如果发动机转速随之下降,则说明曲轴箱强制通风阀在怠速时漏气,使发动机进气量过大,影响怠速。对此,应更换曲轴箱强制通风阀。

(5)怠速上下波动

1)故障现象。发动机怠速运转时,怠速转速不断地上下波动。

2)故障原因。

① 怠速开关(节气门位置传感器)调整不当,在怠速时怠速开关触点不闭合。

② 喷油器雾化不良或堵塞。

③ 空气流量计有故障。

④ 怠速控制阀或怠速自动控制电路有故障。

⑤ 水温传感器信号不正确。

⑥ 氧传感器失效或反馈控制电路有故障。

3)故障诊断与排除。

① 进行故障自诊断。要特别注意有无节气门位置传感器、水温传感器、空气流量计、氧传感器、怠速控制阀的故障码,若有故障码,应检查相应的传感器及其电路。

② 怠速时逐个拔下各缸高压线或喷油器线束插头,检查发动机各缸工作是否均匀。如果拔下某缸高压线或喷油器线束插头,发动机转速下降不明显,说明该缸工作不良,应拆检该缸火花塞或喷油器。

③ 检查水温传感器在不同温度下的电阻是否符合标准值。若不符合标准值,应更换水温传感器。

④ 检查空气流量计,若有异常,应更换。

⑤ 在怠速运转中拔下怠速控制阀线束插头。如果怠速上下波动的现象消失,但随之怠速不稳现象加剧,说时怠速控制阀工作正常,喷油系统有故障;如果怠速波动现象不变,则说明怠速控制阀工作不良或不工作。对此,应检查怠速控制阀线束插头处有无脉冲电信号。无信号,则说明控制线路或计算机有故障;有信号,则说明怠速控制阀卡住,应拆检或更换怠速控制阀。

(6)使用空调或转向时怠速不稳或熄火

1)故障现象。在发动机怠速运转中使用空调或汽车转向时怠速过低、不稳,甚至熄火,关闭空调或停止转向时怠速运转正常。

2)故障原因。

① 发动机初始怠速调整过低，使怠速自动控制无法正常进行。

② 怠速控制阀不工作，在使用空调或汽车转向时，由于空调压缩机或动力转向液压泵开始工作，增大了发动机负荷，导致怠速过低、运转不稳或熄火。

③ 空调开关或转向液压开关及其控制线路有故障，使计算机得不到使用空调和汽车转向的信号，没有进行怠速自动控制，导致怠速过低、不稳或熄火。

3）故障诊断与排除。

① 进行故障自诊断，读取故障码。有些车型的计算机能检测出怠速控制阀的工作状态。当怠速控制阀工作不正常（如线路短路或断路）时，计算机会显示出一个故障码。也可以通过计算机故障检测仪（解码器）来检测怠速控制阀的工作状态，在汽车运转过程中检测计算机向怠速控制阀发出指令。若有计算机指令而怠速控制阀没有相应的反应，则说明怠速控制阀或控制线路有故障；若没有指令信号，则说明计算机或空调开关、动力转向液压开关有故障。

② 按规定的程序重新检查调整发动机的初始怠速。

③ 检查怠速控制阀是否工作正常。脉冲电磁阀式怠速控制阀，可在汽车运转中拔下怠速控制阀线束插头，若发动机转速没有变化，则说明怠速控制阀不工作。步进电动机式怠速控制阀应在发动机熄火后拔下线束插头，待发动机起动后再插上，若此时发动机转速无变化，则说明怠速控制阀不工作，对此，应进一步检查线束插头处有无脉冲电压，若无脉冲电压，应检查控制线路；若有脉冲电压，则说明怠速控制阀有故障，应更换。

④ 检查空调开关、转向液压开关有无故障，与电脑的连接线路有无断路或短路。

8.1.5　诊断与排除电控发动机加速不良故障

（1）发动机加速不良故障

1）故障现象。踩下加速踏板后发动机转速不能马上升高，有迟滞现象，加速反应迟缓，或在加速过程中发动机转速有轻微的波动，或出现"回火""放炮"现象。

2）故障原因。原因主要是空燃比不当，点火性能和密封性能变差。主要原因有：

① 混合气过稀（燃油压力低、喷油器、燃油滤清器、进气歧管真空泄漏等）。

② TPS（节气门位置传感器）、MAPS（进气歧管绝对压力传感器）故障。

③ 点火提前角不准确。

④ 火花塞或高压线不良、高压火弱。

⑤ EGR 系统工作不良。

⑥ 排气管有堵塞现象。

3）故障诊断与排除。

① 故障自诊断，检查有无故障码，并注意观察动态数据流。

② 检查点火正时。

③ 测量各缸高压线电阻并拆检各缸火花塞。

④ 检查进气系统是否漏气。用真空表测量并结合在进气歧管附近喷清洗剂来检查。

⑤ 检查燃油压力，怠速和加速时均应符合要求。

⑥ 用示波器检查 TPS、MAPS 的输出电压波形，若有异常，应更换。

⑦ 拆卸、清洗喷油器，检查喷油器在加速工况下的喷油量，若有异常应更换喷油器。

⑧ 检查 EGR 系统的工作情况。

⑨ 检查排气管是否堵塞。

以上程序须全部检查完成，确保排除同时存在由几个不同的原因导致的故障。

（2）故障诊断、排除的要点

1）常见发动机加速不良的原因分析。发动机加速不良通常是混合气过稀、过浓，点火系统故障，发动机机械系统故障等原因引起的。

造成上述故障的具体原因有：燃油系统油压过高或过低，喷油器工作不良，传感器信号错误，点火高压低、能量小，点火正时不正确，气缸压缩压力低，排气管堵塞。

发动机加速不良一般有两种现象：一种是踩下加速踏板，发动机加速迟缓；另一种是踩下加速踏板，发动机转速不升反降。若踩下加速踏板，进气量增加少，修正增加喷油量也少，或喷油器喷油量增加迟缓或量少，加速就迟缓；如果踩下加速踏板，进气量急剧增加，但由于传感器信号错误，喷油器喷油量不增加或增加量少，或高压火弱，就会使转速下降。

若发动机在急速过程中，转速只是发生突然波动，而后马上可以加到高速，且能维持较长时间高速运转。这一般是在加速过程出现的瞬间断火现象，应重点检查点火系统。

若踩下加速踏板，转速不升反降且有熄火征兆，很难加速到高速。这一般为混合气过稀或高压火弱，当然也可能是排气管堵塞，其中前者最为常见。此时可在进气系统合适的位置（如空气滤清器、节气门、真空管等处，视机型情况而定），一边喷化油器清洗剂，一边迅速开启节气门，若此时转速可迅速提高则说明混合气稀（此时可从燃油压力低和导致喷油量少的可能原因着手）。若提高转速易熄火，且有时进气管回火，有时排气管"放炮"，则很可能是高压火弱或断火（怠速时运转平稳）。

2）进气管回火的分析。进气管回火是指混合气在进气歧管内燃烧，燃气从进气口喷出的一种故障现象。造成进气管回火的原因较多，涉及供给系、点火系和机械故障及电控等各个方面。

① 供油系统。主要由燃油供应不足，混合气过稀引起。

② 点火系统。主要由点火过晚或火花能量低，使燃烧速度变慢。其伴随的现象有：加速时转速提高缓慢，急加速时回火现象明显，有时缓加速也有回火现象，同时排气管排气声发闷，发动机温度偏高。

若发动机空转时工作正常，急加速或急减速时有时回火、高速行驶时有不规则的回火现象、在不平路面行驶回火频繁，则可能是点火系统某些部位或部件出现搭铁不良。

对于同时点火的，造成急加速回火的另一重要原因是火花塞工作不良。应注意重点检查。

③ 机械故障。若发动机低速运转时进气管回火，排气管有"突突"声，转速提高后症状减轻，此时应检查气缸压力。可能是进气密封不严，在高速时相对漏气率下降，回火相对在低速明显，高速时减轻。

如果发动机工作时，连续有节奏地出现回火，同时动力下降。某缸断火后回火现象消失，则多是由于排气门无法开启或开度过小，导致废气不能完全排除。

如果发动机工作时，进气管连续回火，低速时更明显，相邻两缸中某缸断火，回火现象消失，则可能是相邻两缸之间的气缸垫烧穿。可用断缸法查找。

④ 若 PCM 工作不良或元件及线路有故障，也会导致混合气过稀，使进气管回火。

8.1.6 诊断与排除汽车起动系统故障

（1）起动系统常见故障现象及原因分析

1）起动机不转。

① 故障现象。起动时，接通起动开关，起动机不转动，且无动作迹象。导致此类故障的原因较多，归纳起来主要分为蓄电池和起动机两方面。

② 故障原因。

a）电源故障。

b）起动机故障。

c）起动继电器故障。

d）点火开关故障。

e）起动系统控制线路故障。

③ 故障分析诊断与排除。

a）按下扬声器或打开前照灯，如果扬声器声音嘶哑或不响，或者灯光比平时暗淡，说明电源有问题，应先检查蓄电池极桩与线夹、起动电路导线接头处是否有松动，触摸导线连接处是否发热。若某连接处松动或发热则说明该处接触不良；若线路连接无问题，则应对蓄电池进行检查。

b）如果判断电源无问题，用旋具将起动机电磁开关上连接蓄电池和连接内部电动机的两接线柱短接。如果起动机不转，则说明是电动机内部有故障，应拆检起动机；如果起动机空转正常，则进行下一步检查。

c）用螺钉旋具将电磁开关接线柱与起动机电源接线柱相连，如果起动机不转，则说明起动机电磁开关有故障，应拆检电磁开关；如果起动机运转正常，则说明故障在起动继电器或有关的线路。

d）用螺钉旋具将起动继电器上连接蓄电池和连接起动机的两接线柱短接。如果起动机不转，则应检查连接这两个接线柱的导线；如果起动机能正常运转，再进行下一步检查。

e）将起动继电器上连接蓄电池和连接点火开关的两接线柱短接。

2）起动机运转无力。

① 故障现象。起动时，驱动齿轮能啮入飞轮齿环，但起动机转速明显偏低甚至停转。

② 故障原因。

a）起动机开关触点烧蚀严重，因调整不当而不能接触。

b）电动机电刷磨损过多或电刷弹簧压力不足，使电刷接触不良。

c）励磁绕组或电枢绕组局部短路，使起动机功率下降。

d）起动机轴承过松，致使电枢铁心与磁极相碰。

e）换向器脏污严重，使接触电阻变大。

f）电磁开关线圈有短路处。

g）起动线路导线有接触不良处。

h）蓄电池亏电或极板硫化、短路，起动电源导线连接处接触不良等。

③ 故障分析诊断与排除。

a）检查蓄电池是否亏电较多，方法：可按扬声器和开前照灯试验，若扬声器音量小，前照灯灯光暗淡，则可能是蓄电池存电不足或连接线松动而接触不良。此时可用手触摸蓄电池各接线端子，若发热，为其接线连接不良，应拆下导线，用砂纸打磨后重新装回，并用螺栓紧固。若手摸蓄电池各接线端子的温度正常，为蓄电池故障，应予以维修或更换。

b）如果蓄电池正常时，再用螺钉旋具短接起动机的电源主接柱和电动机主接柱，观察短接处的火花强弱和起动机的运转情况。火花强（表示电流很大），起动机运转正常，说明蓄电池到起动机之间的线路和起动机良好，故障出在电磁开关上，如：接触盘和触头烧蚀严重或脏污而造成接触不良等；火花强，起动无力，则可能是起动机内部绕组局部短路或有接铁处。也可能是转轴与轴承配合过紧（摩擦阻力大）或过松而使电枢与磁极碰擦（有摩擦声）；火花弱（表示电流小），起动无力，则可能是接线柱与接线头之间氧化、脏污或松脱，引起接触不良；也可能是电刷与换向器之间接触不良。

3）起动机空转。

① 故障现象。起动时，起动机转动，但发动机不转。

② 故障原因。

a）直接操纵式的拨叉脱槽，不能拨动驱动小齿轮；或其行程调整不当，不能进入啮合状态。

b）单向离合器打滑或损坏。

c）电磁控制式电磁开关铁心行程太短，使电动机开关闭合时间过早。

d）起动机固定螺栓松动。

e）电枢移动式辅助线圈短路或断路，不能将电枢带到工作位置。

f）飞轮齿环磨损严重或损坏。

③ 故障分析诊断与排除。

a）排除调整不当原因。

b）检查飞轮齿环是否损坏。

c）检查单向离合器。

d）检查轨槽。

4）起动机起动时出现异常声响。

① 故障现象。接通起动开关，起动机转动时有撞击声，且不能带动发动机运转。

② 故障原因。

a）起动机驱动小齿轮或飞轮齿环磨损严重或损坏。

b）起动机开关接通时间过早。

c）小齿轮端面被齿环平面挡住，齿轮不能迅速推入飞轮。

d）起动机固定螺栓或离合器壳松动。

e）减振弹簧过软。

③ 故障分析诊断与排除。

a）检查起动机开关是否闭合过早。

b）排除螺钉（栓）松动的可能。

c）起动时，起动机发出"嗒嗒"声响，起动不连续，很难使发动机起动。

（2）起动系统零部件的检测

1）蓄电池的检测。蓄电池使用与维护时的注意事项如下：

① 观察蓄电池外壳表面有无电解液流出。

② 检查蓄电池在车上安装是否牢靠，导线接头与极桩的连接是否紧固。

③ 经常清除蓄电池盖上的灰尘泥土，擦去蓄电池顶上的电解液，透过加液孔盖上的气孔，清除极桩和导线接头上的氧化物。

④ 定期检查和调整电解液的相对密度及液面高度。

⑤ 经常检查蓄电池放电程度，超过规定时立即充电。

⑥ 对于免维护蓄电池要经常观察其检视窗，当发现亏电时，要及时更换。一般来说，免维护蓄电池每隔两年左右就要更换一次。当前轿车上几乎全部使用此类蓄电池。

2）起动继电器、电缆、变速器档位开关的检测

① 起动继电器的检测。检测继电器是否导通，继电器是否工作，用试灯检测。将试灯一端接到端子1上，另一端接地，灯亮，正常；同样，将试灯一端接到端子4上，另一端接地，灯不亮，应更换继电器。

② 电缆的检测。

③ 变速器档位开关的检测。

3）起动机的检测。

① 电枢绕组的检测。

a）电枢绕组烧毁，漆包线变黑，电枢绕组的绝缘性能降低，有时会出现局部短路的情况，可以重新嵌制电枢绕组或更换电枢。

b）电枢换向器脱焊或磨损严重。

c）电刷磨损严重及电刷压簧的弹力不足。

d）电枢两端轴承的磨损。

② 励磁绕组的检测。若励磁绕组被烧毁，漆包线会变黑且有异味，可以用万用表测量绕组的电阻和绝缘情况来判断它的好坏，绕组损坏时，目前的维修方式是更换。

8.1.7　诊断与排除发动机充电系统故障

（1）充电系统概述　汽车充电系统由蓄电池、发电机、电压调节器及充电状态指示装置组成。发电机作为汽车运行中的主电源，担负着向启动系统之外所有用电设备供电和向蓄电池充电的任务。由于发电机是由发动机经传动带驱动旋转的，当发动机转速变化时，发电机输出电压是变化的。为满足汽车用电设备用电及向蓄电池充电的恒定电压要求，充电系统设有电压调节器，用来调节发电机的励磁电流，以保持发电机在转速和负荷变化时输出电压的稳定。充电状态指示装置用于指示充电系统的工作情况及指示蓄电池是处于充电还是处于放电状态。

（2）充电系统常见故障现象及原因分析

1）充电指示灯不亮。

① 故障现象。接通点火开关、发动机正常运转时，充电指示灯始终不亮。

② 故障原因。充电指示灯灯泡损坏或接触不良；组合继电器的充电指示灯控制继电器有故障；发电机整流器一个正极性二极管击穿短路。

③ 故障分析诊断与排除(图8-2)。

2）电源系统不充电。

① 故障现象。发动机起动后，仪表盘上的充电指示灯不熄灭，或在发动机正常运转过

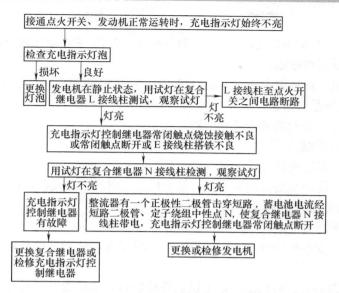

图 8-2 充电指示灯不亮故障诊断流程

程中，充电指示灯始终不熄灭。

② 故障原因。发电机"电枢"或"磁场"接线柱松动或脱落、绝缘损坏或接触不良；驱动带松动或沾有油污打滑；滑环绝缘破裂击穿；发电机电刷在其架内卡滞或磨损过大，弹簧弹力不足或折断，使电刷与集电环接触不良；发电机定子与转子线圈断路或短路；发电机硅二极管损坏；调节器损坏；充电指示灯接线搭铁或电流表损坏。

③ 故障分析诊断与排除。

a）检查传动带松紧度，同时检查是否沾有油污而打滑。

b）用试灯法检查有关导线的连接情况以及有无断路。

c）检查电源系统。

3）充电指示灯时亮时灭。

① 故障现象。接通点火开关和发动机正常运转时，充电指示灯时亮时灭。

② 故障原因。传动带打滑；充电系线路连接线接触不良；发电机转子或定子线圈有局部断路或短路故障；滑环脏污或电刷与滑环之间接触不良；调节器触点烧蚀或脏污，触点臂弹簧过软。

③ 故障分析诊断与排除。

a）检查发电机传动带松紧度，必要时调整。

b）检查紧固各导线连接处或插接件。

c）拆除调节器"+"与"F"接线柱的连接线并悬空，用试灯连通发电机的该两接线柱，使发电机转速不断升高，观察电流表。若电流表反应稳定，灯亮而不闪，表明发电机外磁场电路接触不良，或调节器的低速触点烧蚀；若电流表指针左右摆动，灯亮而不闪光，表明发电机外充电电路接触不良；若灯闪而不亮，则为发电机内部接触不良。以上情况均应检查并排除。

4）发电机充电电流过大。

① 故障现象。汽车灯泡易烧，蓄电池温度过高且其电解液消耗过快，这说明发电机充

电电流过大。

② 故障原因。电压调节器失调或损坏，触点脏污或烧结；发电机磁场线圈搭铁或导线接错。

③ 故障分析诊断与排除。

a）起动发动机，加速至中速，用万用表检查发电机的输出电压，若电压高于调节电压，应检查磁场线圈是否搭铁。

b）若线圈良好，应检查或更换调节器

5）发电机有异常响声。

① 故障现象。发电机处有异常的响声。

② 故障原因。传动带松紧调整不当；发电机轴承润滑不良或损坏；转子与定子间碰擦；发电机风扇或传动带盘与壳体碰撞。

③ 故障分析诊断与排除。

a）用听诊器对发电机进行诊断，如果响声来源于发电机和发电机带轮，检查调整传动带松紧度。

b）若响声立即消失，可认定为发电机或带轮响声。观察发电机外部运转动态，若有碰擦应检修或调整。

c）触摸发电机，若温度过高，表明转子与定子碰擦，应检修。

8.2 汽车底盘故障诊断与排除

8.2.1 诊断与排除自动变速器故障警告灯故障

（1）丰田汽车自动变速器故障码的读取 日本丰田大部分汽车的故障检测插座位于发动机附近，少数位于仪表盘下方。其故障码人工读取方法如下：

1）打开点火开关，但不要起动发动机。

2）按下超速档开关，使之置于 ON 位。丰田轿车以仪表盘上的 OD/OFF 超速档指示灯作为故障警告灯。若超速档开关置于 ON 位时，打开点火开关或汽车行驶中 OD/OFF 指示灯不停地闪烁，说明自动变速器的控制系统有故障。在读取故障码时，不要将超速档开关置于 OFF 位置，否则 OD/OFF 指示灯将一直发亮，无法读取故障码。

3）打开位于发动机附近的汽车计算机故障检测插座盖，按照盖内所注明的各插孔的名称，用一根导线将 TE1（故障自诊断触发端）和 E1（搭铁）两插孔连接。

4）根据自动变速器故障警告灯的闪亮规律读出故障码。若自动变速器控制系统工作正常，计算机内没有故障码，则故障警告灯以每秒 2 次的频率连续闪亮。若自动变速器计算机内存在故障码，则故障警告灯以每秒 1 次的频率闪亮，并将两位数故障码的十位数和个位数先后用故障警告灯的闪亮次数表示出来。如当故障码为 23 时，故障警告灯先以每秒 1 次的频率闪亮 2 次，表示故障码的十位数为 2，然后停顿 5s，再以每秒 1 次的频率闪亮 3 次，表示故障码的个位数为 3。

当计算机内存有几个代码时，计算机按故障码的大小，依次将所存的所有故障码显示出来，相邻 2 个故障码之间的停顿时间为 2.5s。当所有故障码全都显示完毕，停顿 4.5s，再重新开始显示。如此反复，直到从故障检测插座上拔下连接导线为止。

5）读取所有的故障码后，从检测插座上拔下连接导线，关闭点火开关。自动变速器的故障码也可直接利用解码器读取故障码的功能读取。

（2）根据故障码含义，进行故障排除　丰田汽车自动变速器故障码含义及故障原因见表8-1。

表8-1　丰田汽车自动变速器故障码含义及故障原因

故障码	含义	故障原因
42	车速传感器无信号	车速传感器损坏或线路短路、断路
44	后车速传感器无信号	后车速传感器损坏或线路短路、断路
46	油压电磁阀不工作	油压电磁阀损坏或线路短路、断路
61	车速传感器无信号	车速传感器损坏或线路短路、断路
62	换档电磁阀 A 不工作	换档电磁阀 A 损坏或线路短路、断路
63	换档电磁阀 B 不工作	换档电磁阀 B 损坏或线路短路、断路
64	锁止电磁阀不工作	锁止电磁阀损坏或线路短路、断路
67	输入轴转速传感器无信号	输入轴转速传感器损坏或线路短路、断路
68	强制降档开关一直闭合	强制降档开关损坏或线路短路、断路

下面以轮速传感器为例介绍它的检修过程，其他与此类同：

1）轮速传感器阻值检测。

① 点火开关 OFF，拔下轮速传感器的线束插头。

② 用万用表测量轮速传感器两接线柱之间的电阻，其值应为 $560\sim680\Omega$。如果感应线圈短路、断路或电阻值不符合标准，应更换传感器。

2）轮速传感器的功能检测。

① 用千斤顶将汽车一侧的驱动轮顶起，把变速杆置于空档位，用手转动悬空的驱动轮，同时用万用表测量轮速传感器两接线柱之间有无脉冲感应电压。测量时，应将万用表选择开关转至 1V 以下的直流电压档，若测量时万用表指针有摆动，说明传感器有输出脉冲，其工作正常，否则，应更换传感器。

② 也可以将轮速传感器拆下，用一块磁铁靠近轮速传感器的前端，然后迅速移开，同时检查传感器端子之间的电压，若有脉冲感应电压，则说明传感器良好，若无感应电压或感应电压很微弱，说明传感器有故障，应更换。

（3）消除故障码拔下主继电器熔丝，给计算机断电时间大于 15s，故障码将自行消失。也可通过解码器消除故障码的功能清除故障码。

8.2.2　诊断与排除前轮异常磨损故障

汽车前轮异常磨损主要包括胎冠内侧磨损、胎冠外侧磨损、胎冠中部磨损、轮胎两胎肩磨损、胎冠局部呈凹痕状磨损、胎冠圆周方向呈波浪状和碟片状磨损及胎冠呈锯齿状磨损等。

（1）胎冠内侧磨损

1）故障现象。胎冠内侧磨损现象如图 8-3a 所示。

2）故障原因。胎冠内侧磨损的主要原因是前轮定位参数不准，主要是使用时间较长而使车轮定位参数发生变化，或长期不进行轮胎换位所致。

3）故障排除。若出现此类磨损，需要做四轮定位，必要时进行轮胎互换。

（2）胎冠外侧磨损

1）故障现象。胎冠外侧磨损的现象如图8-3b所示。

2）故障原因。胎冠外侧磨损的主要原因是前轮定位参数不准，主要是使用时间较长而使车轮定位参数发生变化，或长期不进行轮胎换位所致。

a) 胎冠内侧磨损　　　b) 胎冠外侧磨损

图 8-3　胎冠内侧和外侧磨损

3）故障排除。若出现此类磨损，需要做四轮定位，必要时进行轮胎互换。

（3）胎冠中部磨损

1）故障现象。胎冠中部磨损现象如图8-4所示。

2）故障原因。车辆行驶中，由于轮胎充气过多，胎压过高，仅使轮胎胎面中央部分的花纹接触地面，也就是轮胎压花较少，从而导致胎面花纹的中央比两边部分磨损快。

3）故障排除。若出现轮胎花纹中央磨损时，需要检查胎压是否比规定值高，一般车辆的轮胎厂家都有规定的参数值，应调整胎压至标准范围内。

（4）轮胎两胎肩磨损

1）故障现象。轮胎两胎肩磨损现象如图8-5所示。

2）故障原因。轮胎两胎肩磨损的主要原因是轮胎气压过低，轮胎气压过低时，轮胎胎面的两边和中央虽然接触地面，但由于两边部分较硬而与地面摩擦力较大、中央部分较软而与地面摩擦力较小，使得胎面两边的花纹比中央磨损快。特别是在长期重载情况下，更为明显。

3）故障排除。若出现轮胎两胎肩磨损，需要检查胎压是否比规定值低，一般车辆的轮胎厂家都有规定的参数值，应调整胎压至标准范围内。

图 8-4　胎冠中部磨损

图 8-5　轮胎两胎肩磨损

（5）胎冠圆周方向呈波浪状或碟片状磨损

1）故障现象。胎冠圆周方向呈波浪状或碟片状磨损现象如图8-6所示。

2）故障原因。胎冠圆周方向呈波浪状或碟片状磨损的原因可能是由于车轮的动平衡不良、轮毂和轮轴及其轴承技术状态变差或车轮定位不符合技术规定引起的。

3）故障排除。出现这种磨损，应及时做车轮的动平衡或全轮定位，并检

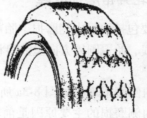

图 8-6　胎冠圆周方向呈波浪状或碟片状磨损

查相关轮毂与轴承的配合间隙。其故障诊断的流程如图 8-7 所示。

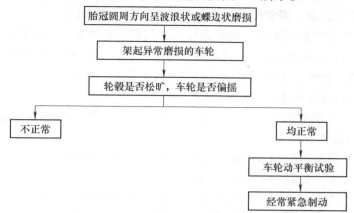

图 8-7 胎冠圆周方向呈波浪状或碟片状磨损的故障诊断流程

（6）胎冠呈锯齿状磨损

1）故障现象。胎冠呈锯齿状磨损的故障现象如图 8-8 所示。

2）故障原因。胎冠呈锯齿状磨损的主要是车辆长时间运行，使转向机构的参数改变，导致前轮前束不符合标准。当胎面花纹由外侧向内侧呈锯齿状磨损时，说明前轮前束过大；反之，则说明前轮前束过小。

3）故障排除。根据锯齿状磨损量的具体情况，以本车的出厂值为参考数值，定期进行前轮前束的调整。

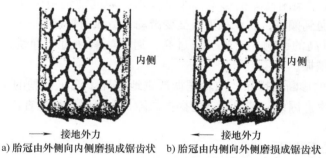

a）胎冠由外侧向内侧磨损成锯齿状　b）胎冠由内侧向外侧磨损成锯齿状

图 8-8 胎冠呈锯齿状磨损

8.2.3 诊断与排除前轮摆振故障

（1）故障现象 汽车前轮摆振（俗称汽车摇头或转向盘摆振）故障，是指汽车前转向轮在一定行驶速度下，沿一条弯曲的波形轨迹前进，同时前轴在垂直平面内产生振动，引起前轮上下跳动，严重时转向盘发抖，手感发麻，甚至在驾驶室内可看到整个车头晃动。它不仅增加了驾驶员的疲劳程度，危及安全，还加剧了轮胎磨损，增大了滚动阻力并影响汽车性能的发挥。

（2）产生前轮摆振的原因 前轮摆振是一个复杂的摆动问题，其原因是多方面的，除了与结构设计、制造和维修工艺有关外，在使用中出现摆振故障时，还与转向机构松旷、前轮定位失常和前轮不平衡等因素有关。

1）转向机构松旷的影响。转向机构除了传递来自转向盘的转向转矩之外，还有阻止转向轮自动偏转的作用。若转向机构各配合件磨损松旷、各球节磨损导致间隙过大，将会使转向传动系统阻尼作用减弱，振动位移量加大，前轮稳定效应降低。

2）前轮定位参数失常的影响。前轮定位参数包括前轮外倾、前轮前束、主销内倾和主销后倾四个要素，且不同型号的车型都有各自的参数值。如果前桥弯扭变形，主销与衬套之间由于磨损导致过于松旷，钢板弹簧固定松旷或错位等都会使前轮定位参数失常，从而破坏转向轮的稳定，引起前轮摆振。

3）前轮质量不平衡的影响。前轮质量不平衡，对转向轮的跳动和摇摆都有影响。造成前轮质量不平衡的具体因素有：

① 前轮轮盘、轮毂和轮胎等的加工精度不高，材料及其密度不均匀。

② 装配时，轮胎、轮盘和轮辋等不同心。

③ 轮胎磨损不均匀，外胎修补或翻新。另外，转向系刚度太小，前钢板弹簧骑马螺栓松动或钢板销与其衬套配合松旷，转向系与前悬架的运动互相干涉，道路不平，货物装载不合理等对前轮摆振也有影响。

4）轮毂轴承松旷或损坏的影响。轮毂轴承松旷或损坏后就不能有效地受到轴向牵制，车轮遇到阻力就会在万向节轴上产生径向摆动，从而牵动车轮沿主销摆振。

5）轮辋变形的影响。轮辋变形，车轮滚动必然产生摇摆，轮胎螺钉松动，也会产生前轮摇摆的后果。

6）前左右钢板弹簧挠度或片数不一致的影响。前左右钢板弹簧挠度或片数不一致，不仅会使前轮定位失常，还会使车架倾斜，使两前轮承载质量不均，也容易引起前轮摆振。

7）车架变形或车架刚性差的影响。车架变形，如同前钢板弹簧挠度或片数不一致一样。车架刚性差，遇到颠簸，使承载重心交变游动，造成前轮摆振。

8）轮胎气压过高的影响。轮胎气压过高，遇到颠簸便过于弹跳，再加上其他不良因素，也会引起前轮摆振。

（3）前轮摆振的诊断与排除 前轮摆振严重地破坏了汽车行驶的平顺性，直接影响了行驶安全和运输效率。因此，若出现前轮摆振故障，应及时进行检查诊断并加以排除。可采取分段逐步检查。

1）察看前轮是否装用了翻新胎。

2）检查前轮质量是否平衡。首先，察看外胎有无严重损伤。若有，应予以更换；若无，可用轮胎平衡仪检查前轮的质量，若无轮胎平衡仪，可以用简便的方法进行：将前桥顶起，分别转动左右轮，当转动着的前轮完全静止后，用粉笔或油漆在轮胎下缘做一标记，而后再次进行转动，若每次转动静止后的静止点均在同一位置上，则证明车轮不平衡，若静止点毫无规律，则证明车轮基本平衡。

3）检查转向系各部位的配合是否松旷，若松旷，应予以调整或修复。检查前轮定位是否符合规范要求，若前束值过小或过大，应进行调整，使前轮不摆振，且轮胎磨损正常。

4）若经检查无异常时，再架起后桥，起动发动机挂高速档，使驱动轮达到路试时摆振的车速，若车身和转向盘都抖动，则为传动系有故障，否则可确定为前桥、转向系统有故障。

5）当确定前桥、转向系统有故障时，应顶起前轴，拆下直拉杆，使之与摇臂分开，推动摇臂并转动前轮，再确定故障是在转向机还是在联动装置，分别予以检查和排除。顶起前轮后，沿轴向扳动轮胎，若有轴向移动，则应调整轮毂轴承。

6）检查前钢板弹簧骑马螺栓、前钢板销与衬套等处是否松旷，若松旷可予以修复；若不松旷，再检查左、右两架钢板弹簧的厚度、片数、弧高、长度和新旧程度是否一致，若不一致应予以调整。

7）若经过上述检查均无问题，则应考虑转向系的刚度、货物的装载情况、轮胎气压和不平道路的影响等。

总之，在排除前轮摆振的故障时，不能盲目大拆大卸，首先要从外表检视着手，对重点部位详细检测，认真分析和查找原因，找出对策。另外，由于前轮摆振很可能由诸多因素同时作用所致，仅检查排除某一部分难以解决问题，应进行全面检查、诊断、逐个排除。

8.2.4　诊断与排除制动拖滞故障

（1）液压制动系制动拖滞故障的诊断与排除

1）故障现象。抬起制动踏板后，全部或个别车轮的制动作用不能立即完全解除，以至于影响了车辆的重新起步、加速行驶或滑行。

2）故障原因。

① 制动踏板无自由行程，制动踏板拉杆系统不能自动回位。

② 制动总泵回位弹簧折断或失效。

③ 制动总泵回油孔被污物堵塞，密封圈发胀或发黏与泵体卡死。

④ 通往分泵的油管凹瘪或堵塞。

⑤ 制动盘摆差过大。

⑥ 前制动器密封圈损坏，造成活塞不能正常复位。

⑦ 前、后制动器分泵密封圈发胀或发黏与泵体卡死。

⑧ 鼓式制动器制动蹄回位弹簧折断或过软。

⑨ 鼓式制动器制动蹄摩擦片破裂或铆钉松动。

⑩ 鼓式制动器制动鼓严重失圆。

3）故障诊断与排除。将汽车支起，在未踩制动踏板的情况下，用手转动车轮，若某一车轮转不动，说明该轮制动器拖滞；若全部车轮转不动，说明全部车轮制动器拖滞。

若为个别车轮制动器拖滞，首先旋松该车轮制动轮缸的放气螺钉，若制动液急速喷出，随即车轮能旋转自如，说明该轮制动管路堵塞，轮缸未能回油，应更换；若车轮仍转不动，则拆下车轮，拆解检查制动器。

① 对于盘式制动器：

a）检查制动盘的轴向圆跳动，若误差过大，应磨削或更换。

b）拆检制动轮缸，若轮缸活塞卡滞或密封圈损坏，应更换。

② 对于鼓式制动器：

a）检查制动蹄摩擦片状况，若摩擦片破裂或铆钉松动，应更换摩擦片。

b）检查制动器间隙自调装置，若有损坏，应更换。

c）检查制动鼓状况，若制动鼓圆度误差过大，应镗削或更换；检查制动蹄回位弹簧，若有折断或弹力减弱，应更换。

d）检查制动轮缸，若轮缸活塞发卡或密封圈损坏，应更换。

③ 全部车轮制动器拖滞，进行以下检查：

a）检查制动踏板自由行程是否符合要求，若自由行程过小，应调整。

b）检查制动踏板回位情况，用力将制动踏板踩到底并迅速抬起，若踏板回位缓慢，说明制动踏板回位弹簧失效或踏板轴卡滞，应更换或修复。

c）检查制动主缸的工作情况。打开制动液室盖，由一人连续踩制动踏板，另一人观察制动主缸的回油情况。若不回油，说明制动主缸回油孔堵塞，应清洗，疏通；若回油缓慢，说明制动液过脏或变质，应更换。

（2）气压制动系制动拖滞故障的诊断与排除

1）故障现象。

① 汽车起步困难，行驶无力。

② 汽车行驶一定里程后，制动鼓发热，滑行距离缩短。

2）故障原因。

① 制动踏板无自由行程。

② 制动拉杆卡滞或回位弹簧过软使制动踏板不能回位。

③ 制动调节阀中的排气阀开度过小，或其回位弹簧过软、折断或橡胶阀座老化发胀。

④ 制动气室膜片（活塞）回位弹簧疲劳、折断或弹力过小。

⑤ 制动凸轮轴在其承孔内缺油，锈蚀或卡滞。

⑥ 制动蹄与支承销锈蚀或回位弹簧过软、折断。

⑦ 制动间隙调整不当，放松制动后，制动蹄摩擦片与制动鼓有局部摩擦。

⑧ 其他方面原因，如轮毂轴承松动，半轴套管松动等。

3）故障诊断与排除。首先对车辆进行路试，路试中要有意使用制动器，当行驶一定路程后，停车检查各车轮制动鼓的温度。

① 若发现制动鼓均发热，且抬起制动踏板时制动控制阀排气缓慢或不排气，多属制动控制阀和制动操纵机构故障。

a）踩下、抬起制动踏板，观察制动踏板的回位情况，若制动踏板不能完全回位，说明制动拉杆卡滞或踏板润滑不良，应修复或润滑。

b）检查制动踏板自由行程是否符合要求，若自由行程过小，说明制动控制阀的排气阀开度过小，应调整。

c）检查制动踏板并迅速抬起，查听制动控制阀的排气声音。若制动控制阀排气缓慢，且拖延时间太长，说明排气阀排气不畅，应拆检制动控制阀。检查排气阀排气间隙是否过小，回位弹簧是否折断，弹力是否过小或阀座表面是否有胶质、油污等。若制动控制阀排气迅速，说明故障出现在车轮制动器，应全面检查。

② 若发现个别制动鼓发热，说明该车轮制动拖滞。可由一人在驾驶室内连续踏下、抬起制动踏板，另一人在该车轮处观察制动气室推杆的动作情况。

a）若制动气室的推杆回位缓慢或不回位，则拆下该车轮制动器的调整臂再检查。若此时推杆回位仍慢，说明推杆弯曲、卡滞或制动气室弹簧折断，制动气室内油污严重，应修理或清洗；若此时推杆回位正常，说明制动凸轮轴润滑不良，应加注润滑脂。

b）若制动气室的推杆回位正常，则应支起车轮做进一步检查。轴向推拉车轮检查轮毂轴承的轴向间隙。若感觉松旷，说明该车轮轮毂轴承松旷，应予以调整。

沿圆周方向转动车轮，检查车轮转动是否灵活。若转动阻力较大，则应检查轮毂轴承间隙或制动器的间隙是否过小；若转动阻力时大时小，则应检查制动鼓是否变形。

若经上述检查均属正常，则应拆卸车轮制动器做进一步的检查。拆下车轮制动器的制动鼓，检查制动蹄的回位情况，若制动蹄回位慢或不回位，则应检查制动蹄回位弹簧弹力是否减弱，制动蹄与支承销之间是否润滑不良，制动凸轮轴是否润滑不良。若是，应更换或润滑。

8.2.5　诊断与排除制动防抱死失效故障

（1）故障现象　汽车紧急制动时，车轮出现抱死现象，ABS 系统不起作用，有时 ABS 警告灯点亮。

（2）故障原因

1）制动灯开关故障或其连接线路有断路。

2）车轮转速传感器故障或其连接线路有断路、短路。

3）ABS 电子控制盒电源线路或熔断器有断路。

4）ABS 电子控制盒（ABS 计算机、电磁阀与泵电动机继电器及内部电路等）有故障。

（3）故障诊断与排除

1）读取 ABS 故障码，若有故障码，可按故障码显示的信息排除故障。

2）不能读取故障信息或无故障信息输出时，可按如下方法诊断：

① 检查电磁阀与泵电动机继电器电源。富康 ABS 的电路如图 8-9 所示。拔开 ABS 电子控制盒插接器，富康 ABS 电子控制盒插接器如图 8-10 所示，测量插接器（线束侧）17 或 18

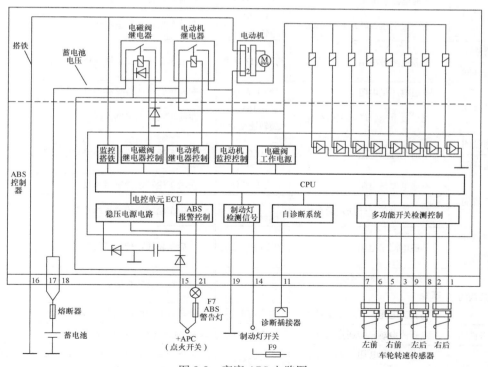

图 8-9　富康 ABS 电路图

号端子与16号端子之间的电压,应为蓄电池电压。如果电压低或无,则检修继电器电源和搭铁线路及ABS熔断器;如果电压正常,则进行下一步诊断。

② 检查ABS计算机电源。如图8-9、图8-10所示,接通点火开关,测量插接器(线束侧)15号端子的搭铁电压,应为蓄电池电压。如果电压低或无,则检修15号端子与点火开关之间的线路;如果电压正常,则进行下一步诊断。

③ 如图8-9、图8-10所示,踩下制动踏板时,测量插接器(线束侧)6-7、3-5、8-9、1-2端子之间的电压,应为0.1V以上,电压随车轮轮速上升而增大。如果无电压或在车轮转速很高时,电压仍很低,则检修车轮转速传感器线路和传感器;如果车轮转速传感器信号电压正常,则更换ABS电子控制盒。

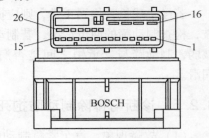

图8-10 富康ABS电子控制盒插接器

富康ABS电子控制盒引脚线正常数据见表8-2。

表8-2 富康ABS电子控制盒引脚线正常数据

测量的引脚间	检测项目及条件	正常数据	不正常时故障可能的原因或部位
1与2脚间	不通电测量电阻	约1.8kΩ	右后车轮转速传感器不良
	测交流电压,转动右后车轮	0.15V(随转速变化)	右后车轮转速传感器线路断
1与搭铁间 2与搭铁间	不通电测量电阻	约20MΩ以上	右后车轮转速传感器线路异常或不良
3与5脚间	不通电测量电阻	约1.8kΩ	右前车轮转速传感器不良
	测交流电压,转动右前车轮	0.15V(随转速变化)	右前车轮转速传感器线路断
3与搭铁间 5与搭铁间	不通电测量电阻	约20MΩ以上	右前车轮转速传感器线路异常或不良
6与7脚间	不通电测量电阻	约1.8kΩ	左前车轮转速传感器不良
	测交流电压,转动左前车轮	0.15V(随转速变化)	左前车轮转速传感器线路断
6与搭铁间 7与搭铁间	不通电测量电阻	约20MΩ以上	左前车轮转速传感器线路异常或不良
8与9脚间	不通电测量电阻	约1.8kΩ	左后车轮转速传感器不良
	测交流电压,转动左后车轮	0.15V(随转速变化)	左后车轮转速传感器线路断
8与搭铁间 9与搭铁间	不通电测量电阻	约20MΩ以上	左后车轮转速传感器线路异常或不良
14与搭铁间	测交流电压,不踩下制动踏板	0	制动灯开关不良或异常
	测直流电压,踩下制动踏板	蓄电池电压	制动灯开关线路或F9熔丝有损坏
15与搭铁间	测直流电压,接通点火开关	蓄电池电压	15端到点火开关间线路异常
15与21脚间	不通电测电阻,断开点火开关	约525Ω	ABS警告灯损坏,ABS警告灯及15端到点火开关间线路异常,F7熔丝损坏

（续）

测量的引脚间	检测项目及条件	正常数据	不正常时故障可能的原因或部位
16 与 17 间、18 与 19 脚间	测直流电压	蓄电池电压	连接 17、18 端脚的电源线路不良；连接 16、19 端脚的搭铁线路不良，ABS 熔断器 FU 损坏
19 与 21 脚间	不通电测电阻	0	19 与 21 脚之间的开关不良
	接通点火开关，观察 ABS 灯是否亮	ABS 灯可点亮	ABS 警告灯及其线路不良，19 与 21 脚之间的开关异常

8.2.6　诊断与排除制动防抱死故障灯故障

（1）故障现象　行车中仪表板上 ABS 故障指示灯常亮，制动系统无防抱死功能。

（2）故障原因

1）车轮转速传感器故障。

2）ABS 控制器故障。

3）制动压力调节器故障。

4）检查 ABS 控制器线束插接器松动、连接导线松脱。

5）车轮转速传感器线束插接器松动、连接导线松脱。

（3）故障诊断与排除

1）系统故障码的读取。

① 当 ABS 有故障时，可能仪表板上的 ABS 警告灯就会闪烁，或者是 ABS 计算机盒上的发光二极管（LED）闪烁并直接显示故障码。

② 将插接器或 ABS 计算机盒上的有关插孔跨接，使仪表板上的 ABS 灯闪烁来显示故障码；也可用解码器读取故障码。

③ 根据故障码所显示的故障部位结合系统部件的检查结果确定故障点，并视情况进行修理或换件，以排除故障。

2）防抱死制动系统主要部件检查。

① 车轮转速传感器的检查。用数字万用表检测传感器线圈的电阻，如果电阻过大或过小，均说明传感器不良，应更换。

a）用数字万用表检测传感器的输出电压信号，转动车轮，其电压值应随车轮转速的增加而升高，最高应能达到 2V 以上。

b）用车用示波器检测传感器的输出信号电压波形，正常的电压波形应是均匀稳定的正弦电压波形。如果没有信号电压或信号电压有缺损，应拆下传感器进一步检查。

② ABS 控制器的检查。

a）检查 ABS 控制器线束插接器有无松动，连接导线有无松脱。

b）检查 ABS 控制器线束接插器各端子的电压值、波形或输出电阻，如果与标准值不符，但与之相连的部件和线路正常，则应更换控制器后再试。

c）用替换法检验。

3）制动压力调节器的检查。

① 用数字万用表检查电磁阀线圈的电阻，如果电阻无穷大或过小等，均说明电磁阀有

故障。

②　加电压试验，将制动压力调节器电磁阀加上其工作电压，观察电磁阀是否能正常动作。

（4）系统故障码的清除　故障排除后，拔下主继电器熔丝，使计算机断电时间大于15s，故障码将自行消失。也可通过解码器清除故障码的功能清除故障码。清除故障码后，再次读取故障码，无故障码后试车，确认故障已排除。

8.2.7　液压助力转向轿车转向系故障检测

1）检查液压油的液面高度是否在标准刻度内，若液面下降则需要检查液压管的各部件有无漏油情况，处理好漏液后添加液压油到标准值内。

2）检查转向液压泵驱动装置的工作情况是否正常，工作时是否有异响，检查传动皮带是否有打滑、过松、老化等情况，若有问题及时处理。

3）检查液压系统是否混进空气，若发现油壶中液面上有泡沫出现，则说明油路中混有空气，此时应反复转动转向盘进行排空气处理，若气泡较多或油液已经变质则需更换液压油，通常情况下车辆每行驶4万~5万公里要更换一次液压油。

4）使用压力表和节流阀检查液压泵的工作压力，用流量计和秒表检查流量。怠速时高压管的压力在1.5MPa左右，若液压泵的压力或流量不够，应进一步检查油泵内部有无磨损、溢流阀失效、滑阀有无磨损或油液中有无堵塞等现象。

8.3　新能源汽车技术

8.3.1　纯电动汽车预充电管理的作用与绘制预充电结构图

根据电动汽车和人体安全标准，在最大交流工作电压小于660V，最大直流工作电压小于1000V，以及整车质量小于3500kg的条件下，电动汽车的高压安全要求如下：

1）人体的安全电压低于35V，触电电流和持续时间乘积的最大值小于30mA·s。

2）绝缘电阻除以蓄电池的额定电压的值至少应该大于100Ω/V，最好是能够确保大于500Ω/V。

3）对于高于60V的高压系统的上电过程至少需要100ms，在上电过程中应该采用预充电过程来避免高压冲击。

4）在任何情况下，继电器断开的时间都应该小于20ms，当高压系统断开后1s，汽车的任何导电部分和可触及部分搭铁电压的峰值应当小于42.4V（交流）或60V（直流），储存的能量应该小于20J。

预充电管理的作用。根据上述安全要求，预充电管理是新能源汽车中必不可少的重要环节，其中，电动汽车预充电的主要作用是给电动机控制器（即逆变器）的大电容进行充电，以减少接触器接触时火花拉弧，降低冲击，增加安全性。

绘制预充电结构图。以某两厢纯电动汽车蓄电池，蓄电池管理系统、电机控制器、预充电系统为例，整车动力蓄电池系统由9并102串磷酸铁锂电芯串联组成，电芯规格为36800MP（3.2V　6.5Ah），电容容量C=1000μF，简化预充电结构如图8-11所示预充电过程波形如图 8-12 所示，电动机为感性元件，在控制继电器 K_+ 断电时会产生一个较高的电流及电压，对控制线路及蓄电池、继电器 K_+ 的寿命造成影响，因此需要电动机控制器负载前端设有电容 C；在冷态起动时，C 上无电荷或只有很低的残留电压。当无预充电时，主继电器 K_+、K_- 直接与 C 接通，此时蓄电池电压 U_B 为 326.4V 高压，而负载电容 C 上电压接近 0，相当于瞬间短路，负载电阻仅仅是导线和继电器触点的电阻，一般远小于 20mΩ。根据欧姆定律，回路电阻按 20mΩ 计算，$U_B - U_C$ 压差按 326.4V 计算，瞬间电流 $I =$（326.4/0.02）A = 16320A。继电器 K_+ 及 K_- 容易损坏。加入预充电过程，K_+ 先断开，使拥有较大阻抗的 K_P 和 R 构成的预充电电路先接通。

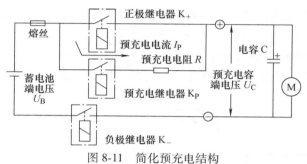

图 8-11　简化预充电结构

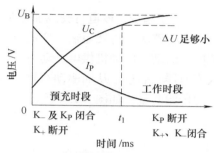

图 8-12　预充电过程波形

当预充电电路工作时，负载电容 C 上的电压 U_C 越来越高，切断预充电继电器 K_P，接通主继电器 K_+ 不再有大电流冲击，因为此时 $U_B - U_C$ 很小，所以电流小。通常选择预充电电阻范围为 20~100Ω，此项目选用 R = 25Ω，U_B 与 U_C 的压差按 326.4V 计算，在接通一瞬间，流过预充电回路进入电容 C 的最大电流 I_P =（326.4/25）A = 13.056A，此时，选择预充继电器容量为 15A 即可，但电动机为感性元件，冷起动电流为正常工作电流的 3~5 倍，为了确保预充电电路元器件的寿命，同时能保证 K_+ 闭合时工作的稳定性能，故选择的继电器容量应该在 60A 以上。

8.3.2　并联式油电混合动力汽车的动力传输原理

并联式油电混合动力汽车（PHEV）采用发动机和电动机两套驱动系统，可采用发动机单独驱动、电动机单独驱动或发动机和电动机联合驱动 3 种工作模式。与串联相比，PHEV 的优点是并联仅用到电动机和发动机，并且发动机和电动机的最大功率较小；缺点是由于发动机与推进系统是共轴连接的，所以并联需要离合器，这使得并联结构复杂，控制难度大。

图 8-13 为并联式混合动力系统示意图。并联结构的特征是以机械形式进行复合，发动机通过变速装置和驱动桥直接相连，电动机可同时用作电动机或发电机以平衡发动机所受的载荷，使其能

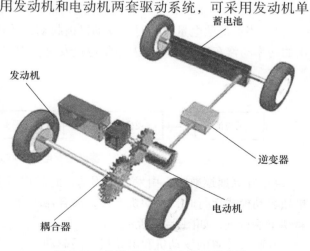

图 8-13　并联式混合动力系统示意图

在高效率区域工作。PHEV 的动力传输能量流如图 8-14 所示

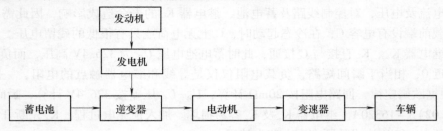

图 8-14   PHEV 的动力传输能量流

1）在起步、坡道行驶或加速阶段，发动机运转，发动机只为耦合器提供总功率的一部分，离合器闭合将转矩输入变速器，同时动力电源组释放电能，经逆变器将直流电转换为交流电，给动力电动机供电，动力电动机也将转矩输入变速器，发动机和电动机共同将动力输入变速器、后桥，从而驱动车辆加速行驶，实现"功率辅助"的目的。功率辅助时并联式动力传输能量流如图 8-15 所示。

图 8-15   功率辅助时并联式动力传输能量流

2）当车辆制动、减速、停车时，驱动桥传来的惯性转矩，经变速器带动电动机运转，电动机转换为发电机工作状态，起到发电机的作用。所发出的交流电经逆变器转换为直流电，对蓄电池组进行充电，其能量流如图 8-16 所示。

图 8-16   能量回收时并联式动力传输能量流

3）当蓄电池电量较低时，发动机被起动，并将其设置在最大功率工作点上，发动机输出的功率与汽车所需功率的差值将通过发电机为蓄电池充电，如图 8-17 所示。

图 8-17   蓄电池充电时并联式动力传输能量流

4）在高速巡航时，由发动机驱动，此时相当于传统燃油汽车运行。当车辆采用发动机单独驱动模式运行时，发动机运转，离合器闭合，将转矩输入电动机、变速器、后桥，从而驱动车辆行驶，如图 8-18 所示。

并联式装置的发动机和电动机共同驱动汽车，发动机与电动机分属两套系统，可以分别独立地向汽车传动提供转矩，在不同的路面上既可以共同驱动又可以单独驱动。当汽车加速

图 8-18　发动机驱动时并联式动力传输能量流

爬坡时，电动机和发动机能够同时向传动机构提供动力，一旦汽车车速达到巡航速度，汽车将仅仅依靠发动机维持该速度。电动机既可以作为电动机又可以作为发电机使用，又称为电动-发电机组。由于没有单独的发电机，发动机可以直接通过传动机构驱动车轮，这种装置更接近传统的汽车驱动系统，机械效率损耗与普通汽车差不多，得到比较广泛的应用。

8.3.3　电动汽车电机控制器的组成和运作原理

根据 GB/T 18488.1—2015《电动汽车用驱动电机系统　第 1 部分:技术条件》对驱动电机控制器的定义为：控制动力电源与驱动电机之间能量传输的装置，由控制信号接口电路、驱动电机控制电路和驱动电路组成。

电机、驱动器和电机控制器作为电动汽车的主要部件，在电动汽车整车系统中起着非常重要的作用，其相关领域的研究具有重要的理论意义和现实意义。

（1）电机控制器基本组成　电机控制器系统由中央控制模块、功率模块、驱动控制模块和各种传感器组成，如图 8-19 所示。

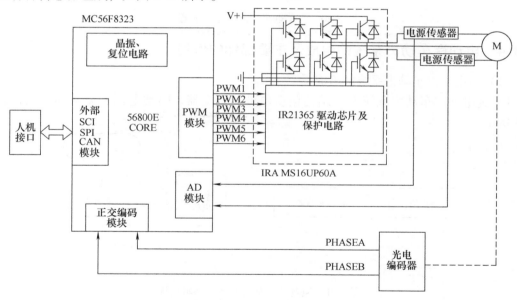

图 8-19　电机控制器示意图

1）中央控制模块。包括 PWM 波生成电路、复位电路、传感器信号处理电路、交互电路。中央控制模块对外通过对外接口，得到整车上其他部件的指令和状态信息。对内把翻译过的指令传递给逆变器驱动电路，并检测控制效果。

2）功率模块。电机控制器的主体是逆变器，其对电机电流电压进行控制。经常选用的功率器件主要有 MOSFET、GTO、IGBT 等。

3）驱动控制模块。将中央控制模块的指令转换成对逆变器中可控硅的通断指令，并作为保护装置，具备过压、过流等故障的监测保护功能。

4）传感器。系统应用到的传感器包括电流传感器、电压传感器、温度传感器、电机转轴角位置传感器等，根据设计要求选用。

（2）电机控制器运作原理　汽车电机控制器运作原理图如图8-20所示。电机控制器作为整个制动系统的控制中心，它由逆变器和控制器两部分组成。逆变器接收电池输送过来的直流电电能，逆变成三相交流电给汽车电机提供电源。控制器接受电机转速等信号反馈到仪表，当发生制动或者加速行为时，控制器控制变频器频率的升降，从而达到加速或者减速的目的。

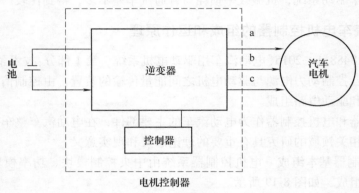

图8-20　汽车电机控制器运作原理图

8.3.4　电动汽车动力系统的组成及主要部件的作用

（1）纯电动汽车动力系统的组成

1）纯电动汽车动力系统基本结构由蓄电池、逆变器、驱动电机和驱动轴组成，如图8-21所示。

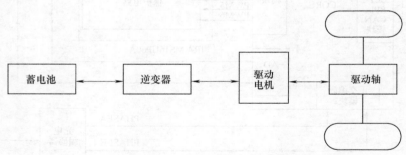

图8-21　纯电动汽车动力系统基本结构

2）混合动力汽车动力系统基本结构由发动机、蓄电池、逆变器、电动机和动力分配装置组成。

混合动力汽车根据动力传输路线的不同，一般分为并联式、串联式（图8-22）和混联式（图8-23）。

（2）电动机的作用　电动机是把电能转换成机械能的一种设备。它是利用通电线圈（也就是定子绕组）产生旋转磁场并作用于转子鼠笼式闭合铝框形成磁电动力旋转转矩。

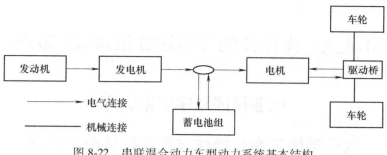

图 8-22　串联混合动力车型动力系统基本结构

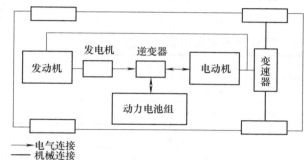

图 8-23　混联混合动力车型动力系统基本结构

电动机主要由定子与转子组成，通电导线在磁场中受力运动的方向跟电流方向和磁感线（磁场）方向有关。电动机工作原理是磁场对电流有力的作用，使电动机转动。

电动汽车驱动电动机主要包括直流电动机和交流电机。目前广泛使用的交流电动机有交流感应电动机、开关磁阻电动机和永磁电动机（包括无刷直流电动机和永磁同步电动机）

（3）逆变器的作用　逆变器是把直流电（电池、蓄电池）转变成交流电。它由逆变桥、控制逻辑和滤波电路组成。

逆变器不仅具有直交流变换功能，还具有最大限度地发挥太阳能电池性能的功能和系统故障保护功能。归纳起来有自动运行和停机功能、最大功率跟踪控制功能、防单独运行功能（并网系统用）、自动电压调整功能（并网系统用）、直流检测功能（并网系统用）、直流接地检测功能（并网系统用）。

附录 A　操作技能考核评分记录表（部分）

职业技能鉴定国家题库

汽车维修工高级操作技能考核评分记录表

考件编号：_____　姓名：_____　准考证号：_____　单位：_____

试题 1. 汽车大修——膜片弹簧式离合器的检测

序号	作业项目	考核要求	配分	评分标准	扣分	得分
1	劳动用品穿戴	劳保用品穿戴齐全	5	穿戴不全不得分		
2	正确选用工具、量具、材料	选用工具、量具、材料齐全准确	5	缺一件扣 1 分		
				选错一件扣 1 分		
3	清洁离合器各部件	采取正确的清洁方法措施，且清洗彻底、吹干	5	方法不正确扣 2 分		
				清洗不彻底扣 2 分		
4	从动盘的检查	运用正确方法检查从动盘	20	检查方法错误一处扣 5 分		
				漏检一项扣 5 分		
				检测结果错误一处扣 5 分		
5	膜片弹簧的检查	运用正确方法检查膜片弹簧	20	检查方法错误一处扣 5 分		
				漏检一项扣 5 分		
				检测结果错误一处扣 5 分		
6	压盘的检查	运用正确方法检查压盘	20	检查方法错误一处扣 5 分		
				漏检一项扣 5 分		
				检测结果错误一处扣 5 分		
7	分离轴承的检查	运用正确方法检查分离轴承	10	检查方法错误一处扣 5 分		
				漏检一项扣 5 分		
				检测结果错误一处扣 5 分		
8	正确使用工具、用具	工具、用具使用正确	5	一种工具、用具使用不正确扣 1 分		
				损坏丢失一件工具、用具不得分		
9	操作规程	操作规程执行情况	5	违反操作规程不得分		
10	清理现场	清理、擦洗并回收工具、用具	5	少收一件工具、用具扣 1 分，扣完为止，未回收不得分		
11		分数总计	100			

考评员签名：　　　　　　　　　　　　　　　　　　　　　　　　　年　月　日

职业技能鉴定国家题库

汽车维修工高级操作技能考核评分记录表

考件编号：_____ 姓名：_____ 准考证号：_____ 单位：_____

试题 1. 汽车大修——前轴的检测

序号	作业项目	考核要求	配分	评分标准	扣分	得分
1	劳动用品穿戴	劳保用品穿戴齐全	5	穿戴不全不得分		
2	正确选用工具、量具、材料	选用工具、量具、材料齐全准确	5	缺一件扣 1 分		
				选错一件扣 1 分		
3	清洁前轴各部件	采取正确的清洁方法措施，且清洗彻底、吹干	5	方法不正确扣 2 分		
				清洗不彻底扣 2 分		
4	前轴裂纹的检测	运用仪器检测前轴	15	不会使用仪器扣 5~10 分		
				检测结果错误扣 5 分		
5	钢板弹簧座的检测	运用正确方法检查钢板弹簧座	15	检查方法错误一处扣 5 分		
				漏检一项扣 5 分		
				检测结果错误一处扣 5 分		
6	前轴变形的检验	运用正确方法检查	20	检查方法错误一处扣 5 分		
				漏检一项扣 5 分		
				检测结果错误一处扣 5 分		
7	前轴主销孔及上、下端面的检修	运用正确方法检查前轴主销孔及上、下端面	20	检查方法错误一处扣 5 分		
				漏检一项扣 5 分		
				检测结果错误一处扣 5 分		
8	正确使用工具、用具	工具、用具使用正确	5	一种工具、用具使用不正确扣 1 分		
				损坏丢失一件工具、用具不得分		
9	操作规程	操作规程执行情况	5	违反操作规程不得分		
10	清理现场	清理、擦洗并回收工具、用具	5	少收一件工具、用具扣 1 分		
				未回收不得分		
11	分数总计		100			

考评员签名：　　　　　　　　　　　　　　　　　　　　　　　　年　月　日

职业技能鉴定国家题库

汽车维修工高级操作技能考核评分记录表

考件编号：_____　姓名：_____　准考证号：_____　单位：_____

试题 1. 汽车大修——手动变速器传动机构的装配与调整

序号	作业项目	考核要求	配分	评分标准	扣分	得分
1	劳动用品穿戴	劳保用品穿戴齐全	5	穿戴不全不得分		
2	正确选用工具、量具、材料	选用工具、量具、材料齐全准确	5	缺一件扣 1 分		
				选错一件扣 1 分		
3	清洁变速器壳体	采取正确的清洁方法措施，且清洗彻底、吹干	5	方法不正确扣 2 分		
				清洗不彻底扣 2 分		
4	中间轴的装配与调整	运用正确的方法装配变速器中间轴、轴承、轴承盖并检查调整装配间隙	15	装配方法错误一处扣 5 分		
				部件装反一处扣 5 分		
				漏装一件扣 5 分		
				调整间隙不正确扣 5 分		
5	倒档轴、倒档齿轮和轴承的装配	运用正确方法装配倒档轴、倒档齿轮和轴承	15	装配方法错误一处扣 5 分		
				部件装反一处扣 5 分		
				漏装一件扣 5 分		
6	输出轴的装配与调整	运用正确方法装配变速器输出轴、轴承、轴承盖，并检查调整装配间隙	25	装配方法错误一处扣 5 分		
				部件装反一处扣 5 分		
				漏装一件扣 5 分		
				调整间隙不正确扣 5 分		
7	输入轴的装配与调整	运用正确方法装配变速器输入轴、轴承、轴承盖，并检查调整装配间隙	15	装配方法错误一处扣 5 分		
				部件装反一处扣 5 分		
				漏装一件扣 5 分		
				调整间隙不正确扣 5 分		
8	正确使用工具、用具	工具、用具使用正确	5	一种工具、用具使用不正确扣 1 分		
				损坏丢失一件工具、用具不得分		
9	操作规程	操作规程执行情况	5	违反操作规程不得分		
10	清理现场	清理、擦洗并回收工具、用具	5	少收一件工具、用具扣 1 分		
				未回收不得分		
11		分数总计	100			

考评员签名：　　　　　　　　　　　　　　　　　　　　　　　　　　　　年　月　日

职业技能鉴定国家题库

汽车维修工高级操作技能考核评分记录表

考件编号：_____　姓名：_____　准考证号：_____　单位：_____

试题 1. 汽车大修——空调压缩机的检修

序号	作业项目	考核要求	配分	评分标准	扣分	得分
1	劳动用品穿戴	劳保用品穿戴齐全	5	穿戴不全不得分		
2	正确选用工具、量具、材料	选用工具、量具、材料齐全准确	5	缺一件扣 1 分		
				选错一件扣 1 分		
3	油面高度的检查	检测方法及维修方案	20	检测方法不正确扣 10 分		
				维修方法不正确扣 10 分		
4	电磁离合器的更换	检测方法及维修方案	25	检测方法不正确扣 10 分		
				维修方法不正确扣 10 分		
5	压缩机正常运转试验	检测方法及维修方案	20	检测方法不正确扣 10 分		
				维修方法不正确扣 10 分		
6	正确使用工具、用具	工具、用具使用正确	10	一种工具、用具使用不正确扣 2 分		
				损坏丢失一件工具、用具不得分		
7	操作规程	操作规程执行情况	10	违反操作规程不得分		
8	清理现场	清理、擦洗并回收工具、用具	5	少收一件工具、用具扣 1 分		
				未回收不得分		
9		分数总计	100			

考评员签名：　　　　　　　　　　　　　　　　　　　　　　　　　年　　月　　日

职业技能鉴定国家题库

汽车维修工高级操作技能考核评分记录表

考件编号：_____ 姓名：_____ 准考证号：_____ 单位：_____

试题 1. 汽车大修——发动机点火提前角的检测与调整

序号	作业项目	考核要求	配分	评分标准	扣分	得分
1	劳动用品穿戴	劳保用品穿戴齐全	5	穿戴不全不得分		
2	正确选用工具、量具、材料	选用工具、量具、材料齐全准确	5	缺一件扣1分		
				选错一件扣1分		
3	准备	发动机使用前的准备工作	10	准备不充分扣5分		
				准备失误扣5分		
4	发动机点火提前角的检测	检测方法和检测结果	25	检验方法错误一处扣5分，共15分		
				检测结果错误扣10分		
5	调整发动机点火提前角	调整方法、调整结果	30	调整方法错误一处扣5分，共20分		
				调整结果错误扣10分		
6	正确使用工具、用具	工具、用具使用正确	10	一种工具、用具使用不正确扣2分		
				损坏丢失一件工具、用具不得分		
7	操作规程	操作规程执行情况	10	违反操作规程不得分		
8	清理现场	清理、擦洗并回收工具、用具	5	少收一件工具、用具扣1分		
				未回收不得分		
9		分数总计	100			

考评员签名：　　　　　　　　　　　　　　　　　　　　　　　　　年　　月　　日

职业技能鉴定国家题库

汽车维修工高级操作技能考核评分记录表

考件编号：_____ 姓名：_____ 准考证号：_____ 单位：_____

试题 1. 汽车大修——气缸盖与气缸体的检验

序号	作业项目	考核要求	配分	评分标准	扣分	得分
1	劳动用品穿戴	劳保用品穿戴齐全	5	穿戴不全不得分		
2	正确选用工具、量具、材料	选用工具、量具、材料齐全准确	5	缺一件扣 1 分		
				选错一件扣 1 分		
3	气缸盖的检验	对裂纹、变形、划痕、燃烧室容积的检验方法和检验结果	30	检验方法错误一处扣 5 分，共 20 分		
				检验结果错误一处扣 5 分，共 10 分		
4	气缸体的检验	对上下平面的平面度、主轴承座孔的同轴度及对底平面的平行度、主轴承座孔轴线与凸轮轴承座孔轴线的平行度、飞轮壳后端面的径向跳动等检验的方法和结果	30	检验方法错误一处扣 5 分，共 20 分		
				检验结果错误一处扣 5 分，共 10 分		
5	分析	根据检验结果进行分析，是否符合技术标准	5	分析方法错误扣 2.5 分		
				判断错误扣 2.5 分		
6	正确使用工具、用具	工具、用具使用正确	10	一种工具、用具使用不正确扣 2 分		
				损坏丢失一件工具、用具不得分		
7	操作规程	操作规程执行情况	10	违反操作规程不得分		
8	清理现场	清理、擦洗并回收工具、用具	5	少收一件工具、用具扣 1 分		
				未回收不得分		
9	分数总计		100			

考评员签名：　　　　　　　　　　　　　　　　　　　　　　　　年　　月　　日

职业技能鉴定国家题库

汽车维修工高级操作技能考核评分记录表

考件编号：_____ 姓名：_____ 准考证号：_____ 单位：_____

试题1. 汽车大修——转子式机油泵的检修

序号	作业项目	考核要求	配分	评分标准	扣分	得分
1	劳动用品穿戴	劳保用品穿戴齐全	5	穿戴不全不得分		
2	正确选用工具、量具、材料	选用工具、量具、材料齐全准确	5	缺一件扣1分		
				选错一件扣1分		
3	转子式机油泵轴的检查	检查方法和检查结果	10	检查方法错误扣5分		
				检查结果错误扣5分		
4	转子式机油泵泵油压力的检查	检查方法和检查结果	25	检查方法错误扣10分		
				检查结果错误扣15分		
5	装车后泵油压力的检查	检查方法和检查结果	25	检查方法错误扣10分		
				检查结果错误扣15分		
6	正确使用工具、用具	工具、用具使用正确	10	一种工具、用具使用不正确扣2分		
				损坏丢失一件工具、用具不得分		
7	操作规程	操作规程执行情况	15	违反操作规程不得分		
8	清理现场	清理、擦洗并回收工具、用具	5	少收一件工具、用具扣1分		
				未回收不得分		
9	分数总计		100			

考评员签名：   年   月   日

职业技能鉴定国家题库

汽车维修工高级操作技能考核评分记录表

考件编号:_____ 姓名:_____ 准考证号:_____ 单位:_____

试题 1. 汽车大修——曲轴的检修

序号	作业项目	考核要求	配分	评分标准	扣分	得分
1	劳动用品穿戴	劳保用品穿戴齐全	5	穿戴不全不得分		
2	正确选用工具、量具、材料	选用工具、量具、材料齐全准确	5	缺一件扣1分		
				选错一件扣1分		
3	检查曲轴裂纹	检查方法和检查结果	10	检验方法错误扣5分		
				检验结果错误扣5分		
4	曲轴支承	曲轴支承位置、调平方法和调平质量	5	支承位置错误扣2分		
				调整方法错误扣2分		
				调整有误差扣1分		
5	轴颈测量并确定修理尺寸	测量轴颈,并判断是否需要修磨,确定修理尺寸	10	测量错误一处扣2分,共4分		
				结论错误扣3分		
				修理尺寸错误扣3分		
6	测量弯曲	测量径向圆跳动和轴向圆跳动的方法和测量结果	10	测量方法错误一处扣2分,共6分		
				测量结果错误一处扣2分,共4分		
7	测量扭曲	测量方法和测量结果	10	测量方法错误一处扣2分,共6分		
				测量结果错误一处扣2分,共4分		
8	测量曲柄半径	测量方法和测量结果	10	测量方法错误一处扣2分,共6分		
				测量结果错误一处扣2分,共4分		
9	结论	判断曲轴可否继续使用	10	判断错误一处扣5分,共10分		
10	正确使用工具、用具	工具、用具使用正确	10	一种工具、用具使用不正确扣2分		
				损坏丢失一件工具、用具不得分		
11	操作规程	操作规程执行情况	10	违反操作规程不得分		
12	清理现场	清理、擦洗并回收工具、用具	5	少收一件工具、用具扣1分		
				未回收不得分		
13	分数总计		100			

考评员签名: 年 月 日

职业技能鉴定国家题库

汽车维修工高级操作技能考核评分记录表

考件编号：_____　姓名：_____　准考证号：_____　单位：_____

试题 1. 汽车大修——空气压缩机的检测

序号	作业项目	考核要求	配分	评分标准	扣分	得分
1	劳动用品穿戴	劳保用品穿戴齐全	5	穿戴不全不得分		
2	正确选用工具、量具、材料	选用工具、量具、材料齐全准确	5	缺一件扣1分		
				选错一件扣1分		
3	清洁空气压缩机各部件	采取正确的清洁方法措施，且清洗彻底、吹干	5	方法不正确扣2分		
				清洗不彻底扣2分		
4	机体组的检查	运用正确的方法检查机体组	15	检查方法错误一处扣5分		
				漏检一项扣5分		
				检测结果错误一处扣5分		
5	曲轴的检查	运用正确的方法检查与修复曲轴	20	检查方法错误一处扣5分		
				漏检一项扣5分		
				检测结果错误一处扣5分		
6	活塞连杆组的检查	运用正确的方法检查活塞连杆组	25	检查方法错误一处扣5分		
				漏检一项扣5分		
				检测结果错误一处扣5分		
7	进排气阀和卸荷阀的检查	运用正确的方法检查进排气阀和卸荷阀	10	检查方法错误一处扣5分		
				漏检一项扣5分		
				检测结果错误一处扣5分		
8	正确使用工具、用具	工具、用具使用正确	5	一种工具、用具使用不正确扣2分		
				损坏丢失一件工具、用具不得分		
9	操作规程	操作规程执行情况	5	违反操作规程不得分		
10	清理现场	清理、擦洗并回收工具、用具	5	少收一件工具、用具扣1分		
				未回收不得分		
11	分数总计		100			

考评员签名：　　　　　　　　　　　　　　　　　　　　　　　　　年　月　日

职业技能鉴定国家题库

汽车维修工高级操作技能考核评分记录表

考件编号：_____ 姓名：_____ 准考证号：_____ 单位：_____

试题 1. 汽车大修——驻车制动器的调整

序号	作业项目	考核要求	配分	评分标准	扣分	得分
1	劳动用品穿戴	劳保用品穿戴齐全	5	穿戴不全不得分		
2	正确选用工具、量具、材料	选用工具、量具、材料齐全准确	5	缺一件扣 1 分		
				选错一件扣 1 分		
3	驻车制动器制动间隙的调整	采用正确的方法检查调整驻车制动器制动间隙	30	检查方法错误扣 5~10 分		
				调整方法错误一处扣 5~10 分		
				调整结果一处错误扣 5 分		
4	拉杆长度的调整	采用正确的方法调整拉杆的长度	25	检查方法错误扣 5~10 分		
				调整方法错误一处扣 5~10 分		
				调整结果错误一处扣 5 分		
5	驻车制动器制动性能的检查	采用正确的方法检查驻车制动的性能	20	检查方法错误扣 10~15 分		
6	正确使用工具、用具	工具、用具使用正确	5	一种工具、用具使用不正确扣 2 分		
				损坏丢失一件工具、用具不得分		
7	操作规程	操作规程执行情况	5	违反操作规程不得分		
8	清理现场	清理、擦洗并回收工具、用具	5	少收一件工具、用具扣 1 分		
				未回收不得分		
9	分数总计		100			

考评员签名：　　　　　　　　　　　　　　　　　　　　　　　　年　月　日

职业技能鉴定国家题库

汽车维修工高级操作技能考核评分记录表

考件编号：_____　姓名：_____　准考证号：_____　单位：_____

试题1. 汽车大修——起动机检修

序号	作业项目	考核要求	配分	评分标准	扣分	得分
1	劳动用品穿戴	劳保用品穿戴齐全	5	穿戴不全不得分		
2	正确选用工具、量具、材料	选用工具、量具、材料齐全准确	5	缺一件扣1分		
				选错一件扣1分		
3	电枢轴检修	检测方法和维修方案	5	检测方法错误扣5分		
				维修方法错误扣5分		
4	换向器	检测方法和维修方案	10	检测方法错误扣5分		
				维修方法错误扣5分		
5	电枢绕组	检测方法和维修方案	10	检测方法错误扣5分		
				维修方法错误扣5分		
6	磁极绕组	检测方法和维修方案	10	检测方法错误扣5分		
				维修方法错误扣5分		
7	电刷组件	检测方法和维修方案	10	检测方法错误扣5分		
				维修方法错误扣5分		
8	单向离合器	检测方法和维修方案	10	检测方法错误扣5分		
				维修方法错误扣5分		
9	电磁开关	检测方法和维修方案	10	检测方法错误扣5分		
				维修方法错误扣5分		
10	正确使用工具、用具	工具、用具使用正确	10	一种工具、用具使用不正确扣2分		
				损坏丢失一件工具、用具不得分		
11	操作规程	操作规程执行情况	10	违反操作规程不得分		
12	清理现场	清理、擦洗并回收工具、用具	5	少收一件工具、用具扣1分		
				未回收不得分		
13	分数总计		100			

考评员签名：　　　　　　　　　　　　　　　　　　　　　　　　　　　年　月　日

职业技能鉴定国家题库

汽车维修工高级操作技能考核评分记录表

考件编号：＿＿＿＿＿＿ 姓名：＿＿＿＿＿ 准考证号：＿＿＿＿＿＿ 单位：＿＿＿＿＿

试题 1. 汽车大修——硅整流交流发电机的检修

序号	作业项目	考核要求	配分	评分标准	扣分	得分
1	劳动用品穿戴	劳保用品穿戴齐全	5	穿戴不全不得分		
2	正确选用工具、量具、材料	选用工具、量具、材料齐全准确	5	缺一件扣1分		
				选错一件扣1分		
3	转子绕组检修	检测方法和维修方案	5	检测方法错误扣5分		
				维修方法错误扣5分		
4	滑环检修	检测方法和维修方案	10	检测方法错误扣5分		
				维修方法错误扣5分		
5	转子轴检修	检测方法和维修方案	10	检测方法错误扣5分		
				维修方法错误扣5分		
6	定子绕组短路检修	检测方法和维修方案	10	检测方法错误扣5分		
				维修方法错误扣5分		
7	定子绕组断路检修	检测方法和维修方案	10	检测方法错误扣5分		
				维修方法错误扣5分		
8	定子绕组搭铁检修	检测方法和维修方案	10	检测方法错误扣5分		
				维修方法错误扣5分		
9	整流器的检修	检测方法和维修方案	10	检测方法错误扣5分		
				维修方法错误扣5分		
10	电刷组件的检修	检测方法和维修方案	10	检测方法错误扣5分		
				维修方法错误扣5分		
11	正确使用工具、用具	工具、用具使用正确	5	一种工具、用具使用不正确扣2分		
				损坏丢失一件工具、用具不得分		
12	操作规程	操作规程执行情况	5	违反操作规程不得分		
13	清理现场	清理、擦洗并回收工具、用具	5	少收一件工具、用具扣1分		
				未回收不得分		
14	分数总计		100			

考评员签名： 年 月 日

职业技能鉴定国家题库

汽车维修工高级操作技能考核评分记录表

考件编号：_____　姓名：_____　准考证号：_____　单位：_____

试题 1. 汽车大修——动力转向器的装配与调整

序号	作业项目	考核要求	配分	评分标准	扣分	得分
1	劳动用品穿戴	劳保用品穿戴齐全	5	穿戴不全不得分		
2	正确选用工具、量具、材料	选用工具、量具、材料齐全准确	5	缺一件扣 1 分		
				选错一件扣 1 分		
3	清洁动力转向器壳体	采取正确的清洁方法措施，且清洗彻底、吹干	5	方法不正确扣 2 分		
				清洗不彻底扣 2 分		
4	转向齿轮及控制阀的装配	运用正确的方法装配转向齿轮及控制阀	25	装配方法错误一处扣 5 分		
				部件装反一处扣 5 分		
				漏装一件扣 5 分		
				部件装配不到位扣 5 分		
				未更换密封圈扣 5 分		
5	调整装置、侧盖、横拉杆、油管油封等部件的装配	运用正确的方法装配调整装置、侧盖、横拉杆、油管油封等部件	25	装配方法错误一处扣 5 分		
				部件装反一处扣 5 分		
				漏装一件扣 5 分		
				部件装配不到位扣 5 分		
				未按规定力矩拧紧扣 5 分		
6	调整动力转向器	运用正确的方法调整动力转向器	20	不会调整不得分		
				检查调整不正确扣 5 分		
7	正确使用工具、用具	工具、用具使用正确	5	一种工具、用具使用不正确扣 2 分		
				损坏丢失一件工具、用具不得分		
8	操作规程	操作规程执行情况	5	违反操作规程不得分		
9	清理现场	清理、擦洗并回收工具、用具	5	少收一件工具、用具扣 1 分		
				未回收不得分		
10		分数总计	100			

考评员签名：　　　　　　　　　　　　　　　　　　　　　　　　年　　月　　日

职业技能鉴定国家题库

汽车维修工高级操作技能考核评分记录表

考件编号：_____ 姓名：_____ 准考证号：_____ 单位：_____

试题 2. 汽车故障诊断与排除

□诊断与排除发动机起动困难故障　　　　□诊断与排除发动机不能起动故障
□诊断与排除发动机动力不足故障　　　　□诊断与排除电控发动机怠速不良故障
□诊断与排除电控发动机加速不良故障　　□诊断与排除自动变速器故障警告灯故障
□诊断与排除前轮异常磨损故障　　　　　□诊断与排除前轮摆振故障
□诊断与排除汽车制动拖滞故障　　　　　□诊断与排除制动防抱死失效故障
□诊断与排除制动防抱死故障灯故障

序号	作业项目	考核要求	配分	评分标准	扣分	得分
1	劳动用品穿戴	劳保用品穿戴齐全	5	穿戴不全不得分		
2	正确选用工具、量具、材料	选用工具、量具、材料齐全准确	5	缺一件扣1分		
				选错一件扣1分，扣完为止		
3	根据故障现象，分析故障原因	运用正确方法确认故障，分析产生故障的原因，说出至少3种主要故障原因	20	故障确认不准扣5~10分		
				分析原因不相关扣4~15分		
				每少说1项扣5分，扣完为止		
4	诊断故障	用正确方法诊断故障	20	诊断方法错误扣5~10分		
				诊断步骤每错一步扣5~10分		
				诊断结果错误不得分		
5	排除故障	运用正确方法排除故障	20	不能排除扣10分		
				自制一处故障扣5分		
6	验证排除效果	按照要求验证排除效果	5	验证方法不当扣1~5分		
				不进行验证扣5分		
7	正确使用工具、用具	工具、用具使用正确	10	一种工具、用具使用不正确扣1分，扣完为止		
				损坏丢失一件工具、用具不得分		
8	操作规程	操作规程执行情况	10	违反操作规程不得分		
9	清理现场	清理、擦洗并回收工具、用具	5	少收一件工具、用具扣1分，扣完为止		
				未回收不得分		
10	分数总计		100			

考评员签名：　　　　　　　　　　　　　　　　　　　　　　　　　　　　年　月　日

附录 B 各章模拟试题训练参考答案

第 1 章 模拟试题训练参考答案

一、单项选择题

1. A   2. D   3. C   4. D   5. C   6. A   7. D   8. C   9. B

10. D   11. B   12. B   13. C   14. A   15. B   16. C   17. C   18. D

19. C   20. A   21. A   22. B

二、判断题

1. √   2. √   3. √   4. √   5. ×   6. √   7. ×   8. ×   9. √

10. ×   11. √   12. √   13. ×   14. √   15. √   16. ×   17. ×   18. √

19. √   20. √   21. √   22. √   23. ×   24. ×   25. ×   26. √   27. ×

28. √

第 2 章 模拟试题训练参考答案

一、单项选择题

1. C   2. D   3. B   4. D   5. D

二、判断题

1. ×   2. √   3. ×   4. √   5. √   6. √   7. ×   8. √   9. √

10. √   11. √   12. ×   13. √

第 3 章 模拟试题训练参考答案

一、单项选择题

1. D   2. C   3. A   4. A   5. B   6. D   7. A   8. A   9. B

10. A   11. D   12. C   13. C   14. D   15. D   16. C

二、判断题

1. √   2. √   3. √   4. √   5. ×   6. ×   7. √   8. √   9. ×

10. ×   11. ×   12. ×   13. √   14. √   15. √   16. √   17. √   18. √

19. ×   20. ×   21. √

第 4 章 模拟试题训练参考答案

一、单项选择题

1. D   2. A   3. A   4. C   5. B   6. B   7. C   8. C   9. A

10. D   11. B   12. A   13. C   14. B   15. C   16. A   17. B   18. B

19. A   20. D   21. A   22. B   23. D   24. B   25. B   26. C   27. A

28. A	29. B	30. C	31. B	32. B	33. A	34. B	35. B	36. A
37. B	38. A	39. C	40. A	41. C	42. D	43. B	44. A	45. B
46. C	47. A	48. A	49. B	50. B	51. B	52. B	53. C	54. B
55. C	56. B	57. C	58. C	59. B	60. A	61. C	62. C	63. A
64. A	65. A	66. C	67. A	68. A	69. A	70. A	71. A	72. A
73. B	74. A	75. B	76. B	77. B	78. C	79. C	80. C	81. A
82. D	83. C	84. B	85. D	86. C	87. C	88. A	89. C	90. C
91. A	92. B	93. B	94. C	95. A	96. C	97. B	98. A	99. D
100. A	101. C	102. A	103. B	104. D	105. A	106. B	107. B	108. C
109. A	110. A	111. C	112. A	113. A	114. B	115. B	116. B	117. D
118. C	119. C	120. A	121. C	122. D	123. A	124. B	125. B	126. B
127. A	128. B	129. C	130. C	131. B	132. B	133. D	134. A	135. A
136. C	137. B	138. C	139. C	140. D	141. B	142. B	143. B	144. C
145. B	146. A	147. C	148. C	149. B	150. C	151. D	152. B	153. B
154. B	155. B	156. C	157. B	158. C	159. B	160. D	161. B	162. B
163. B	164. B	165. A	166. D	167. C	168. C	169. A	170. A	171. A
172. D	173. C	174. A	175. A	176. D	177. C	178. B	179. D	180. A
181. B								

二、判断题

1. ×	2. √	3. ×	4. √	5. ×	6. √	7. √	8. ×	9. √
10. ×	11. √	12. ×	13. √	14. √	15. √	16. ×	17. √	18. √
19. ×	20. ×	21. √	22. √	23. ×	24. √	25. √	26. √	27. √
28. √	29. ×	30. ×	31. ×	32. √	33. ×	34. √	35. √	36. √
37. √	38. √	39. √	40. √	41. √	42. √	43. √	44. ×	45. √
46. ×	47. ×	48. √	49. ×	50. ×	51. √	52. ×	53. ×	54. ×
55. ×	56. ×	57. √	58. ×	59. ×	60. ×	61. √	62. ×	63. ×
64. √	65. √	66. √	67. ×	68. ×	69. √	70. ×	71. √	72. √
73. ×								

第5章 模拟试题训练参考答案

一、单项选择题

1. B	2. B	3. A	4. B	5. C	6. B	7. A	8. D	9. A
10. B	11. B	12. A	13. B	14. B	15. C	16. A	17. A	18. A
19. B	20. C	21. C	22. A	23. A	24. C	25. B	26. A	27. C
28. D	29. D	30. B	31. B	32. A	33. A	34. A	35. A	36. C
37. A	38. A	39. B	40. A	41. B	42. A	43. B	44. D	45. A
46. C	47. C	48. D	49. B	50. A	51. D	52. A	53. A	54. C
55. B	56. D	57. D	58. B	59. B	60. B	61. B	62. B	63. B
64. C	65. B	66. D	67. B	68. B	69. C	70. D	71. A	72. B

73. B	74. A	75. B	76. D	77. C	78. B	79. B	80. D	81. A
82. A	83. D	84. A	85. D	86. A	87. C	88. C	89. B	90. A
91. A	92. B	93. B	94. C	95. D	96. B	97. D	98. B	99. D
100. C	101. B	102. C	103. D	104. A	105. C	106. D	107. A	108. C
109. B	110. B	111. A	112. A	113. B	114. B	115. A	116. B	117. A
118. A								

二、判断题

1. ×	2. √	3. ×	4. √	5. √	6. ×	7. √	8. √	9. ×
10. √	11. √	12. ×	13. ×	14. √	15. √	16. √	17. ×	18. ×
19. ×	20. √	21. √	22. √	23. √	24. √	25. ×	26. √	27. ×
28. ×	29. √	30. ×	31. √	32. √	33. √	34. ×	35. √	36. √
37. √	38. √	39. √	40. √	41. √	42. ×	43. √	44. √	45. √
46. √	47. ×	48. √	49. √	50. √	51. √	52. √	53. √	54. √
55. ×	56. √	57. √	58. √	59. √	60. √	61. √	62. √	63. √
64. √	65. √	66. √	67. ×	68. √	69. √	70. √	71. ×	72. √
73. √	74. √	75. √	76. ×	77. ×	78. ×	79. √	80. ×	81. √
82. √	83. √	84. √	85. √	86. √	87. √	88. √	89. √	90. ×
91. √	92. ×	93. √	94. ×	95. ×	96. ×	97. √	98. ×	99. √
100. √	101. ×	102. ×	103. √	104. ×	105. √	106. √	107. ×	108. √
109. ×	110. √	111. ×	112. √	113. √	114. ×	115. √	116. ×	117. ×
118. ×	119. ×	120. ×	121. √	122. √	123. ×	124. √	125. ×	126. ×
127. √	128. ×	129. ×	130. √	131. ×	132. √	133. ×	134. √	135. ×
136. ×	137. ×	138. ×	139. √	140. √	141. √	142. ×	143. √	

第6章 模拟试题训练参考答案

一、单项选择题

1. C	2. B	3. C	4. B	5. A	6. A	7. A	8. D	9. A
10. A	11. B	12. D	13. C	14. A	15. D	16. C	17. D	18. B
19. C	20. B	21. B	22. A	23. A	24. B	25. A	26. C	27. C
28. C	29. A	30. A	31. C	32. D	33. A	34. C	35. B	36. B
37. A	38. C	39. D	40. D	41. B	42. B	43. B	44. C	45. C
46. C	47. B	48. A	49. B	50. D	51. B	52. D	53. B	54. B
55. A	56. D	57. B	58. A	59. B	60. C	61. A	62. B	63. A
64. C	65. A	66. A	67. D	68. C	69. A	70. B	71. D	72. C
73. C	74. A	75. A	76. B	77. A	78. B	79. C	80. D	81. A
82. D	83. A	84. C	85. A	86. A	87. B	88. B	89. C	90. B
91. C	92. B	93. D	94. D	95. D	96. C	97. C	98. B	99. B
100. D	101. C	102. C	103. B	104. A	105. B	106. A	107. A	108. B
109. B	110. A	111. D	112. B	113. C	114. C	115. A	116. A	117. C

118. A	119. A	120. A	121. B	122. B	123. D	124. B	125. A	126. C
127. A	128. A	129. B	130. B	131. C	132. A	133. C	134. B	135. D
136. B	137. B	138. B	139. B	140. A	141. C	142. B	143. D	144. B
145. A	146. B	147. C	148. D	149. C	150. A	151. C	152. C	153. C
154. A	155. D	156. A	157. C	158. A	159. A	160. C	161. A	162. C
163. B	164. B	165. A	166. C	167. B	168. A	169. C	170. A	171. A
172. D	173. B	174. A	175. C	176. D	177. A	178. A	179. B	180. A
181. A	182. A	183. A	184. B	185. A	186. B	187. C	188. B	189. D
190. A	191. A	192. A	193. B	194. B	195. C	196. D	197. C	198. C
199. B	200. A	201. D	202. A	203. A	204. B	205. A	206. D	207. C
208. D	209. B							

二、判断题

1. √	2. √	3. √	4. ×	5. √	6. √	7. √	8. √	9. ×
10. ×	11. ×	12. √	13. √	14. ×	15. √	16. ×	17. ×	18. √
19. ×	20. ×	21. √	22. ×	23. ×	24. √	25. √	26. ×	27. ×
28. ×	29. ×	30. √	31. √	32. √	33. √	34. √	35. ×	36. √
37. √	38. √	39. ×	40. √	41. ×	42. ×	43. √	44. √	45. ×
46. √	47. ×	48. √	49. ×	50. ×	51. √	52. ×	53. ×	54. ×
55. ×	56. √	57. √	58. √	59. ×	60. √	61. √	62. √	63. ×
64. ×	65. √	66. √	67. √	68. √	69. √	70. √	71. ×	72. √
73. √	74. √	75. √	76. ×	77. ×	78. ×	79. ×	80. √	81. √
82. ×	83. √	84. √	85. √	86. ×	87. √	88. ×	89. √	90. ×
91. ×	92. √	93. √	94. √	95. √	96. ×	97. √	98. ×	99. √
100. √	101. ×	102. ×	103. √	104. ×	105. ×	106. ×	107. ×	108. ×
109. ×	110. ×	111. ×	112. √	113. ×	114. √	115. √	116. ×	117. √
118. ×	119. √	120. ×	121. √	122. ×	123. ×	124. √	125. ×	126. √
127. ×	128. √	129. √	130. √	131. √	132. ×	133. √	134. ×	135. √
136. √	137. √	138. √	139. ×	140. √	141. √	142. ×	143. √	144. ×
145. √	146. ×	147. √	148. √	149. ×	150. ×	151. √	152. ×	153. √
154. √	155. √	156. ×	157. ×	158. ×	159. √	160. ×	161. √	162. √
163. ×	164. √	165. √						

参 考 文 献

[1] 陈家瑞. 汽车构造：上册[M]. 3版. 北京：机械工业出版社，2009.

[2] 陈家瑞. 汽车构造：下册[M]. 3版. 北京：机械工业出版社，2009.

[3] 周贺. 汽车新技术应用[M]. 北京：北京理工大学出版社，2015.

[4] 鲍远通. 汽车性能评价与选购[M]. 2版. 北京：机械工业出版社，2017.

[5] 何海明，吴东盛. 高级汽车维修工（国家职业资格三级）考评教程[M]. 北京：机械工业出版社，2014.

[6] 高翔. 汽车工程学Ⅱ[M]. 北京：机械工业出版社，2014.

[7] 杨永海，王毅. 汽车维修与检测实训[M]. 济南：山东科学技术出版社，2008.

[8] 北京德和顺天科技有限公司. 新能源汽车构造原理与检测维修[M]. 北京：机械工业出版社，2018.

[9] 谭克诚，杨玲玲. 汽车检测设备与维修工具[M]. 北京：机械工业出版社，2019.

[10] 余志生. 汽车理论[M]. 6版. 北京：机械工业出版社，2018.